高等院校经济管理类专业精编系列教材

省级精品课程教材

精编财务管理原理

主　编　王　静　胥朝阳

武汉理工大学出版社

·武汉·

内 容 提 要

全书以资金运动这一逻辑起点展开，阐释了财务管理的目标、原则、环境和价值观念等基本理论，剖析了融资管理、资本成本和资本结构、项目投资、证券投资、流动资产管理、股利分配、财务预算、财务分析等基本内容，阐述了并购这一战略投融资活动的内在规律及其基本流程。本书可作为经济管理类专业本科生教材，亦可作为经济管理类专业专科生、MBA、相关职业培训的参考教材或供企业经营管理人员阅读。

图书在版编目(CIP)数据

精编财务管理原理/王静，胥朝阳主编. —武汉：武汉理工大学出版社，2023.8
ISBN 978-7-5629-6861-0

Ⅰ.①精… Ⅱ.①王… ②胥… Ⅲ.①财务管理 Ⅳ.①F275

中国国家版本馆 CIP 数据核字(2023)第 163650 号

项目负责人：尹 杰　　**责 任 编 辑**：尹 杰
责 任 校 对：张明华　　**版 面 设 计**：天成图文
出版发行：武汉理工大学出版社(武汉市洪山区珞狮路 122 号　邮编：430070)
http://www.wutp.com.cn 理工图书网
经 销 者：各地新华书店
印 刷 者：武汉兴和彩色印务有限公司
开　　本：710×1000　1/16
印　　张：20.75
字　　数：436 千字
版　　次：2023 年 8 月第 1 版
印　　次：2023 年 8 月第 1 次印刷
印　　数 0～1000 册
定　　价：42.00 元

前　　言

党的二十大指出，加快构建新发展格局，着力推动高质量发展，把实施扩大内需战略同深化供给侧结构性改革有机结合，加快促进数字经济和实体经济深度融合，打造具有国际竞争力的数字产业集群。当前国际形势更加动荡复杂，大国博弈进一步加剧，持续性的地缘政治造成紧张局势，全球治理体系面临挑战，经济增长速度明显变缓，企业之间的竞争进入白热化，企业拥有更加系统化、柔性化和个性化的理财特色显得尤为重要。但目前"财务管理"教材概念表述偏多，结合实际案例进行深度剖析的较少。

为更好地融理论于实践，吸收数字信息时代财务管理的最新研究成果，向学习者提供一套科学化、系统化、逻辑化的学习体系，本书的编写遵循了以下指导思想：一是以案例讨论和例题解析为导引，围绕资金运动的 这一理论逻辑展开，做到理论与实践的有机结合；二是按照理财活动的基本内容"融资－投资－营运－分配"为主线依次展开，以企业价值最大化为主旨，并结合对企业财务状况的综合分析，使学习者掌握财务管理的基本理论体系、分析解决财务问题的基本思路与方法；三是以案例、例题为载体层层深入展开讨论，在掌握财务管理的基本理论、基本方法的基础上，通过实训练习，解决实际问题和现实矛盾 。

本书是省级精品课程"财务管理"的配套教材，各章均配有案例导入、例题解析、复习思考题和实训练习题，引导学习者思考演练，让学习者自省是否已真正融会贯通，并适应未来学习与职场发展之需要。本课程以会计学原理、管理学、经济学为预修课程，同时又是投资学、企业集团财务管理课程的前序课程。本书适合专科生、本科生及 MBA 使用，亦可作为职业培训教材或供企业经营管理人员阅读。

本书由山东建筑大学王静教授和武汉纺织大学胥朝阳教授共同主编，具体编写分工如下：胥朝阳（武汉纺织大学会计学院）负责编写第一章；王珍义（武汉纺织大学会计学院）负责编写第二章；周珺华（中国劳动关系学院经济管理系）负责编写第三、四章，任小平（中国劳动关系学院经济管理系）负责编写第五章；王静（山东建筑大学商学院）负责编写第六、七章；高芳（江汉大学商学院）负责编写第八章；刘洋（湖北工业大学经济与管理学院）负责编写第九、十章；徐雪霞（武汉纺织大学会计学院）负责编写第十一章；任小平、周珺华（中国劳动关系学院经济管理系）共同编写第十二章；任小平、祝映兰（中国劳动关系学院经济管理系）共同编写第十三章。修订改版定稿的整体工作由王静教授负责。

在编写本书的过程中，参考了国内外大量相关文献资料。在此，向这些文献资料的作者表示衷心感谢！山东建筑大学商学院研究生李聪聪、刘明月、高剑松、王一帆、张雨萌协助编者对本书的修订做了大量的工作，在此一并表示感谢！

编者

2023年6月

目　　录

第一章　财务管理导论

【学习目的和要求】

通过本章学习，理解财务管理的逻辑起点，掌握财务管理的目标、对象、内容、原则、环境等基本要素及相互关系，为财务管理课程知识体系的展开奠定基础。

【案例导引】

现在，人们手中多多少少都有点富余的钱。这一时不花的钱，怎么能“钱生钱”，成为大家都感兴趣的话题。

上学时花的是父母的钱，知道父母挣钱不容易，能省一点是一点。大一第一学期结束时，我居然省下两百元。两百元，在20世纪80年代，可不是一顿饭钱。我想拿这钱干点惊天动地的事。琢磨来琢磨去，买了一架相机，一是我喜欢摄影，二是想着给人拍照赚点钱。等到下一学年新生开学，我去了我就读的大学附近的几所高校，在同学、朋友的帮助下，在他们学校的宣传栏里张贴海报，自诩为学生摄影师，竭诚为新生服务。那个年代，绝大多数学生都没有相机，新生刚到校，在学校门口拍张照片寄回家也是个惯例。可给新生拍照的老生不只我一个，生意没有想象的那么好，不过买相机的钱算是赚回来了。这是我平生第一次做了件与理财有关的事。

工作后，前几年我没存下什么钱，一是本来工资就不高，二是人来客往多，一高兴就胡吃海喝了，这可能是快乐单身汉的通病。成家后，有了养家的压力，我慢慢开始有了些积蓄。2013年，举一家之力，我买了套房。本来想买大点的，可算来算去也没那么多钱，最后只能将就着手中的钱买了套两室一厅。2020年，我所在社区的房子升值100%。请大家了解一下所在社区的房子的增值情况。

小结：凭借微薄的资金，个人理财便产生神奇的效果；拥有雄厚资金的企业，其理财的重要性更是不言而喻。

第一节　财务管理的对象与特点

财务管理是基于企业再生产过程中客观存在的财务活动和财务关系而产生的，是企业组织财务活动、处理各方面财务关系所形成的一项经济管理工作。企业财务活动是指资金的筹集、投放、使用、回收及分配等一系列行为，表现为资金的流转。财务关系也是资金流转过程中相关各方所形成的经济利益关系。

一、财务管理的对象

资金是企业的“血液”,财务管理的对象是企业经营活动中资金流转及其反映的经济关系。企业再生产过程也是资金流转的过程。其中,资金流转的起点和终点是现金,其他资产都是现金在流转中的转化形式,因此,财务管理的对象可视作现金及其流转。

(一) 现金的短期流转

图 1-1 是现金短期流转的基本形式。该图示省略了两个重要情况:

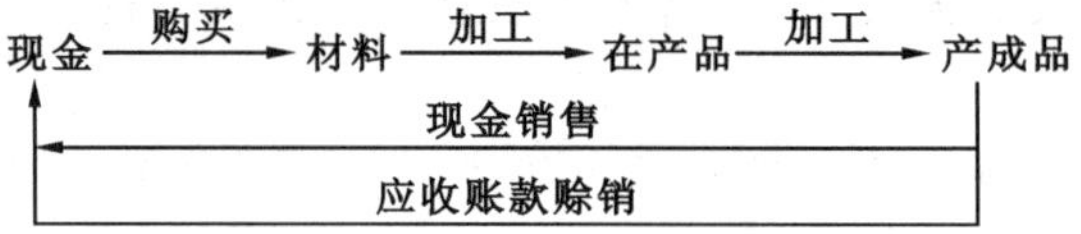

图 1-1 现金短期流转简图

一是该图只描述了现金的运用,没有反映现金的来源。股东最初投入的现金,在后续的经营中经常现金不足,需要补充。补充的现金来源包括增发股票、向银行借款、发行债券或利用商业信用等。

二是该图只描述了流动资产的相互转换,没有反映经营过程中现金的耗费。例如,用现金支付人工成本和其他营业费用等。企业不可能把全部现金都投资于非现金资产,必须拿出一定数额用于发放工资、支付管理费用等。这些现金被耗费了,而不是投入非现金资产。它们要与原料成本加在一起成为制定产品价格的基础,并通过出售产品收回最初支付的现金。

把上述两种情况补充进来,现金短期流转则如图 1-2 所示。

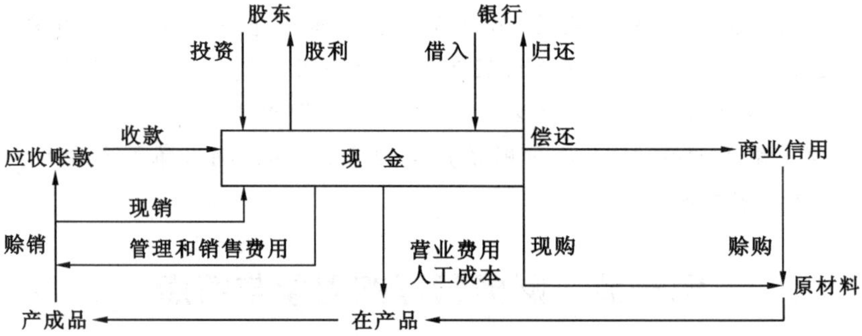

图 1-2 现金短期流转图

(二) 现金的长期流转

企业用现金购买固定资产,固定资产的价值在使用中逐渐减少,减少的价值称为折旧费。折旧费和人工费、材料费构成产品成本。出售产品时收回现金,有时出售固定资产也可使之变为现金。

现金长期流转是一个缓慢的过程,房屋等建筑物的成本往往要几十年才能得到补偿。图 1-3 是现金长期流转的基本形式。

与短期流转相比，现金长期流转有以下两个显著特点：

1. 固定资产的现金流动

固定资产的现金流出发生在购置的会计期，而不是在计提折旧的使用期。例如，2011 年年末购置了一台价格为 200 000 元的设备，使用期限为 10 年，残值为 0，2012 年投入使用。

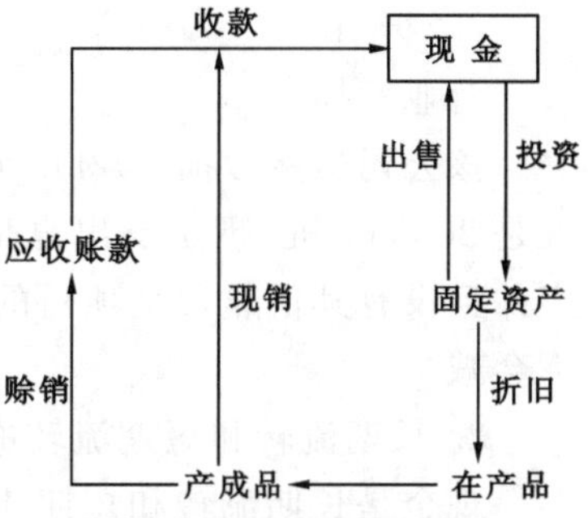

图 1-3　现金长期流转简图

按照权责发生制，机器的购置支出 200 000 元不构成 2007 年抵减收入的成本，而需要在 2011—2021 年的期间内折旧。这样可以合理地衡量各期的经营业绩，避免不合理地缩小 2007 年的利润，夸大 2008—2017 年的利润。

例如：2008 年 ABC 公司简化的利润表如下（单位：元）：

营业收入	200 000
减：制造成本（不含折旧）	100 000
销售和管理费用（付现）	10 000
折旧	20 000
税前营业利润	70 000
减：所得税费用（25%）	17 500
税后营业利润	52 500

从现金流转来看，2011 年有 200 000 元的真实现金流出，在 2012—2021 年陆续通过销售收回。该公司 2008 年获利 52 500 元，现金却增加了 72 500 元：

$$
\begin{aligned}
\text{营业现金净流量} &= \text{营业现金流入} - \text{营业现金流出} \\
&= 200\ 000 - (100\ 000 + 10\ 000 + 17\ 500) \\
&= 72\ 500(\text{元})
\end{aligned}
$$

ABC 公司 2012 年营业利润与现金流量的差异是计提折旧 20 000 元引起的，折旧是本期的费用，但不是本期的现金流出。假设全部营业收入均在当期收到现金，除折旧外其他成本费用均以现金支付：

$$
\begin{aligned}
\text{营业现金净流量} &= \text{营业税后利润} + \text{折旧} \\
&= 52\ 500 + 20\ 000 \\
&= 72\ 500(\text{元})
\end{aligned}
$$

如果 ABC 公司本年亏损，情况又会怎样呢？假设其利润表如下（单位：元）：

营业收入	200 000
减：制造成本（不含折旧）	180 000
销售和管理费用（付现）	10 000

折旧	20 000
营业亏损	10 000

该公司虽然亏损 10 000 元，但现金的余额并未比年初减少。因为，本期现金收入是 200 000 元，现金支出也是 190 000 元（180 000＋10 000）。在企业不添置固定资产并且没有其他非现金项目的情况下，只要亏损额不超过折旧额，企业的现金余额就不会减少。

2. 长期流转和短期流转的联系

现金是长期流转和短期流转的共同起点，在换取非现金资产时分开，分别转化为各种长期资产和短期资产，当其被使用时分别记入“在产品”和各种费用账户，又汇合在一起，同步形成“产成品”，产品经出售又同步转化为现金。转化为现金以后，不论其原来流转状态如何，企业均可以视需要重新分配。折旧形成的现金可以买材料，原来用于短期流转的现金收回后也可以投资于固定资产。

二、财务管理的特点

企业生产经营活动的复杂性，决定了企业管理必须包括多方面的内容，如生产管理、技术管理、劳动人事管理、设备管理、销售管理、质量管理、关系管理和财务管理等。上述各项工作既互相联系、紧密配合，又有科学的分类，具有各自的特点。而财务管理则具有如下特征：

（一）综合性强

企业管理在实行分工、分权的管理过程中形成了一系列专业管理，有的侧重于使用价值的管理，有的侧重于信息的管理。社会经济的发展，要求财务管理主要是运用价值形式对经营活动实施管理。通过价值形式，把企业拥有的经济资源、经营过程和经营成果进行合理地规划和控制，达到企业效益不断提高、财富不断增加的目的。因此，财务管理既是企业管理的一个独立方面，又是一项综合性的管理工作。

（二）涉及面宽

在企业中，一切涉及资金的收支活动，都属于财务管理的范畴。事实上，企业内部各部门与资金不发生联系的现象是很少见的。因此，财务管理的触觉，常常伸向企业经营的各个部门。每一个部门都会通过资金的使用与财务部门发生联系，每一个部门也都要在合理使用资金、节约资金等方面接受财务部门的指导，受到财务制度的约束，以此提高企业资金的使用效率。

（三）时效性强

在企业管理中，决策是否得当、经营是否合理、技术是否先进、产销是否顺畅，都可迅速地在企业财务指标中得到反映。企业生产的产品如果适销对路，质量优良可靠，则可带动生产发展，实现产销两旺，加快资金周转，增强盈利能力。这一切都可以通过各种财务指标迅速地反映出来。因此，财务管理工作既有其独立性，又受整个企业管理工作的制约。财务部门应通过自己的工作,向企业管理者及时通报有关财务指标的变化情况,以便把各部门的工作都纳入到提高经济效益的轨道,努力实现财务管理的目标。

第二节 财务管理的目标

财务管理的目标又称理财目标,是指企业进行财务活动所要达到的根本目的,它决定着企业财务管理的基本方向和基本内容。在充分认识财务活动客观规律的基础上,根据实际情况和未来变动趋势确定财务管理目标,是财务管理主体必须首先解决的基本问题。财务管理的目标,取决于企业的总目标,并且受到财务管理自身特点的制约。

一、企业目标及其对财务管理的要求

企业财务管理作为企业整个运行链条中的重要一环,直接受制于企业的经营目标。换句话说,企业的经营目标不仅是企业理财工作努力的方向,而且是衡量和评价各项财务决策是否正确与有效的标准。

企业是以盈利为目的的经济组织,其出发点和归宿是盈利。企业一旦成立,就会面临市场竞争,自始至终处于生存和倒闭、发展和萎缩的矛盾之中。企业只有生存下去,才能获利;只有不断发展,才能求得生存;只有能获利,才有生存的价值。因此,企业目标可以细化为生存、发展和获利。

(一)生存目标对财务管理的要求

市场是企业赖以生存的“土壤”。企业在市场中生存下去的基本条件有两个:一个是以收抵支;另一个是到期偿债。相应地,企业生存的威胁主要来自两个方面:一个是长期亏损,它是企业终止的根本原因;另一个是不能偿还到期债务,它是企业终止的直接原因。为此,力求保持以收抵支和偿还到期债务的能力,降低破产风险,使企业能够长期、稳定地生存下去,是对财务管理的第一个要求。

(二)发展目标对财务管理的要求

企业是在发展中求生存的,企业的发展集中表现为扩大收入。扩大收入的根本途径是提高产品的质量和销量,这就要求企业不断更新设备、技术和工艺,努力提高各种人员的素质。即要投入更多更好的物质资源、人力资源,并努力改进技术和管理。在市场经济中,各种资源的取得都需要付出货币,企业的发展更离不开资金。因此,及时足额筹集企业发展所需要的资金,是对财务管理的第二个要求。

(三)获利目标对财务管理的要求

从财务角度看,盈利就是使资产获得超过其投资成本的回报。在市场经济中,没有“免费使用”的资金,资金的每项来源都有其成本,每项资产都是投资的载体,都应

获得相应的报酬。财务人员必须有效地使用企业正常经营活动产生的资金和从外部获得的资金。因此,通过合理、有效地使用资金使企业获利,是对财务管理的第三个要求。

二、财务管理的目标

财务管理的目标是在特定的理财环境下,通过组织财务活动、处理财务关系所要达到的目的。从根本上说,财务目标取决于企业生存目的或企业目标,取决于特定的社会经济模式。企业财务目标具有体制性特征,整个社会经济体制、经济模式和企业所采用的组织制度在很大程度上决定企业财务目标的取向。在现代企业财务管理的理论发展及实践过程中,形成了以下几种最具代表性的财务管理目标观。

1. 利润最大化

利润是企业在一定期间全部收入扣除全部费用后的差额,是按照收入与费用配比原则加以计算的,在一定程度上体现了经济效益的高低。利润代表了企业新创造的财富,是投资者获得红利的来源,也是企业补充资本、扩大经营规模的源泉。因此,以利润最大化作为财务管理目标有其合理性。追求利润最大化,要求企业合理配置经济资源,严格经济核算,加强经营管理,改进生产技术,提高劳动生产率,降低产品成本,提高经济效益。但是,由于利润指标自身的局限性,以利润最大化作为财务管理目标存在以下缺陷:

(1) 利润最大化没有考虑利润取得的时间,没有考虑资金的时间价值。例如,今年获利 100 万元和明年获利 100 万元对企业的影响是不同的,更不同于后年获利 100 万元对企业造成的影响。

(2) 利润最大化中的利润额是一个绝对数,没有考虑所获利润和投入资本额的匹配关系。例如,同样获利 100 万元,一个企业投入资本 500 万元,另一个投入 800 万元就是明显的例子。显然,若利润不与投入资本额联系起来,就不能合理地说明企业经济效益水平的高低,不便于在不同时期、不同企业之间进行比较。

(3) 没有考虑获取利润所承担风险的大小。例如,同样投入 500 万元,本年获利 100 万元的两个企业,一个获利已全部转化为现金,不存在发生坏账的风险;另一个则全部是应收账款,可能发生坏账损失。显然,若不考虑风险,则难以做出正确判断。一般而言,报酬越高,风险越大。追求利润最大化,往往会增加企业经营风险。

由于利润最大化往往会使企业财务决策带有短期行为的倾向,即片面追求企业当前利润的最大化,忽视企业的长远发展。因此,将利润最大化作为企业管理目标存在一定的片面性。

2. 资本利润率最大化或每股盈余最大化

资本利润率是税后净利润与权益资本的比率。每股盈余是税后净利润与普通股股数的比值。这两个指标把企业实现的利润同投入的资本或股本数进行对比,能够说明企业的盈利率，可用于对不同资本规模企业的横向比较，或同一企业不同期间的纵向比较，以便揭示盈利水平存在的差异。但该指标存在以下两个缺陷：

（1）资本利润率和每股盈余仍没有考虑风险因素。

（2）资本利润率最大化或每股盈余最大化没有考虑资金的时间价值。

3. 企业价值最大化或股东财富最大化

通俗地讲，企业价值是指企业本身值多少钱，虽然企业不是一般意义上的商品，但也可以被买卖。收购或转让企业时必然对其进行市场评价，通过市场评价所确定的企业收购价格就是企业价值。

在股份有限公司中，企业价值可以用股票市场价值总额来代表。例如，欲购买A公司，只要收购A公司的全部股票即可，那么A公司全部股票的市场价值总额就代表了该公司的企业价值。显然，当公司股票市场价格最高时，该公司企业价值最大。对于股东来说，其财富由所拥有的股票数量和股票市场价格来决定，当股票价格达到最高时，股东财富也达到最大，这样企业价值最大与股东财富最大是一致的。由于股票价格的变动决定了企业价值或股东财富的多少，所以在正常的市场环境中，对上市企业来说，可以用每股市价最大化作为其财务管理目标。股份制企业的价值确定通常依靠理论上的公式来进行计算：

$$V_0 = \sum_{t=1}^{n} \frac{p_t}{(1+i)^t}$$

式中　V_0——企业价值；

p_t——企业在 t 年获得的预期报酬，可以用企业的利润或现金净流量来表示；

i——对每年所获报酬进行贴现所用的风险调整贴现率，它综合考虑了货币时间价值因素和风险价值因素；

t——取得报酬的时间；

n——取得报酬的持续时间，财务管理中一般都假设企业持续经营，故公式中的 n 可确定为无限大。

从上式可以看出，V_0 与 p_t 成正比，与 i 成反比，即企业价值与预期报酬成正比，与预期风险成反比。一般而言，报酬与风险是共存的，报酬越大，风险越高，企业价值只有在报酬与风险达到均衡时才能达到最大。

企业价值最大化或股东财富最大化考虑了取得报酬的时间因素，并利用资金时间价值原理进行科学的计量；同时，由于考虑了风险与报酬之间的联系，能有效地克服财务管理人员不顾风险大小，片面追求利润的错误倾向。当企业把追求财富最大化作为自己的目标时，就会有利于增加整个社会的财富。

三、财务管理目标的影响因素

企业价值的大小取决于企业的报酬率和风险的高低，而企业的报酬率和风险的高低，又是由企业的投资项目、资本结构和股利政策决定的。因此，这五个因素影响企业的价值。财务管理正是通过投资决策、筹资决策和股利决策来提高报酬率，降低风险，实现其目标的。

1. 投资报酬率

由于公司规模的差异，公司利润总额不能有效地反映股东财富的实现程度，投资报酬率(每股盈余)成为重要衡量指标。例如，某公司有 1 亿股普通股，税后净利 2 亿元，每股盈余为 2 元。假设你持有该公司股票 1 000 股，因而分红到 2 000 元利润。如果企业为增加利润拟扩大规模，再发行 1 亿股普通股，预计增加盈利 1 亿元。对此项财务决策你会赞成吗？你的财富会增加吗？由于总股数增加到 2 亿股，利润增加到 3 亿元，每股盈余反而降低到 1.5 元，你分享的利润将减少到 1 500 元，投资报酬率反而降低了。

2. 风险

任何决策都是面向未来的，并且会有一定的风险。决策时科学权衡风险和报酬，才能获得较好的结果。例如，你持股的公司有两个投资机会，第一方案可使每股盈余增加 1 元，其风险极低，几乎可以忽略不计；第二方案可使每股盈余增加 2 元，但是有一定风险，若方案失败则每股盈余不升反降。你应该赞成哪一个方案呢？回答是要看第二方案的风险有多大。如果成功的概率大于 50%，则它是可取的，反之则不可取。由此可见，财务决策不能不考虑风险，风险和可望得到的额外报酬相称时，方案才是可取的。

3. 投资项目

投资项目是决定投资报酬率和风险高低的首要因素。被企业采纳的投资项目，都会增加企业的报酬，否则企业就没有必要对它投资。与此同时，任何项目都有风险，区别只在于风险大小不同。因此，企业的投资计划会改变其报酬率和风险，并影响股票的价格。

4. 资本结构

资本结构是指所有者权益(The Owner's Equity)与负债(Liability)的比例关系。一般情况下，企业借债的利息(Interest)低于其投资的预期报酬率，可以通过借债获得短期资金而提高公司的预期每股盈余，但也会同时扩大预期每股盈余的风险。因为一旦情况发生变化，如销售萎缩等，实际的报酬率低于利率，则负债不但没有提高每股盈余，反而使每股盈余减少，企业甚至可能因不能按期支付本息而破产。资本结构不当是公司破产的一个重要原因。

5. 股利政策

股利政策是指公司赚得的当期盈余中，有多少作为股利发放给股东，有多少保留下来准备再投资用，以便使未来的盈余源泉可继续下去。股东既希望分红，又希望每股盈余在未来不断增长。两者有矛盾，前者是当前利益，后者是长远利益。加大保留盈余，会提高未来的报酬率，但再投资的风险比立即分红要大。因此，股利政策会影响公司的报酬率和风险。

四、财务管理目标的协调

企业财务活动涉及不同的利益主体，其中最主要的是股东、经营者和债权人，这三者构成了企业最重要的财务关系。企业是所有者即股东的企业，也是经营者和债权人等利益相关者的企业；财务管理目标是股东的目标，也应当兼顾经营者和债权人的目标。但经营者、债权人与股东的目标并不完全一致，企业只有协调好这三个方面的矛盾，才能实现股东财富最大化的目标。

1. 股东和经营者的矛盾协调

股东为企业提供资金，目标是使其财富最大化。经营者则希望在提高企业价值或股东财富的同时，提高自己的报酬、荣誉和社会地位，增加闲暇时间，降低劳动强度。经营者有可能为了自己的目标而背离股东目标，如借口工作需要乱花股东的钱，装修豪华的办公室，买高档汽车，增加享受成本等；或者蓄意压低股票价格，以自己的名义借款买回，导致股东财富受损，自己则从中渔利。为了解决或弱化这一矛盾，股东通常可以采取监督和激励两种办法来协调自己和经营者的目标。监督是通过公司的监事会来检查公司财务。当经营者的行为损害股东利益时，要求董事和经理予以纠正，解聘有关责任人员；另外，股东也可以支付审计费，聘请注册会计师审查企业财务情况，监督经营者的财务行为。激励是把经营者的报酬同其绩效挂钩，通过“股票选择权”、“绩效股”等形式，使经营者自觉自愿采取各种措施提高股价，从而达到股东财富最大化的目标。

2. 股东和债权人的矛盾协调

债权人把资金交给企业，其目标是到期收回本金，并获得约定的利息收入。企业借款的目的是用它扩大经营规模，投入到有风险的经营项目中。资金一旦到了企业手里，债权人就失去了控制权，股东可以通过经营者为自身利益而伤害债权人利益。如不经过债权人同意，投资于比预期风险高的新项目等，若侥幸成功，超额利润会被股东独吞；若不幸失败，债权人连带遭受损失。因此，债权人应当寻求立法保护，如破产时优先接管，优先于股东分配剩余财产等。债权人还可以在借款合同中加入限制性条款，如规定资金用途，规定不得发行新债的数额；当发现公司有意侵蚀其债权价值时，提前收回借款，拒绝进一步合作等。

3. 企业与其他利益相关者的矛盾协调

企业财务管理目标与社会目标在许多方面是一致的，企业在追求自己的目标时，必然为社会提供服务，自然会使消费者等社会公众受益。例如，企业为了生存，必须生产出符合社会需要的产品，满足消费者（顾客）的需求；企业为了发展，要扩大经营规模，自然会增加职工人数，解决社会就业问题，为政府排忧解难；企业为了获利，必须处理好职工的诉求，提高劳动生产率，改进产品与服务质量，提升社会生产效率和公众的生活质量；企业要在竞争中立于不败之地，还要善于利用金融资本市场，实施并购重组及其他形式的对外投资。但企业财务管理目标与社会目标也有不一致的地方，如企业为了获利，可能生产伪劣产品；可能不顾工人的健康和利益；可能造成环境污染；可能损害其他企业的利益等。国家要保护所有公民的正当权益，股东只是社会中的一部分人，他们在谋求自己利益的同时，不能损害他人利益。为此，国家颁布一系列保护公众利益的法律法规，如反暴利法、环境保护法、消费者权益保护法和产品质量法等。通过这些法律法规来强制企业承担社会责任，调节股东和社会公众的利益关系。

第三节　财务管理的假设及原则

财务管理假设，是人们根据财务活动的内在规律和理财环境的要求所提出的具有一定事实依据的假定或设想，是研究财务管理理论和实践问题的基本前提。财务管理假设包括理财主体假设、持续经营假设、有效市场假设、资金增值假设、理性理财假设。

财务管理原则是企业在自觉认识和掌握财务活动规律的基础上，组织财务活动、处理财务关系的行为准则，是国家财务管理政策和企业财务管理基本特征的综合反映。财务管理原则从企业理财实践中概括出来，并体现理财活动规律的行业规范，反映了人们对财务管理的基本认识、理财环境对财务管理的内在要求。

一、财务管理假设

（一）理财主体假设

理财主体是指财务管理为之服务的特定单位，通常是指具有独立或相对独立利益的经济实体。财务管理不是漫无边际的，应限制在每一个经济上具有独立性的组织之内。理财主体假设明确了财务管理的空间范围，将一个主体的理财活动同另外一个主体的理财活动相区分。在现代公司制企业中，客观上要求将公司的财务活动与股东等经济主体的财务活动划分清楚。理财主体假设，可以将公司与股东、债权人、企业职工等经济主体分开，为确立财务管理目标、科学划分权责关系奠定了理论基础。

财务主体具有独立性。财务主体能够在不受外界直接干扰的情况下，自主地从事财务活动。这主要体现在两个方面：第一，财务主体有自己所能控制的资金，这种控制虽然不一定是法律上的所有权，但它可以保证主体活动对象的存在，并且主体对其财务活动的结果承担责任。第二，财务主体能够自主地进行融资、投资、分配等一系列财务活动，财务主体的决策始终立足于自身的实际情况，满足于自身的需要。独立性是财务主体最主要的特征，财务主体若缺乏独立性，不仅会使财务决策过程混乱，而且会使财务活动结果的责任无法明确，导致财务主体管理秩序混乱、责权不明，最终使财务主体解体。

财务主体具有目的性。财务主体从事财务活动都有自己的目标，并根据目标行动。作为经济管理活动的一部分，财务活动面临着外界残酷的竞争。如果财务主体理财目的不明确，必将分散财务主体的力量，最终导致财务主体在竞争中失败。作为一个完整的经济组织，财务主体不仅有其行动的总目标，而且有不同的具体目标。在融资阶段，财务主体的具体目标是筹集足够资金，优化资本结构，降低资金成本；在投资阶段，其目标是做好投资决策，实现净收益最大化；在分配阶段，其目标是通过分配决策，既使投资者满意，又保证公司具有发展后劲。

财务主体具有层次性。不同层面理财主体的视野及目的存在差异。如集团公司、子公司及子公司内部不同层面的差异，不应当忽视。

（二）持续经营假设

持续经营假设是指理财主体持续存在且能够执行预计的经济活动，即理财主体在可以预见的未来会持续地经营下去。持续经营假设明确了财务管理活动的时间范围。

由于绝大多数正常经营的企业都能持续下去，即使破产、清算，也难以预计发生的时间。因此，在财务管理上，除非有证据表明企业将破产、关闭，否则，都假定企业在可以预见的将来持续经营下去。因为只有在持续经营状态下，企业的投资才能在未来产生效益，企业才会根据其财务状况和对未来现金流量的预测、业务发展的要求安排借款的期限。如果没有持续经营假设，这一切都无从谈起。

事实上，不论一家企业规模大小，它总是一个“有限生命”的经济组织，真正做成“百年老店”的企业凤毛麟角。因此，持续经营假设并非亘古不变。一旦有迹象表明企业经营失常，财务状况恶化，不能偿还到期债务，持续经营假设就失去了存在的客观基础，财务管理活动应改为在清算假设下进行。例如，在企业破产清算过程中，债务期限的长短及是否到期是没有区别的，在持续经营的条件下却有实质性的差异。

持续经营假设除衍生出分期理财外，还含有以下寓意：在确定筹资方式时，要注意合理安排短期资金和长期资金的关系；在进行投资时，要合理确定短期投资和长期投资的关系；在进行收益分配时，要正确处理各个利益集团短期利益和长期利益的关系。

（三）有效市场假设

有效市场假设是指财务活动所依托的资金市场是健全和有效的。只有在有效市场上，财务管理活动才能正常进行，财务管理理论体系才能建立。1970 年美国财务学者法马(Fama)将有效市场划分为三类：第一类是弱式有效市场。即当前的证券价格完全反映了已蕴含在证券历史价格中的全部信息。其含义是，任何投资者仅仅根据历史的信息进行交易，均不会获得额外盈利。第二类是次强式有效市场。即证券价格完全反映所有公开的可用信息。这样,根据一切公开的信息如公司的年度报告、投资咨询报告、董事会公告等,都不能获得额外的盈利。第三类是强式有效市场。即证券价格完全地反映一切公开的和非公开的信息。投资者即使掌握内幕信息也无法获得额外盈利。实证研究表明,美国等发达国家的证券市场均已达到次强式有效市场,中国股票市场已接近弱式有效市场。

法马的有效市场假设是建立在高度发达的证券市场和股份制占主导地位的理财环境的基础之上的。从理财环境和企业特点分析,中国的有效市场应具备以下特点:当企业需要资金时,能以合理的价格在资金市场上筹集到所需资金;当企业有闲置资金时,能在市场上找到有效的投资方式;企业理财上的任何成功和失误,都能在资金市场上得到反映。

依据有效市场假设可以推断:各理财主体应当在公平竞争的市场环境中进行活动。有效市场假设是确立财务管理原则、确定融资组合的理论基础。如果理财活动所依托的市场无效,财务管理理论就无法建立。

(四) 资金增值假设

资金增值假设是指通过合理营运,资金的价值可以增加。财务管理是对资金进行规划和控制的一项管理活动,如果在资金运作过程中不能实现资金的增值,财务管理就失去了存在的意义。

尽管资金的实际运作结果可能出现增值,也可能出现减值,但财务管理存在的意义在于资金的增值。在商品经济条件下,从整个社会来看,资金的增值是一种规律,而且这种增值只能来源于生产过程。但从个别企业来考察,资金的增值并不是一种规律。例如,一家企业将其资金投资于股票,一年以后卖出,可能实现资金的增值,也可能会出现亏损。因此,对某一家企业来说,资金增值只能是一种假设,而不是一项规律。因为在财务管理中,在做出某种投资决策时,一定假定这笔投资是直接或间接增值的;否则,这笔投资就不会发生了。

资金增值假设衍生出风险与报酬的匹配。资金的运筹方式不同,获得的报酬就不一样。例如,国债基本上是无风险投资品种,而股票是风险很大的投资品种,为什么还有人将巨额资金投向股市呢?这是因为股票投资的预期报酬要远远高于购买国债得到的预期报酬。

(五) 理性理财假设

理性理财假设是指从事财务管理工作的人员会在众多的方案中选择最有利的方案。在实际工作中,财务管理人员都认为自己是理性的,做出的决策是正确的,否则就不会如此决策。尽管实践中存在部分非理性的理财活动,但从财务管理研究的视角,只能假设所有的理财行为都是理性的,因为盲目的理财行为是没有规律的,而没有规律的东西则无法上升到理论的高度。

理性理财的第一个表现是理财是一种有目的的行为,即企业的理财活动都有一定的目标。当然，在不同的时期与理财环境中，理性理财行为的标准不同。因此，理性理财假设的理性是相对的，是相对于具体理财环境而言的。无论事后证明这种理财行为正确与否，其行为的基本前提和出发点都是理性的。理性理财的第二个表现是财务管理人员能够通过比较、判断、分析等手段，从若干个备选方案中选择一个有利于财务管理目标实现的最佳方案。理性理财的第三个表现是当理财人员发现执行的方案存在缺陷时，会及时采取措施进行纠正，使损失降至最低。

二、财务管理原则

(一) 资金合理配置原则

财务管理主要是对资金的管理，其对象是资金及其流转。资金的占用形态具有并存性和衔接性，如企业资金必须同时分别占用在储备资金、生产资金、成品资金和结算资金等各种形态上，每种资金形态都不断地依次由一个阶段过渡到另一个阶段，只有把企业的资金按合理的比例配置在生产经营的各个阶段上，才能保证生产经营活动的顺畅运行，否则就会危及企业购、产、销活动的协调。因此，合理配置资金，即通过资金活动的组织和调节来保证各项物质资源保持合理的比例关系，是企业持续高效经营不可缺少的条件。

(二) 成本效益原则

成本效益原则是指对企业生产经营活动中的所费与所得进行比较，对企业经济行为的得失进行衡量，使成本与效益两个方面得到最佳结合，以便获得更多的盈利，提高经济效益。讲求经济效益，必然要求企业以尽可能少的劳动消耗，创造出尽可能多的劳动成果。劳动消耗的货币表现就是资金占用和成本费用，劳动成果的货币表现则是营业收入和利润。实行成本效益原则，就是要求在企业财务管理中，正确处理成本费用与收入利润的关系。为此，企业在筹集资金时，要对资金成本率与税前资金利润进行分析比较；投资时，要对项目的投资额与各期投资收益额进行对比；在企业经营活动中，要将企业产品和服务的成本费用与其营业收入、利润进行分析比较。通过上述计算、分析和比较，促使企业降低成本费用，增加收入，提高盈利，保证企业财务管理目标的实现。

(三) 收益风险均衡原则

在激烈的市场竞争中，企业进行生产经营活动不可避免地要遇到风险。财务活动中的风险是指无法达到预期报酬的可能性。企业要想获得收益，就不能回避风险，收益与风险同时存在，并且它们之间存在着同向变动关系，即收益大风险也大，收益小风险也小。收益与风险均衡原则要求企业从事生产经营活动时，不能只顾追求收益，而不考虑风险的存在。在财务管理工作中，不仅要有收益观念，更应增强风险意识，以便在进行财务决策时，对风险和收益进行全面的预测，做出正确的分析和判断，从而选择最佳方案，使收益与风险均衡，做到既降低风险，又能得到较高收益。同时，还要尽可能分散风险，趋利避害，化风险为机遇，以便获得最大的收益。

（四）柔性原则

柔性是指企业适应市场变化的能力，即企业生产经营和财务活动的可调整性。柔性原则要求企业在财务管理工作中，必须在追求准确和节约的同时，留有合理的伸缩余地，以便当市场出现变动时，企业可以随时自动做出调整。之所以要保持合理的柔性，主要是因为以下两个方面的原因：财务管理的环境是复杂多变的，企业缺乏完全的控制能力可能会出现失误；财务预测、决策、计划都是对未来的大致规划，不可能完全准确。因此，要求在管理的各个方面和各个环节保持可调节的余地。在财务活动中遵循柔性原则，就会使财务管理者主动、自觉地适应市场和企业不断变化的情况，使企业生产经营和财务活动得以顺利进行。

（五）利益关系协调原则

企业在融资、投资、分配等财务活动过程中，形成了与国家、投资者、债权人、债务人、职工以及企业内部其他部门之间的财务关系。这一关系实质上是物质利益关系。要处理好这一关系，必须兼顾各方利益。如在企业与投资者、股东之间，企业对投资者要做到资本保全，并合理安排股利分配与盈余公积金提取的比例，在各种投资者之间合理分配股息红利；在与债权人的关系中，要按期还本付息；企业与企业之间，应坚持等价交换，并通过罚金、赔款等形式以维护经济合同的严肃性；在企业内部，要划清各单位的经济责任和经济利益，奖优罚劣；在企业与职工之间，实行按劳分配，将职工的收入与劳动成果挂钩。处理各种经济关系，要遵守国家法律、法规和政策，维护各方合法权益，正确运用价格、股利、利息、奖金、罚款等经济手段，建立激励机制和约束机制，处理好财务活动当事人之间的经济利益关系，以保障企业生产经营活动顺利、高效地运行。

（六）分级管理原则

在权、责、利合理配置的现代企业制度下，财务活动的权、责、利也需要在企业内部明确划分。即在全面协调、统一的前提下，按照管理物资与管理资金相结合、使用资金与管理资金相结合、管理责任同管理权限相结合的要求，实行各级、各部门共同承担责任的财务管理，以图调动全体员工的管理积极性，将各项管理措施落到实处，务求有效。

（七）合法原则

市场经济条件下，企业的一切理财活动均须在法律框架内展开。即财务管理工作必须遵守国家有关的法规，依照法规要求开展财务活动，处理与各方面的财务关系，以维护和保持正常的社会经济秩序。

第四节　财务管理的环境

财务管理环境也称理财环境，是指对企业财务活动和财务管理产生影响的内外部条件或因素。企业只有在所处环境中各种因素的综合作用下，实现财务活动的协调平衡，才能更好地生存和发展。

理财环境按其所涉及的范围，可分为宏观理财环境和微观理财环境。宏观理财环境中的各种因素，通常存在于企业外部，如国家经济发展水平、社会稳定性、产业政策和金融市场状况等，一般对各类企业的财务管理都会产生影响；微观理财环境中的各种因素，有的存在于企业外部，有的存在于企业内部，如企业组织形式、产品销售状况和材料供应情况等，一般只对特定企业的财务管理产生影响。

财务管理的宏观环境涉及面较宽，影响较直接的主要包括法律环境、金融市场环境和经济环境。

一、法律环境

财务管理的法律环境是指企业理财活动所应遵守的各种法律、法规和规章。国家管理经济活动和经济关系的手段包括行政手段、经济手段和法律手段三种。随着经济改革的不断深化，行政手段逐渐减少，经济手段特别是法律手段日益增多，建立一个完整的法律体系来维护市场秩序很重要。企业的各项理财活动，无论是筹资、投资还是利润分配，都应当遵守有关的法律法规。

（一）企业组织法规

企业必须依法成立，才能合法经营，获得良好的法律环境。企业组织法规是规范、调整企业相关经济关系的依据和规范。组建不同类型的企业，要依照不同的法律规范，包括《公司法》、《企业法》、《合伙企业法》、《个人独资企业法》及《外资企业法》等法律；《登记管理条例》、《外资企业法实施细则》等法规和规章。其中，《公司法》对公司的设立条件、设立程序、组织机构、组织变更和终止的条件、程序都作了明确的规定，包括股东人数、法定资本最低限额和资本筹集方式等。只有按其规定的条件和程序设立的企业，才能成为公司。《公司法》还对公司生产经营的主要方面作出了规定，包括股票的发行和交易、债券的发行和转让、公司的财务会计要求和利润分配等。公司一旦成立，其主要活动包括财务管理活动都要按照《公司法》的规定来进行。《公司法》是公司财务管理最主要的法律规范，其他企业也应按照相应的法律来开展其理财活动。

（二）税收法规

税收法规主要包括法规、条例、细则、规定等形式，在我国分别由全国人民代表大会常务委员会、国务院、财政部或税务总局发布。税收制度特别是工商税收制度，是企业财务管理重要的外部条件。我国自 1994 年 1 月开始施行一系列新的工商税收法律法规。正在实施的工商税收法规主要包括:《企业所得税法》、《税收征收管理法》等法律;《增值税暂行条例》、《营业税暂行条例》、《消费税暂行条例》、《资源税暂行条例》、《进出口关税条例》、《企业所得税法实施条例》、《税收征收管理法实施条例》等法规;《增值税暂行条例实施细则》、《营业税暂行条例实施细则》、《消费税暂行条例实施细则》、《资源税暂行条例实施细则》、《进出口关税条例实施细则》等规章。国家各税种的设置及税率的调整,对生产经营具有调节作用。企业财务决策应当主动顺应税收政策导向,通过精心安排和筹划,在不违反税法的前提下,尽可能地降低企业的税务负担。

(三) 财务法规

财务法规是国家立法和行政机关制定、颁布的有关企业、事业等单位在财务活动中必须遵守的各种法律、条例、规章、制度等规范性文件的总称。它体现国家管理国民经济的要求,具有强制性,是企业、事业等单位进行财务收支活动的准则和国家依法进行财政监督的准绳。我国已颁布的适用于企业的财务法规有:《中华人民共和国会计法》、《企业财务通则》、《企业财务会计报告条例》、《国有资本金绩效评价规则》及《证券法》、《合同法》等,这些法律法规的颁布给企业的财务活动带来了重大影响。其中,《企业财务通则》是各类企业开展财务活动、实施财务管理的基本规范;具体行业财务制度则是根据财务通则的规定,为适应不同行业特点和管理要求所制定的行业规范。企业财务管理人员应当认真研究相关财务管理法规制度的精神和具体要求,在守法的前提下充分行使法规、制度所赋予的理财自主权,完善企业的经营管理,实现企业的财务目标。

二、金融市场环境

金融市场是资金融通的场所,即资金供应者和资金需求者双方通过某种形式融通资金的场所。金融市场按照交易对象可以分以下不同的类型,如图 1-4 所示。

- 金融市场
  - 外汇市场
  - 资金市场
    - 货币市场
      - 短期证券市场
      - 短期借贷市场
      - 票据承兑与贴现市场
      - 同业拆借市场
    - 资本市场
      - 长期证券市场
        - 发行市场(一级市场)
        - 流通市场(二级市场)
      - 长期借贷市场
  - 黄金市场

图 1-4 金融市场的类型

(一)金融市场的组成

金融市场由金融市场主体、金融市场工具和调节融资活动的市场机制三要素组成。

1. 金融市场主体

金融市场主体是指资金供应者、资金需求者及金融中介机构,包括政府部门、金融机构、企事业单位、城乡居民和其他组织。金融中介机构是连接融资人和投资人的桥梁,分为银行和非银行金融机构。银行金融机构主要包括中国人民银行、国有商业银行、国家政策性银行、股份制银行、城市或农村商业银行、民营银行和外资银行等;非银行金融机构主要有保险公司、信托投资公司、信用合作社、邮政储蓄机构、证券公司及证券交易所等。不同的金融中介机构进行资金交易,所需法律手续不同,交易条件不同,交易成本不同,交易的数量和完成交易的时间也有差别。因此,企业必须选择适合自身情况的主要交易机构和场所,以相对节省交易费用,加快交易进程。

2. 金融市场工具

金融市场工具是指资金供应者将资金让渡给资金需求者的凭证和证明,包括各种债券、股票、票据、可转让存单、借款合同、抵押契约等。不同金融工具用于不同的资金供求场合,具有不同的法律效力和流通功能,企业为此承担风险和付出的成本不同,必须选择适合自身情况的金融工具,以相对降低风险和成本。

3. 调节融资活动的市场机制

在金融市场上,从资金的借贷关系看,利率是一定时期运用资金这一资源的交易价格。利率作为资金这种特殊商品的价格标准,实质上是资源的再分配。因此利率在资金分配及企业财务决策中起着重要作用。可按照不同的标准对利率进行分类:

(1)按利率之间的变动关系,分为基准利率和套算利率。基准利率是指在多种利率并存条件下起决定作用的利率。所谓起决定作用的利率是指该种利率变动,会导致其他利率发生相应的变动。因此,了解基准利率水平的变化趋势,就可了解全部利率的变化趋势。基准利率在西方通常是中央银行的再贴现率,在我国是中国人民银行对商业银行的贷款利率。套算利率是指在基准利率确定后,各金融机构根据基准利率和借贷款项的特点而换算出来的利率。例如,某商业银行规定,向信用分别为AAA级、AA级、A级的企业发放贷款,实际利率(套算利率)应分别在基准利率基础上浮动0.5%、1%、1.5%。

(2)按债权人取得的报酬情况,分为实际利率和名义利率。实际利率是指在物价不变即货币购买力不变的条件下的利率;或者是在物价有变化时,扣除物价变动效应后的利率。名义利率则包含物价变动因素。两者之间的关系是:

名义利率=实际利率+预计物价变动率+实际利率×预计物价变动率

(3)按利率与市场资金供求关系,分为固定利率和浮动利率。固定利率是指在借贷期内固定不变的利率。若在借贷期内发生通货膨胀,实行固定利率会使债权人的利益受到损害。浮动利率是指在借贷期内可以随物价变动加以调整的利率。在通货膨胀条件下采用浮动利率，可减少债权人的损失。

(4) 按利率变动与市场的关系，分为市场利率和法定利率。市场利率是指根据资金市场上的供求关系，随着市场变化而自由变动的利率。法定利率是指由政府金融管理部门或者中央银行确定的利率。

与任何商品的价格均由供应和需求两方面来决定一样，资金这种特殊商品的价格——利率，也主要是由供给与需求来决定的。除这两个因素外，经济周期、通货膨胀、国家金融财政政策、国际经济政治关系、国家利率管制程度等，对利率的变动均有不同程度的影响。因此，资金的利率通常由纯利率、通货膨胀补偿率与风险报酬率三部分组成。计算公式可表示如下：

利率＝纯利率＋通货膨胀补偿率＋风险报酬率

纯利率是指没有风险和通货膨胀情况下的均衡点利率；通货膨胀补偿率是指持续的通货膨胀导致货币的实际购买力不断降低，为补偿其购买力损失而要求提高的利率；风险报酬率是指借款人无法按时支付利率或偿还本金等给投资人带来风险，投资人为了弥补这些风险而要求提高的利率。

(二) 金融市场与企业理财的关系

1. 金融市场是企业投资和融资的场所

金融市场上有许多种融通资金的方式，且比较灵活。企业需要资金时，可以到金融市场选择适合自己的方式融资。企业有了剩余资金，也可以灵活选择投资方式，为其资金寻找出路，以求增加企业收益。

2. 企业通过金融市场使长短期资金互相转化

企业持有的股票和债券是长期资产，在金融市场上可以抛售变现，成为短期资金；远期票据则可以通过贴现变为现金；大额可转让定期存单可以在金融市场卖出，成为短期资金；同样，短期资金也可以在金融市场上转变为股票、债券等长期资产。

3. 金融市场为企业理财提供有意义的信息

金融市场的利率变动，反映资金的供求状况，有价证券市场的行情反映投资人对企业经营状况和盈利水平的评价，是企业经营和理财的重要依据。

金融环境对企业理财活动影响极大。金融市场的发育程度，各种融资方式的开放情况，各种有价证券等金融手段的利用情况，承兑、抵押、转让、贴现等各种票据业务的开展程度，对企业资金能否正常流通有极大的影响。企业财务管理人员应该熟悉各种类型金融市场的管制规则，有效地利用金融市场来组织资金供应；同时，还要遵守国家金融主管机关对于金融市场的宏观调控和指导，发挥金融市场的积极作用，限制其消极作用。

三、经济环境

本节所说的经济环境主要指企业从事财务活动的宏观经济环境，具体包括以下几个方面：

(一) 国家的经济政策

政府具有宏观调控经济的职能。社会经济发展规划、政府产业政策、经济体制改革措施及财经法规，对企业的生产经营和财务活动都有重大影响。国家的各项经济政策都是用以促进国民经济发展的，但对不同地区和不同行业的政策存在着一定的差异。企业在财务决策时要认真研究国家的经济政策，按照政策导向行事，趋利除弊，做到既有利于国民经济发展，又有利于增强企业自身的经济实力。

(二) 经济发展状况

经济发展状况对企业理财有重大影响。社会经济发展存在着周期性是人所共知的现象，我国的经济发展与运行也呈现出周期性的波动。过去曾经历过若干次投资膨胀、生产高涨的过热现象，以致国家采取控制投资、紧缩银根等措施进行调控。经济的快速发展，为企业扩大规模、调整方向、打开市场以及拓宽财务活动领域带来了机遇。同时，经济的快速发展与资金紧张又是一对客观存在的矛盾，这给企业的财务管理带来了严峻的挑战。此外，由于国际经济交流与合作的发展，全球经济活动日趋融合，西方经济周期的影响不同程度地波及到我国的一些企业。因此，企业财务管理人员应熟悉国内外经济环境，把握经济发展周期，为实现企业经营目标和经营战略服务。

(三) 通货膨胀

通货膨胀不仅危害消费者，也给企业理财带来很大困难。如通货膨胀会引起企业利润虚增，造成企业资金流失；引起资金占用大量增加，加大企业资金需求；引起利率上升，加大企业资金成本；引起有价证券价格下降，增加企业筹资难度等。企业对通货膨胀本身无能为力，只有中央政府才能控制通货膨胀速度。作为财务管理人员，应能预测通货膨胀的发生及其影响，并采取积极主动的应对措施，尽量避免其不利影响。

(四) 市场竞争

竞争广泛存在于市场经济之中，任何企业都无法回避。市场经济竞争不仅最终体现为产品和服务的竞争，而且表现为人才竞争、技术竞争、资金竞争、信息竞争和管理竞争。市场经济是一种竞争经济，竞争是市场经济系统得以运行的动力，并由此推动经济发展。但对企业来说，竞争既是机会，也是威胁。作为企业财务人员应认真研究本企业及竞争对手的特点，弄清自身的优势和劣势，分析造成这种情况的原因，探求对策，为企业进行财务决策、制定财务策略提供可靠的依据，使企业在竞争中立于不败之地。

第五节　财务管理理论的演进

财务管理理论是根据财务管理假设所进行的科学推理或对财务管理实践的科学总结而建立的知识体系，其目的是用来阐释、评价、指导、完善和拓展财务管理实践。财务管理实践已有较长历史，但财务管理理论的形成则较晚。

一、财务管理理论发展的回顾

公司理财学在20世纪初期成为一门科学，尽管当时的财务理论大多是对实际经验的描述和总结，但是已具有自己的学科内容。从20世纪30年代开始，对公司理财理论的研究逐步展开。在针对公司财务的各种分析方法以及理论研究的各种观点中，以实践引导理论发展的研究模式占据了主流地位。

20世纪50年代以前的公司财务理论，是以定性的逻辑推理和语言描述为主，同时也采用定量化和财务决策模型化的研究和分析方法，所处理的是在确定性条件下的财务决策问题。对资本的控制需要借助于各种定量方法，在此阶段，各种计量模型逐渐应用于存货、应收账款、固定资产管理上，财务计划、财务控制、财务分析的基本理论和方法逐渐形成，并在实践中得到了普遍应用。在这一阶段中，财务管理的主要职能从预测企业资金的需求量和筹集企业所需要的资金，转向企业内部的财务决策。因此，又称资产管理理财阶段。

1952年，马科维茨发表的《证券投资组合选择》一文成为现代公司财务理论的开端。1958年，莫迪格利安尼和米勒发表的《资本成本、公司财务和投资理论》一文成为现代财务理论和应用微观经济学的事实分界点。马科维茨、莫迪格利安尼和米勒的开创性贡献为现代公司财务理论的发展找到了方向。公司财务研究逐步形成了一套完整的、建立在新古典经济学理论框架下的理论体系。这套理论以投资者理性、无套利和完全市场假设为出发点，以一般均衡分析为手段，以价值最大化为目标，以资产定价为核心，逐步构建了一个比较科学的现代公司财务理论体系。此阶段，资金运用日趋复杂，市场竞争更加激烈，使投资风险不断加大，投资管理受到空前重视，又称投资理财阶段。

从20世纪70年代中后期开始，企业跨国经营迅速发展，国际企业财务管理越来越重要。公司财务理论的研究逐渐突破了新古典经济学的理论框架，通过引入“信息不对称”、“逆向选择”、“信号理论”等信息经济学概念以及“道德风险”、“委托代理”等代理理论概念，计量研究方法逐渐普及，以理论创新与融合发展为特征的新财务理论研究占据了主流地位。此阶段称综合理财阶段。

自20世纪50年代开始、半个多世纪的发展历程中，财务理论研究取得了显著成果，许多重要理论成果经过反复辩驳和大量的实证检验，形成了完整的逻辑体系、理论框架和学科体系，产生了大量的理论模型、实证检验结果和一批应用模型，其中几项重要成果获得了诺贝尔经济学奖。财务学科的发展对金融市场发展和商业实践产生了重大和深远的影响，深受业界重视和尊重。

计划经济时期，我国基本上无独立的财务理论及财务体系，企业财务（即国有企业财务）是国家财政的组成部分。改革开放以来，我国的财务管理实践发生了重大变化，财务管理理论发展迅速，呈现以下特点：一是对基本财务管理理论研究（如财务管理的概念、本质、对象、假设、目标等）探讨较多，而对综合性较强的业务理论研究相对较少，尤其是对特殊业务中的并购、破产、国际财务管理、集团财务管理等领域的研究不够深入。二是理论解释多，创新成果少。近些年，国内的财务理论研究活跃，较多的青年学者尝试实证方法的财务研究。但现代财务理论精髓来自西方，国内学者主要用于国内现象的解释，从国内丰富的财务实践活动中提炼出新的理论并用于推动国内财务创新实践的成果鲜见。

二、财务管理理论发展趋势展望

英国的理查德 A. 布雷利（Richard A. Brealey）与美国的斯特沃特 C. 梅耶斯（Stewart C. Myers）在合著的《公司财务原理》一书中，对现代财务理论的发展趋势作了前瞻性预测。结合我国财务理论研究的现状及企业理财实践，估计以下领域将成为未来关注的重点。

（一）利益相关者理论的发展及影响

一切与企业存在交易关系的个人和团体都有可能成为该企业的利益相关者，包括股东、债权人、雇员、供应商、消费者、政府部门、相关的社会组织和社会团体、周边的社会成员等。如果所有的交易契约都是完备的，则所有利益相关者的利益都会得到完备性契约的保护。但是，企业资本要素提供者之外的契约方很难与企业之间建立起完备契约关系，契约的不完备是现实常态。因此，企业无法避免其他利益相关者的利益与股东之间的财务冲突、利益冲突等，因而利益相关者理论遇到了最大挑战。利益相关者理论认为，企业契约边界包括政府、供应商、顾客等在内的所有利害关系人，任何一个公司的发展都离不开各种利益相关者的投入或参与，比如股东、政府、债权人、雇员、消费者、供应商，甚至是社区居民，企业不仅要为股东利益服务，同时也要保护其他利益相关者的利益。如果采纳利益相关者理论观点，公司财务决策应该是关注所有利益相关者的利益，而不仅仅是股东的利益。企业的生存和发展依赖于有效率的利益相关者的财务支持网络，该网络的稳定性和强度是企业财务效率的重要影响因素之一，公司财务研究不能忽视企业的利益相关者的利益。

（二）衍生证券理论的发展及冲击

公司财务理论研究成果往往落后于实践发展，其中一个重要现象是公司证券品种的迅速增加，虽然对于衍生证券的一般性认识和研究已经有了一定的成果，但是缺乏对这些证券和其他特制证券的利益本质进行系统的研究。20世纪50年代中期，MM理论提出以后，基本上建立了一套传统的公司财务理论框架，该框架以完备市场条件下的公司定价理论为基础，分析公司的财务状况、投资、筹资、兼并和风险管理。经过20世纪70年代中期以来衍生证券的发展和创新，新的衍生工具不断出现，现在的研究已逐步从演绎推理向实证定量分析发展，并取得了积极进展。但涉及整个企业机制的设计和实证分析是一个非常复杂的问题，迄今尚无完整的框架。

(三) 行为财务的发展及影响

传统财务理论是建立在理性经济人假定基础上的。由于公司财务活动赖以存在的环境是非理性的，所以难以通过现实检验。有关研究已经证实，社会经济和文化的差异是影响财务主体决策的因素之一；在财务国际化进程加速的背景下，决策心理和理财行为的研究成为一个很重要的课题。行为财务学试图解释决策心理对公司财务决策的影响，注重从投资者的心理特征、资本市场的条件、政府行为等来分析财务问题，以更好地解释和预测财务主体的企业行为。目前，行为财务还没有成为研究公司财务理论和实践公认的范式。行为财务理论的发展得益于心理学、社会学等的研究成果，充分吸收这些学科的有关知识，有利于丰富和完善行为财务学的理论体系。但是，目前的研究尚缺乏系统性。

总之，超前预测公司财务理论未来发展的细节问题是一件困难的事情，但未来财务理论的研究发展呈现多维趋势是可期待的。其中，利益相关者财务、衍生证券财务、行为财务等代表着公司财务理论的未来发展方向。

【本章小结】

本章阐述了企业的财务对象(财务活动和财务关系)、财务目标、财务管理假设及原则、理财环境，揭示了财务管理理论的发展过程及趋势，是对财务管理基本理论的概括和总结。

企业财务活动即企业资金运动过程，包括资金的筹集、运用、耗费、收回及分配等一系列环节。企业财务关系是指企业在组织财务活动过程中与有关各方所发生的经济利益关系。企业主要的财务关系包括：与出资者之间的财务关系，与债权人之间的财务关系，与政府之间的财务关系，与其他利益相关者之间的财务关系。企业财务的对象即企业资金运动及反映的经济关系。

财务管理是一项综合性的价值管理活动，依附于企业的总目标。企业价值最大化或股东财富最大化是其追求的理想目标。对股东、经营者和债权人等利益相关者的协调是实现财务管理目标重要的基础工作。

财务管理假设是根据财务活动的内在规律和理财环境的要求所提出的具有一定事实依据的假定。财务管理假设包括理财主体假设、持续经营假设、有效市场假设、资金增值假设、理性理财假设。财务管理原则是企业处理财务关系的行为准则。财务管理原则主要包括资金合理配置原则、成本效益原则、收益风险均衡原则、柔性原则、利益关系协调原则、分级管理原则和合法原则。

财务管理环境是指对企业财务管理活动产生影响的内外部条件或因素。法律、金融市场和经济是影响企业财务活动的重要外部因素。其中,金融市场为企业的投融资行为提供了极大的便利,是企业理财活动的主要外部环境。

财务管理理论是根据财务管理假设所进行的科学推理或对财务管理实践的科学总结而建立的概念体系,其目的是用来阐释、评价、指导、完善和拓展财务管理实践。公司理财学在经历了从规范到实证的研究取得快速发展后,利益相关者财务、衍生证券财务、行为财务等成为公司财务理论的未来发展方向。

【中英文关键词】

财务管理　Financial Management
财务管理目标　Goals of Financial Management
利润最大化　Profit Maximization
财富最大化　Wealth Maximization
财务长　Treasurer
金融市场　Financial Market
金融体系　Financial System
社会责任　Social Responsibility
风险-收益均衡　Risk-return Trade off

【复习思考题】

1. 什么是财务及财务活动?
2. 什么是财务管理及对象?
3. 简述财务与会计的关系。
4. 什么是企业的财务管理目标? 它与企业目标有何关系?
5. 如何理解财务管理的原则?
6. 什么是企业的理财环境?
7. 简述金融市场与企业财务活动的关系。
8. 简述企业财务管理体制的类型。
9. 经济走出低谷时,为什么企业需要大量资金?

【实训练习题】

牛肉面中的理财经

跟朋友在路边一个不起眼的小店里吃面，由于客人不多，我们就顺便和小老板聊了会儿。谈及如今的生意，老板感慨颇多，他曾经辉煌过，于兰州拉面最红的时候在闹市开了家拉面馆，日进斗金啊！后来却不做了。朋友心存疑虑地问他为什么。

“现在的人聪明呢！”老板说，“我当时雇了个会做拉面的师傅，但在工资上总也谈不拢。”

“开始的时候为了调动他的积极性我们是按销售量分成的，一碗面给他5角钱的提成，经过一段时间，他发现客人越多他的收入也越多，这样一来他就在每碗面里放超量的牛肉来吸引回头客”，“一碗面才四块，本来就靠个薄利多销，他每碗多放几片牛肉我还赚哪门子啊！”

“后来看看这样不行，钱全被他赚去了！就换了种分配方式，给他每月发固定工资，工资给高点也无所谓，这样他不至于多加牛肉了吧？因为客多客少和他的收入没关系。”

“但你猜怎么着？”老板有点激动了，“他在每碗面里都少放许多牛肉，把客人都赶走了！”“这是为什么？”这下轮到我们激动了。“牛肉的分量少，顾客就不满意，回头客就少，生意肯定就清淡，他（大师傅）才不管你赚不赚钱呢，他拿固定的工钱巴不得你天天没客人才清闲呢！”

啊！结果一个很好的项目因为管理不善而黯然退出市场，尽管被管理者只有一个。

要求：给面馆老板设计恰当的理财方案，并阐述理由。

第二章　财务管理的价值观念

【学习目的和要求】

通过本章的学习，深入理解时间价值和风险价值的含义，熟练掌握时间价值与风险价值的计量方式，并能在实践中运用。

【案例导引】

微晶科技公司在某年以MDT230x系列的多媒体芯片组为公司带来6 500万元的盈余，公司获得空前的发展，手中也积累了大量的现金。由于关键技术已相当成熟，该类新产品开发进度稍慢，公司也不急于继续扩充技术人员。因此如何最有效地利用闲置资金，公司董事会成员发生了争执。有人认为公司规模还不是很大，而这笔资金未来3～6个月可能被用掉，为了资金的安全，将钱存入银行最好；有的人认为应将这部分资金按一定比例投资于股票，以谋求更高的回报，这种看法立即因风险较大遭到反对。通过本章的学习，请你帮公司作出正解的决策。

货币时间价值和风险价值是客观存在的经济范畴，是现代财务管理的两个基本观念，贯穿于企业理财活动的始终。因此，有人说"时间价值和风险价值是财务管理中最重要的两个基本要素"，也有人说"时间价值是理财的第一要素，风险价值是理财的第二要素"。可见，货币时间价值和风险价值在企业财务管理中非常重要。

第一节　货币时间价值

一、货币时间价值的含义

货币的时间价值，是指货币经过一定时间的投资和再投资所增加的价值，也称为资金的时间价值。具体表现为同一数量的货币在不同的时点上有不同的价值。众所周知，在商品经济条件下，即使不存在通货膨胀，等量资金在不同时点上的价值也不相等，今天的1元钱和将来的1元钱不等值，前者要比后者的经济价值大。资金在使用过程中随时间的推移而发生的增值，即为资金的时间价值。例如，在物价稳定及资本市场稳健经营的环境下，将100元钱存入银行，假设存款利率是2%，则一年后的本利和为102。随着时间的延续，产生了2元钱的增值，我们称这2元钱就是100元在1年时间里产生的时间价值。可见，货币时间价值所代表的是没有投资风险和在没有通货膨胀情况下的货币随时间的增值。

二、货币时间价值的来源

在商品经济中，货币的所有权和经营权相分离是一种普遍存在且必不可少的经济现象。当货币的所有者将货币的使用价值让渡给货币的经营者使用，货币的经营者从使用货币所获得的利润中拿出一部分，作为让渡货币经营权的报酬分配给货币的所有者时，这种报酬就是货币的时间价值。也就是说，货币时间价值产生的前提是货币的所有权与经营权的分离。

货币虽然具有带来价值增值的使用价值，但它不能自行增值。事实上，货币本身不能创造价值，时间也不能创造价值，只有劳动才能创造价值。马克思的劳动价值论认为，一切价值都是劳动创造的，货币之所以具有时间价值，源于其在再生产过程中的运动和转化。企业资金流转和周转的起点是投入的货币资金，企业用它来购买所需的资源，然后生产出新的产品，产品出售时得到的货币量大于最初投入的货币量。资金流转和周转以及因此实现的货币增值，需要或多或少的时间。每完成一次流转，货币就增加一定的数额，周转的次数越多，增值额越大。因此，随着时间的延续，货币总量在流转和周转中按几何级数增长，使得货币具有时间价值。假如不将货币投入生产经营活动中，而放在保险柜里闲置起来，货币不但不会增值，还很有可能因通货膨胀等原因而发生贬值。所以，只有将货币作为资本投入到生产经营活动中才能产生时间价值，即货币的时间价值产生于货币的周转过程。

三、货币时间价值的表示方法

货币的时间价值是其在周转使用中产生的，是货币的所有者让渡货币经营权而参与社会财富分配的一种形式。那么，是不是货币转化为资本投入生产经营后，所获得的所有报酬都是货币的时间价值呢？回答是否定的。投资者进行投资所获得的报酬可分解为三部分：社会平均资金利润率、通货膨胀补偿、风险报酬。社会平均资金利润率由资金的供求关系所决定；通货膨胀补偿是对因通货膨胀造成的资金贬值进行的补偿；风险报酬是指投资者冒风险进行投资而要求获得的额外报酬。通常情况下，货币的时间价值被认为是在没有风险和没有通货膨胀条件下的社会平均资金利润率，这是利润平均化规律作用的结果。所以，货币的时间价值通常有两种表示方式：一种是用绝对数表示，即货币时间价值总额，指的是货币在生产经营过程中产生的增值额；另一种是用相对数表示，即货币时间价值率，是指不包括风险价值和通货膨胀因素的平均投资利润率或平均投资报酬率。实务中，常常用相对数即银行存款利率、贷款利率、各种债券利率、股票股利率表示。值得注意的是这些利率与货币的时间价值是有区别的，因为，这些利率除了包括货币时间价值外，还包含了通货膨胀因素和投资风险价值。只有在购买国债等政府债券时，由于几乎没有风险，如果通货膨胀率很低，政府债券利率可视同为货币的时间价值。

四、货币时间价值的计算

在财务决策分析中，应用货币时间价值，首先要理解两个基本的财务术语：终值和现值。所谓终值，是指现在的一定量货币在将来某一特定时间的价值，包括本金和时间价值，即通常所说的“本利和”；而现值是指将来某一特定时间的一定量的货币相对于现在的价值是多少，即未来价值扣除时间价值后剩下的“本金”。

货币时间价值的大小取决于货币数量的多少、占用时间的长短、收益率的高低等因素。其中，按利息部分是否计息，货币时间价值的计算分为单利和复利两种；按确定的可比基准日的不同又分为现值、终值和年金三种。

（一）单利终值和现值的计算

单利是指只按本金计算利息而利息部分不再计息，即每期计算利息时都以本金作为计算的基础，前期的利息不计入下期的本金的一种方法。

1. 单利终值的计算

单利终值指的是一定数量的货币在若干计息期后按单利计算利息的本利和。其计算公式为：

$$F = P(1 + i \times n)$$

式中　F——单利终值（本利和）；

P——现值（本金）；

i——利率；

n——计息期数。

上式每期利息为 $P \times i$，则计息期的利息总和为 $P \times i \times n$，因此 n 期后的单利终值（本利和）为：

$$P + P \times i \times n = P(1 + i \times n)$$

【例 2-1】　假设现值（本金）为 10 000 元，年利率为 5%，试分别计算第一年、第二年、第三年年末的终值（本利和）。

计算如下：

一年后的终值（本利和）：10 000×(1+5%×1)=10 500（元）

二年后的终值（本利和）：10 000×(1+5%×2)=11 000（元）

三年后的终值（本利和）：10 000×(1+5%×3)=11 500（元）

2. 单利现值的计算

单利现值指的是未来时间收到或付出的货币按单利法求出此项货币的现在价值（本金）。由终值求现值称为贴现或折现，贴现利率称为贴现率。单利现值的计算公式可从单利终值的计算公式推导得出：

$$P = F[1 \div (1 + i \times n)]$$

式中　P——现值（本金）；

F——单利终值(本利和);

i——利率;

n——计息期数。

【例 2-2】 年利率为 4%,试分别计算第一年、第二年、第三年年末的 100 元的现值。

计算如下:

第一年年末 100 元的现值:100×[1÷(1+4%×1)]=96.15(元)

第一年年末 100 元的现值:100×[1÷(1+4%×2)]=92.59(元)

第一年年末 100 元的现值:100×[1÷(1+4%×3)]=89.29(元)

(二) 复利终值和现值的计算

复利是指按本金计算利息,每期产生的利息并入本金一起参与计算下一期利息,即每期计算利息时都以前一期的本利和作为计息的基础,前期的利息计入下期本金的一种方法。按照这种方法,要将所生利息加入本金再计算利息,逐期滚利,俗称“利滚利”。根据国际惯例,现代财务管理中一般用复利方式计算终值和现值。

1. 复利终值的计算

复利终值是指现在一定数量的本金(现值)按复利计算将来若干期后的本利和(终值)。

复利终值的计算公式是:

$$F = P(1+i)^n$$

式中 F——复利终值(本利和);

P——现值(本金);

i——利率;

n——计息期数;

$(1+i)^n$——利率为 i、计息期数为 n 的复利终值系数,或称为 1 元的复利终值系数,用$(F/P,i,n)$表示,所以,复利终值的计算公式又可表示为:

$$F = P(F/P,i,n)$$

复利终值计算公式的推导如下:

第一期:$F_1=P(1+i)$

第二期:$F_2=P(1+i)(1+i)=P(1+i)^2$

第三期:$F_3=P(1+i)^2(1+i)=P(1+i)^3$

……

第 n 期:$F_n=P(1+i)^n$

在实际工作中,复利终值系数并不需要每次都重新计算,而是可以利用事先编制好的复利终值系数表,根据利息率和期数从表中直接查找使用。复利终值系数见教材附表。

【例 2-3】 某企业于 2018 年 1 月 1 日从银行获得贷款 50 万元，贷款年利息率 9%，按年计算复利，该贷款满 3 年后一次还本付息。要求计算三年后应偿还的本利和。

计算复利制下的本利和就是求复利终值。已知本金 50 万元，年利息率 9%，贷款期限为 3 年。

已知 $P=50, i=9\%, n=3$，求 $F_3=?$

$$F_3=50\times(1+9\%)^3$$

查利息率为 9%、期限为 3 的复利终值系数，得到的复利终值系数为 1.295。

$$F_3=50\times1.295=64.75(\text{万元})$$

通过计算可知，三年后应偿还的本利和为 64.75 万元。

【例 2-4】 某企业从银行取得 200 万元的贷款额度，第一年年初取得贷款 100 万元，第二年年初取得贷款 50 万元，第三年年初取得贷款 50 万元。该贷款年利息率为 8%，按年计算复利，第四年年末一次还本付息。要求计算第四年应偿还的本利和。

此问题是求三笔贷款的复利终值，第一年年初贷款 100 万元要计算四年的利息，第二年年初贷款 50 万元要计算三年的利息，第三年年初贷款 50 万元要计算两年的利息。

查复利终值系数表可知：

利息率 8%的 4 期复利终值系数为 1.360，即 $i=8\%, n=4$ 的复利终值系数为1.360；

利息率 8%的 3 期复利终值系数为 1.260，即 $i=8\%, n=3$ 的复利终值系数为1.260；

利息率 8%的 2 期复利终值系数为 1.166，即 $i=8\%, n=2$ 的复利终值系数为1.166。

$$F=100\times1.360+50\times1.260+50\times1.166=257.3(\text{万元})$$

第四年末应偿还的本利和为 257.3 万元。

2. 复利现值的计算

复利现值是复利终值的逆运算，它是指以后某一特定的时间收到或付出的一笔款项按复利贴现率计算的现在价值(即本金)。或者说是将来某一时间特定的本利和所要的现金价值(本金)。

复利现值的计算公式是：

$$P=F[1\div(1+i)^n]$$

式中 P——复利现值；

F——期后收到或付出的货币量(终值)；

i——贴现率；

n——贴现期数；

$1\div(1+i)^n$——复利现值系数，或称为 1 元的复利现值，用$(P/F,i,n)$表示，因此复利现值的计算公式又可表示为：

$$P = F(P/F, i, n)$$

同样，为了简化计算，可事先编制复利现值系数表，以供查找相应的复利现值系数。

【例 2-5】 某企业准备在 4 年后投资 280 万元建一条生产线，现在拟存入银行一笔钱，4 年后连本带利恰好能取出 280 万元，银行年利息率为 5%，每年计一次复利。要求计算现在需一次存入银行的本金。

此例就是求复利现值，已知：$F=280$，$i=5\%$，$n=4$，求 $P=?$

$$P = 280 \times \frac{1}{(1+5\%)^4}$$

查利息率为 5%、4 期的复利现值系数为 0.823。

$$P=280\times 0.823=230.44(\text{万元})$$

现在应一次存入银行的本金为 230.44 万元。

【例 2-6】 某企业于第一年至第三年每年年初分别投资 200 万元、100 万元和 180 万元，投资来自银行贷款，年利息率 8%，每年计一次复利。要求按银行贷款利息率折现每年的投资额，计算折现为第一年年初时的总投资额。

此例是系列款项现值计算的问题。第一年年初投资的 200 万元不需要折现，第二年年初投资 100 万元的折现期为一年，第三年年初投资 180 万元的折现期为两年。

$$P = 200 + 100 \times \frac{1}{(1+8\%)} + 180 \times \frac{1}{(1+8\%)^2}$$

查复利现值系数表：

年利息率 8%、1 期的年复利现值系数为 0.926；

年利息率 8%、2 期的年复利现值系数为 0.857。

$$P=200+100\times 0.926+180\times 0.857=446.86(\text{万元})$$

折现为第一年年初时的总投资额为 446.86 万元。

3. 名义利率与实际利率

复利的计息有时不一定是 1 年，有可能是按季度、月度或日计息的。当利息在 1 年内要复利几次时，给出的年利率为名义利率，将给出的年利率换算成复利计息的年利率为实际利率。

假设 i 表示名义利率，r 表示实际利率，N 表示每年复利次数，则名义利率和实际利率之间的关系可表示为：

$$1+r = \left(1+\frac{i}{N}\right)^N$$

即

$$r = \left(1+\frac{i}{N}\right)^N - 1$$

【例 2-7】 本金为 1 000 元，投资期为 5 年，年利率是 4%，每季度复利一次，计算

5 年后的复利终值。

年利率 $i=4\%$，每年复利次数 $N=4$，实际利率为：

$$r=(1+4\%/4)^4-1=5.10\%$$

$$F=1\,000\times(1+5.10\%)^5=1\,000\times1.282=1\,282(\text{元})$$

（三）年金终值和现值的计算

在现实经济生活中，除一次性收付款项之外，还存在一定时期内多次收付的款项，即系列收付的款项。如果每次收付的间隔时间和金额相等，则这样的系列收付款项称为年金。简言之，年金是指定期等额的系列收支，是每隔一定相同时期（一年、半年、一季等）收入或支出相等金额的款项，通常记作 A。

年金的年是指收到或付出款项的期次，并非一定是 1 年，也可以是 1 个月或 1 个季度。年金在企业财务管理及个人理财中都很常见，如企业分期付款赊购、分期偿还贷款、发放养老金、零存整取或整存零取等，都属于年金收付形式。

年金按其每次收付发生的时点不同，可分为普通年金、预付年金、永续年金和递延年金等几种形式。

1. 普通年金的终值和现值

普通年金又称后付年金，是指在一定时期内每期期末等额收付的系列款项。

（1）普通年金终值的计算

普通年金的终值是指一定期间内每期期末等额的系列收付款项的复利终值之和，如零存整取的本利和。计算公式如下：

$$F=A\cdot\frac{(1+i)^n-1}{i}$$

式中　F——普通年金终值；

A——普通年金；

i——利率；

n——期数；

$\frac{(1+i)^n-1}{i}$——普通年金终值系数，记为 $(F/A,i,n)$，因此，普通年金终值的计算公式又可表示为：

$$F=A(F/A,i,n)$$

为了简化计算，可事先编制年金终值系数表用以查找相应的年金终值系数。

假设每期等额收款或付款额为 A，利率为 i，年金终值为 F，则普通年金终值的计算如图 2-1 所示。

【例 2-8】 某公司每年年末存款 100 万元，连续 5 年，若年利率为 4%，计算第 5 年年末的年金终值。

$$F=A\cdot\frac{(1+i)^n-1}{i}=100\times\frac{(1+4\%)^5-1}{4\%}=541.6(\text{万元})$$

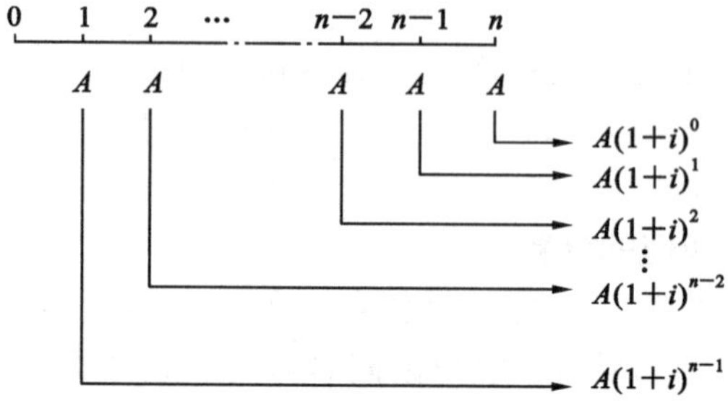

图 2-1　普通年金终值计算过程

或查年金终值系数表,计算如下:

$$F = A(F/A, i, n) = 100 \times (F/A, 4\%, 5)$$
$$= 100 \times 5.416 = 541.6(\text{万元})$$

(2) 偿债基金的计算

偿债基金的计算是已知年金终值求年金,它是年金终值的逆运算。

根据年金终值的计算公式,可推导出偿债基金的计算公式,即

$$A = \frac{F}{\frac{(1+i)^n - 1}{i}} = F \cdot \frac{i}{(1+i)^n - 1}$$

【例 2-9】 某企业准备三年后进行一项投资,投资额 150 万元,计划今后三年每年年末等额存入银行一笔资金,恰好第三年年末一次取出本利和 150 万元。银行存款利息率 4%,每年计一次复利。要求计算今后三年每年年末应等额存入银行的资金。

此例是已知年金终值求年金,也就是求偿债基金。

已知:$F=150, i=4\%, n=3$,求 $A=?$

$$A = \frac{150}{\frac{(1+4\%)^3 - 1}{4\%}}$$

查年金终值系数表,可知利息率 4%、3 期的年金终值系数为 3.122。

$$A = \frac{150}{3.122} \approx 48.046(\text{万元})$$

今后三年每年年末存入 48.046 万元,就能够保证在第三年年末一次取出 150 万元。

(3) 普通年金现值的计算

普通年金现值是指为在每期期末取得相等金额的款项,现在需要投入的金额。普通年金没有第一期期初的收付款,而有期末的收付款。普通年金现值的计算公式为:

$$P = A \cdot \frac{1-(1+i)^{-n}}{i}$$

式中　P——普通年金现值;

　　A——普通年金;

i——利率；

n——期数；

$\frac{1-(1+i)^{-n}}{i}$——普通年金现值系数，记为$(P/A,i,n)$，因此，普通年金现值的计算公式又可表示为：

$$P = A(P/A,i,n)$$

普通年金现值用 P 表示，普通年金现值的计算如图 2-2 所示。

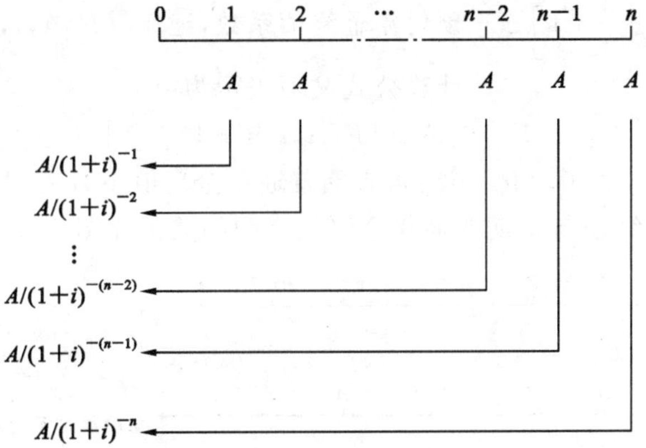

图 2-2　普通年金现值的计算过程

为了简化计算，可事先编制年金现值系数表用以查找相应的年金现值系数。

【例 2-10】 某企业今后四年每年年末投资 65 万元，假定贴现利息率为 10%，每年计一次复利。要求计算投资额的现值。

这是求年金现值的问题。

已知：$A=65$，$i=10\%$，$n=4$，求 $P=$？

$$P = 65 \times \frac{(1+10\%)^4 - 1}{10\% \times (1+10\%)^4}$$

查年金现值系数表，可知利息率 10%，4 期的年金现值系数为 3.17。

$$P = 65 \times 3.17 = 206.05(\text{万元})$$

2. 预付年金

预付年金是指在每期期初支付的年金，又称即付年金或先付年金。预付年金与普通年金的区别仅在于收付时间的不同：前者是在期初收付款项；而后者则是在期末收付款项。因此，预付年金终值和现值的计算，是在普通年金终值和现值的基础上进行的。

(1) 预付年金终值的计算

预付年金终值是指一定期间内每期期初等额系列收付款项的复利终值之和。显然，预付年金与普通年金相差“一期”，即预付年金比普通年金提前了一期。计算公式如下：

$$F_{预} = A_{预}\left[\frac{(1+i)^{n+1}-1}{i}-1\right]$$

式中　$F_{预}$——预付年金的终值；

$A_{预}$——预付年金；

i——利率；

n——期数；

$\left[\frac{(1+i)^{n+1}-1}{i}-1\right]$——预付年金终值系数，记作$[(F/A,i,n+1)-1]$，因此，计算公式又可表示为：

$$F_{预} = A_{预}[(F/A,i,n+1)-1]$$

在实际工作中，为了简化计算，可查阅普通年金现值系数表，并作必要的调整。

n期预付年金终值与n期普通年金终值之间的关系如图 2-3 所示。

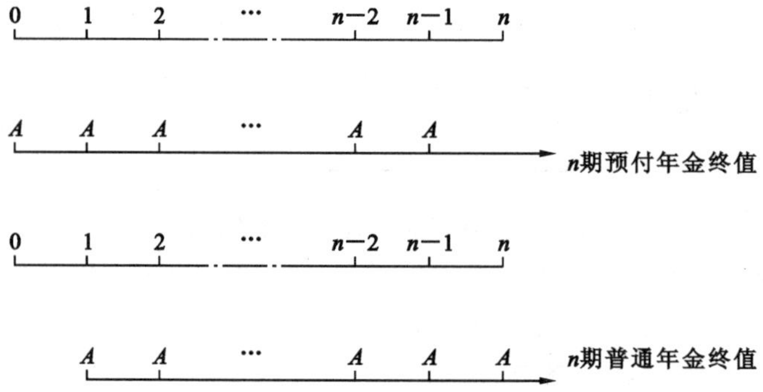

图 2-3　n期预付年金终值与n期普通年金终值的关系

从图 2-3 可以看出，n期预付年金终值与n期普通年金终值的收付款项的期数相同，但收付款项的时间不同。

由于预付年金较普通年金提前“一期”，所以将普通年金终值系数乘以$(1+i)$，即可得到预付年金终值系数。

$$\frac{(1+i)^{n}-1}{i}\times(1+i)=\frac{(1+i)^{n+1}-1-i}{i}=\frac{(1+i)^{n+1}-1}{i}-1$$

可以看出，将普通年金终值系数的期数加 1，而系数减 1，则得到预付年金终值系数，并可以利用“普通年金终值系数表”查$n+1$期的值，减去 1 后得到预付年金终值系数。

【例 2-11】　某公司每年年初存款 10 万元，连续 5 年，若年利率是 4%，则第 5 年年末取得的终值（本利和）是多少？

首先，查$i=4\%$，$n=6$的普通年金终值系数表为 6.633 0，在此基础上减 1，则得$i=4\%$，$n=5$的预付年金终值系数等于 5.633 0，所以：

$$F_{预} = A_{预}[(F/A,i,n+1)-1] = 10\times[(F/A,4\%,6)-1]$$
$$= 10\times 5.6330 = 56.33(万元)$$

(2) 预付年金现值的计算

预付年金现值是指一定期间内每期期初等额系列收付款项的复利现值之和。n 期预付年金与 n 期普通年金的收付次数相同，但由于收付款项的时间不同，n 期普通年金比 n 期预付年金现值要多贴现 1 期。所以，可先求出普通年金现值，然后再乘以 $(1+i)$，就可以求出 n 期预付年金的现值。计算公式如下：

$$P_{预} = A_{预}\left[\frac{1-(1+i)^{-n+1}}{i}+1\right]$$

式中　$P_{预}$——预付年金的现值；

$A_{预}$——预付年金；

i——利率；

n——期数；

$\left[\frac{1-(1+i)^{-n+1}}{i}+1\right]$——预付年金现值系数，记作 $[(P/A,i,n-1)+1]$，因此，计算公式又可表示为：

$$P_{预} = A_{预}[(P/A,i,n-1)+1]$$

在实际工作中，为了简化计算，可查阅普通年金现值系数表，并作必要的调整而得到年金现值。

由于预付年金较普通年金提前"一期"，所以将普通年金现值系数乘以 $(1+i)$，即可得到预付年金现值系数(图 2-4)：

$$\frac{1-(1+i)^{-n}}{i}\times(1+i) = \frac{1+i-(1+i)^{-n+1}}{i} = \frac{1-(1+i)^{-n+1}}{i}+1$$

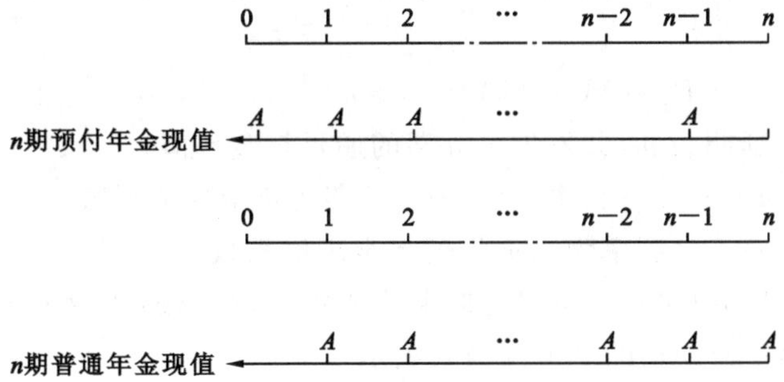

图 2-4　n 期预付年金现值与 n 期普通年金现值的关系

可以看出，将普通年金现值系数的期数减 1，而系数加 1，则得到预付年金现值系数 $[(P/A,i,n+1)-1]$，并可以利用"普通年金现值系数表"查 $n-1$ 期的值，加上 1 后得到预付年金现值系数。举例来说，如果要计算 5 期的预付年金现值系数，实际上就查 4 期的年金现值系数然后再加上 1 即可。

【例 2-12】 某企业从现在开始每年年初投资 50 万元，连续投资 4 年，假定折现率为 10%，每年计一次复利。要求计算总投资额现值。

这是计算预付年金现值的问题。

查年金现值系数表，可知年利息率 10%、3 期的年金现值系数为 2.478。

$$P_A = 50 \times (2.487 + 1) = 174.35(\text{万元})$$

按第一年年初价值计算的总投资额为 174.35 万元。

3. 递延年金的计算

递延年金是指第一次收付款发生时间不在第一期期末，而是隔若干期后才开始发生的系列等额收付款项。它是普通年金的特殊形式，凡不是从第一期开始的普通年金都是递延年金。递延年金的支付示意图如图 2-5 所示。

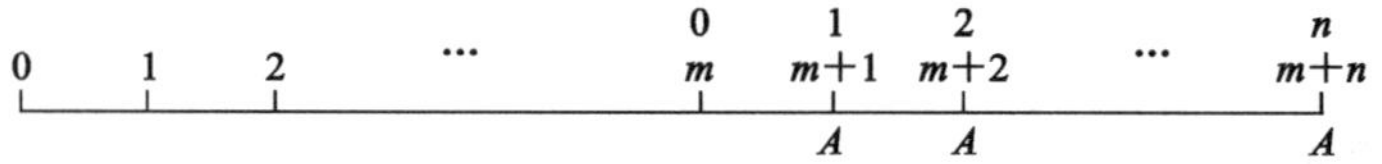

图 2-5　递延年金的支付示意图

(1) 递延年金终值的计算

递延年金终值的大小与递延期无关，因此其计算方法和普通年金终值相同。如果用 m 表示递延期数，共发生了 n 期，则普通年金终值的计算公式为：

$$F = A(F/A, i, n)$$

(2) 递延年金现值的计算

用 m 表示递延期数，共发生了 n 期，第一次发生在 $m+1$ 期末，递延年金现值的计算有如下两种方法：

第一种方法是，假设递延期中也发生相同金额的款项，现求出 $(m+n)$ 期的年金现值，然后扣除实际并未发生的递延期，就可得到递延年金的现值。用公式表示如下：

$$P_n = A[(P/A, i, m+n) - (P/A, i, m)]$$

式中　P_n——递延期为 m，共发生了 n 期的递延年金现值；

$(P/A, i, m+n)$——利率为 i、$(m+n)$ 期的年金现值系数；

$(P/A, i, m)$——利率为 i、m 期的年金现值系数。

第二种方法是，把递延年金视为期末普通年金，求出递延期末的现值，然后再将此现值贴现到第一期期初的现值。公式表示如下：

$$P_n = A(P/A, i, n)(P/F, i, m)$$

【例 2-13】 某企业准备在第一年年初存入银行一笔资金，设立一笔奖励基金，预计要在第三年到第九年每年的年末取出 50 000 元用于奖励，银行存款年利息率 5%，每年计一次复利。要求计算第一年年初应一次存入银行多少钱？

这是计算递延年金现值的问题。有两种方法计算递延年金现值系数。

第一种方法：

因为总期数为 9 年，前面间隔期为 2 年，因此，其递延年金现值系数应是用 9 期普通年金现值系数减去 2 期普通年金现值系数。

递延年金现值计算如下：

$$P_A=50\ 000\times(7.107\ 8-1.859\ 4)=50\ 000\times5.248\ 4=262\ 420.5(\text{元})$$

第一年初应一次存入银行 262 420.5 元。

第二种方法：

用 7 期(9－2)的年金现值乘以 2 期的复利现值系数求得。

递延年金现值计算如下：

$$P_A=50\ 000\times(5.786\ 4\times0.907\ 0)=50\ 000\times5.248\ 4=262\ 420.5(\text{元})$$

计算结果与第一种方法计算结果完全相同，即第一年初应一次存入银行 262 420.5元。

4. 永续年金的计算

永续年金是指无期限定额收付的年金。如优先股的股利，应该无期限地按时等额发放，这就是一种永续年金。

永续年金没有终止的时间，因而计算其终值没有意义。永续年金的现值可以通过年金现值的计算公式推导得出：

$$P=A\cdot\frac{1-(1+i)^{-n}}{i}$$

当 $n\to\infty$ 时，$\lim\limits_{n\to\infty}(1+i)^{-n}\to0$。

所以，上式可写为：

$$P=A\cdot\frac{1}{i}$$

【例 2-14】 假设某慈善机构拟设立一个慈善基金，以便以后能无期限地于每年年末提取利息 10 万元用于慈善活动的开支。若存款利率为 4%，则现在应存入银行多少钱？

$$P=A\cdot\frac{1}{i}=10\times\frac{1}{40\%}=250(\text{万元})$$

第二节　风险价值

货币的时间价值是在没有考虑通货膨胀和风险情况下的投资收益。现实中企业所处的环境是非常复杂且极易变化的，各种不确定因素总是客观存在的。因此，投资者要求的必要报酬率的高低还取决于投资风险的高低，如何评价和衡量风险价值就显得非常重要。

一、风险的概念与风险的衡量

（一）风险的概念

日常生活中所讲的“风险”，实际上是指危险即遭遇损失或失败的可能性，是一种不好的事情。但人们在对风险进行深入研究以后发现，风险不仅可以带来超出预期的损失，也可能带来超出预期的收益。于是出现了一个更科学的定义：风险是预期结果的不确定性。风险不仅包括负面效应的不确定性，还包括正面效应的不确定性。而危险专指负面效应的不确定性，是损失发生及其程度的不确定性。风险的概念比较广泛，包括了危险，危险只是风险的一部分。风险的另一部分即正面效应，可以称为“机会”。人们对于机会，需要识别、衡量、选择和获取。理财活动不仅要管理危险，还要识别、衡量、选择和获取增加企业价值的机会。所以，风险准确地反映了人们对财务现象深刻的认识，即危险与机会并存。

理解风险概念时要注意两点：一是与收益相关的风险才是财务管理中的风险。财务管理创造“风险”这一专业概念的目的是为了明确风险和收益之间的关系，并在此基础上给风险定价。二是在使用风险概念时，不要混淆投资对象本身固有的风险和投资人需要承担的风险。投资对象的风险具有客观性。例如，无论是谁，投资国债的收益的不确定性要小于投资股票的收益的不确定性。这种不确定性是客观存在的，不以投资人的意志为转移，因此，才可以用客观尺度计量投资对象的风险。但投资者是否去冒风险及冒多大风险，是可以选择的，是由其主观决定的。在什么时间投资于什么样的资产，各投资多少，所产生的风险是不一样的。

（二）风险的衡量

风险的衡量，需要使用概率统计方法。

1. 概率及其分布

经济活动中，某一事件在相同的条件下可能发生也可能不发生，通常这类事件称为随机事件。对于事件可能出现的结果，数学上称之为随机变量，而概率就是随机变量可能发生的程度。若用 P_i 表示概率，通常，把必然发生的事件的概率定为 1，把不可能发生事件的概率定为 0。概率越大表示事件发生的可能性越大。任何事件的概率分布都必须满足以下两个条件：

(1) $0 \leqslant P_i \leqslant 1$；

(2) $\sum_{i=1}^{n} P_i = 1$ 。

如果把所有的随机变量都列示出来，对应每个随机变量给予一定的概率，则可以构成概率分布。

【例 2-15】 假设某公司有一投资项目，未来的经营状况有好、一般、差三种情况，三种经营状况对应可实现的投资收益率（随机变量）的概率分布如表 2-1 所示。

表 2-1　三种情况下的投资收益率及概率分布

经营状况	经营状况出现的概率	投资收益率
好	0.3	40%
一般	0.5	30%
差	0.2	25%

在这里，概率表示每一种经营状况出现的可能性，也是各种不同预期收益率出现的可能性。投资收益率作为一种随机变量，会受到多种因素的影响。但在实际中，为了便于分析，通常假设其他因素相同，只分析一种变量的影响。

概率分布越集中，实际可能的结果就会越接近预期收益，实际收益率低于预期收益率的可能性就越小，投资的风险程度也就越小；反之，概率分布越分散，投资的风险程度也就越大。

2. 期望值

随机变量的各个取值，以相应的概率为权数的加权平均数，叫作随机变量的期望值。期望报酬率是指各种预期报酬率，是按其概率计算出来的加权平均报酬率，是加权平均的中心值，其计算公式如下：

$$\overline{E} = \sum_{i=1}^{n} x_i \cdot P_i$$

式中　$\overline{E}$——预期收益(收益期望值)；

x_i——第 i 种可能结果的收益；

P_i——第 i 种可能结果的概率；

n——可能结果的个数。

【例 2-16】 某公司有两个可供选择的投资方案 A、B。经预测在不同经济状况下两个投资方案的投资报酬率的概率分布如表 2-2 所示。

表 2-2　投资方案及其收益率的概率分布

经济状况	经济状况出现的概率	报酬率 x_i	
		A	B
繁荣	0.3	25%	30%
一般	0.6	15%	15%
衰退	0.1	5%	−10%

根据表 2-2，可以分别计算出 A、B 两个投资方案的期望报酬率为：

$$\overline{E_A} = 25\% \times 0.3 + 15\% \times 0.6 + 5\% \times 0.1 = 17\%$$

$$\overline{E_B} = 30\% \times 0.3 + 15\% \times 0.6 - 10\% \times 0.1 = 17\%$$

由上述计算结果可知，A、B 两个投资方案的期望报酬率均为 17%，但 A 方案的期望报酬率比较集中，而 B 方案的则比较分散，所以 A 方案的风险要比 B 方案小。即在期望报酬率相同的情况下，投资的风险程度应结合报酬率的概率分布加以判断。为了清晰地观察概率的离散程度，可根据概率分布表绘制概率分布图进行分析。这种情况可用图 2-6、图 2-7 说明。

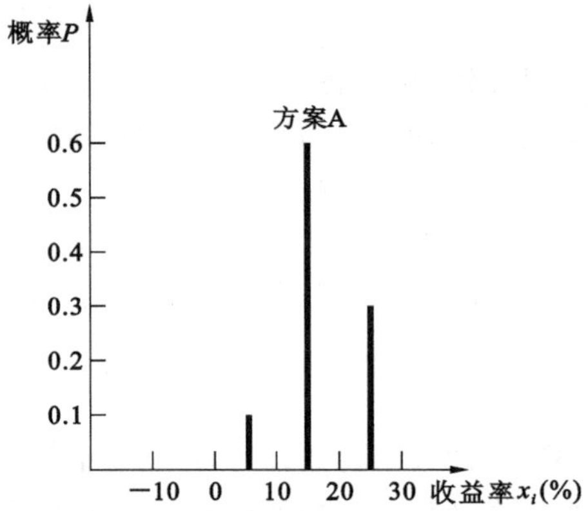

图 2-6　投资方案的投资报酬率的概率分布图

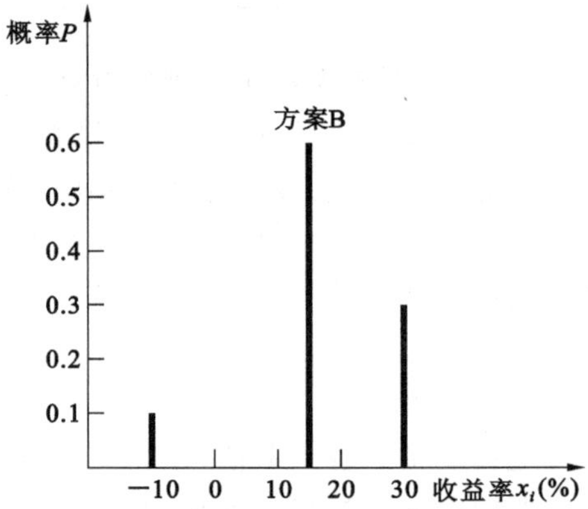

图 2-7　投资方案的投资报酬率的概率分布图

从概率分布图上可以看出，A 方案的期望报酬率比较集中，而 B 方案的则比较分散。这说明两个项目的报酬率相同，但风险不同。为了定量地衡量风险大小，还要使用统计学中衡量概率分布离散程度的指标。

3. 标准离差

标准离差是反映各种随机变量对期望值的综合偏离程度，是对离散程度的一种度量。对投资项目而言，标准离差反映了投资报酬率偏离期望报酬率的绝对程度，即以绝对数衡量决策方案的风险。在期望值相同的情况下，标准离差越大，说明离散程度越大，风险也就越大；反之，标准离差越小，说明离散程度越小，风险也就越小。

标准离差用 σ 表示，计算公式如下：

$$\sigma = \sqrt{\sum_{i=1}^{n}(x_i - \overline{E})^2 \cdot P_i}$$

式中　σ——标准离差；

$\overline{E}$——预期收益(收益期望值)；

x_i——第 i 种可能结果的收益；

P_i——第 i 种可能结果的概率；

n——可能结果的个数。

【例 2-17】　根据表 2-2 中的数据，分别计算例 2-16 中 A、B 两个投资方案的标准离差。

A、B 两个投资方案的标准离差为：

$$\sigma_A = \sqrt{(0.25-0.17)^2 \times 0.3 + (0.15-0.17)^2 \times 0.6 + (0.05-0.17)^2 \times 0.1}$$
$$= 6.00\%$$

$$\sigma_B = \sqrt{(0.30-0.17)^2 \times 0.3 + (0.15-0.17)^2 \times 0.6 + (-0.1-0.17)^2 \times 0.1}$$
$$= 11.22\%$$

由计算结果可知，A 方案的标准离差小于 B 方案，说明其预期报酬率偏离期望报酬率的可能性较小，其风险也较小，在期望值相同的情况下，选择 A 方案的投资风险较小。

4. 标准离差率

标准离差率也称为变异系数。它是标准离差与期望报酬率（或期望值）的比值。标准离差率是一个相对数指标，以相对数反映决策方案的风险程度。标准离差作为绝对数只适用于相同期望值决策方案风险程度的比较，对于期望值不同的决策方案，评价和比较其各自的风险程度只能借助于标准离差率这一相对数值。在期望值不同的情况下，标准离差率越大，风险程度就越大；反之，标准离差率越小，风险程度就越小。

标准离差率用 Q 表示，其计算公式如下：

$$Q = \frac{\sigma}{\overline{E}} \times 100\%$$

式中　Q——标准离差率；

σ——标准离差；

$\overline{E}$——预期收益（收益期望值）。

【例 2-18】 根据公式分别计算例 2-16 中 A、B 两个投资方案的标准离差率。

A、B 两个投资方案的标准离差率为：

A 方案的标准离差率

$$Q_A = \frac{\sigma_A}{\overline{E}} \times 100\% = \frac{0.06}{0.17} \times 100\% = 35.3\%$$

B 方案的标准离差率

$$Q_B = \frac{\sigma_B}{\overline{E}} \times 100\% = \frac{0.11}{0.17} \times 100\% = 64.7\%$$

由以上计算结果可知 A 方案的标准离差率小于 B 方案的标准离差率，说明 A 方案的投资风险小于 B 方案的投资风险，故应选择 A 投资方案。

二、风险与报酬的关系

风险与报酬的基本关系是风险越高要求的报酬率越高。实际上，各投资项目的风险大小是不同的，在投资报酬率相同的情况下，人们都会选择风险小的投资，竞争的结果使其风险增加，报酬率下降。最终，高风险的项目必须有高报酬，否则就没有人投资；低风险的项目必须风险很低，否则也没有人投资。风险和报酬的这种关系，是市场竞争导致的结果。

为了正确判断在某种风险程度下一个项目是否值得投资，就需要计算投资的风险价值。投资风险价值是指投资者由于冒着风险进行投资而获得的超过货币时间价值的额外收益，又称为投资风险收益或投资风险报酬。同样地，投资风险价值可以有两种表示方式：一是用绝对数表示，即风险报酬额，是投资者冒着风险投资而获得的超过货币时间价值的那部分收益额；二是用相对数表示，即风险报酬率（风险收益率），是指风险报酬额占原投资额的比率。在实务中，通常用相对数——风险报酬率表示。

在不考虑通货膨胀的情况下，投资报酬率由两部分组成：一部分是资金时间价值，由于它是不冒风险而得到的价值，故又叫无风险价值，即无风险投资报酬率；另一部分是风险价值，即风险报酬率。其计算公式可以表示如下：

期望投资报酬率＝无风险报酬率＋风险报酬率

1. 无风险报酬率的计算

无风险报酬率是考虑通货膨胀保留以后的货币时间价值。在财务管理实际中，通常把政府发行的债券如国债的利率视为无风险报酬率。因为在购买国债等政府债券时，由于几乎没有风险，如果通货膨胀率很低，政府债券利率可视同货币的时间价值。

2. 风险报酬率的计算

投资者冒险进行投资，其目的就是为了获得超出货币时间价值以外的风险价值（风险收益），而且，风险越大要求的报酬越高。也就是说，从理论上讲风险报酬率应该与反映风险大小的标准离差率成正比关系。收益的标准离差率要转化为投资的风险报酬率还要借助一个参数——风险报酬系数。用公式表示如下：

$$K_R = bQ$$

式中 K_R——风险报酬率；

b——风险报酬系数；

Q——标准离差率。

如果考虑风险的必要报酬率，便可按下列公式计算：

$$K = K_R + K_F = K_F + bQ$$

式中 K——投资报酬率；

K_F——无风险报酬率；

K_R——风险报酬率。

风险报酬率、风险报酬系数、标准离差率三者之间的关系可以用图 2-8 表示。

风险报酬系数是将标准离差率转化为风险收益的一种系数。此系数越大，表示风险越大，投资者要求获得的风险报酬率也就越高。风险报酬系数的确定，在财务管

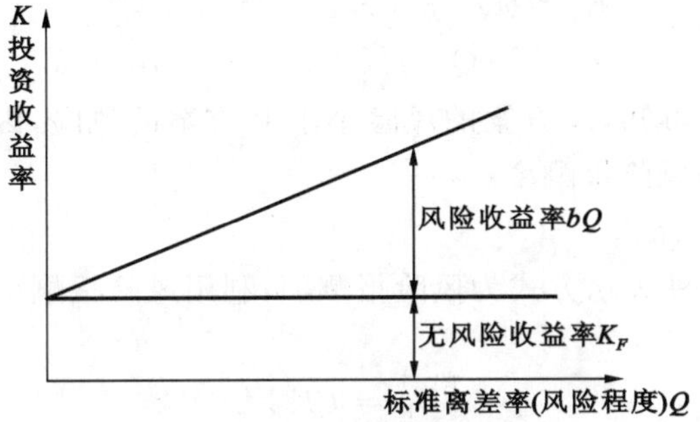

图 2-8　风险与报酬关系图

理实务中非常重要。有以下几种确定方法：

(1) 由投资者主观确定

风险报酬系数由企业投资者或企业组织有关专家确定。如果投资者是风险喜好者,愿意冒较大的风险以追求较高的投资收益率,可把风险系数定得小一些;反之,如果是风险规避者,不愿冒较大的风险,则可把风险系数定得大一些。具体操作中可以由企业领导根据经验加以确定。实际上,风险报酬系数的确定,在很大程度上取决于企业对风险的态度。风险意识强、比较稳健的企业,往往把风险报酬系数定得大一些,以便引起足够的重视。

(2) 根据本企业或同行业同类项目的历史资料,运用高低点法或直接回归法求出风险收益率系数

例如,某企业计划进行一项投资,经测算该项目的标准离差率为 100%。考虑风险的必要报酬率为 18%,当时市场的无风险报酬率为 10%。由 $K=K_F+bQ$,得到 $b=\frac{K-K_F}{Q}=\frac{18\%-10\%}{100\%}=8\%$。

(3) 由国家有关部门确定风险报酬系数

国家有关部门如财政部、中央银行等为了通过宏观调控以营造良好的经济运行环境,有时根据各行业的条件和有关因素,确定各行业的风险报酬系数,由国家定期公布,供投资者参考。

【例 2-19】 某公司用 10 万元资金投资某一项目,有 A、B 两个投资方案。其中 A 方案的风险报酬系数为 5%,B 方案的风险报酬系数为 8%。A 方案的标准离差率为 64%,B 方案的标准离差率为 155%。当时市场的无风险报酬率为 4%。试计算 A、B 两个投资方案的风险报酬率和必要报酬率。

A 方案：

$$K_R=bQ=5\%\times 64\%=3.20\%$$
$$K=K_F+bQ=4\%+3.20\%=7.20\%$$

B 方案：

$$K_R = bQ = 8\% \times 155\% = 12.4\%$$
$$K = K_F + bQ = 4\% + 12.4\% = 16.4\%$$

由以上计算结果可知，A 方案的风险小于 B 方案的风险，因而 A 方案的风险报酬率也小于 B 方案的风险报酬率。

3. 风险报酬额的计算

风险价值的另一种表示方式为风险报酬额，利用风险报酬率，可以进一步计算得到风险收益额。

$$P_R = CK_R$$

式中 P_R——风险报酬额；

C——投资额；

K_R——风险报酬率。

【例 2-20】 在例 2-19 中，投资额为 10 万元，试计算 A、B 两个投资方案的风险报酬额。

A 方案：

$$P_R = CK_R = 10 \times 3.20\% = 0.32（万元）$$

B 方案：

$$P_R = CK_R = 10 \times 12.4\% = 1.24（万元）$$

由以上计算结果可知，A 方案的风险小于 B 方案的风险，相应的 A 方案的风险收益额小于 B 方案的风险收益额。

【本章小结】

本章主要介绍了货币的时间价值和风险价值两个方面的问题。在介绍相关概念的基础上着重阐述了复利终值和现值、各种年金终值和现值的计算方法以及风险的概念与衡量、风险与报酬之间的关系等基本理论问题。

货币的时间价值，是指货币经历一定时间的投资和再投资所增加的价值。它是在没有投资风险和通货膨胀情况下的货币随时间的增值，也是货币的所有者让渡货币经营权而参与社会财富分配的一种形式。实务中，如果通货膨胀率很低，通常可将国债利率视同货币的时间价值。

风险价值是指投资者由于冒着风险投资而获得的超过货币时间价值的额外收益。可以用绝对数表示，即风险报酬额；也可以用相对数表示，即风险报酬率。在实务中，通常用相对数——风险报酬率表示。风险与报酬的基本关系是风险越高要求的报酬率越高。

本章的重点在于熟练掌握复利终值和现值、各种年金终值和现值的计算以及风险的衡量、风险价值的计算等方法。本章的难点在于如何深刻理解货币时间价值和风险价值的作用，牢固树立起时间价值和风险价值观念并将其贯穿于企业理财活动的始终。

【中英文关键词】

货币时间价值 Time Value of Money
终值 Future Value
现值 Present Value
普通年金 Ordinary Annuity
预付年金 Annuity Due
递延年金 Defered Annuity
永续年金 Perpetuity
终值系数 Future Value Interest Factor
现值系数 Present Value Interest Factor
风险报酬 Risk Premium

【复习思考题】

1. 什么是货币的时间价值？货币的时间价值是怎样产生的？
2. 简述单利、复利、终值和现值的含义。
3. 什么是年金？如何分类？怎样计算？
4. 什么是风险？如何衡量？
5. 简述风险和报酬的关系。
6. 如何理解“时间价值和风险价值是财务管理中最重要的两个基本原则”？

【实训练习题】

习题一

一、目的：练习货币时间价值的计算。

二、资料：某人在2018年1月1日存入银行1 000元，年利率为3%。

三、要求：计算下列各题。

1. 每年复利一次，2020年1月1日存款账户余额是多少？
2. 每季度复利一次，2020年1月1日存款账户余额是多少？
3. 假设1 000元分别在2018年、2019年和2020年1月1日存入250元，仍按3%的年利率，每年复利一次，求2020年1月1日余额。
4. 假定分4年存入相等金额，为了达到第1题所得到的账户余额，每期应存入多少金额？
5. 假定第3题为每季度复利一次，2020年1月1日余额是多少？
6. 假定第4题改为每季度复利一次，每年应存入多少金额？

习题二

一、目的：练习货币时间价值的计算。

二、资料：某公司拟购置一处房产，房主提出两种方案：

1. 从现在起，每年年初支付 20 万元，连续支付 10 次，共 200 万元。

2. 从第 5 年开始，每年年初支付 25 万元，连续支付 10 次，共 250 万元。

三、要求：假设该公司的资金成本率(即最低报酬率)为 8%，你认为该公司应选择哪个方案？

习题三

一、目的：练习风险的衡量。

二、资料：某投资项目与经济环境有关，有关概率分布与预期报酬率如表 2-3 所示。

表 2-3　概率分布与预期报酬率

经济状况	发生的概率	报酬率
较差	0.15	－10%
一般	0.25	14%
较好	0.40	20%
很好	0.20	25%

三、要求：计算下列各题。

1. 计算该投资项目的预期报酬率。

2. 计算该投资项目的标准离差。

3. 计算该投资项目的标准离差率。

第三章　融资管理

【学习目的和要求】

通过本章的学习，理解融资管理是企业财务管理的一项基本内容，掌握企业为什么要融资、从何种渠道以什么方式融资、要融通多少资金、如何合理安排融资结构等问题。

【案例导引】

一家具制造商拟四个月后投资100万元增加一条生产线。由于部分货款未能及时回收，应付款项暂时无法自行解决，需要对外筹措资金。目前有如下一些资金筹集渠道：

(1)A小贷公司可贷款30万元，利率18%，款项立即到账；

(2)B小贷公司可贷款40万元，利率15%，15天后到账；

(3)父母有存款20万元，目前购买基金的话，年收益率6%；

(4)亲戚有余款20万元暂时未用，答应可借出，口上说不需要支付利息，但6个月后必须归还；

(5)可获得银行贷款30万元，利率7%，3个月后到账；

(6)M公司是一家五金制品制造商，愿意投资30万元，不参与经营，按投资比例分红；

(7)N家具商原来因产品质量问题，经营不成功，现愿意投资40万元，但必须参与经营管理，并按投资比例分红。

该家具制造商应如何筹措所需的100万元资金？

融资，又称筹资，是企业筹措、融通和集中生产经营所需资金的财务活动，也是企业资金运动的起点。研究融资的目的就是要研究影响融资的因素，从融资动机、融资渠道、融资方式、融资数量等方面加以权衡，以制定适合企业经营发展的融资决策。

第一节　融资管理概述

一、融资的含义

融资是企业财务管理的一个重要内容，是企业为了自身的生存和发展，根据其生产经营、对外投资和优化资本结构的需要，通过融资渠道运用融资方式经济有效地筹措和集中资本的活动，包括接受投资、取得借款和通过商业信用等方式获得的各种资源。

融资活动贯穿于企业生产经营的各个环节。在我国,开办企业实行注册资本制,企业在成立之初,必须筹集若干符合法律、法规要求的资金作为企业最初的资本。这些资本既是企业成立的必要条件,也是企业持续经营的基础和前提。在生产经营阶段,企业还要结合生产经营活动合理测算资金需求量,并根据企业的实际情况,采取适当的方式,确保生产经营活动的需要。例如,处于成长期的企业常常基于购置新设备、引进新技术而融资,其结果常常是企业资产总额和资本总额的等额增加。又如,企业为了偿还某项债务或调整资本结构,也会有融资的需要,其结果常常会改变企业原有的资本结构。

二、融资的动机

企业融资的动机就是指企业融资的目的,即满足企业生存和发展对资金的需要。在企业持续的生存与发展中,其具体的融资活动通常受特定动机的驱使。

(一) 扩张融资动机

扩张融资动机是企业因扩大生产经营规模或追加对外投资的需要而产生的融资动机。具有良好发展前景、处于成长时期的企业通常会产生这种融资动机。例如,企业生产经营的产品供不应求,需要增加市场供应;开发生产适销对路的新产品;追加有利可图的对外投资规模;开拓有发展前途的对外投资领域等。这种扩张性融资会使企业资产规模有所扩大,从而给企业带来收益增长的机会。但由于扩张性融资筹措资金的量往往比较大,负债规模亦有所扩大,还常常会改变资金结构,承担的融资风险也较大。

(二) 偿债融资动机

偿债融资动机是企业为了偿还某些债务而产生的融资动机。偿债性融资可分为两种情况:一是调整性偿债融资,即企业虽有足够的能力支付到期旧债,但如果企业原有债务结构不合理,或者某种债务成本过高,而又有新的较低债务成本的债务来源出现时,企业就可能出于调整债务结构增加举债融资;二是恶化性偿债融资,即企业现有的支付能力已不足以偿付到期旧债,而不得不借新债还旧债。调整性偿债融资是一种积极主动的融资策略,而恶化性偿债融资则表明企业的财务状况已经恶化。

(三) 解困融资动机

解困融资动机是企业为了缓解临时财务困境而产生的融资动机。企业在生产经营中总会面临各种各样临时性的财务困境,如市场物价上涨时需要大量储备存货以消除涨价风险,临时季节性采购导致库存的大量增加,发放工资或支付股利已迫在眉睫等。这些财务困境都会使资金需求骤然增加,必然驱使企业想方设法筹措资金,以解燃眉之急。

(四) 混合融资动机

混合融资动机是企业为了满足多种需要而产生的融资动机。通过混合性融资,企业既可以扩大自己的资金规模,又可以偿还部分旧债,还可以缓解临时财务困境,即在这种融资中混合了扩张性融资、偿债性融资和解困性融资三种融资动机。

三、企业融资的要求

企业融资的基本要求是通过分析评价影响融资的各种因素，确定融资的数量和比例。根据企业理财的实践，融资的具体要求如下。

1. 合理确定资金需要量

不论通过什么渠道、采取什么方式筹集资金，都应预先确定资金的需要量。资金不足，会影响生产经营发展；资金过剩，会影响资金使用效果。企业筹措资金的客观动机是企业存在着资金供应上的短缺。而这种短缺可能是局部的，也可能是全面的；可能是临时性的，也可能是长期的。因此，科学的融资决策，首先必须准确地测定出资金需要量，为筹措资金提供定量依据，以克服筹资的盲目性。只有使资金的筹集量与需要量达到平衡，才能防止因融资不足而影响生产经营，或因筹资过剩而降低融资效益。

2. 优化融资来源降低资金成本

企业筹集资金的渠道和方式多种多样，不同筹资渠道和方式的融资难易程度、资金成本和融资风险各不一样。因此，要综合权衡各种筹资渠道、融资方式及资金来源的构成，求得融资方式的最优组合，降低综合的资金成本。

3. 谋划投资方向提高投资效果

资金投向是企业确定融资数量的基本依据，既决定资金需要量的多少，又决定投资效果的大小。筹措资金要按照资金的投放使用时间来合理安排，使融资与用资在时间上相衔接，避免因取得资金过早而造成投放前的闲置或因取得资金滞后而贻误投放的有利时机。

企业对每一个投资项目都要进行可行性研究。对于市场吸引力不大、竞争力不强的项目，应中止投资，甚至抽回资金；对于市场发展前景好、竞争能力强、投资效果好的项目，则应加大资金投入。融资是为了投资，只有确定了有利的资金投向，才能选择融资渠道和方式，确定融资的数额，避免不顾投资效果的盲目融资。

4. 运用负债经营优化资本结构

企业的资本结构一般是由自有资本和借入资本构成的。依靠负债开展生产经营活动，能够缓解企业自有资金不足的矛盾，提高自有资本的收益水平。但负债过多会导致财务风险过大，偿债能力过低，甚至丧失偿债能力而面临破产。因此，企业既要利用负债经营的积极作用，又要避免负债可能产生的债务风险。企业不仅要从个别资金成本角度选择融资来源，而且要从总体上合理配置自有资本和借入资本；既要利用负债经营的作用来提高企业的收益水平，又要维护企业的财务信誉，减少财务风险。

四、企业融资的方式

融资方式是指企业取得资金所采取的具体方法和形式。融资方式不仅受到融资渠道的制约，还受到企业内外各种其他因素的制约。随着市场经济的不断发展和完善，资金市场的日趋活跃，融资渠道的逐渐增多，企业可采用的融资方式也将会越来越呈现多元化。认识融资方式的种类和每种融资方式的特性，有利于企业选择适宜的融资方式及筹资组合。目前可供企业选择的筹资方式主要有以下几种：

1. 吸收直接投资

吸收直接投资是指企业以协议等形式吸收国家、其他企业、个人和外商等直接投入资金，形成企业资本金的一种融资方式。吸收直接投资不以股票为媒介，适用于非股份制等各类企业，是非股份制企业筹措自有资本的一种基本方式。

2. 发行股票

发行股票是指股份有限公司经批准以发行股票的形式向国家、其他企业和个人筹集资金，形成企业资本金的一种筹资方式。发行股票是股份公司筹措自有资本的一种基本方式。

3. 发行债券

发行债券是指企业以发行各种债券的形式筹集资金，是企业经批准依法负债筹措资金的一种重要方式。

4. 银行借款

银行借款是指企业向银行申请贷款，通过银行信贷形式筹集资金，也是企业广为使用的一种重要的资金筹措方式。

5. 商业信用

商业信用是指企业在商品交易中以延期付款或预收货款等方式进行购销活动而形成的借贷关系，是企业之间的直接信用，也是企业筹集短期资金的一种方式。

6. 内部积累

内部积累是指企业通过利润分配形成的留存收益，即盈余公积金、公益金和未分配利润，也是企业筹集内部资金的一种筹资方式。

企业的筹资方式与融资渠道有着密切的关系。同一渠道的资金往往可以采取不同的方式取得，同一融资方式又往往适用于不同的融资渠道。因此，企业筹集资金时，必须实现两者的合理配合。融资方式与融资渠道的搭配如表 3-1 所示。

表 3-1　融资方式与融资渠道的搭配

融资方式 融资渠道	投入资本	发行股票	发行债券	长期借款	融资租赁
国家财政资金	√	√			
银行信贷资金				√	
非银行金融机构资金	√	√	√	√	√
其他法人资金	√	√	√		
民间资金	√	√	√		
企业内部资金	√	√			
境外资金	√	√	√	√	√

第二节　资金需求量的预测

一、资金需求量预测的意义和目的

资金需求量预测是融资计划的前提。企业对外提供产品和服务,要有一定的资产作基础。当销售增加时,要相应增加流动资产,甚至是固定资产。扩大销售所需增加的资产会导致企业占用资金的增加。这些资金一部分来自保留盈余,另一部分通过外部融资取得。通常,当销售增长率较高时,保留盈余不能满足企业资金需要,即使获利良好的企业也需外部融资。对外融资,需要寻找提供资金的人,向其作出还本付息的承诺或提供良好的盈利前景,这个过程往往需要较长时间。因此,企业需要预先估测财务需求,提前安排融资计划,否则就可能发生资金难以周转的情况。

资金需求量的预测有助于改善投资决策。根据销售前景估计出的融资需求不一定总能满足企业的实际需要。需要根据可能筹措到的资金来安排销售增长,以及有关的投资项目,使投资决策建立在可行的基础上。

预测的真正目的在于应急。资金需求量的预测与其他预测一样都不可能很准确,但预测给人们展现了未来的各种可能前景,促使人们制订出相应的应急计划。预测和计划是超前思考的过程,其结果并非仅仅是一个资金需求量数字,还包括对未来各种可能前景的认识和思考。预测可以提高企业对不确定事件的反应能力,减少不利事件出现带来的损失,增加有利机会带来的收益。

二、资金需求量预测的步骤

资金需求量预测的基本步骤如下:

1. 销售预测

资金需求量预测的起点是销售预测。资金需求量的预测通常将销售数据视为给定的量,作为资金需求量预测的起点。因此,在公司计划过程中,销售预测至关重要。

销售预测对资金需求量预测的质量有重大影响。如果销售的实际状况超出预测很多,企业没有准备足够的资金添置设备或储备存货,就无法满足顾客需要,导致企业失去盈利机会并丧失原有的市场份额;相反,如果销售预测过高,筹集大量资金购买设备并储备存货,则会造成设备闲置和存货积压,使资产周转率下降,导致权益收益率降低,股价下跌。

销售预测主要通过各个来源提供的信息:① 企业未来的销售趋势;② 可能影响企业销售趋势的因素对销售造成的影响。

2. 资产需求估计

通常,资产是销售收入的函数,根据历史数据可以分析出此函数关系。通过预计销售收入以及资产与销售收入的函数,可以预测所需资产的情况。大部分经营负债也是销售的函数,需要预测负债的自发增长,这种增长可以减少企业外部融资的数额。

3. 相关费用和保留盈余估计

假设各项费用也是销售的函数,可以通过预计销售收入估计费用、支出和损失,并在此基础上确定净收益。净收益和股利支付率共同决定保留盈余所能提供的资金数额。

4. 融资需求量的确定

根据预计资产总量减去已有的资产、负债的自发增长和内部提供的资金来源,便可得出外部融资的需求。

三、资金需求量的预测方法

常用资金需求量的预测方法主要有销售百分比法和线性回归分析法。

(一) 销售百分比法

1. 销售百分比法的基本依据

销售百分比法是根据销售额与资产负债表和利润表相关项目之间的比例关系,假定各项目与销售额的比率固定不变的前提下,预测未来一定销售额下各项目短期资金需要量的方法。如果某项目与销售额的比率发生了变动,则该项目的资金需要量也必须作出相应的调整。

2. 预测步骤

(1) 确定资产和负债项目的销售百分比

资产和负债项目的销售百分比可以根据统一的财务数据预计,也可以使用经过调整的用于管理的财务数据预计。后者更方便,也更合理。

【例 3-1】 甲公司 2016 年销售收入为 5 000 万元,销售利润率为 3%,股利支付率为 40%,若该公司 2021 年预计销售收入为 6 000 万元,销售利润率和股利支付率保持不变,2016 年其他有关数据见表 3-2。

表 3-2 甲公司 2016 年年末有关资料 (单位:万元)

资 产	年末数	负债及所有者权益	年末数
现金	40	应付账款	870
应收账款	765	应付费用	30
存货	845	长期负债	25
预付费用	6	实收资本	241
固定资产净值	100	留用利润	590
资产总额	1 756	负债及所有者权益总额	1 756

注:各项目销售百分比=基期资产(负债)÷基期销售额。

根据 2016 年销售收入(5 000 万元)计算的各项资产和负债与销售收入的百分比,如表 3-3 所示。

表 3-3　甲公司 2021 年预计资产负债表　(单位:万元)

项　目		2016 年实际数	2016 年销售百分比(%)	2021 年预计数
资产	现金	40	0.8	48
	应收账款	765	15.3	918
	存货	845	16.9	1 014
	预付费用	6	—	6
	固定资产净值	100	2.0	120
	资产总额	1 756	35.0	2 106
负债及所有者权益	应付账款	870	17.4	1 044
	应付费用	30	0.6	36
	长期负债	25	—	25
	实收资本	241	—	241
	留用利润	590	—	698
	追加外部筹资额	—	—	62
	负债及所有者权益总额	1 756	—	2 106

(2) 预计各项资产与负债

各项资产(负债)=预计销售收入×各项目销售百分比

根据 2021 年销售收入 6 000 万元和各项目销售百分比计算的各项资产和负债,如表 3-3 所示。

资金总需求=2 106－(1 044＋36＋25)=1 001(万元)

(3) 预计增加的留存收益

留存收益是企业内部的融资来源。只要企业有盈利,并且不是全部支付股利,留存收益会使股东权益增长,可以满足或部分满足企业的融资要求。这部分资金的多少取决于收益的多少和股利支付率的高低。

留存收益增加=预计销售额×计划销售净利率×(1－股利支付率)
=6 000×3%×(1－40%)
=108(万元)

(4) 预计外部融资额

需要的外部融资数额=1 001－(241＋590＋108)=62(万元)

销售百分比法是假定预测年度各非敏感项目和各敏感项目与销售额的百分比均

与基年保持不变。但在现实中,这些百分比却可能发生变动,因此必须相应地对预测资本需要总量和追加外部筹资额予以调整。

(二) 线性回归分析法

线性回归分析法是假定资本需要量与营业业务量之间存在线性关系,先建立数学模型,再依据相关历史资料,用回归直线方程确定参数预测资本需要量的方法。其数学模型为:

$$Y = a + bx \tag{3-1}$$

式中　y——资本需要量;

a——不变资本;

b——单位业务量所需要的变动资本;

x——业务量。

不变资本是指在一定营业规模内不随业务量增减的资本,主要包括为维持营业所需要的最低数额的现金、原材料的保险储备、必要的成品或商品储备、固定资产占用的资本。变动资本是指随业务量变动而同比例变动的资本,包括在最低储备以外的现金、存货、应收账款等所占用的资本。

运用数学模型,利用历史资料确定 a、b 数值后,即可预测一定业务量 x 所需要的资本数量 y。求解 a、b 的联立方程组为:

$$\begin{cases} \sum y = na + b\sum x \\ \sum xy = a\sum x + b\sum x^2 \end{cases} \tag{3-2}$$

【例 3-2】 B 公司 2019—2023 年的产销量和资本需要数量如表 3-4 所示,假定 2023 年预计产销数量为 17 万件。试预测 2024 年该公司资本需要总量。

表 3-4　产销量与资本需要量关系表

年度	产销量 x(万件)	资本需要量 y(万元)
2018	14.4	1 200
2019	13.2	1 140
2020	12	1 080
2021	15.6	1 248
2022	16.8	1 320

根据表 3-4 的资料,计算整理数据如表 3-5 所示。

将表 3-5 的数据代入式(3-2),得

$$\begin{cases} 5\ 988 = 5a + 72b \\ 86\ 932.8 = 72a + 1\ 051.2b \end{cases}$$

表 3-5 线性回归直线方程数据计算表

年度	产销量 x(万件)	资本需要量 y(万元)	xy(万元)	x^2(万元)
2018	14.4	1 200	17 280	207.36
2019	13.2	1 140	15 048	174.24
2020	12	1 080	12 960	144
2021	15.6	1 248	19 468.8	243.36
2022	16.8	1 320	22 176	282.24
$n=5$	$\sum x=72$	$\sum y=5\ 988$	$\sum xy=86\ 932.8$	$\sum x^2=1\ 051.2$

求得:$a=492$,$b=49$。

将 $a=492$、$b=49$ 代入 $y=a+bx$,得

$$y=492+49x$$

将 2023 年预计产销量 17 万件代入上式,测得 2024 年的资本需要量为:

$$492+49\times17=1\ 325(\text{万元})$$

运用线性回归法必须注意三个问题:

第一,资本需要量与营业业务量之间线性关系的假定应符合实际情况。

第二,确定 a、b 数值时,应利用预测年度前连续若干年的历史资料,一般至少要有三年以上的资料。

第三,需考虑价格等因素的变动情况。

第三节 权益资本融资

权益资本融资主要是指通过投入资本和发行股票融资的方式,通过这种方式所筹集的资金可以作为企业的永久资本。其中,投入资本融资是指非股份制企业以协议等形式吸收国家、其他企业、个人和外商等直接投入的资本,适用于非股份制企业,是非股份制企业筹集权益资本的基本方式。而发行股票是股份有限公司为筹措权益资本的基本方式。

一、投入资本融资

企业的权益资本主要分为两个部分:一是企业收到的投入资本,包括实收资本与资本公积;二是企业运用资本从事生产经营活动产生的盈余,会计上称为留存收益,包括盈余公积和未分配利润。其中的实收资本就是注册资本,是企业的所有者为创办和发展企业而投入的资本,这部分资本因企业组织形式的不同而有不同的表现形式,在股份制企业中被称为"股本",在非股份制企业中被称为"投入资本"。

1. 投入资本融资中出资人的出资方式

按照我国相关法律法规规定，企业采用投入资本方式融资，出资人可以采用两种方式出资，即现金方式出资和非现金方式出资。

现金出资是指出资人以货币资金投入企业，这是融资企业常采纳的一种方式。因为现金的流动性最强，既可以购买原材料和设备，又可以直接支付费用和偿还负债，有利于资本的统筹使用。各国法律对资本总额中的现金出资比例有一定的要求。

非现金出资包括实物资产出资和无形资产出资。实物资产出资是指投资者以房屋、建筑物、固定资产、原材料、产品等流动资产作价出资。无形资产出资是指出资人以专利权、商标权、专有技术、土地使用权等无形资产作价出资。与现金出资方式相比，非现金方式出资能使融资企业更快地获得企业所需的厂房、设备和技术，有助于企业迅速形成生产能力。但是在实际操作中要注意两个问题：一是企业接受的非现金资产投资，无论是固定资产，还是专利权、专有技术等无形资产，首先必须符合企业生产经营和科研开发的需要，其设备和技术应具有一定的先进性。二是作为出资的实物、土地使用权等必须评估作价。非现金资产的估价，是一个十分敏感的问题，直接影响到出资方和筹资方的利益。一般来说，对于原材料、产成品和机器设备可以采用重置成本法和现行市价法估价；对于房屋、建筑物，由于受到地理位置、新旧程度、质量等多方面因素的影响，可以采用现行市价法和收益现值法估价；对于专利权、专有技术、商标、土地使用权、特许经营权等无形资产，可以采用重置成本法估价、现行市价法估价或收益现值法估价。总之，在确定非现金资产的价值时，应本着客观、公正的原则进行估价，必要时可以聘请具有资产评估资格的中介机构评估非现金资产的价值。

2. 投入资本融资的程序

首先，确定所需的资金量。国有独资企业的增资须由国家授权投资的机构或国家授权的部门决定，合资或合营企业的增资可由双方协商决定。需要注意的是，企业接受的投入资本直接形成企业的所有者权益，直接影响所有者对企业的控制权，因此企业必须合理确定企业的融资规模。

其次，正确选择出资方式。企业采用何种方式出资，由投资和融资双方协商决定。不同的出资方式产生的变现能力也有所不同，因此企业应根据生产经营的需要选择相对合理的出资方式。在现金与非现金资产间的比例、实物资产与无形资产间的比例、流动资产与非流动资产间的比例的选择上，要满足资产的流动性和收益性的需要，确保企业资产结构的合理性。

最后，签署合同、协议，并取得资金。企业采用投入资本方式融资时，应将协商、谈判的结果以合同、协议的形式予以确定和规范。在协议或合同中，应对出资人的出资额、出资方式、资产交付期限、收益分配、控制权的分割和行使以及违约责任等做出明确的约定。合同、协议签署以后，应按规定取得资金，以确保企业的生产经营活动能顺利展开。以实物、非专利技术或者土地使用权等方式出资的,应当依法办理财产权的转移手续。

3. 投入资本融资方式的优缺点

投入资本融资曾是我国非股份制企业普遍采用的融资方式,既有优点也有不足,主要表现在:

优点:① 与负债资本相比,投入资本融资形成企业的权益资金,既增加企业的现金流,又无须偿债,降低了企业的财务风险。② 与股票融资相比,投入资本的融资费用较低,需要履行的法律程序相对简单,融资速度快。投入资本融资不仅可以筹集到现金,还可以筹集到非现金资产,直接形成企业的生产能力,节约了购建厂房、设备的时间,有利于企业抢占市场,抓住时机。

缺点:① 相较于债务资本,投入资本融资的资金成本较高,因为一般投资者要求的投资回报率会比债务利息高,而且企业是用税后利润支付投资者报酬,不具有节税作用。② 投入资本融资没有证券作为媒介,产权关系有时不够明晰,因此不利于吸引投资。

二、普通股融资

股票是股份制公司为筹集权益资本而发行的,是表示股东按其持有的股份享有权益并承担义务的可转让书面凭证,代表了持股人在公司中拥有的所有权。股票融资是股份制公司筹集资本的主要方式。

(一) 股票的分类

股份制公司根据融资者和投资者的需要发行各种股票,股票的种类很多,可按不同的标准进行分类。

根据股东权益的不同,股票分为普通股和优先股。公司发行普通股股票筹集的资本称为普通股股本,代表股东享有表决权、优先认股权、收益分配权、剩余资产分配权等;同时,股东还必须履行与其权利相对应的义务,如遵守公司章程、缴纳股款、对公司债务负有限责任、不得抽回投入的股本等。优先股是公司发行优先于普通股股东而获取股利和剩余财产的股票。优先股相较于普通股而言,具有某些优先条件,同时也受到一定限制。在股东大会上,优先股股东一般没有表决权,通常也无权过问公司的经营管理。企业采用优先股方式筹资,类似得到一笔永久性的借款,如果公司财务状况不佳,可以暂不支付优先股股利。

根据票面是否记名,股票分为记名股票和无记名股票。记名股票是在股票票面上记载股东的姓名或者名称的股票,而且股东的姓名或者名称要记入公司股东名册。无记名股票是在股票票面上不记载股东的姓名或名称的股票。无记名股票的转让、继承无须办理过户手续,只要将股票交给受让人,就可以转让、移交。我国《公司法》规定:公司向发起人、国家授权投资的机构、法人发行的股票,应当为记名股票,并应当记载该发起人、机构或者法人的名称，不得另立户名或者以代表人姓名记名。对社会公众发行的股票，可以为记名股票，也可以为无记名股票。

根据票面是否标明金额，股票分为面值股票和无面值股票。面值股票是指在股票的票面上标明每股金额的股票，股东依照其所持有的股票票面金额占公司发行在外股票总面值的比例，享有相应的权利和承担相应的义务。我国的会计准则规定，以股票的面值记入股本，股票价值中超出面值的部分应记入资本公积。无面值股票是指股票票面不记载每股金额，只将企业资金分为若干股份，在股票上标明股数。我国现行《公司法》规定股份公司发行的股票必须标明其面值。

根据发行对象和发行地区的不同，股票分为 A 股、B 股、H 股、N 股等。A 股是在我国内地发行、供我国个人和法人买卖的、以人民币标明票面价值并以人民币交易认购的股票。B 股、H 股和 N 股是专供外国和我国港、澳、台地区投资者买卖的，以人民币标明票面金额但以外币认购和交易的股票(注：自 2001 年 2 月 19 日起，B 股开始对国内居民开放)。其中，B 股在上海、深圳上市，H 股在香港上市，N 股在纽约上市。

按照发行主体的不同，股票分为国有股、法人股和个人股。有权代表国家投资的部门或机构以国家资产向公司投入形成国有股；企业或非企业法人单位依法以其可支配的资产向公司投入形成法人股；社会公众或本公司职工以个人合法财产投入公司形成个人股。

(二) 股票的发行

1. 股票发行的程序

股份有限公司在设立时发行股票与增资发行新股的程序是不同的。

(1) 设立时发行股票的程序

① 提出募集股份申请。

② 公告招股说明书，制作认股书，签订承销协议和代收股款协议。

③ 招认股份，缴纳股款。

④ 召开创立大会，选举董事会、监事会。

⑤ 办理设立登记，交割股票。

(2) 增资发行新股的程序

① 股东大会作出发行新股的决议。

② 由董事会向国务院授权的部门或省级人民政府申请并经批准。

③ 公告新股招股说明书和财务会计报表及附属明细表，与证券经营机构签订承销合同，定向募集时向新股认购人发出认购公告或通知。

④ 招认股份，缴纳股款。

⑤ 改组董事会、监事会，办理变更登记并向社会公告。

2. 股票的发行方法

股票发行方法是指公司通过何种途径发行股票。总的来讲，股票的发行方法可分为如下两类：

（1）公开间接发行。即通过中介机构，公开向社会公众发行股票。我国股份有限公司采用募集设立方式向社会公开发行新股时，须由证券经营机构承销的做法，就属于股票的公开间接发行。这种发行方式的发行范围广，发行对象多，易于足额募集资本；股票的变现性强、流通性好；股票的公开发行还有助于提高股票发行公司的知名度和扩大其影响力。但这种发行方式手续繁杂，发行成本高。

（2）不公开直接发行。即不公开对外发行股票，只向少数特定的对象直接发行，因而无须经中介机构承销。我国股份有限公司采用发起设立方式和以不向社会公开募集的方式发行新股的做法，即属于股票的不公开直接发行。这种发行方式弹性较大，发行成本低；但发行范围小，股票变现能力差。

企业应根据自身具体情况和外部融资环境选择适宜的股票发行方法。

3. 股票的销售方式

对发行公司而言，不同的销售方式决定了股票的发行风险和发行成本，股票的销售方式主要有自销和承销两种。

（1）自销，顾名思义，就是股票发行公司不经过证券经营机构承销，直接把股票出售给投资者，自己承担股票发行的风险与责任，自己办理股票发行的方式。采用这种方式风险高、成本低，只适用于熟悉发行手续、精通招股技术、资本雄厚、知名度高的企业。

（2）承销，是指股票发行公司将股票委托投资银行、信托投资公司、证券公司等证券经营机构销售的方式。承销是目前运用最广泛的一种方式，也是我国《公司法》明文规定必须采用的方式，主要包括代销和包销两种方式。代销是指在法定发行期间内，由证券公司代发行人发售股票，在承销期结束时，将未出售的证券全部退还给发行人的承销方式。这种承销方式的风险由发行人承担，承销商只承担受托销售的责任，并收取相应的手续费。包销是指证券承销商将发行人的股票按照协议全部购入，或者在承销期结束时将售后剩余股票全部自行购入的承销方式。这种承销方式的风险全部由承销商承担。由于承销商承担了较大的风险，采用这种承销方式的成本比较高。包销可以由一个承销商独自负责，完成全部股票的销售任务，收取全部受托报酬和承销费用；也可以由数个承销商组成承销团，各承销商按照一定比例分别销售股票，并按照比例收取报酬和费用。我国《股票发行与交易管理暂行规定》及相关法规规定：股票发行公司拟公开发行股票的面值总额超过 3 000 万元人民币的，或者预期销售总金额超过 5 000 万元人民币的，应由承销团承销。

4. 股票的发行价格

股票的发行价格是股票发行时所使用的价格，也就是投资者认购股票时所支付的价格。股票发行价格通常由股票发行公司根据股票面额、股市行情等有关因素决定。以募集设立方式设立公司首次发行的股票价格，由发起人决定；公司增资发行新股的股票价格，由股东大会作出决议。

股票的发行价格可以和股票的面额一致,但多数情况不一致。股票的发行价格一般有以下三种:

(1) 等价,就是以股票的票面额为发行价格,也称为平价发行。这种发行价格,一般在股票的初次发行或在股东内部分摊增资的情况下采用。等价发行股票容易推销,但无从取得股票溢价收入。

(2) 时价,就是以本公司股票在流通市场上买卖的实际价格为基准确定的股票发行价格。其原因是股票在第二次发行时已经增值,收益率已经变化。选用时价发行股票,考虑了股票的现行市场价值,对投资者也有较大的吸引力。

(3) 中间价,就是以等价或时价的中间值确定的股票发行价格。

按时价或中间价发行股票,股票发行价格会高于或低于其面额。前者称溢价发行,后者称折价发行。如果属溢价发行,发行公司所获得的溢价款列入资本公积。我国《公司法》规定,股票发行价格可以等于票面金额(等价),也可以超过票面金额(溢价),但不得低于票面金额(折价)。

(三) 股票上市决策

股票上市是指股份有限公司公开发行的股票经批准在证券交易所进行挂牌交易。经批准在交易所上市交易的股票称为上市股票。按照国际通行的做法,非公开募集发行的股票或未向证券交易所申请上市的非上市证券,应在证券交易所外的店头市场(Over The Counter Market,简称 OTC Market)上流通转让;只有公开募集发行并经批准上市的股票才能进入证券交易所流通转让。我国《公司法》规定,股东转让其股份,必须在依法设立的证券交易所进行。

股份公司申请股票上市,一般出于以下一些目的:

(1) 资本大众化,分散风险。股票上市后,会有更多的投资者认购公司的股票,公司则可将部分股票转售给这些投资者,再将得到的资金用于其他业务,这就分散了公司的风险。

(2) 提高股票的变现能力和流动性。股票上市后便于投资者购买,自然提高了股票的流动性和变现能力。

(3) 便于筹集新资金。股票上市必须经过有关机构的审核和批准并接受相应的监督和检查,执行各种信息披露和股票上市规定。这就大大增强了社会公众对公司的信赖,也便于公司用其他方式(如负债)筹集资金。

(4) 提高公司知名度,吸引更多顾客。股票上市公司为社会所知,并被认为业绩优良,会带来良好声誉,吸引更多顾客,从而扩大销售量。

(5) 便于公司价值的计算。股票上市后,公司股价有市价可循,便于确定公司的价值,有利于促进公司财富最大化。

但股票上市也有对公司不利的一面:公司将承担较高的信息披露成本;各种信息的及时披露可能会暴露公司的商业秘密;股价有时会扭曲公司的实际情况,丑化公司形象；可能导致公司控制权的分散，造成管理上的困难以及容易被其他企业收购等。

(四) 普通股融资的利弊

与其他融资方式相比，普通股筹措资本具有如下优点：

(1) 发行普通股筹措资本具有永久性，无到期日，不需归还。这对保证公司对资本的最低需要和维持公司长期稳定发展极为有益。

(2) 发行普通股融资没有固定的股利负担，股利的支付与否和支付多少视公司有无盈利和经营需要而定，经营波动给公司带来的财务负担相对较小。因为普通股筹资没有固定的到期还本付息的压力，所以筹资风险较小。

(3) 发行普通股筹集的资本是公司最基本的资金来源，反映了公司的实力，可作为其他方式融资的基础，尤其可为债权人提供保障，增强公司的偿债能力。

(4) 由于普通股的预期收益较高并可一定程度地抵消通货膨胀的影响(通常在通货膨胀期间，不动产升值时普通股也随之升值)，普通股融资容易吸收资金。

运用普通股筹措资本具有如下缺点：

(1) 普通股的资本成本较高。首先，从投资者的角度讲，投资普通股风险较高，相应地要求有较高的投资报酬率。其次，对于融资公司讲，普通股股利从税后利润中支付，不像债券利息那样作为费用从税前支付，因而不具有抵税作用。此外，普通股的发行费用一般也高于其他证券。

(2) 以普通股融资会增加新股东，这可能会分散公司的控制权，削弱原有股东对公司的控制。

三、留存收益融资

留存收益融资也称为“内部融资”，是企业将税后利润的一部分甚至全部留下作为资本来源的一种融资方式，在性质上属于权益资本。其融资的具体方式有：按法定要求提取盈余公积金，当期利润不分配，向股东送股票股利等。

留存收益融资是补充企业生产经营资金的一项重要来源。利用这种融资方式企业不必向外部单位办理各种手续，也不必直接支付筹资费用，因此有利于企业的发展。但是，留存收益的数量有时会受到某些股东需求的限制，而且如果留存收益过多，股利支付过少，可能会影响企业的后续外部融资。留存收益融资的详细内容将在第九章阐述。

第四节　长期负债融资

一、负债融资概述

负债融资是指通过负债筹集资金。负债是企业一项重要的资金来源，几乎没有一家企业是只靠自有资本而不用负债就能满足资金需要的。负债融资是与普通股融资性质不同的融资方式。与后者相比，负债融资的特点表现为：筹集的资金具有时限性，需到期偿还；不论企业经营好坏，需固定支付债务利息，从而形成企业固定的负担；资本成本一般比普通股融资成本低，且不会分散投资者对企业的控制权。

按照所筹资金可使用时间的长短，负债融资可分为长期负债融资和短期负债融资两类。长期负债是指预期偿付期限超过 1 年的负债。筹措长期负债资金，可以解决企业长期资金的不足，如满足长期发展对固定资产的需要；同时，由于长期负债的归还期长，债务人可对债务的归还作长期安排，还债压力或风险相对较小。但长期负债融资成本较高，即长期负债的利率一般会高于短期负债利率；负债的限制较多，即债权人经常会向债务人提出一些限制性的条件，以保证其能够及时、足额偿还债务本金和支付利息，从而形成对债务人的种种约束。

目前在我国长期负债融资主要有长期借款和债券两种方式。

二、长期借款融资

长期借款是指企业向银行或其他非银行金融机构借入使用期超过 1 年的借款，主要用于购建固定资产和满足长期流动资金占用的需要。

（一）长期借款的种类

长期借款的种类很多，各企业可根据自身的情况和各种借款条件选用。目前我国各金融机构的长期借款主要有：

按用途不同，长期借款可分为固定资产投资借款、更新改造借款、大修理借款、进口设备借款、科技开发和新产品试制借款等。

按照提供贷款的机构不同，长期借款可分为政策性银行贷款，商业性银行贷款和其他非银行金融机构提供的贷款。我国的政策性银行主要有国家开发银行、农业发展银行等，主要执行国家政策性贷款业务。我国的商业银行主要有中国工商银行、中国建设银行、中国农业银行、交通银行、中国银行等，向企业提供各种短期和长期借款。非银行金融机构提供的贷款是指企业从信托投资公司、保险公司、租赁公司、财务公司等机构得到的各种中长期贷款。

按有无担保，长期借款可分为抵押贷款和信用贷款。抵押贷款是指企业以房屋、建筑物、机器设备、商品、有价证券等抵押品作为担保而得到的贷款，如果到期企业无力偿还债务，银行有权处理抵押品，优先受偿。信用贷款是指不需企业提供抵押品，仅凭企业或担保人的信用就发放的贷款。对银行而言，信用贷款比抵押贷款风险要高，因此银行通常对投资对象的资信状况有着更高的要求，同时也收取较高的利息。

按照借款利率的不同，长期借款还可分为固定利率借款和浮动利率借款。固定利率借款就是借款人在整个借款期间，按照事先约定的固定利率支付利息的借款，浮动利率借款的利率一般与基准利率挂钩，每隔一段时间调整利率一次，同时在借款合同中固定利率的高、低限额，只要在限额幅度内的，按每期浮动的利率支付利息。

（二）长期借款的保护性条款

由于长期借款的期限长、风险大，按照国际惯例，银行通常对借款企业提出一些有助于保证贷款按时足额偿还的条件。将这些条件写进贷款合同中，就形成了合同的保护性条款。归纳起来，保护性条款大致有如下两类：

1. 一般性保护条款

一般性保护条款应用于大多数借款合同，其内容主要包括：① 对借款企业流动资金保持量的规定，其目的在于保持借款企业资金的流动性和偿债能力；② 对支付现金股利和再购入股票的限制，其目的在于限制现金外流；③ 对资本支出规模的限制，其目的在于减小企业日后不得不变卖固定资产以偿还贷款的可能性，仍着眼于保持借款企业资金的流动性；④ 限制其他长期债务，其目的在于防止其他贷款人取得对企业资产的优先求偿权；⑤ 借款企业定期向银行提交财务，其目的在于及时掌握企业的财务情况；⑥ 不准在正常情况下出售较多资产，以保持企业正常的生产经营能力；⑦ 如期缴纳税费和清偿其他到期债务，以防被罚款而造成现金流失；⑧ 不准以任何资产作为其他承诺的担保或抵押，以避免企业负担过重；⑨ 不准贴现应收票据或出售应收账款，以避免或有负债；⑩ 限制租赁固定资产的规模，其目的在于防止企业负担巨额租金以致削弱其偿债能力，防止企业以租赁固定资产的办法摆脱对其资本支出和负债的约束。

2. 特殊性保护条款

特殊性保护条款针对某些特殊情况而出现在部分借款合同中。它主要包括：① 贷款专款专用；② 不准企业投资于短期内不能收回资金的项目；③ 限制企业高级职员的薪金和奖金总额；④ 要求企业主要领导人在合同有效期间担任领导职务；⑤ 要求企业主要领导人购买人身保险，等等。

（三）长期借款的成本

长期借款的利息率通常高于短期借款，但信誉好或抵押品流动性强的借款企业，仍然可以争取到较低的长期借款利率。长期借款利率有固定利率和浮动利率两种，浮动利率通常有最高和最低限，并在借款合同中明确。对于借款企业，若预测市场利率将上升，应与银行签订固定利率合同；反之，则应签订浮动利率合同。

除利息之外，银行还会向借款企业收取其他费用，如实施周转信贷协定所收取的承诺费，以及要求借款企业在本银行中保持补偿余额所形成的间接费用。这些费用会加大长期借款的成本。

（四）长期借款的偿还方式

长期借款的偿还方式不一，包括：定期支付利息、到期一次性偿还本金的方式；定期等额偿还方式；平时逐期偿还小额本金和利息，期末偿还余下的大额部分的方式。定期支付利息，到期一次性偿还本金的方式会加大企业借款到期时的还款压力；而定期等额偿还又会提高企业使用贷款的实际利率。

(五) 长期借款融资的特点

与其他长期负债融资相比，长期借款融资的特点为：

(1) 融资速度快。长期借款的手续比发行债券简单得多，得到借款所花费的时间较短。

(2) 借款弹性较大。借款时企业与银行直接交涉，有关条件可谈判确定；用款期间发生变动，亦可与银行再协商。而债券融资所面对的是社会广大投资者，协商改善融资条件的可能性很小。

(3) 借款成本较低。长期借款利率一般低于股息率，而且借款属于直接融资，融资费用也较少。

(4) 长期借款的限制性条款比较多，制约着借款的使用。

三、债券融资

债券是经济主体为筹集资金而发行的，用以记载和反映债权债务关系的有价证券。由企业发行的债券称为企业债券或公司债券。这里所说的债券指的是期限超过1年的公司债券，其发行目的通常是为建设大型项目筹集大笔长期资金。

(一) 债券的种类

企业债券有多种形式，按照不同标准可分为以下几类：

按债券上是否记有持券人的姓名和名称，债券可分为记名债券和无记名债券。这种分类类似于记名股票与无记名股票的划分。在券面上记有持券人的姓名和名称的叫做记名债券，本息只向券面上登记的持券人发放，转让时必须有持券人背书。在券面上不记持券人的姓名和名称的叫无记名债券，无记名债券的还本付息以债券为依据，一般采用见票付息方式，可自由转让，无须背书。

按能否转换为公司股票，债券分为可转换债券和不可转换债券。若公司的债券在一定的条件下能转换为公司的普通股股票，称为可转换债券；反之，称为不可转换债券。

以上两种分类方式为我国《公司法》所确认。除此以外，公司债券还有其他一些分类。按有无担保，债券分为抵押债券和信用债券。抵押债券是指债券发行公司以特有财产作为担保的债券，按其担保品的不同可分为一般抵押债券、不动产抵押债券和设备抵押债券等。信用债券又称无担保债券，是债券发行公司在没有抵押品的情况下完全凭信用发行的债券。按能否上市，债券可分为上市债券和非上市债券。可以在证券交易所挂牌交易的债券称为上市债券；反之，称为非上市债券。

(二) 债券的发行价格

债券的发行价格是债券发行时使用的价格，亦即投资者购买债券时所支付的价格。公司债券的发行价格通常有三种，即平价、溢价和折价。

平价指以债券的票面金额为发行价格；溢价指以高出债券票面金额的价格为发行价格；折价指以低于债券票面金额的价格为发行价格。债券发行价格的形成受诸多因素的影响，其中主要是票面利率与市场利率的一致程度。债券的票面金额、票面利率在债券发行前就已参照市场利率和债券发行公司的具体情况确定下来，并载明于债券上。但在发行债券时已确定的票面利率不一定与当时的市场利率一致。为了协调债券购销双方在债券利息上的利益，就要调整发行价格。当票面利率高于市场利率时，以溢价发行债券；当票面利率低于市场利率时，以折价发行债券；当票面利率与市场利率一致时，则以平价发行债券。

$$债券发行价格=\frac{票面金额}{(1+市场利率)^n}+\sum_{t=1}^{n}\frac{票面金额\times 票面利率}{(1+市场利率)^t} \tag{3-3}$$

式中 n——债券期限；

t——付息期数。

【例 3-3】 假定某企业发行面值为 1 000 元的公司债券，债券票面利率为 8%，利息每年支付一次，期限为 5 年，假设发行时的市场利率分别为 8%、6% 和 10% 时，分别计算债券的发行价格。

根据式(3-3)，不同情况下债券发行价格计算如下：

① 当债券发行时市场利率为 8% 的债券发行价格为：

$$\begin{aligned}债券发行价格&=\frac{1\,000}{(1+8\%)^5}+\sum_{t=1}^{5}\frac{1\,000\times 8\%}{(1+8\%)^t}\\&=1\,000(元)\end{aligned}$$

② 当债券发行时市场利率为 6% 的债券发行价格为：

$$\begin{aligned}债券发行价格&=\frac{1\,000}{(1+6\%)^5}+\sum_{t=1}^{5}\frac{1\,000\times 8\%}{(1+6\%)^t}\\&=1\,083.8(元)\end{aligned}$$

③ 当债券发行时市场利率为 10% 的债券发行价格为：

$$\begin{aligned}债券发行价格&=\frac{1\,000}{(1+10\%)^5}+\sum_{t=1}^{5}\frac{1\,000\times 8\%}{(1+10\%)^t}\\&=940.44(元)\end{aligned}$$

说明，当债券票面利率等于市场利率时，债券平价发行；当债券票面利率大于市场利率时，债券溢价发行；当债券票面利率小于市场利率时，债券折价发行。

（三）债券的信用等级

公司公开发行债券通常需要由债券评信机构评定等级。债券的信用等级对于债券发行公司和购买人都具有重要影响。

由于我国债券信用评级起步较晚，主要借鉴国外的评级方法，国外著名的信用等级评定机构，如穆迪投资服务公司（Moody's Investors Service）和标准·普尔公司（Standard & Poor's Corporation），采用的债券等级一般分为 3 等 9 级。表 3-6列示了这种等级。

表 3-6　债券信用等级表

标准·普尔公司		穆迪投资服务公司	
AAA	最高级	Aaa	质量最优
AA	高级	Aa	质量高
A	中上等级	A	中上等级
BBB	中等级别	Baa	中等级别
BB	具有投机性	Ba	具有投机因素
B	投机性很强	B	通常不具备理想投资的特点
CCC-CC	完全投机	Caa	地位差,可能违约
C	用于不付息的收益性债券	Ca	高度投机,通常会违约
D	违约	C	最低等级

我国的债券评级工作正在开展,但尚无统一的债券等级标准和系统评级制度。根据有关规定,凡是向社会公开发行的企业债券需要由经相关部门认可的资信评级机构进行信用级别评定。这些机构对发行债券企业的企业素质、财务质量、项目状况、项目前景和偿债能力进行评分,以此评定信用级别。

(四)债券融资的特点

与其他长期负债融资方式相比,发行债券的突出优点在于融资对象广、市场容量大。但是这种融资方式成本高、风险大、限制条件多。

四、可转换债券融资

可转换债券又称为可转换公司债券,是指发行人依照法定程序发行,在一定期间内依据约定条件可以转换成股份的公司债券。这种债券的转换并未增加公司资本总量,但是改变了公司的资本结构。

可转换债券是市场上一种典型的混合性金融产品。在可转换债券未转换之前,投资人将它作为普通债券持有,有票面利率和到期日,到期还本付息,具有债券的特征。在可转换债券的持有人依据约定的条件将其转换成股票之后,可转换债券的持有人就成为公司的股东。因此可转换债券又被称为"准股票",具有股票的特征。可转换债券还具有期权的特征,即投资者以放弃一定的利息收益为代价获得一个权利:当股票价格高于转换价格时,按转换价格将可转换债券转换为股票,获取价差。

可转换债券的要素主要包括转换价格、转换比率、转换期、赎回条款、回售条款和强制性转换条款等内容。

1. 转换价格、转换比率和转换期

转换价格即将可转换债券转换为每股股份所支付的价格。我国《可转换公司债券管理暂行办法》规定：上市公司发行可转换债券的，以发行可转换公司债券前一个月的股票平均价格为基准，上浮一定幅度作为转换价格。例如，某公司发行5年期可转换债券，面值为1 000元，发行前一个月股票平均价格为每股50元，预计公司未来股价会明显上升，确定可转换债券的转换价格比前一个月上浮20%，则该公司可转换债券的价格是50×(1+20%)=60(元)。可转换债券的发行公司还可以采用变动的可转换价格，逐期提高可转换债券的价格，促使可转换债券持有人尽早转换。

转换比率是每张可转换债券能够转换的普通股股数。如果每张1 000元的可转换债券可以转换为20股股票，则转换率就是20。可转换债券的面值、转换比率与转换价格之间存在如下关系：

$$\text{转换比率}=\frac{\text{债券面值}}{\text{转换价格}} \tag{3-4}$$

转换期是指可转换债券转换为股份的起始日至结束日的期间。可转换债券的转换期可以与债券的期限相同，也可以比债券的期限短。

2. 赎回条款

赎回条款包括不可赎回期、赎回期、赎回价格和赎回条件。不可赎回期是指可转换债券从发行开始不能赎回的那段时间。不可赎回期结束之后，就进入了可赎回期，在可赎回期内，发行可转换债券的公司可以将债券赎回。债券发行公司将可转换债券赎回时的价格称为赎回价格。该价格是债券发行公司事先规定的赎回债券的出价，一般高于可转换债券的债券面值。赎回条件是指对发行可转换债券的公司赎回债券的要求，即发行公司在什么情况下才能将债券赎回。

3. 回售条款

回售条款是指按照合同规定，在可转换债券发行公司发行的股票达到某种恶劣程度时，债券持有人有权将债券按照约定价格卖给债券发行公司的条款。这种条款有利于降低投资人的投资风险，保护投资人利益。

4. 强制性条款

强制性条款是指在发行条款中规定，一旦具备某些条件，债券的持有人必须将可转换债券转换成股票，无权要求偿还本金的规定。

5. 融资利弊

如果公司发行可转换债券以后，经营状况良好，股价上扬，当前股票价格会大于可转换债券的转换价格，也大于公司发行可转换债券时的股票价格。在这种情况下，可转换债券的持有人会行使转换权，将债券按转换价格换成股票。对债券发行公司来说，由于可转换债券被按低于当前市价的转换价格转换成普通股，导致公司每股收益和每股净资产被摊薄。但是转换价格高于公司发行可转换债券时的股票价格，因此又比当时直接发行普通股成本低。

如果公司发行可转换债券以后，经营状况不佳，股价表现很差，可转换债券的持有人没有如期转换普通股，这时公司将面临还本付息的压力，加大公司的财务风险。但是可转换债券的利率比普通债券的利率低，因此公司发行可转换债券比当时直接发行普通债券的融资成本要低。

基于上述分析，从发行公司角度看，可转换债券具有以下优点：债券转股权后，减轻和消除了公司还本付息的压力和财务风险，减少了现金流出量。而且利用可转换债券可以避开股票低价发行的不足。其缺点是：可转换债券一旦转换不成，会对公司的资本结构造成较大的影响；如果实现转换，则债券利息的节税效应也将失去，同时摊薄每股收益和每股净资产。

第五节　短期负债融资

短期负债融资是指预期偿付期限不超过 1 年的资金筹措，其主要形式包括商业信用和银行信用两种。

一、商业信用融资

商业信用是指在商品交易活动中由于延期付款或预先收款所形成的企业间的借贷关系。商业信用产生于商品交换之中，是所谓的“自发性融资”，在短期负债融资中占有较大比重。商业信用的具体形式包括应付账款、应付票据和预收账款等。

1. 应付账款融资

应付账款是企业购买货物暂未付款所形成的结算款项。卖方利用这种方式可以促进销售；对买方而言，延期付款相当于向卖方借用资金购入商品，可以满足短期资金的需求。

与应收账款相对应，应付账款也有付款期、折扣等信用条件。应付账款融资决策主要是围绕不同信用条件下筹资成本的权衡展开。

(1) 应付账款融资成本。免费信用是指买方企业在规定的折扣期内享受折扣而获得的信用。这种情况下，企业没有因为享受信用而付出代价。因此，应付账款融资成本实际上是企业放弃应付账款应享有的现金折扣而导致的隐性成本。计算公式为：

$$\text{放弃现金折扣成本} = \frac{\text{折扣百分比}}{1-\text{折扣百分比}} \times \frac{360}{\text{信用期}-\text{折扣期}} \tag{3-5}$$

式(3-5)表明，放弃现金折扣的成本与折扣百分比大小、折扣期限的长短同方向变化，与信用期的长短呈反方向变化。如果买方放弃折扣而获得信用，其代价是较高的。

【例 3-4】 某企业按照 2/10、n/30 的条件购入 10 万元货物，问：该企业应付账款的融资成本是多少？

如果该企业在10天内付款，便享受了10天的免费信用期，并获得折扣0.2万元(10万×2%)，免费信用额为9.8万元(10万－0.2万元)，则该企业应付账款的融资成本为0。

如果买方企业放弃折扣，在10天后(不超过30天)付款，该企业便要承受因放弃折扣而造成的隐含利息成本。根据式(3-5)，该企业放弃现金折扣所承担的成本为：

$$\text{放弃现金折扣成本} = \frac{2\%}{1-2\%} \times \frac{360}{30-10} = 36.7\%$$

在放弃折扣的情况下，推迟付款的时间越长，其成本便会越小。

如果本例中企业延至50天付款，放弃现金折扣的资金成本为：

$$\text{放弃现金折扣成本} = \frac{2\%}{1-2\%} \times \frac{360}{50-10} = 18.4\%$$

例3-4说明，企业对于应付账款融资，如果要享受折扣，则必须在折扣期限内付款，否则，因放弃现金折扣承担的隐性资金成本较高；如果决定放弃现金折扣，降低应付账款融资所带来的隐性资金成本的办法是尽可能推迟(信用期的最后一天)付款或者申请展期。

例3-4中，如果放弃现金折扣，推迟到信用期最后一天(30天)的隐性资金成本高达36.7%；如果申请展期(50天)，隐性资金成本将降低到18.4%。

(2) 利用现金折扣的决策

在附有信用条件的情况下，由于获得不同信用要负担不同的代价，买方企业需要在利用哪种信用之间做出选择。一般来说，如果能以低于放弃折扣的隐含利息成本(实质上是一种机会成本)的利率借入资金，就应在现金折扣期内用借入的资金支付货款，享受现金折扣。如在例3-4中，同期的银行借款利率为12%，远远低于放弃现金折扣而承担的机会成本36.7%，在这种情况下，买方企业应从银行取得借款支付货款，享受现金折扣；反之，放弃现金折扣。

如果在折扣期内将应付账款用于短期投资，所得的投资收益率高于放弃折扣所承担的机会成本，则买方企业应放弃应享有的现金折扣而将资金用于短期投资以获取更高的收益。在此情况下，企业的付款期限应尽可能推迟到信用期的最后一天(如例3-4中的30天)，但不能超过最后信用期限，否则，企业可能承担因商业信用不良而产生的额外成本。

如果企业因缺乏资金而欲展期，则需要在机会成本降低和展期付款所带来的损失之间进行权衡。展期带来的损失包括企业因延期付款而导致的商业信用恶化可能带来的更加苛刻的信用条件。

如果面对两家或两家以上提供不同信用条件的卖方，应通过衡量放弃折扣机会成本的大小，选择信用成本最小(或获益最大)的一家。

【例3-5】 某企业可选择A、B两家供应商作为商品采购的对象。A企业的信用条件为 2/10、n/30；B 企业的信用条件为 1/20、n/30。问：应选择哪家供应商？

根据式(3-5)，计算过程如下：

$$放弃A企业信用的机会成本率=\frac{2\%}{1-2\%}\times\frac{360}{30-10}=36.7\%$$

$$放弃B企业信用的机会成本率=\frac{1\%}{1-1\%}\times\frac{360}{30-20}=36.4\%$$

如果买方能够在折扣期内付款，应选择 A 企业作为供货商，因为可以获得较高的机会成本率(36.7%)；反之，如果买方要在信用期内放弃现金折扣，则应选择 B 企业作为供货商，因为选择 B 企业承担的机会成本率要低一些(36.4%)。

2. 应付票据融资

应付票据是企业进行延期付款商品交易时开具的反映债权债务关系的票据。根据票据承兑人的不同，应付票据分为商业承兑汇票和银行承兑汇票，支付期最长不超过 6 个月。应付票据可以带息，也可以不带息。应付票据的利率一般比银行借款利率要低，企业不用保持相应的补偿余额和支付协议费用，因此，应付票据的筹资成本低于银行借款成本。但是，应付票据需要在规定的时间内归还，否则便要支付罚金，因而风险较大。

3. 预收账款融资

预收账款是卖方在交付货物前按照合同约定预先向买方收取的款项。对于卖方而言，预收账款相当于向买方借入资金后再用货物抵偿。该种筹资方式主要适用于生产周期长、资金需要量大的货物销售。

4. 其他商业信用融资

除应付账款、应付票据和预收账款等商业信用融资外，企业通过商业信用进行自发性融资的项目还包括应付工资、应缴税金、其他应付款等。这些费用的支付具有强制性，企业调剂的余地较小，但在规定的范围内仍有一定的利用空间，并且不需要支付代价。因此，这类商业信用融资的关键是注意按照规定的时间支付；否则可能承担额外成本，如税款的延期缴纳需要缴纳滞纳金和罚款等。

二、短期借款融资

短期借款融资是一种基于银行信用而进行的融资活动，是企业向银行或其他金融机构借入的期限在 1 年以内的借款，一般用于弥补企业流动资金的不足。短期借款决策的内容包括借款信用条件选择、利息支付方式以及借款银行的选择等。

1. 短期借款的种类选择

短期借款包括生产周转借款、临时借款、结算借款等。按照国际通行的做法，短期借款按照偿还方式分为一次性偿还借款和分期偿还借款，按照利息支付方式分为收款法借款、贴现法借款以及加息法借款；按照是否有担保分为抵押借款和信用借款等。企业在申请借款时，应根据实际情况和各种借款条件选择。

2. 短期借款信用条件

按照国际通行的做法，银行发放短期借款往往带有一些信用条件，主要包括：

(1) 信贷限额。信贷限额是指银行对借款人规定的无担保贷款的最高限额。信贷限额的有效期限通常为一年，根据情况也可以延期一年。企业在批准的信贷限额内，可以随时使用银行借款。但是银行并不承担必须提供全部信贷限额的义务。如果企业信誉恶化，即使银行曾经同意按信贷限额提供资金，企业也可能得不到贷款。此时，银行并不需要承担法律责任。

(2) 周转信贷协定。周转信贷协定是银行承诺提供不超过某一最高限额的贷款协定。在协定的有效期内，只要企业的借款总额未超过最高限额，银行必须满足企业任何时候提出的借款要求。企业享有周转信贷协定，通常要就贷款限额的未使用部分付给银行一笔承诺费(Commitment Fee)。

【例 3-6】 企业和某银行签订的借款合同约定的周转信贷额为 1 000 万元，承诺费率为 0.5%，企业借款年度内使用了 600 万元，余额 400 万元。因此，该年度企业应向银行支付承诺费 2 万元(400 万×0.5%)。这是银行向企业提供此项贷款的一种附加条件。

周转信贷协定的有效期限通常超过一年，但实际上贷款每几个月发放一次，因此，这种信贷具有短期和长期借款的双重特点。

(3) 补偿性余额。补偿性余额是银行要求借款企业在银行中保持按贷款限额或实际借用额一定百分比(一般为 10%～20%)的最低存款余额。从银行的角度，补偿余额可以降低贷款风险，补偿遭受的贷款损失。对于借款企业，补偿余额的存在提高了借款的筹资成本，变相提高了借款利率。

【例 3-7】 某企业按年利率 8%向银行借款 10 万元，银行要求维持贷款的补偿性余额比例为 15%，则企业实际可用的借款余额为 8.5 万元，该项借款的实际利率为：

$$\text{实际借款利率}=\frac{10\times 8\%}{8.5}\times 100\%=9.4\%$$

高于 8%的约定借款利率。

(4) 借款抵押。为最大限度降低自身的风险，银行向财务风险较大或信誉不高的企业发放贷款时，需要借款人提供相应的抵押品。短期借款的抵押品包括应收账款、存货、股票、债券等。银行在接受抵押品后，将根据抵押品的面值决定贷款余额。比例的高低主要取决于抵押品的变现能力和银行的风险偏好，一般为抵押品面值的 30%～90%。抵押借款的融资成本高于非抵押借款，限制该类财产的使用和将来的借款能力。

(5) 还款条件。贷款的偿还方式一般包括到期一次偿还和定期等额偿还两种。

一般而言，企业比较喜欢前一种而厌恶后一种偿还方式，因为采用后一种偿还方式，企业的支付压力较大，更为重要的是将提高企业资金筹集成本；而对银行而言，比较喜欢后一种方式，主要的原因是到期一次偿还可能金额太大，企业财务负担较重，拒付的可能性也会增加，实际的贷款利率也会降低。

(6) 其他承诺事项。为确保债权的安全，银行往往要求企业做出与贷款相关的其他承诺事项，包括及时提供企业的财务数据、保持适当的财务水平(如流动比率)等。如果企业违背承诺，银行可以要求企业立即偿还全部借款。

3. 短期借款利率及其支付方法

(1) 借款利率

借款利率分为优惠利率、浮动优惠利率和非优惠利率三种。

① 优惠利率。这是银行向财力雄厚、经营状况良好的企业贷款时收取的名义利率，为贷款利率的最低线。

② 浮动优惠利率。这是一种随其他短期利率的变动而浮动的优惠利率，即随市场条件的变化而随时调整的优惠利率。

③ 非优惠利率。这种利率通常是在优惠利率的基础上加一定的百分点。所加百分比的大小，主要取决于企业的信誉、与银行的往来关系及当时的信贷状况。

(2) 借款利息支付方法

借款利息是企业短期借款筹资的主要资金成本。不同支付方法下，企业的资金成本存在差异。一般情况下，利息支付方法有以下三种：

① 收款法。收款法是在借款到期时企业才向银行支付利息的一种方法。银行向工商企业发放的贷款大多采用这种收息方式。在这种利息支付方式下，企业支付的利息和按照借款本金、约定利率计算的结果相等。

② 贴现法。贴现法是银行向企业发放贷款时，先从本金中扣除利息部分，而在到期时，由借款企业偿还贷款全部本金的一种计息方法。采用这种方法，企业可利用的贷款额只是本金扣除利息后的差额，因此，贷款的实际利率大于名义利率。

【例 3-8】 某企业向银行借款 1 万元，期限 1 年，年利率(即名义利率)为 8%，银行扣除利息额为 800 元(10 000 元×8%)。求该借款的实际利率。

按照贴现付息法，企业实际可用的借款额只有 9 200 元(10 000－800)，该借款的实际利率为：

$$\text{实际借款利率}=\frac{800}{10\ 000-800}\times 100\%=8.7\%$$

③ 加息法。加息法是银行发放分期等额偿还贷款时采用的利息收取方法。在分期等额偿还贷款情况下，银行将根据名义利率计算的利息加到贷款本金上，计算出贷款的本息和，要求贷款企业在贷款期内分期偿还本息之和的金额。由于贷款分期等额偿还，借款企业实际上只平均使用了贷款本金的半数，却支付全额利息。这样，

企业所负担的实际利率高于名义利率约 1 倍。

【例 3-9】 某企业借入年利率(名义利率)6%的贷款 20 000 元,分 12 个月等额偿还本息。求该企业实际借款利率。

该项借款的实际利率为:

$$实际借款利率=\frac{20\ 000\times 6\%}{20\ 000\div 2}\times 100\%=12\%$$

即是名义利率 6%的 2 倍。

4. 贷款银行选择

随着金融信贷业的发展,提供贷款的金融机构数量在不断增多,企业在短期借款融资中应选择有利的金融机构作为贷款银行。在选择时,应关注以下因素:

(1) 贷款银行的风险政策。若银行在贷款过程中,愿意承担较大的风险,则对债务人的约束性条款较低,筹资成本也较低;反之,则较高。

(2) 银行对企业的态度。不同银行对企业态度不一样,企业应选择那些能够积极为企业提供建议、帮助分析企业潜在的财务问题、乐于帮助企业渡过难关的银行来贷款。

(3) 贷款的专业化程度。大银行设有不同的专业部门,分别处理不同类型、行业的贷款,企业与这些具有丰富经验的银行合作,可以从中获益。

(4) 银行的稳定性。稳定的银行可以确保企业的借款不致中途发生变故。银行的稳定性取决于资本规模、存款水平波动程度以及存款结构等。一般而言,资本实力雄厚、存款比重大的银行较为稳定。

【本章小结】

融资又称筹资,是企业筹措、融通和集中生产经营所需资金的财务活动,也是企业资金运动的起点。企业要研究影响筹资的多种因素,从融资动机、融资渠道、融资方式、融资数量等方面加以权衡,以制定适合企业经营发展的融资决策。

企业融资的基本动机是为了自身的生存和发展。在企业持续的生存与发展过程中,其具体的融资活动通常受特定动机的驱使。概括起来主要有扩张融资动机、偿债融资动机、解困融资动机和混合融资动机。

资金需要量预测常用的有销售百分比法和线性回归分析法。销售百分比法是根据销售额与资产负债表和利润表相关项目之间的比例关系,假定各项目与销售额的比率固定不变的前提下,预测未来一定销售额下各项目短期资金需要量的方法。线性回归分析法是假定资本需要量与营业业务量之间存在线性关系,先建立数学模型,再依据相关历史资料,用回归直线方程确定参数来预测资金需要量。

股票融资、长期债务融资和营运资金融资构成了筹资的主要内容。股票融资的内容包括股票发行方式、发行价格和上市等内容,其中,股票发行的方式和价格是股票融资的重点。长期负债包括长期借款和公司债券两类，长期借款融资中，不同的借款方式所带来的资金成本是长期借款融资的重点；发行价格以及影响公司债券发行价格的因素是公司债券融资的重点。短期融资主要涉及短期融资方式及其成本计算，其中，不同短期融资方式下的融资成本是重点。

【中英文关键词】

融资　Capital Raising
融资动机　Motive for Capital of Enterprise
融资渠道　Sources of Funds
融资方式　Financing Tools
权益资本融资　Equity Capital
负债融资　Raising Debts
留存收益　Retained Earnings

【复习思考题】

1. 财务预测的方法有哪些？
2. 销售百分比预测资金需求量的步骤有哪些？
3. 股票融资的特点和利弊有哪些？
4. 长期负债融资的种类、特点和各种负债融资的利弊有哪些？
5. 可转换债券与其他普通债券相比，有哪些异同？
6. 股票上市的利弊是什么？
7. 短期负债融资的特点有哪些？

【实训练习题】

1. A 公司 2022 年实际销售收入为 900 万元，资产负债表及其敏感项目见表 3-7。2023 年 A 公司预计销售收入为 1 100 万元，预计净利润为 50.64 万元，利润留用比例 50%。试编制 2023 年 A 公司预计资产负债表，计算相关项目占销售额的百分比，并预测外部融资额。

2. 某公司向银行借入短期借款 10 000 元，支付银行贷款利息的方式同银行协商后的结果是：如果采用收款法，则利息为 7%；如果采用贴现法，利息为 6%；如果采用加息法，利息为 5%。请问：如果你是该公司财务经理，你选择哪种支付方式，并说明理由。

3. 某企业计划购入 100 000 元的材料，销货方提供的信用条件是(1/10，n/30)，针对以下互不相关的几种情况，请为该企业是否享受现金折扣提供决策依据：

(1) 企业现金不足，需从银行借入资金支付购货款，此时银行借款利率为 10%。

表 3-7 A 公司 2022 年实际资产负债表

项目		金额(万元)	占销售额百分比(%)
资产	现金	4.5	
	应收账款	152.1	
	存货	165.6	
	预付费用	0.6	
	资产总额	322.8	
负债及所有者权益	应付票据	30	
	应付账款	158.4	
	应付费用	6.3	
	长期负债	3.3	
	负债合计	198	
	实收资本	15	
	留用利润	109.8	
	所有者权益合计	124.8	
	负债及所有者权益总额	322.8	

(2) 企业有支付能力,但现有一个短期投资机会,预计投资报酬率为 20%。

(3) 企业由于发生了意外灾害,支付一笔赔偿金而使现金紧缺,但企业预计信用期后 30 天能收到一笔款项,故企业拟延展付款期至 90 天。该企业一贯重合同、守信用。

4. 某国有企业拟在明年初改制为独家发起的股份有限公司。现有净资产经评估价值 6 000 万元,全部投入新公司,折股比率为 1%。按其计划经营规模需要总资产 3 亿元,合理的资产负债率为 30%。预计明年税后利润为 4 500 万元。请回答下列互不关联的问题:

(1) 通过发行股票应筹集多少股权资金?

(2) 如果市盈率不超过 15 倍,每股盈利按 0.40 元规划,最高发行价格是多少?

(3) 若按每股 5 元发行,至少要发行多少社会公众股?发行后,每股盈余是多少?市盈率是多少?

(4) 不考虑资本结构要求,按公司法规定,至少要发行多少社会公众股?

第四章　资本成本和资本结构

【学习目的和要求】

通过本章的学习与研究，掌握各种资本成本计算原理与方法，熟练应用经营杠杆和财务杠杆原理及积极效应，优化公司资本结构。

【案例导引】

韩国大宇集团1999年11月1日向新闻界正式宣布，该集团董事长金宇中以及14名下属公司的总经理决定辞职，以示"对大宇的债务危机负责，并为推进结构调整创造条件"。韩国媒体认为，这意味着"大宇集团解体进程已经完成"，"大宇集团已经消失"。

大宇集团于1967年开始建厂，其创始人金宇中当时是一名纺织品推销员。经过30年的发展，通过政府支持、银行信贷支持和在海外大力并购，大宇集团成为韩国第二大企业。1993年金宇中提出"世界化经营"战略时，其海外公司只有15家，1998年年底其海外公司超过600家，总资产高达640亿美元，营业额占韩国GDP的5%；业务涉及贸易、汽车、电子等众多行业；国内所属企业曾多达41家，鼎盛时期海外雇员多达几十万人，大宇成为国际品牌。金宇中本人也被美国《幸福》杂志评为亚洲的风云人物。大宇是"章鱼足式"扩张模式的积极推进者，认为公司规模越大，越能立于不败之地，即所谓"大马不死"。1997年年底韩国发生金融危机后，其他企业都开始收缩，但大宇仍我行我素，结果债务越背越重。1998年年初，在韩国政府提出"五大企业集团进行自律结构调整"方针后，其他集团把结构调整的中心放在改善财务结构方面，努力避免债务危机；而大宇却认为只要提高开工率，增加销售和出口就能躲过这场危机。因此，大宇继续大量发行债券，进行借债经营。1998年大宇发行的公司债券危机初发，在各方支援下避过债务灾难。此后，在严峻的债务形势下，大梦初醒的大宇虽然作出种种努力，但为时已晚。1999年7月中旬，大宇向韩国政府发出求救信号；7月27日，大宇因"延迟重组"，被韩国4家债权银行接管；8月11日，大宇出售了两家财务出现问题的公司；8月16日，大宇与债权人达成协议：在1999年年底前，出售盈利最佳的大宇证券公司以及大宇电器、大宇造船等。大宇的汽车项目免遭处理，这表明大宇已经处于破产清算前夕。由于此后依然经营不善，资产负债率仍然居高不下，大宇最终不得不走向案例开头的那一幕。在其发展的数十年中，大宇都是在"举债经营"，那么财务杠杆带给公司的利与弊分别是什么？从资本结构原理角度看，大宇提出的所谓"大马不死"神话破灭的原因是什么？

融资活动是企业财务管理重要的内容之一，是实现企业财务目标的重要手段。从资本成本、杠杆效应和资本结构等因素多角度地探讨企业融资决策对财务管理目标的影响，对于企业理性融资是非常重要的。

第一节　资本成本

资本成本是企业融资决策的主要依据，也是企业投资决策的重要标准。本节从企业长期融资的角度出发，阐述资本成本的相关概念和资本成本的计算方法。

一、资本成本概述

（一）资本成本的含义

1. 资本成本的概念

在市场经济条件下，企业筹集和使用资金一般都是有偿的，都是要付出代价的。企业为筹集和使用资金所付出的代价就是资金的成本。因为资本通常指长期资金，所以资本成本就是指企业筹集和使用长期资金的成本。

2. 资本成本的构成

资本成本包括资本筹集费和资本使用费两部分。

（1）资本筹集费是指企业筹集长期资金过程中所支付的费用。例如，发行股票、债券所支付的发行手续费、律师费、评估费等；向银行借款所支付的借款手续费等。

（2）资本使用费是指企业使用资本而支付的费用。例如，向股东分配的股利，向银行或债券持有人等债权人支付的利息等。

（3）就构成资本成本的两部分内容而言，资本使用费是经常发生的，也是资本成本的主要内容；而资本筹集费则通常是在筹集资金时一次性支付，在使用资本过程中不再发生，因而属于固定性资本成本，所以在计算资本成本时可以作为融资金额的一项扣除。

3. 资本成本的计算

由上述分析可知，资本成本通用的计算公式为：

$$资本成本=资金筹集费+资金使用费 \qquad (4\text{-}1)$$

在企业融资实务中，资本成本通常运用相对数表示，即资本成本是指企业资本使用费与融资净额之间的比率。因此资本成本的计算公式又可以表示为：

$$资本成本=\frac{年使用费}{融资金额-融资费}\times 100\%=\frac{年使用费}{融资净额}\times 100\% \qquad (4\text{-}2)$$

（二）资本成本的形式

资本成本有多种计量形式。常用的主要有以下几种：

1. 个别资本成本

个别资本成本是指企业筹集的各种长期资本的成本。长期借款资本成本、债券成本、普通股成本、优先股成本、留存收益成本等均为个别资本成本。

2. 综合资本成本

企业全部长期资本的筹集方式往往有多种，而各种方式的比重和成本又可能不同。综合资本成本是指企业全部长期资本中各种方式个别资本成本加权后的综合成本。

3. 边际资本成本

企业通常不能以某一固定的资本成本筹集到无限的资金，当融资额超过一定限度时，原来的资本成本就会增加。边际资本成本是指企业追加单位长期资本融资额度时发生的成本。

（三）资本成本的作用

资本成本是财务管理中的重要概念，广泛应用于企业财务管理的许多方面，对于企业融资管理、投资管理，乃至整个财务管理和经营管理都有重要的作用。

1. 资本成本是企业选择融资方案的重要依据

（1）个别资本成本是企业选择融资方式的重要依据

企业长期资本的筹集往往有多种方式可供选择，例如，可以向银行借款、发行债券、发行股票等。由于不同融资方式的个别资本成本大小不同，企业可以将不同融资方式的个别资本成本作为选择融资方式的依据之一。

（2）综合资本成本是企业资本结构决策的重要依据

企业全部的长期资本通常是由多种长期融资方式组合而成的，而这种组合方式又有多种组合方案可供选择，不同组合方案的综合资本成本的大小也可能是不同的。企业在进行组合方案的决策时就可以比较各个组合方案的综合资本成本的大小。

（3）边际资本成本是企业追加融资的重要依据

企业在扩大生产经营规模时，往往需要追加融资。不同的融资追加方案的边际资本成本不同可以作为追加融资决策的一个依据。

2. 资本成本是评价投资项目的重要标准

一个投资项目只有当其投资收益率高于其资本成本时才是经济的；否则，投资该项目将无利可图。所以，实务中通常将资本成本作为投资者投资某项目所要求的“最低报酬率”或“必要报酬率”，成为是否投资某项目的“取舍率”。在企业投资评价分析中，一般将资本成本作为折现率，用于测算各个方案的净现值，并以此比较投资方案，进行投资决策。

3. 资本成本可以作为衡量企业经营业绩的尺度

企业的经营成果可以用全部投资的经营利润率表示，将其与企业全部资本的成本相比较，就可以衡量企业的经营业绩。如果经营利润率高于资本成本，表明业绩尚可；否则，表明业绩欠佳。

(四) 影响资本成本的因素

在市场经济环境中，企业内部和外部等多方面因素的综合作用影响资本成本的高低。其中外部因素主要有总体经济环境和证券市场条件，内部因素主要有企业内部的经营和融资状况以及项目融资规模等。

1. 总体经济环境

总体经济环境决定市场中资本的供给和需求情况以及预期通货膨胀的水平。

(1) 如果整个市场中资本需求增加，而供给没有相应增加，资本投资者便会提高其投资报酬率，企业的资本成本就会上升；反之，资本成本就会下降。

(2) 如果预期通货膨胀水平上升，资本投资者也会通过提高报酬率补偿预期投资损失，同样会导致企业的资本成本上升。

2. 证券市场条件

证券市场条件包括证券的市场流动难易程度和价格波动程度，影响着证券投资风险。

(1) 如果某种证券的市场流动性不好，投资的风险加大，投资者要求的报酬率提高，会导致企业的资本成本上升。

(2) 如果某种证券的价格波动较大，投资风险较高，投资者会要求较高的报酬率，同样会导致企业资本成本的上升。

3. 企业内部的经营和融资状况

企业内部的经营和融资状况是指企业经营风险和财务风险的大小。如果企业的经营风险和融资风险大，资本投资者会有较高的收益要求，那么企业的资本成本就会上升。

4. 项目融资规模

如果企业的融资规模大，融资费和使用费都会上升，也会增加企业的资本成本。

二、个别资本成本

个别资本成本是指各种单一资本来源的成本，包括债务成本、普通股成本和留存收益成本等。

(一) 债务成本

1. 简单债务的税前成本

最简单的债务是没有所得税和发行费，按平价发行的具有固定偿还期和偿还金额的债务。此时，债权人的收益就是债务人的成本，可以根据债券收益率估价模型确定债务成本。债务成本是使式(4-3)成立的 K_D(内含报酬率)：

$$P_0 = \sum_{I=1}^{N} \frac{P_I + I_I}{(1+K_D)^I} \tag{4-3}$$

式中 P_0——债券发行价格或借款金额，即债务的现值；

P_I——本金的偿还金额和时间；

I_I——债务的约定利息；

K_D——债务成本；

N——债务的期限，通常以年表示。

求解 K_D 需要使用"逐步测试法"。

【例 4-1】 假设某长期债券的总面值为 100 万元，平价发行，期限为 3 年，票面年利率 11%，每年付息，到期一次还本。求该债务的税前成本。

该债务的税前成本的计算公式为：

$$100=\frac{100\times 11\%}{(1+K_D)}+\frac{100\times 11\%}{(1+K_D)^2}+\frac{100\times 11\%}{(1+K_D)^3}+\frac{100}{(1+K_D)^3}$$

求得：$K_D=11\%$

一般而言，平价发行债券的价值等于其面值，内含报酬率等于票面利率。对于债务发行人来说，税前债务成本(率)就是其票面利率。银行借款的成本与债券相当，债务成本就是其借款合同利率。

2. 含有手续费的税前债务成本

如果取得债务时存在不可忽视的手续费，如佣金和其他费用等，那么债权人的收益率不等于债务人的成本。债务人得到的金额要扣除手续费。假设发行费用占债务发行价格的百分比为 F，则债务成本是使式(4-4)成立的 K_D：

$$P_0(1-F)=\sum_{I=1}^{N}\frac{P_I+I_I}{(1+K_D)^I} \tag{4-4}$$

【例 4-2】 续例 4-1，假设手续费为借款金额 100 万元的 2%，求该债务的税前成本。

债务的税前成本的计算公式为：

$$100\times(1-2\%)=\frac{100\times 11\%}{(1+K_D)}+\frac{100\times 11\%}{(1+K_D)^2}+\frac{100\times 11\%}{(1+K_D)^3}+\frac{100}{(1+K_D)^3}$$

求得：$K_D=11.83\%$

手续费减少了债务人得到的资金，但支付的利息没有减少，所以资本成本上升了。

3. 含有手续费的税后债务成本

由于在投资和企业估价中，需要使用税后现金流量折现，所有各项资本成本也应使用税后成本。在考虑所得税的情况下，债务人的利息支出可以减少其所得税。

所得税影响的简便算法是：税后债务成本＝税前债务成本率×(1－税率)。

【例 4-3】 续例 4-1，假设所得税税率 $t=25\%$，税前债务成本为 K_D，求其税后债务成本。

$$K_{dt}=K_D\times(1-t)=11.83\%\times(1-25\%)=8.87\%$$

这种算法是不准确的，因为可以抵税的是利息额，而不是折现率。债务价格（溢价或折价）和手续费率都会影响折现率的计算，但与利息抵税无关。只有在平价发行无手续费的情况下，简便算法才是成立的。

更正式的算法是：

$$P_0(1-F)=\sum_{I=1}^{N}\frac{P_I+I_I\times(1-t)}{(1+K_D)^I} \tag{4-5}$$

【例 4-4】 续例 4-1，假设所得税税率 $t=25\%$，求其税后债务成本。

$$I=100\times11\%=11(元)$$

$$税后利息=11\times(1-25\%)=8.25(元)$$

$$100\times(1-2\%)=\frac{8.25}{(1+K_D)}+\frac{8.25}{(1+K_D)^2}+\frac{8.25}{(1+K_D)^3}+\frac{100}{(1+K_D)^3}$$

$$K_{dt}=8.75\%$$

4. 折价与溢价发行的债务成本

公司债券的折价或溢价发行会对债务成本产生影响。

【例 4-5】 续例 4-1，假设该债券溢价发行，总价为 105 万元，求其税后债务成本。

$$105\times(1-2\%)=\frac{8.25}{(1+K_D)}+\frac{8.25}{(1+K_D)^2}+\frac{8.25}{(1+K_D)^3}+\frac{100}{(1+K_D)^3}$$

$$K_{dt}=8.53\%$$

【例 4-6】 续例 4-1，假设该债券折价发行，总价为 95 万元，求其税后债务成本。

$$95\times(1-2\%)=\frac{8.25}{(1+K_D)}+\frac{8.25}{(1+K_D)^2}+\frac{8.25}{(1+K_D)^3}+\frac{100}{(1+K_D)^3}$$

$$K_{dt}=9.53\%$$

从理论上看，债务成本的估算并不困难，但是实际上往往有一定的难度。债务的形式具有多样性，如浮动利率债务、利息和本金偿还时间不固定的债务、可转换债券和附带认股权的债务等，都会使债务成本的估算复杂化。

另外，在估算债务成本时，要注意区分债务的历史成本和未来成本。作为投资决策和企业价值评估依据的资本成本，只能是未来借入新债务的成本。现有债务的历史成本主要用于过去业绩的分析，对于未来的决策是不相关的沉没成本。

（二）普通股成本

普通股成本包括公司发行普通股时支付的融资费和发行以后各年中向股东派发的股利。普通股成本的估算难于债务成本和优先股成本，是因为企业很难对诸如企业未来发展前景及股东对未来风险所要求的风险溢价做出准确的测定，即普通股股利的测算难于债务利息和优先股股利。因此，对于普通股成本的计算历来有不同的观点，但主要有如下几种常用的方法。

1. 股利估价模型法

该方法是通过股利估算股票价格,从而测算普通股成本。因为股权资本可以长期使用且无到期日,所以普通股的股利估价模型可表示如下:

$$P = \sum_{t=1}^{n} \frac{D_t}{(1+r)^t} \tag{4-6}$$

式中 P——普通股股价;

D_t——普通股股利;

r——折现率。

按照该方法测算的普通股成本即为普通股股利的现值之和,等于普通股市价时的折现率。根据不同的股利政策,上述模型可以分别简化为:

(1) 固定股利模型

若公司实行固定股利政策,普通股成本计算公式为:

$$K_s = \frac{D}{P_0(1-F_s)} \tag{4-7}$$

式中 K_s——普通股成本;

P_0——普通股发行价格;

F_s——普通股筹资费率;

D——年固定股利。

(2) 固定增长股利模型

若公司每年的股利不固定,但每年以某一固定的增长率增长,则此时普通股成本的计算公式为:

$$K_s = \frac{D_1}{P_0(1-F_s)} + g \tag{4-8}$$

式中 K_s——普通股成本;

P_0——普通股发行价格;

D_1——预期年股利额;

F_s——普通股筹资费率;

g——普通股股利年增长率。

【例 4-7】 某公司发行面值为 2 元的普通股 500 万股,融资总额为 1 000 万元,融资费率为 4%,已知预期每股年股利为 0.25 元,以后每年按 5%的比率增长。求该普通股成本。

根据式(4-8),该普通股成本为:

$$K_s = \frac{D_1}{P_0(1-F_s)} + g = \frac{500 \times 0.25}{1\ 000 \times (1-4\%)} + 5\% = 18.02\%$$

2. 资本资产定价模型法

该方法是从投资者的风险收益对等观出发确定发行股票公司成本的方法,即通过估计公司普通股的预期报酬率估计普通股成本。在市场均衡的条件下,投资者要求的报酬率与筹资者的资本成本是相等的。而投资者要求的报酬率包括无风险报酬率和风险报酬率,因此,资本资产定价模型下的普通股成本的计算公式可以表示为:

$$K_s = R_s = R_f + \beta(R_m - R_f) \tag{4-9}$$

式中　K_s——普通股成本;

R_s——普通股预期报酬率;

R_f——无风险报酬率;

β——该股票的贝他系数;

R_m——平均风险股票必要报酬率。

【例 4-8】 设某企业股票的贝他系数为 1.5,无风险报酬率为 7%,平均风险股票必要报酬率为 15%。求该普通股成本。

根据式(4-9),该普通股成本为:

$$K_s = 7\% + 1.5 \times (15\% - 7\%) = 19\%$$

3. 风险溢价模型法

该方法是根据投资风险报酬匹配原理确定普通股成本的。通常,普通股股东的投资风险大于债券投资者,因而普通股股东会在债券投资者要求的报酬率的基础上再要求一定的风险溢价。因此,普通股成本的计算公式为:

$$K_s = K_b + RP_c \tag{4-10}$$

式中　K_s——普通股成本;

K_b——债券成本;

RP_c——风险溢价。

债券成本比较容易计算,难点在于确定风险溢价 RP_c。风险溢价可以凭经验估计。西方国家的实践表明,某企业普通股风险溢价对其发行的债券在 3%～5%。当市场利率达到历史最高点时,风险溢价通常较低,在 3%左右;当市场利率处于历史低点时,风险溢价通常较高,在 5%左右;而通常情况下,常常采用 4%的平均风险溢价。

【例 4-9】 某公司的债券成本为 9%,期间市场利率处于历史最低点。求该公司的普通股成本。

按风险溢价模型确定的该公司的普通股成本为:

$$K_s = 9\% + 5\% = 14\%$$

(三) 留存收益成本

留存收益是企业缴纳所得税后未发放给股东的那部分利润,其所有权属于股东。股东将这一部分未分派的税后利润留存于企业,实质上是对企业的追加投资。所以留存收益成本实际上是一种机会成本。股东愿意放弃一定的股利而对企业再投资,期望将来获得更多的股利,即要求与直接购买股票的投资者取得同样的收益。因此,企业使用这部分资金的最低成本和普通股资本成本相同,唯一的差别就是留存收益

是没有融资费用的。因此,留存收益成本可以参照普通股资金成本的固定增长股利模型计算,但需要注意融资费率的影响。即:

$$K_e = \frac{D_1}{P_0} + g \tag{4-11}$$

【例 4-10】 沿用例 4-7 的资料,假设部分税后净利润用于发放股利,剩余部分被企业留存。求留存收益成本。

根据式(4-11),该留存收益成本为:

$$K_e = \frac{D_1}{P_0} + g = \frac{500 \times 0.25}{1\ 000} + 5\% = 17.5\%$$

比较例 4-7 和例 4-10 的计算结果,可以看到留存收益成本比普通股成本小。

三、综合资本成本

(一) 综合资本成本概念

如前所述,企业的资本筹集方式是多元的。由于受多种因素的制约,企业不可能只使用某种单一的融资方式,往往需要通过多种方式搭配筹集所需资金。不同的资金筹集方式其成本是不同的,为科学融资,就要确定企业全部长期资金的总成本,即综合资本成本。综合资本成本一般是以各种资本占全部资本的比重为权数,对个别资本成本加权平均确定的。因此,综合资本成本又称为加权平均资本成本。

(二) 综合资本成本的计算公式

根据综合资本成本的概念,综合资本成本的计算公式为:

$$K_w = \sum_{j=1}^{n} K_j W_j \tag{4-12}$$

式中 K_w——综合资本成本;

K_j——第 j 种个别资本成本;

W_j——第 j 种个别资本成本占全部资本的比重,即权重。

其中,权重的选择有以下三种:

1. 按账面价值确定

按账面价值确定是指按照个别资本的账面价值占全部资本账面价值的比重确定权重。该方法的优点是资料容易取得,计算简便。但缺点是有些资本(如股票)的市场价值往往与账面价值差别较大,因而按账面价值确定权重的方法的计算结果可能与实际有较大的差距,从而误导融资决策。

2. 按市场价格确定

为了克服账面价值基础的缺陷,可以按市场价值确定个别资本占全部资本的比重,这样确定的综合资本成本能有效反映出企业当前的实际资本成本状况,有利于融资和投资决策。其不利之处在于债券、股票的市场价格经常变动,难以选定,因此,企业有时使用某一时期的平均市场价格。

3. 按目标价值确定

不管是以账面价值还是市场价值为基础确定的综合资金成本，反映的都是企业过去或现在的资本成本状况，不一定适用于企业面向未来的融资和投资决策。所以综合资本成本还可以以目标价值为基础来确定，即以债券、股票未来预计的目标市场价值确定权重，从而确定综合资本成本以有利于企业筹措新资金。然而，实际上企业很难客观合理地确定证券的目标价值，使这种计算方法不易推广。因此，尽管按市场价格和目标价值确定权重的方法有许多优点，但不少企业仍然采用按账面价值确定权重计算综合资本成本。

（三）综合资本成本的计算例题

【例 4-11】 某企业全部的资本来源有长期借款、长期债券、普通股和留存收益四种。其中长期借款 50 万元，资本成本为 7.2%；长期债券为 150 万元，资本成本为 8%；留存收益的账面价值为 200 万，资本成本为 8%；普通股账面价值为 600 万元，资本成本为 15%。该企业按照账面价值为基础确定个别资本的比重。试确定该企业的综合资本成本。

该企业的综合资本成本如表 4-1 所示。

表 4-1　综合资本成本计算表

资本种类	资本账面价值（万元）	个别资本成本（%）	个别资本比重（%）	综合资本成本（%）
长期借款	50	7.2	5	0.36
长期债券	150	8	15	1.2
留存收益	200	9	20	1.8
普通股	600	15	60	12
合　计	1 000	—	100	12.36

计算步骤如下：

第一步：按账面价值分别确定各种筹资方式的比重 W_j。

$$W_1 = 50 \div 1\,000 = 5\%$$

$$W_2 = 150 \div 1\,000 = 15\%$$

$$W_3 = 200 \div 1\,000 = 20\%$$

$$W_4 = 600 \div 1\,000 = 60\%$$

第二步：根据式(4-12)确定该企业的综合资本成本 K_w。

$$K_w = \sum_{j=1}^{n} K_j W_j = 7.2\% \times 5\% + 8\% \times 15\% + 9\% \times 20\% + 15\% \times 60\%$$
$$= 12.36\%$$

四、边际资本成本

(一) 边际资本成本的概念

综合资本成本是企业过去筹集或目前使用资金的成本。随着时间的推移或融资条件的变化,企业的个别资本成本也会不断发生变化,综合资本成本也随之变化。即企业无法以某一固定的资本成本筹集到无限的资金,当其筹集的资金超过一定的限度时,资本成本就会上升。在企业追加筹资时,需要知道融资额引起资本成本变化的临界点,边际资本成本的概念由此产生。

边际资本成本是指每增加单位资金而增加的成本,是按加权平均法计算的、在追加融资时所使用的综合资本成本。

(二) 边际资本成本的计算

【例 4-12】 甲公司目前拥有长期资金 400 万元,其中长期借款 60 万元,长期债券 100 万元,普通股 240 万元。由于扩大经营规模,拟筹集新资金。经分析认为筹集新资金后仍应保持目前的个别资本的比重,即长期借款占 15%,长期债券占 25%,普通股占 60%,并测算出了随融资额的增加各资本成本的变化,见表 4-2。求甲公司的边际资本成本。

表 4-2 甲公司追加融资测算基础表

资金种类	目标个别资本比重	追加的融资额	个别资本成本
长期借款	15%	45 000 元以内 45 000～90 000 元 90 000 元以上	3% 5% 7%
长期债券	25%	200 000 元以内 200 000～400 000 元 400 000 元以上	10% 11% 12%
普通股	60%	300 000 元以内 300 000～600 000 元 600 000 元以上	13% 14% 15%

甲公司的边际资本成本计算步骤如下:

(1) 计算融资突破点。

花费一定的资本成本只能筹集到一定限度的资金,超过这一限度筹集资金就会引起原资本成本的变化,融资突破点是指保持某固定资本成本不变时可以筹集到的资金总额。在融资突破点范围内融资,原来的资本成本固定;一旦筹资额超过融资突破点,其资本成本就会增加。融资突破点的计算公式为:

$$\text{融资突破点}=\frac{\text{某一种特定成本筹集到的某种资金额}}{\text{该种资金在资本结构中所占的比重}}=\frac{\text{个别资金分界点}}{\text{该资金的目标比重}} \quad (4\text{-}13)$$

因为在花费3%资本成本时，企业能追加的长期借款融资限额为45 000元，所以其融资突破点为：45 000÷15%＝300 000(元)。即如果企业只愿意支付3%的资本成本，则其能筹集到的长期借款最大限额为30万元。

同理，企业在花费5%的资本成本时，能追加的长期借款融资限额为90 000元，其融资突破点为：90 000÷15%＝600 000(元)。即如果企业愿意支付5%的资本成本，则其能筹集到的长期借款最大限额增加到60万元。

按此方法，资料中各种情况下的融资突破点的计算结果见表4-3。

表4-3　甲公司融资突破点计算表

资金种类	目标个别资本比重	个别资本成本	追加的融资额	融资突破点
长期借款	15%	3% 5% 7%	45 000元以内 45 000～90 000元 90 000元以上	300 000元 600 000元
长期债券	25%	10% 11% 12%	200 000元以内 200 000～400 000元 400 000元以上	800 000元 1 600 000元
普通股	60%	13% 14% 15%	300 000元以内 300 000～600 000元 600 000元以上	500 000元 1 000 000元

(2) 将融资突破点由小到大排列在一张表上，划分出不同资金范围下的资本成本，如表4-4所示。

表4-4　甲公司不同融资突破点资金成本表

<table>
<tr><th rowspan="2">资金种类</th><th colspan="7">融资突破点</th></tr>
<tr><th>0万元</th><th>30万元</th><th>50万元</th><th>60万元</th><th>80万元</th><th>100万元</th><th>160万元</th></tr>
<tr><td>长期借款</td><td>3%</td><td colspan="2">5%</td><td colspan="4">7%</td></tr>
<tr><td>长期债券</td><td colspan="4">10%</td><td colspan="2">11%</td><td>12%</td></tr>
<tr><td>普通股</td><td colspan="2">13%</td><td colspan="3">14%</td><td colspan="2">15%</td></tr>
</table>

(3) 计算各种融资范围的综合资本成本，即边际资本成本。

对以上不同的融资范围分别计算综合资本成本，即可得到各种融资范围的边际资本成本，如表4-5所示。

表 4-5　甲公司追加融资综合资本成本计算表

追加融资总额范围	资金种类	目标个别资本比重	个别资本成本	加权平均资本成本
30 万元以内	长期借款	15%	3%	3%×15%=0.45%
	长期债券	25%	10%	10%×25%=2.5%
	普通股	60%	13%	13%×60%=7.8%
企业追加融资总额在 30 万元时，边际资本成本=10.75%				
30 万～50 万元	长期借款	15%	5%	5%×15%=0.75%
	长期债券	25%	10%	10%×25%=2.5%
	普通股	60%	13%	13%×60%=7.8%
企业追加融资总额在 30 万～50 万元时，边际资本成本=11.05%				
50 万～60 万元	长期借款	15%	5%	5%×15%=0.75%
	长期债券	25%	10%	10%×25%=2.5%
	普通股	60%	14%	14%×60%=8.4%
企业追加融资总额在 50 万～60 万元时，边际资本成本=11.65%				
60 万～80 万元	长期借款	15%	7%	7%×15%=1.05%
	长期债券	25%	10%	10%×25%=2.5%
	普通股	60%	14%	14%×60%=8.4%
企业追加融资总额在 60 万～80 万元时，边际资本成本=11.95%				
80 万～100 万元	长期借款	15%	7%	7%×15%=1.05%
	长期债券	25%	11%	11%×25%=2.75%
	普通股	60%	14%	14%×60%=8.4%
企业追加融资总额在 80 万～100 万元时，边际资本成本=12.2%				
100 万～160 万元	长期借款	15%	7%	7%×15%=1.05%
	长期债券	25%	11%	11%×25%=2.75%
	普通股	60%	15%	15%×60%=9%
企业追加融资总额在 100 万～160 万元时，边际资本成本=12.8%				
160 万元以上	长期借款	15%	7%	7%×15%=1.05%
	长期债券	25%	12%	12%×25%=3%
	普通股	60%	15%	15%×60%=9%
企业追加融资总额在 160 万元以上时，边际资本成本=13.05%				

以上计算结果如果用图形表示，可以更加清楚地看出追加融资总额增加时边际资本成本的变化。如图 4-1 所示，甲企业可以据此进行追加融资的决策。

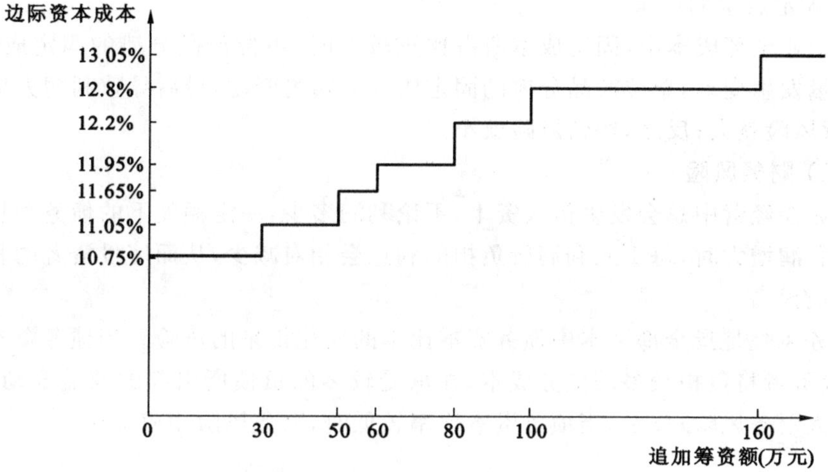

图 4-1　边际资本成本变化

第二节　杠杆原理

财务管理中的杠杆原理是指由于固定成本费用的存在，当企业的业务量发生较小的变动时，利润将发生较大的变动。企业的投融资活动将直接影响固定成本和费用的水平，进而影响企业的利润变动情况。因此杠杆作用是影响企业投融资决策的一个重要因素。

一、经营风险和财务风险

(一) 经营风险

经营风险是企业因经营状况及环境的变化而影响其按时支付本息能力的风险。决定企业经营风险的因素很多，主要有市场需求的变化、销售价格的变动、投入要素价格的升降以及企业经营管理能力的高低和企业经营杠杆的高低等。具体如下：

1. 产品需求和售价

市场对企业产品的需求越稳定，产品价格变动越小，经营风险也就越小；反之，经营风险就越大。

2. 产品的成本

产品成本是收入的抵减，成本不稳定，会导致利润不稳定。因此产品成本变动大，经营风险就大；反之，经营风险就小。

3. 调整价格能力

当产品成本变动时，若企业具有较强的调整价格的能力，经营风险就小；反之，经营风险就大。

4. 固定成本的比重

在企业全部成本中，固定成本所占比重较大时，单位产品分摊的固定成本就多。若产品量发生变动，单位产品分摊的固定成本会随之变动，最后导致利润大幅度地变动，经营风险就大；反之，经营风险就小。

(二) 财务风险

企业在经营中总会发生借入资本，不论利润多少，一定额度下的债务利息是不变的。当利润增大时，每 1 元利润所负担的利息会相对减少，从而使投资者的收益有更大幅度地提高。

财务风险是指全部资本中债务资本比率的变化带来的风险。当债务资本比率较高时，投资者将负担较多的债务成本，并承受较多的负债所引起的收益变动的冲击，从而加大财务风险；反之，当债务资本比率较低时，财务风险相应降低。

二、经营杠杆系数

固定成本在销售收入中的比重大小，对企业风险有重要影响。在某一固定成本比重下，销售量变动对息税前利润产生的作用，称为经营杠杆。经营杠杆具有放大企业风险的作用。

经营杠杆的大小一般用经营杠杆系数表示，是企业计算利息和所得税之前的盈余(简称息前税前盈余)变动率与销售量变动率之间的比率。计算公式为：

$$DOL=\frac{\text{息税前利润的变动率}}{\text{销售量的变动率}}=\frac{\frac{\Delta EBIT}{EBIT}}{\frac{\Delta Q}{Q}} \tag{4-14}$$

式中 DOL——经营杠杆系数；

$\Delta EBIT$——息税前利润变动额；

$EBIT$——变动前的息税前利润；

ΔQ——销售变动量；

Q——变动前销售量。

【例 4-13】 A 公司是一家劳动密集型企业，无固定资产投资，而 B 公司是一家技术密集型企业，A、B 公司的其他条件均相同。A 公司的变动成本率为 80%，而 B 公司的变动成本率为 50%。具体信息如表 4-6 所示。

A 公司的经营杠杆系数：

$$DOL_{A}=\frac{\frac{22\ 000-20\ 000}{20\ 000}}{\frac{10\ 000-9\ 000}{10\ 000}}=\frac{10\%}{10\%}=1$$

表 4-6　A、B 公司销量变动对息税前利润的影响比较表

项目＼公司	A 公司		B 公司	
	销售量增长前	销售量增长 10%后	销售量增长前	销售量增长 10%后
销售量(件)	10 000	11 000	10 000	11 000
单价(元/件)	10	10	10	10
销售收入(元)	100 000	110 000	100 000	110 000
变动性经营成本	80 000	88 000	50 000	55 000
固定性经营成本	—	—	30 000	30 000
息税前利润	20 000	22 000	20 000	25 000
息税前利润增长率(%)		10%		25%

B 公司的经营杠杆系数：

$$DOL_B=\frac{\dfrac{25\ 000-20\ 000}{20\ 000}}{\dfrac{10\ 000-9\ 000}{10\ 000}}=\frac{25\%}{10\%}=2.5$$

该计算结果说明：

(1) A 公司的销售量增长(或减少)1 倍时，息税前利润也增长(或减少)1 倍；

(2) B 公司的销售量增长(或减少)1 倍时，息税前利润将增长(或减少)2.5 倍。

假设企业的成本、销量、利润保持线性关系，变动成本在销售收入中所占的比例不变，固定成本也保持稳定，根据式(4-14)，可以推导出如下两个算式。

算式一：

$$DOL_Q=\frac{Q(SP-VC)}{Q(SP-VC)-FC} \tag{4-15}$$

式中　DOL_Q——销售量为 Q 时的经营杠杆系数；

Q——销售量；

SP——产品销售单价；

VC——产品单位变动成本；

FC——经营性总固定成本。

算式二：

$$DOL_S=\frac{S-TVC}{S-TVC-FC} \tag{4-16}$$

式中　DOL_S——销售额为 S 时的经营杠杆系数；

S——销售额；

TVC——变动成本总额。

因为运用式(4-14)求经营杠杆系数需要事先知道息税前利润的变动率和销量的变动率，而这些数据要等到经营实现后才能获得，所以使得式(4-14)的使用受到了限制。而运用式(4-15)和式(4-16)就不会出现这样的问题。式(4-15)和式(4-16)中的所有数据都是企业目前的(基期)数据。在上述假设成立的前提下，就可以预测企业经营杠杆所起的作用，即能求出经营杠杆系数。

【例 4-14】 沿用例 4-13 的资料，请运用式(4-15)和式(4-16)分别计算 A 公司和 B 公司的经营杠杆系数。

(1) 运用式(4-15)计算经营杠杆系数

A 公司的经营杠杆系数：

$$DOL_Q=\frac{Q(SP-VC)}{Q(SP-VC)-FC}=\frac{10\ 000\times\left(10-\dfrac{80\ 000}{10\ 000}\right)}{10\ 000\times\left(10-\dfrac{80\ 000}{10\ 000}\right)-0}=1$$

B 公司的经营杠杆系数：

$$DOL_Q=\frac{Q(SP-VC)}{Q(SP-VC)-FC}=\frac{10\ 000\times\left(10-\dfrac{50\ 000}{10\ 000}\right)}{10\ 000\times\left(10-\dfrac{50\ 000}{10\ 000}\right)-30\ 000}=2.5$$

(2) 运用式(4-16)计算经营杠杆系数

A 公司的经营杠杆系数：

$$DOL_S=\frac{S-TVC}{S-TVC-FC}=\frac{100\ 000-80\ 000}{100\ 000-80\ 000-0}=1$$

B 公司的经营杠杆系数：

$$DOL_S=\frac{S-TVC}{S-TVC-FC}=\frac{100\ 000-50\ 000}{100\ 000-50\ 000-30\ 000}=2.5$$

分析以上计算结果可知：

第一，在固定成本不变的情况下，经营杠杆系数说明了销售额增长(或减少)所引起的利润增长(或减少)的幅度。比如，B 公司的 *DOL* 说明在销售额为 10 万元时，销售额的增长(或减少)会引起利润 2.5 倍的增长(或减少)。

第二，在固定成本不变的情况下，销售额越大，经营杠杆系数就越小，经营风险也越小；销售额越小，经营杠杆系数就越大，经营风险也越大。

三、财务杠杆

财务杠杆是指企业在融资活动中采用债务或优先股融资而产生了固定性债务利息或优先股股利等财务费用，使得企业的每股收益(*EPS*)的变动幅度大于息税前利润(*EBIT*)的变动幅度的现象。

财务杠杆所起的作用可以用财务杠杆系数衡量。财务杠杆系数越大，表明财务杠杆所起的作用越大。财务杠杆系数反映的是每股收益的变动率相对于息税前利润的变动率的大小。计算方法有如下两种：

1. 定义式

$$DFL=\frac{\frac{\Delta EPS}{EPS}}{\frac{\Delta EBIT}{EBIT}} \tag{4-17}$$

式中　DFL——财务杠杆系数；

ΔEPS——普通股每股收益的变动额；

EPS——变动前的普通股每股收益；

$\Delta EBIT$——息税前利润的变动额；

$EBIT$——变动前的息税前利润。

2. 计算式

$$DFL=\frac{EBIT}{EBIT-I} \tag{4-18}$$

式中　I——债务利息。

【例 4-15】　A、B、C 为三家经营业务相同的公司，它们的有关情况见表 4-7。请运用财务杠杆系数对三家公司进行分析。

表 4-7　三家公司的有关情况　（单位：千元）

项目＼公司	A	B	C
普通股本	2 000	1 500	1 000
发行股数（千股）	20	15	10
债务（利率 8%）	0	500	1 000
资产总额	2 000	2 000	2 000
息前税前盈余	200	200	200
债务利息	0	40	80
税前盈余	200	160	120
所得税（税率 25%）	50	40	30
税后盈余	150	120	90
财务杠杆系数	1	1.25	1.67
每股普通股收益（元）	7.5	8	9
息前税前盈余增加	200	200	200
债务利息	0	40	80
税前盈余	400	360	320
所得税（税率 25%）	100	90	80
税后盈余	300	270	240
每股普通股收益（元）	15	18	24

从表 4-7 中可以看出：

(1) 财务杠杆系数表明的是息前税前盈余增长所引起的每股收益的增长幅度。比如，A 公司的息前税前盈余增长 1 倍时，其每股收益也增长 1 倍（15÷7.5－1）；B 公司的息前税前盈余增长 1 倍时，其每股收益增长 1.25 倍（18÷8－1）；C 公司的息前税前盈余增长 1 倍时，其每股收益增长 1.67 倍（24÷9－1）。

(2) 在资本总额、息前税前盈余相同的情况下，负债比率越高，财务杠杆系数越高，财务风险越大，预期每股收益也越高。比如，B 公司与 A 公司相比，负债比率高（B 公司资本负债率为 500 000÷2 000 000×100％＝25％，A 公司资本负债率为 0），财务杠杆系数高（B 公司为 1.25，A 公司为 1），财务风险大但每股收益也高（B 公司为 8 元，A 公司为 7.5 元）；C 公司与 B 公司相比，负债比率高（C 公司资本负债率为 1 000 000－2 000 000×100％＝50％），财务杠杆系数高（C 公司为 1.67），财务风险大每股收益也高（C 公司为 9 元）。

负债比率是可以控制的。企业可以通过合理安排资本结构，适度负债，使财务杠杆利益抵消风险增大所带来的不利影响。

四、总杠杆系数

从上述分析可知，经营杠杆通过销售影响息税前利润，而财务杠杆通过息税前利润影响每股收益。而在实务中，两种杠杆通常是共同起作用的。如果企业的销售稍有变动就会使得每股收益有更大的变动。因此，总杠杆是指经营杠杆和财务杠杆的共同作用。

总杠杆的作用可以用总杠杆系数衡量，是经营杠杆和财务杠杆的乘积，反映销售变动导致的每股收益变动的幅度。计算公式如下：

$$DTL = DOL \times DFL = \frac{\frac{\Delta EPS}{EPS}}{\frac{\Delta Q}{Q}} \tag{4-19}$$

或

$$DTL = \frac{Q(SP - VC)}{Q(SP - VC) - FC - I} \tag{4-20}$$

或

$$DTL = \frac{S - TVC}{S - TVC - FC - I} \tag{4-21}$$

例如，甲公司的经营杠杆系数为 2，财务杠杆系数为 1.5，则总杠杆系数为 2×1.5＝3。

总杠杆系数的意义：首先，能够估计出销售变动对每股收益造成的影响。其次，明确经营杠杆与财务杠杆之间的相互关系，即为了达到某一总杠杆系数，经营杠杆和财务杠杆可以有很多不同的组合。比如，经营杠杆系数较高的公司可以在较低的程度上使用财务杠杆，经营杠杆系数较低的公司可以在较高的程度上使用财务杠杆等。

第三节　资本结构

资本结构是企业融资决策的核心内容。企业应综合考虑影响资本结构的各种因素，结合财务管理目标，运用适当的方法从定量和定性两方面对资本结构进行管理。

一、资本结构概述

（一）资本结构的含义

资本结构是指企业各种资金的构成和比例关系。在实务中，资本结构有广义和狭义之分。广义的资本结构是指企业全部资本，包括长期资本和短期资金的构成及比例关系。狭义的资本结构是指各种长期资金来源的构成和比例关系。因为短期资金的需要量和筹集方式是经常变化的，且在整个资金总额中所占比重不稳定，所以不列入资本结构管理范围。因此，在通常情况下，企业的资本结构仅指狭义上的长期债务资本和权益资本的比例。

（二）资本结构的衡量方法

衡量资本结构的目的在于通过一定的指标反映企业的资本结构，以便直接从该指标上判断该企业的资本结构状况。资本结构的计算方法可以采用：① 长期负债÷所有者权益；② 长期负债÷资产总额。

（三）影响资本结构的因素

影响企业资本结构的因素既有企业内部的，也有企业外部的。主要因素有：

1. 企业的财务管理目标

企业的财务管理目标主要有利润最大化、每股收益最大化和企业价值最大化。不同财务管理目标下的资本结构是不同的。例如，以每股收益最大化为财务管理目标的企业，在确定资本结构时就会围绕每股收益最大化目标展开。

2. 企业所有者的态度

企业所有者的态度对资本结构有着重要影响。如果企业被少数所有者控制，为了保证股权不被稀释，债券或优先股筹资将成为优先选择。

3. 企业管理者的态度

资本结构会因为企业管理者对待风险的态度不同而有所不同。喜欢冒险的财务人员常选择较高的负债比率，而稳健的财务人员则倾向于权益筹资。

4. 债权人的态度和信用评级机构的影响

通常情况下，财务管理人员在决定资本结构时会充分考虑债权人的态度，而债权人一般不希望公司的负债比率过高。因为如果公司的负债比率过高，债权人可能会拒绝贷款。而信用评级机构也可能因为公司的负债比率过高而降低企业的信用等级,这样会影响企业的融资能力。

5. 公司销售的稳定程度

销售收入是公司最主要的资金来源之一。如果销售比较稳定,资金可以顺利回收,企业可以负担较多的利息,就应当选择较高的负债比率;反之,如果销售很不稳定,就应当维持较低的负债比率。

6. 销售收入的增长速度

由于经营杠杆和财务杠杆的作用,普通股每股收益的增长速度远远大于销售收入的增长速度;企业销售收入增长越快,补偿经营性固定成本和财务费用的把握就越大。因此,销售增长较快的企业可以适当提高债务融资的比例。

7. 企业的财务状况和发展能力

在其他因素相同的条件下,如果企业的财务状况和发展能力较差,则主要以留存收益融资;反之,则更多地进行外部融资。

8. 行业差别

西方国家长期实践证明:由于经营特点和风险程度的差异,在不同行业中资本结构有很大的差别。高利润高风险行业,往往需要投入大量的科研经费,新产品研制的周期也比较长,难以过多地通过债务方式筹集资金;相反,经营周期短,存货比重大以及资金周转速度快的行业,其经营风险和财务风险都比较小,负债比率相对较高。所以资本结构决策应充分考虑本企业所处的行业特点以及该行业资本结构的一般水平,分析本企业和同行业其他企业之间存在的差别,合理地确定资本结构。

9. 利率水平

利率水平的变动趋势也会影响到企业的资本结构决策。如果财务人员预测将来利率上升的可能性比较大,目前的利率水平相对较低,就应选择长期负债融资方式,将利率固定在较低的水平。

10. 税收政策的影响

按照企业所得税的规定,企业的债务利息可以抵税,股利不能抵税。因此,企业的所得税税率越高,债务融资的好处就越加显现。由此可见,税收政策影响着企业资本结构的确定。

二、资本结构理论

资本结构理论是关于企业资本结构、企业综合资本成本与企业价值三者之间关系的理论,是资本结构决策的重要理论基础。有关资本结构理论的研究起源于西方国家,形成了各种理论流派,主要经历了早期资本结构理论阶段、现代资本结构理论阶段和非对称信息下资本结构理论阶段。

(一) 早期资本结构理论

早期资本结构理论以美国财务专家杜兰特为代表，其研究的基本前提是站在企业投资者的角度评估企业负债及权益价值，在理论上缺乏实证支持和行为意义，没有得到进一步的发展。在《企业债务和股东权益成本：趋势和计量问题》一文中，杜兰特提出了资本结构的三种理论，即净收益理论、营业收益理论和介于两者之间的传统折中理论。

1. 净收益理论

该理论认为在企业的资本结构中，债权资本的比例越大，企业的净收益就越多，企业的价值就越大。按照这种理论，负债可以降低企业的资本成本，只要债务资本成本低于权益资本成本，负债越多企业的综合资本成本就低，企业价值就越大。当负债比率为100%时，企业综合资本成本最低，企业价值将达到最大。如果用 K_b 表示债务资本成本，K_s 表示权益资本成本，K_w 表示综合资本成本，V 表示企业总价值，则净收益理论可用图4-2描述。

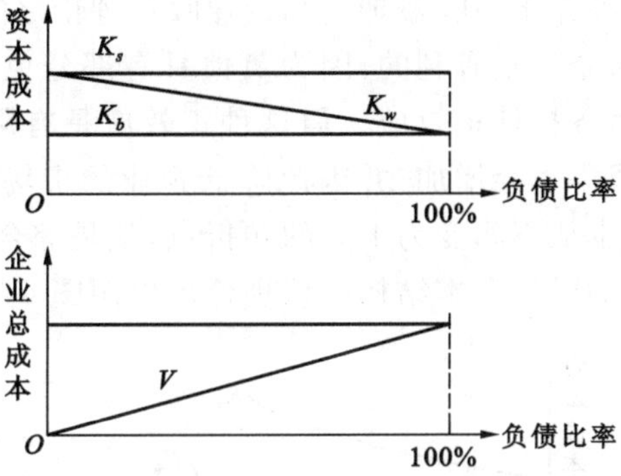

图 4-2　净收益理论图示

该理论的不足在于：

(1) 在看到财务杠杆的正效应的同时忽视了财务杠杆的负效应；

(2) 过分强调通过综合资本成本的降低提高企业的价值，忽视对财务风险的管理。

2. 营业收益理论

营业收益理论认为，不论财务杠杆如何变化，企业综合资本成本都是固定的，因而企业的总价值也是固定不变的，即不存在最佳资本结构。资本结构和企业价值无关，决策企业价值的真正因素应该是企业的营业收益，所以融资决策也就无关紧要。可见，净收益理论和营业收益理论是完全相反的两种理论。营业收益理论可用图4-3描述。

该理论的缺点是：

(1) 过分强调财务杠杆的作用；

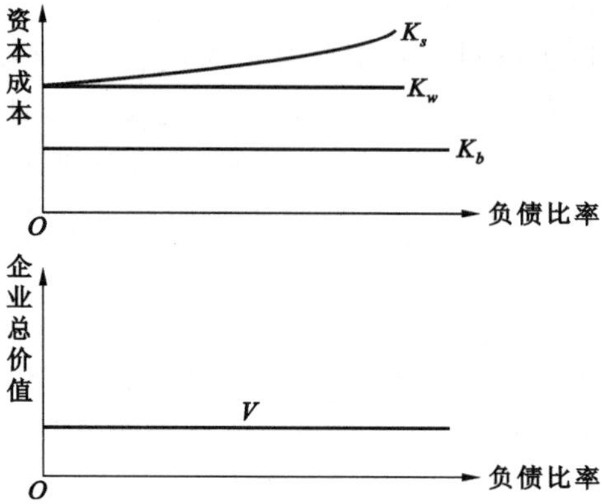

图 4-3 营业收益理论图示

（2）忽视企业资本成本与不同融资方式之间的关系。

3. 传统折中理论

传统折中理论是一种介于净收益理论和营业收益理论之间的折中理论。该理论认为，适度的负债融资对企业是有利的，因为负债具有部分免税效应，可以降低企业的综合资本成本，获得财务杠杆正效应。但这种正效应是有限度的，超过某个点，融资风险增加，综合资本成本也会增加，并因此降低企业的市场价值。因此，存在最佳资本结构。综合资本成本从下降变为上升的转折点，就是综合资本成本的最低点，这时的负债比率就是企业的最佳资本结构。该理论可以用图 4-4 描述。

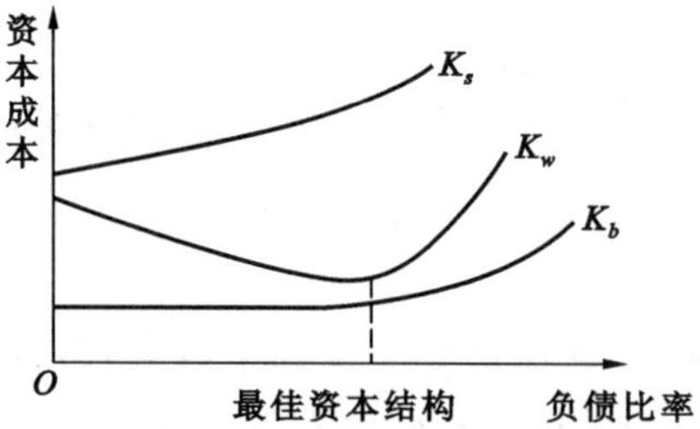

图 4-4 传统折中理论图示

（二）现代资本结构理论

1958 年 6 月美国两位著名的财务学家莫迪利亚尼（Franco Modigliani）和米勒（Mertor Miller）提出的 MM 理论标志现代资本结构理论形成。MM 理论及其后续的补充、修正共同构成了现代资本结构理论，主要包括 MM 理论和权衡理论。

1. MM 理论

1958 年，美国学者莫迪利亚尼和米勒在《美国经济评论》上发表了著名的论文《资本成本、公司融资与投资理论》，并提出了资本结构理论上的经典理论——MM 理论，第一次使资本结构的研究成为一种严格的、科学的理论，标志现代资本结构理论的创立。

从研究的范围上，MM 理论在一系列严格假定条件下，提出了无公司所得税的 MM 理论和有公司所得税的 MM 理论(修正的 MM 理论)。

(1) MM 理论研究假设

① 风险是可以衡量的，经营风险相同的企业处于同一风险等级；② 投资者对企业未来的风险和收益的预期相同；③ 股票和债券在完全资本市场上交易；④ 负债的利率为无风险利率；④ 投资者预期的息税前利润(*EBIT*)不变。

(2) 无公司所得税的 MM 理论

该理论的核心是资本结构无关论，即企业不存在最佳资本结构问题。这是因为：① 处于同一风险等级的企业，无论是否存在负债，它们的总价值是相等的；② 企业使用债务将会提高股权资金成本，抵消了债务资本成本带来的好处；③ 企业在选择投资项目时，投资项目的内含报酬率(*IRR*)必须大于或等于企业综合资本成本和预期收益率。

(3) 有公司所得税的 MM 理论(修正的 MM 理论)

该理论认为：① 由于负债产生的资金成本具有节税作用，因此，企业负债越多，企业价值越大，权益资本所有者获得的收益也就越大；② 企业的报酬率应等于无风险报酬率和风险报酬率之和，其中，无风险报酬率等于相同风险等级的无负债企业的权益资本成本，风险报酬率等于无负债企业权益资本成本和负债成本之间的差额以及由负债额和公司所得税税率决定的风险报酬；③ 对外投资项目的内含报酬率(*IRR*)应大于或等于无风险报酬率和权益资金价值的乘积。

修正的 MM 理论实际上是在研究前提中增加了公司税负，以使该理论与实际情况相吻合；同时，企业应充分利用公司所得税的节税功能，充分发挥财务杠杆的作用，最大限度地利用债务资金。修正的 MM 理论虽然与实际情况的吻合度提高了，但是在考虑公司所得税节税时，忽视了过度债务融资所产生的财务风险，没有考虑代理成本的问题。

2. 权衡理论

权衡理论是在放松 MM 理论关于无破产风险假设，并引入财务危机成本和代理成本的基础上，深入研究资本结构与企业价值相互关系的一种理论。该理论主要由瓦纳(J. Warner)、奥特曼(F. Altman)、詹森(M. Jensen)和梅克林(Mecking)以及梅耶斯(S. C. Myers)等创立。

权衡理论的核心观点是：

(1) 财务危机影响企业的价值。

这是因为：① 企业举债过多，会导致财务危机的发生；② 企业为应付财务危机，必然要筹集新的资金或者变卖企业资产偿还债务，这一过程将增加企业的财务成本；③ 在一般情况下，企业负债越多，发生财务危机的概率越大，支付的财务危机成本也就会越多，对企业价值的负面影响也就越大。

（2）代理成本的客观存在也会影响企业的价值。

这是因为：① 股东客观上存在利用债权人劣势的可能性。② 债权人为确保债权的安全，必然会加大监督的力度，包括对提供给企业的贷款附加各种限制条件等，附加条件的存在影响了企业对债务资金的使用。③ 债权人监督成本的增加和附加条件的存在，一方面导致债权人从成本-效益角度考虑提高债务资本的成本；另一方面，企业由于债务附加条件的存在变相地增加了债务资本的成本，在一定程度上抵消了因债务资本使用而产生公司所得税对节税的影响。

（3）由于存在财务危机成本和代理成本，负债企业的价值应等于无负债企业的价值加上赋税节余，扣除预期财务危机成本的现值和代理成本的现值。

综上所述，权衡理论可简单表述为：在利息减税效应的影响下，随着债务比率的提高，综合资本成本下降，企业价值上升；另一方面，随着债务比率的提高，破产的可能性增加，由此产生破产成本，使综合资本成本上升，企业价值降低，如图 4-5 所示。

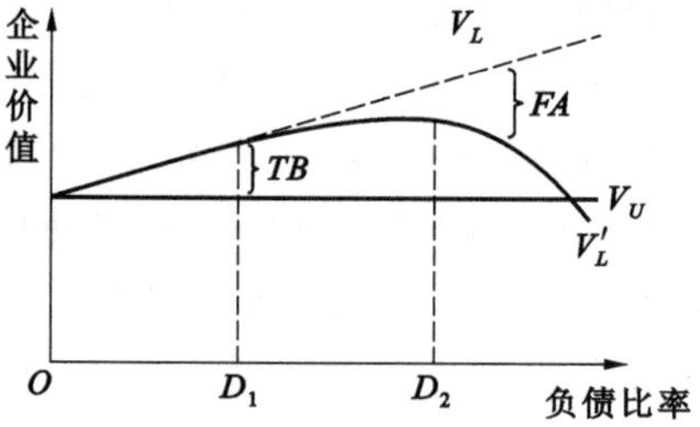

图 4-5　权衡理论图示

图中　V_L——只有负债税额庇护而没有破产成本的企业价值（破产成本是指与破产有关的成本）；

V_U——无负债时的企业价值；

V_L'——存在负债税额庇护和破产成本的企业价值；

TB——负债税额庇护利益的现值；

FA——破产成本；

D_1——破产成本变得重要时的负债水平；

D_2——最佳资本结构。

图 4-5 说明：

① 负债可以为企业带来税额庇护利益。

② 最初的 MM 理论假设在现实中不存在，事实上各种负债成本随负债比率的增大而上升，当负债比率达到某一程度时，息税前利润会下降，同时企业承担破产成本的概率会增加。

③ 当负债比率未超过 D_1 点时，破产成本不明显；当负债比率达到 D_1 点时，破产

成本开始变得重要,负债税额庇护利益开始被破产成本所抵消;当负债比率达到 D_2 点时,边际负债税额庇护利益恰好与边际破产成本相等,企业价值最大,达到最佳资本结构;负债比率超过 D_2 点后,破产成本大于负债税额庇护利益,导致企业价值下降。

(三)非对称信息下资本结构理论

现代资本结构理论中有一个基本的假定,即"充分信息假定",其基本含义是:市场中的信息是充分披露的,并且不存在信息使用成本。在此情况下,掌握相同信息的经济主体,对企业的盈利预期是相同的。但是,这一假设与现实的经济实际并不吻合,不对称信息随时存在,使得掌握有利信息的经济主体在决策时往往处于优势,并通过这种优势去侵害缺乏信息的经济主体的利益。我国上市公司大股东侵犯小股东利益实际上也是信息不对称情况的一种反映。如何在信息不对称的情况下确立企业的最佳资本结构成为理论界研究的重点。自 20 世纪 70 年代后,随着信息不对称理论的创立,资本结构研究也引入了该理论,并由此产生了一系列代表人物和代表著作,如詹森和麦克林发表的 *Theory of Firm*:*Managerial Behavior*,*Agency Costs and Ownership Structure*,梅耶斯和马基卢夫合著的 *Information Asymmetries*,*Financial Structure and Financial Itermediation* 等论文。这些研究试图通过信息不对称理论中的"信号"、"动机"、"激励"等概念,从企业"内部因素"考查资本结构,将早期或现代资本结构理论中的权衡问题转化为结构或制度设计问题,为制度理财的引入提供了方向,并以此为基础产生了激励理论、代理成本理论、信号传递理论、强弱顺序理论和控制权理论等。

1. 激励理论

激励理论重点研究了资本结构与经理行为之间的关系。该理论认为:

(1) 资本结构会影响经理的工作努力水平和行为选择,从而影响企业未来现金收入和企业市场价值。这是因为经理人在付出努力的同时需要权衡其收益,如果经理人所得的部分价值小于其努力创造的全部价值,就会产生"道德风险"或"逆向选择",并影响企业的未来现金流和企业的整体价值。

(2) 债务融资具有更强的激励作用,并将债务视为一种担保机制。这是因为:① 如果不举债,经理人就会丧失追求利润最大化的积极性,导致市场对企业的评价较差,及较高的企业资本成本;② 如果举债,企业就会面临财务风险甚至破产,经理人只有努力工作才能有效地化解财务风险,并维护自己的"声誉";③ 由于举债,经理人追求利润的积极性较高,市场对企业的评价也较好,企业的市场价值也会相应地得到提高。

激励理论的启示:债务和股票提供了不同激励,应当鼓励企业适当举债经营,这样一方面可以利用债务的担保机制和经理的声誉机制相制衡;同时,在强大的债务压力下,会促使经理更加努力,避免企业破产,提高管理的效率和效果。

2. 代理成本理论

代理成本理论是詹森(M. Jensen)和麦克林(Meckling)根据代理理论、企业理论和财产所有权理论系统分析和解释信息不对称条件下企业资本结构学说的理论。

该理论认为：均衡的企业所有权结构是由股权代理成本和债权代理成本之间的平衡关系决定的，企业的最佳资本结构是两种融资方式的边际代理成本相等，即代理成本总额最小。这是因为：

(1) 代理成本企业所有权结构的决定因素，等同于委托人的监督成本、代理人的担保成本和剩余损失(剩余损失等于代理人行动和委托人效益最大化之间的差额)。

(2) 当代理成本超过委托人的监督成本、代理人的担保成本和剩余损失时，对委托人的激励将难以起到应有的作用，引入新的资金方式解决代理成本过高问题就是较好的选择。这种新的融资方式就是筹集债务资金。

(3) 出于自身利益的需要，债权人也会加大对代理人的监督，当然这种监督成本必须控制在预期收益之内。

3. 信号传递理论

信号传递理论是美国经济学家罗斯(Ross)根据信息不对称理论的基本原理解释资本结构的理论。

该理论认为：企业不同的资本结构给投资者传递的价值信号不一样。一般情况下，当企业债务资本增加时，说明经理人对企业有信心，企业价值也会上升；反之，企业价值会下降。因此，由于信息不对称的存在，投资者只能通过这种资本结构的信号传递判断企业的价值。然而，如果经理人向投资者传递错误的信号时该怎么办？该理论并没有研究。事实上，企业的财务造假行为就是一种典型的错误信号传递。

4. 强弱顺序理论

该理论是在罗斯信号理论的基础上，由梅耶斯(S. C. Myers)和马基卢夫(N. S. Majiluf)在进一步考查信息不对称对资本结构的影响的基础上提出来的。

该理论认为：① 公司厌恶发行新股；② 公司偏好使用内部留存收益；③ 外部融资中的债务融资是首选。强弱顺序理论被阿斯奎琳和马修斯的实证研究所证明，该研究认为：一次新股发行会使企业市场价值下降3%。马修斯的研究也表明，当企业发行债券回购股份时，股票价格就会上升；当发行股票来偿债时，股票价格也会下跌。因此，强弱顺序理论表明：企业市场价值和债务比率成正相关，债务融资是一个高质量的积极的市场信号，市场经济条件下，企业应遵从的融资顺序是先内部融资，然后举债，最后才是发行新股。但该理论并没有说明企业是否存在最佳资本结构问题，也没有说明不同融资方式的内部结构。强弱顺序理论和我国股市的融资现状比较吻合。一些发行新股的公司，在上市交易时就跌破了发行价，从一个侧面说明了投资者对企业融资顺序的选择。

5. 控制权理论

控制权理论以研究企业剩余控制权如何配置为重点。该理论的创建者阿洪和博尔顿认为：资本结构对企业剩余控制权有影响。这是因为：

(1) 如果权益资本拥有投票权,企业剩余控制权配置给股东;反之,剩余控制权配置给经理。

(2) 如果有债务并且企业经理能够按期偿还债务,剩余控制权应配置给债权人。

因为剩余控制权与资本结构有关,关于企业"接管"的问题也就顺理成章。通过接管,一方面可以减少经理人利用信息不对称侵犯股东的利益;另一方面还可以优化企业的一股一票和简单多数的投票机制,并以此为基础保护股东的利益。

(四) 对资本结构理论论述的总结

(1) 资本结构是客观存在的,对企业价值的影响也是存在的。

(2) 最佳资本结构是企业追求的最佳融资目标。但是,在实际工作中很难用一个确切的比率或者数据来计算,因此,仍然需要判断。

(3) 资本结构和企业的财务风险存在较大的正相关。一般情况下,债务资本越大,企业的财务风险越高,这是融资决策时需要重点关注的问题。

(4) 理论上,不同的资本结构和企业治理机制存在较为密切的关系。但是,这需要一个良好的制度环境,如法制环境等。

三、资本结构管理

资本结构理论的发展过程说明了资本结构决策在企业财务管理中具有重要的作用。在融资规划时,企业应综合考虑有关因素,运用适当的方法管理资本结构,以便确定一个合理的或最佳的资本结构。在实务中,主要有如下两种定量管理方法:

(一) 息税前利润-每股收益分析法

1. 概念

这是一种判断资本结构合理与否的管理方法,在该方法下能提高每股收益的资本结构是合理的;反之,则不够合理。因此,通常以每股收益最大化作为财务管理目标的企业会采用该方法进行资本结构管理。

所谓息税前利润-每股收益分析是指在假设企业的每股收益取决于该企业息税前利润及其所选择的资本结构的基础上,对企业融资方案进行选择的方法。因为息税前利润代表的是经营活动本身的获利能力;不考虑财务政策对收益的影响,每股收益是综合反映经营活动和财务活动的业绩指标。

息税前利润-每股收益分析法是利用每股收益的无差别点进行的。所谓每股收益无差别点是指每股收益不受融资方式影响的销售水平。运用这种方法可以分析判断在什么销售水平下适于采用何种资本结构。

每股收益的计算公式为:

$$EPS = \frac{S - TVC - FC - I}{N} = \frac{(EBIT - I)(1 - T)}{N} \tag{4-22}$$

式中 S——销售额;

TVC——变动成本；

FC——固定成本；

I——债务利息；

T——所得税税率；

N——流通在外的普通股股数；

$EBIT$——息税前利润。

根据每股收益无差别点的定义，能够满足下列条件的销售额或息税前利润就是每股收益无差别点。即

$$\frac{S-TVC_1-FC_1-I_1}{N_1}=\frac{(S-TVC_2-FC_2-I_2)(1-T)}{N_2} \tag{4-23}$$

或

$$\frac{(EBIT-I_1)(1-T)}{N_1}=\frac{(EBIT-I_2)(1-T)}{N_2} \tag{4-24}$$

在融资分析时，当销售额(或息税前盈余)大于每股收益无差别点的销售额(或息税前盈余)时，运用负债融资可以获得较高的每股收益；反之，当销售额低于每股收益无差别点的销售额时，运用权益融资可获得较高的每股收益。

2. 应用

【例 4-16】 丙公司目前有资本 5 000 万元，其中债务资本 1 000 万元，债务利率为 10%，普通股资本 4 000 万元(每股面值 40 元，100 万股)。现因生产发展需要投资一新项目，准备再筹集资金 3 000 万元。经初步论证，有两种融资方案。

方案一：全部发行普通股，增发 75 万股，每股 40 元；

方案二：全部筹借长期债务，债务利率为 12%。

公司所得税税率为 25%。假设该公司筹资后的息税前利润预计为 900 万元，具体信息如表 4-8 所示。问：应选用哪种融资方案？

表 4-8　丙公司两种方案下资本结构对照表

融资方式	原资本结构	融资后资本结构	
		发行普通股	长期债务
债务(利率 10%)(万元)	1 000	1 000	4 000
普通股(面值 40 元，100 万股)(万元)	4 000	7 000	4 000
资本合计(万元)	5 000	8 000	8 000
普通股股数(万股)	40	115	40

将有关数据代入式(4-24)可得：

$$\frac{(EBIT-1\,000\times 10\%)\times(1-25\%)}{115}$$

$$=\frac{(EBIT-1\,000\times 10\%-3\,000\times 12\%)\times(1-25\%)}{40}$$

解得 $EBIT=652$(万元)。

此时的每股收益为:

$$EPS=\frac{(652-1\,000\times 10\%)\times(1-25\%)}{115}=3.6(\text{元 / 股})$$

即当公司融资后的息税前利润达到 652 万元时,两种融资方案没有任何差别,每股收益均为 3.6 元/股。上述每股收益无差别点分析可描绘成图 4-6。

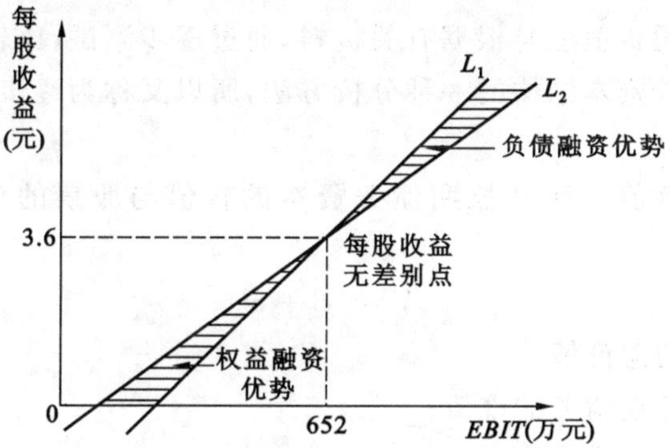

图 4-6　每股收益无差别点图示

图 4-6 中,线 L_1 为长期债务融资;线 L_2 为发行普通股融资。

从图 4-6 中可以看出,当息税前利润高于 652 万元时,运用负债融资可以获得较高的每股收益;当息税前利润低于 652 万元时,运用权益融资可获得较高的每股收益。而该公司预计投资新项目后息税前利润可以达到 900 万元,所以应该采用方案二融资,即长期债务融资。这点也可以通过表 4-9 来验算。

表 4-9　两种方案下每股收益计算表

项　　目	发行普通股股票	长期债务融资
息税前利润(万元)	900	900
减:利息(万元)	100	460
税前利润(万元)	800	440
减:所得税(万元)	200	110
净利润(万元)	600	330
普通股股数(万股)	115	40
每股收益(元/股)	5.22	8.25

3. 特点

每股利润分析法的测算原理比较容易理解,测算过程较为简单。它以普通股每股利润最高为决策标准，适用于资本规模不大、资本结构不太复杂的股份有限公司。

（二）比较公司价值法

1. 概念

息税前利润-每股收益分析法是以每股收益的高低作为衡量标准对筹资方式进行选择，其缺陷在于没有考虑风险因素。理财的目标在于追求公司价值的最大化或股价最大化，实际上随着每股收益的增长，理财风险也在逐步加大。如果每股收益的增长不足以补偿风险增加所需的报酬，尽管每股收益增加，股价仍然会下降。因此，公司的最佳资本结构应当是可以使公司的总价值最高，但不一定是每股收益最大的资本结构。比较公司价值法是根据有关资料，通过逐步测试，比较不同资本结构下公司的总价值确定最佳资本结构的一种分析方法，所以又称为逐步测试法。

2. 原理

（1）企业的总价值等于其长期债务资本的价值与股票的价值之和，用公式表示为：

$$V = B + S \tag{4-25}$$

式中 V——企业的总价值；

B——企业长期债务的价值；

S——企业股票的价值。

（2）为简化起见，假设长期债务的价值等于其面值，股票的价值按其未来现金流入的现值计算。假设企业零成长，企业当年的利润全部分配给股东，则股票的市场价值可以通过式(4-26)计算，即

$$S = \frac{(EBIT - I)(1 - T)}{K_s} \tag{4-26}$$

式中 I——年利息额；

T——公司所得税税率；

K_s——权益资本成本。

（3）利用资本资产定价模型确定权益资本成本。用公式表示为：

$$K_s = R_s + R_f + \beta(R_m - R_f)$$

式中 K_s——普通股成本；

R_s——普通股预期报酬率；

R_f——无风险报酬率；

β——该股票的贝他系数；

R_m——平均风险股票必要报酬率。

（4）以市场价值为权重基础，通过式(4-27)确定公司的综合资本成本。

$$K_w = K_b\left(\frac{B}{V}\right) \cdot (1 - T) + K_s\left(\frac{S}{V}\right) \tag{4-27}$$

式中　K_b——公司税前的债务资本成本。

(5) 当公司具有最佳资本结构时,公司的市场价值最大,公司的综合资本成本最低。

3. 应用

【例 4-17】 假设某公司目前的全部资本由普通股资本组成,股票账面价值为 20 百万元,发行在外的股数为 100 万股。该公司认为目前的资本结构不够合理,准备用发行债券购回部分股票的办法予以调整。公司年息前税前利润为 6 百万元,所得税税率 25%。经测算,目前的债务利率和权益资本的成本率情况见表 4-10。试确定该公司的最佳资本结构。

表 4-10　不同债务水平对公司债务资本成本和权益资本成本的影响

资本结构 / 长期债务比率	债券的市场价值 B(百万元)	税前债务资本成本率 K_b	股票 β 系数	无风险报酬率 R_f	平均风险股票必要报酬率 R_m	权益资本成本率 K_s[式(4-9)]
0	0	—	1.20	10%	14%	14.8%
10%	2	10%	1.25	10%	14%	15%
20%	4	10%	1.30	10%	14%	15.2%
30%	6	12%	1.40	10%	14%	15.6%
40%	8	14%	1.55	10%	14%	16.2%
50%	10	16%	2.10	10%	14%	18.4%

表 4-10 中,当 $B=2$ 百万元时,根据式(4-9)可得:

$$K_s=R_f+\beta(R_m-R_f)=10\%+1.25\times(14\%-10\%)=15\%$$

其余同理可以计算得出。

根据表 4-10 的资料,利用式(4-27),可计算出不同资本结构下的公司价值和综合资本成本,详见表 4-11。

表 4-11　公司市场价值和资本成本

资本结构 / 长期债务比率	债券的市场价值 B(百万元)	股票的市场价值 S(百万元)[式(4-28)]	公司的市场价值 V(百万元)[式(4-25)]	税前债务资本成本率 K_b(表 4-10)	权益资本成本率 K_s(表 4-10)	综合资本成本率 K_w[式(4-27)]
0	0	20.27	20.27	—	14.8%	14.80%
10%	2	29	31	10%	15%	14.51%
20%	4	27.63	31.63	10%	15.2%	14.23%
30%	6	25.38	31.38	12%	15.6%	14.34%
40%	8	22.59	30.59	14%	16.2%	14.71%
50%	10	17.93	27.93	16%	18.4%	16.11%

表 4-11 中，当 $B=2$ 百万元时，根据式(4-26)可得：

$$S=\frac{(EBIT-I)(1-T)}{K_s}$$
$$=(600-200\times10\%)\times(1-25\%)\div15\%$$
$$=29(\text{百万元})$$

根据式(4-25)可得：

$$V=B+S=2+29=31(\text{百万元})$$

根据式(4-27)可得：

$$K_w=K_b\left(\frac{B}{V}\right)(1-T)+K_s\left(\frac{S}{V}\right)$$
$$=10\%\times\frac{2}{31}\times(1-25\%)+15\%\times\frac{29}{31}$$
$$=14.51\%$$

其余同理可以计算得出。

将表 4-11 中的资本结构栏、公司的市场价值栏和综合资本成本栏摘出如表4-12 所示。

表 4-12 公司资本结构、市场价值及综合资本成本表

资本结构 / 长期债务比率	公司的市场价值 V(百万元)	综合资本成本率 K_w
0	20.27	14.80%
10%	31	14.51%
20%	31.63	14.23%
30%	31.38	14.34%
40%	30.59	14.71%
50%	27.93	16.11%

从表 4-12 中可以看到，在没有债务的情况下，公司的总价值就是其原有股票的市场价值。当公司用债务资本部分地替换权益资本时，一开始公司总价值上升，综合资本成本下降；当长期债务比率达到 20%时，公司总价值最高，而此时的综合资本成本最低；当长期债务比率超过 20%后，公司总价值又开始下降，综合资本成本开始上升。因此，长期债务比率为 20%时的资本结构是该公司的最佳资本结构。

【本章小结】

本章介绍了资本结构管理的基础理论和实践。

首先，资本成本是企业筹资决策的主要依据，也是评价企业资本结构合理与否的重要标准。因此，本章首先介绍了企业资本成本的概念以及各种资本成本的计算。

其次，在决定资本结构时，由债务融资所产生的杠杆收益和杠杆损失是企业必须要考虑的因素。这把双刃剑既会给企业带来杠杆收益，也会带来风险。因此，企业要结合自身的实际情况选择经营杠杆和财务杠杆的最佳组合，谨慎、合理地使用杠杆效应，既利用杠杆作用增加每股收益，又回避由此导致风险加大的风险。

最后，资本结构是财务管理的重要内容。从古至今，资本结构的研究理论可分为早期资本结构理论、现代资本结构理论和非对称信息下资本结构理论。对资本结构进行管理时可以采用的方法有很多，这些方法也各有优缺点。企业应当综合考虑影响资本结构的各种因素，从定性和定量两个方面来确定最佳资本结构。

【中英文关键词】

资本成本　Cost of Capital
综合资本成本　Weighted Average Cost of Capital
边际资本成本　Marginal Cost of Capital
经营杠杆　Operation Leverage
财务杠杆　Financial Leverage
总杠杆　Total Leverage
经营杠杆系数　Degree of Operation Leverage
财务杠杆系数　Degree of Financial Leverage
总杠杆系数　Degree of Total Leverage
经营风险　Operational Risk
财务风险　Financial Risk
资本结构　Structure of Capital
息税前利润-每股收益分析法　EBIT-EPS Method

【复习思考题】

1. 什么是资本成本？如何理解不同的资本成本在企业财务管理中的作用？

2. 什么是杠杆原理？试分析其在企业财务管理中的作用。企业在实务中应如何利用杠杆原理？

3. 具有代表性的资本结构理论有哪些？如何理解？试比较它们之间的异同。

4. 什么样的资本结构才能称得上是最佳资本结构？

5. 如何在实务中进行资本结构决策？

【实训练习题】

1. ABC 公司正在着手编制下一年度的财务计划，公司财务主管请你协助计算其加权资本成本。有关信息如下：

（1）公司银行借款利率当前是9%，下一年度将下降为8.93%。

（2）公司债券面值为1元，票面利率为8%，期限为10年，分期付息，当前市价为0.85元。如果按公司债券当前市价发行新的债券，其发行成本为市价的4%。

（3）公司普通股面值为1元，当前每股市价为5.5元，本年派发现金股利0.35元/股，预计每股收益增长率维持7%，并保持25%的股利支付率。

（4）公司当前（本年）的资本结构如表4-13所示。

表4-13　公司当前（本年）的资本结构

项　目	金　额
银行借款	150万元
长期债券	650万元
普通股	400万元
保留盈余	420万元

（5）公司所得税税率为25%。

（6）公司普通股的β系数为1.1。

（7）当前国债的收益率为5.5%，市场上普通股平均收益率为13.5%。

要求：

（1）计算银行借款的税后资本成本。

（2）计算债券的税后成本。

（3）分别使用股票股利估价模型（评价法）和资本资产定价模型估计内部股权资本成本，并计算两种结果的平均值作为内部股权成本。

（4）如果仅靠内部融资，下一年度不增加外部融资规模，计算其加权平均的资本成本。（计算时单项资本成本百分数保留两位小数）

2. 某通信有限公司欲扩充其规模，其目标资本结构为：长期负债25%，优先股股本15%，普通股股本60%。此公司目前全部资本由普通股股本及留存收益构成，欲扩充规模后资本总额达到100万元。该公司的所得税税率为25%，上一年度每股普通股支付3元股利，以后按9%的固定增长率增长。上述条件也同样适用于新发行的证券。预计公司扩充规模后第一年的息税前收益为35万元。公司新融资的有关资料如下：

（1）普通股每股按60元发行，融资费率为10%；

（2）优先股每股价格为100元，每股股利为11元，融资费率为5%，共1 500股；

（3）负债按12%的利率向银行借入长期借款。

要求：

(1) 按目标资本结构确定新融资的加权平均资本成本；

(2) 计算一年后此公司的财务杠杆系数。

3. 某企业拥有资金1 000万元，其中，银行借款400万元，普通股600万元。该公司计划筹集新的资金，并维持目前的资本结构不变。随筹资额增加，各筹资方式的资本成本变化如表4-14所示。

表4-14　各融资方式的资本成本变化

融资方式	追加的融资额	资本成本
银行存款	50万元以及以下	8%
	50万～100万元	9%
	100万元以上	10%
普通股	90万元以及以下	14%
	90万元以上	16%

要求：

(1) 计算各融资总额的分界点；

(2) 计算各融资总额范围内资本的边际成本。

4. 某公司目前总资产为5 000万元，其中负债为2 000万元，年平均负债利息率为8%，普通股股东权益为3 000万元，普通股股数为2 000万股，年固定成本为1 840万元，年息税前利润为1 160万元。假设所得税税率为25%。该公司拟改变经营计划，追加投资4 000万元，预计每年固定成本增加500万元，同时可以使息税前利润增加至2 460万元。所需追加投资款，有两种融资方式可供选择：

(1) 发行普通股，每股发行价2元；

(2) 长期借款，年利率为10%。

要求：

(1) 计算该公司目前的经营杠杆系数、财务杠杆系数和总杠杆系数；

(2) 分别计算该公司两种筹资方式下追加投资后的经营杠杆系数、财务杠杆系数和总杠杆系数；

(3) 用EBIT-EPS方法帮该公司确定应该选择哪种融资方式。

5. 某公司目前无负债，其账面价值为1 000万元，有关财务报表资料如表4-15所示。

公司认为目前的资本结构不够合理，准备用发行债券购回部分股票的办法予以调整。该公司经咨询调查，目前的债务利率和权益资本的成本情况如表4-16所示。

表 4-15　资产负债表　（单位：万元）

项　目	金　额
负债	0
股东权益（普通股 100 万股）	1 000
资产总额	1 000
息税前利润	400
所得税税率	40%
现金股利	120
每股市价	20 元

表 4-16　债务利率和权益资本的成本情况

债券的市场价值 B（万元）	税前债务资本成本 K_b	股票 β 系数	无风险报酬率 R_f	平均风险股票必要报酬率 R_m
0	—	1.5	6%	10%
200	8%	1.55	6%	10%
400	8.3%	1.65	6%	10%
600	9%	1.80	6%	10%
800	10%	2.00	6%	10%
1 000	12%	2.30	6%	10%
1 200	15%	2.70	6%	10%

要求：运用比较公司价值法确定该公司最佳的资本结构。

6. 某公司的有关资料如下：

（1）息税前利润 800 万元；

（2）所得税税率 25%；

（3）预期普通股报酬率 15%；

（4）总负债 200 万元，均为长期债券，平均利息率 10%；

（5）发行股票股数 600 000 股（每股面值 1 元）；

（6）每股账面价值 10 元。

该公司产品市场相当稳定，预期无成长，所有盈余全部用于发放股利，并假定股票价格与其内在价值相等。

要求：

（1）计算该公司每股盈余及股票价格。

(2) 计算该公司的加权平均资本成本。

(3) 该公司可以增加400万元的负债，使负债总额为600万元，以便在现行价格下回购股票(回购股票数四舍五入取整)。假定此项举措将使负债平均利息率上升至12%，普通股权益成本由15%提高到16%，税前利润保持不变。试问该公司是否应改变其资本结构。(提示：以股票价格高低判别)

(4) 计算该公司资本结构改变前后的已获利息倍数。

第五章　项 目 投 资

【学习目的和要求】

通过本章学习，了解项目投资决策的基本程序，熟悉项目现金流量的概念和构成，判断现金流量的相关性及应注意的问题，掌握投资项目的各种评价标准及计算方法，熟练地运用净现值、内含报酬率和现值指数等主要评价方法进行决策。

【案例导引】

ABC公司正在考虑购买一套新的生产线，估计初始投资为3 000万元，预期每年可产生500万元的税前利润(按税法规定生产线应以5年期直线法折旧，净残值率为10%，会计政策与此相同)，并已用净现值法评价方案可行。然而，董事会对该生产线能否使用5年展开了激烈的争论。董事长认为该生产线只能使用4年，总经理认为能使用5年，还有人说类似生产线使用6年也是常见的。假设所得税税率25%，资本成本10%，报废净残值收入为300万元。他们的争论是否有意义(是否影响该生产线的购置决策)？为什么？

第一节　项目投资概述

项目投资是一种以特定建设项目为对象，直接与新建项目或更新改造项目有关的长期投资行为。项目投资管理是通过投资预算的分析与编制对投资项目进行的评价和决策，也称为“投资决策”或者“项目投资分析与评价”。

一、项目投资的主要类型

项目投资决策按其对象的不同，通常可以分为以下五类：

(1) 新产品开发或现有产品的规模扩张决策。这种决策通常需要添置新的固定资产，并增加企业的营业现金流入。

(2) 设备或厂房的更新决策。这种决策通常需要更换固定资产，不改变企业的营业现金收入。

(3) 研究与开发。这种决策通常不直接产生现实收入，而得到一项是否投资新产品的选择权。

(4) 勘探。这种决策通常使企业得到一些有价值的信息。

(5) 其他。包括劳动保护设施建设、购置污染控制装置等。这些决策不直接产生营业现金流入，而使企业在履行社会责任方面的形象得到改善。它们有可能减少未来的现金流出。

二、项目投资的基本程序

在项目投资评价程序中，首先要对项目的设计方案、生产工艺、设备选型、技术基础参数、规模和容量等进行技术分析，然后才对项目进行财务分析和评价。因为项目的产品方案、规模方案都要通过一定的技术方案来实现和保证，同时一旦项目的技术方案确定下来后，项目的产出效率、产品质量、成本等技术经济指标也就基本确定了。因此，财务分析和评价应当建立在技术评价基础之上。从财务角度看，一个项目投资决策的完成，通常要遵循以下步骤：

(1) 提出拟实现投资目标的各个备选项目投资方案；

(2) 估算出投资方案有效期内各年的现金流量；

(3) 估计预期现金流量的风险；

(4) 确定资本成本的一般水平或必要报酬率；

(5) 计算备选方案的评价指标；

(6) 将评价指标值与可接受标准进行比较，进行方案取舍。

三、项目投资评价的注意事项

第一，无论是新建、扩建、改建、恢复、迁建等外延扩大的新建项目，还是内涵扩大的更新改造项目；无论是资金来源于国家投资项目、企业自筹投资项目，还是其他资金来源的投资项目；无论是大型项目、中型项目还是小型项目，其财务评价均适用上述程序。

第二，项目投资决策的基本程序是从财务管理角度对投资项目进行管理，对其进行财务可行性评估的程序。评估一个投资项目在财务上的可行性，并不意味着这个方案一定能被采纳。因为一个项目能否被采用，除了具备财务可行性外，还需要综合考虑技术可行性、环境可行性等其他各方面的评估结果。

第三，在投资项目的财务评价中，现代财务管理是以现金流量作为基础指标进行研究的，合理地估算投资项目的预期现金流量成为投资决策的重要环节。因而必须根据不同项目的具体特点，采用科学的方法，全面、合理地估算投资项目的现金流量。

总之，有效的投资管理，能够改善购入资产的质量，确保企业高效经营。如果企业能提前预测出自身资本资产的需求，并能及时实施投资决策，将在激烈的市场竞争中处于十分有利的位置；如果企业不能科学决策，仓促实施投资，必然会导致资本资产质量的下降，并在市场竞争中处于劣势。

第二节　现金流量估计

项目投资中，现金流量是指投资项目在其计算期内（项目的有效持续期间，即从项目投资建设开始到最终清理结束整个过程的全部时间）引起企业现金流入和现金流出增加的数量。这里的"现金"是广义的现金概念，它不仅包括各种货币资金，而且还包括项目需要投入的企业拥有的非货币性资源的变现价值。在这里应注意在项目投资中所使用的现金流量概念的内涵及外延，与财务会计按年编报的现金流量表中所使用的现金流量概念进行区别，不可混为一谈。

一、现金流量的构成

一个投资项目在其计算期内的现金流量，可以从两个角度对其构成进行分析。

1. 从项目投资阶段的角度

从项目投资的阶段上划分，一个投资项目预期的现金流量分为三个部分：

（1）初始现金流量。初始现金流量是指在项目投资建设期内发生的现金流量，一般包括以下几个部分：

① 用于固定资产的投资。包括固定资产的购置、建造及安装成本等，这部分投资是形成固定资产价值的主要部分。

② 用于营运资产的投资。项目投资扩大了企业的生产能力，往往需要投入相应配套的营运资金，这部分资金具有垫支性，通常在项目投产当年的年初投入，在项目清理结束时，可如数收回移作他用。

③ 其他投资。指与项目投资有关的，除用于前面两项投资以外的其他资金投入。

（2）营业现金流量。营业现金流量是指项目建成投产后，在其使用周期内由于生产经营所带来的现金流入和流出的数量。这种现金流量通常按年计算。假定企业产销平衡，销售产品取得的营业收入均在当年收回现金，这样企业通过该项目投资当年获得的现金流入就等于其全年营业收入。企业为取得营业收入而发生的成本中，当年实际支付现金的部分称之为付现成本。据此，项目的年营业现金净流量可用以下公式来计算：

$$\text{年营业现金净流量} = \text{营业收入} - \text{付现成本} \tag{5-1}$$

企业为取得收入而付出的代价即营业成本中，除了当年需实际支付现金的付现成本外，其余部分是不需支付现金的，这部分成本主要由固定资产折旧构成。为简化计算，通常将营业成本中的非付现成本用折旧近似地代替，于是有下式：

$$\text{付现成本} = \text{营业成本} - \text{折旧}$$

这样式(5-1)可进一步推导为：

$$\begin{aligned}\text{年营业现金净流量} &= \text{营业收入} - (\text{营业成本} - \text{折旧}) \\ &= (\text{营业收入} - \text{营业成本}) + \text{折旧} \\ &= \text{利润} + \text{折旧} \end{aligned} \tag{5-2}$$

（3）终结现金流量。终结现金流量是指投资项目在清理报废或变卖时所发生的现金流入和流出增加的数量，通常由以下几部分构成：

① 固定资产残值的变价收入；

② 收回垫支的营运资金；

③ 其他与项目清理有关的资金收回。

2. 从现金流量流向的角度

从现金流量的流向上划分，投资项目的现金流量分为现金流入量、现金流出量和现金净流量。

(1) 现金流入量。一个投资项目的现金流入量是指投资项目所引起的企业现金流入增加的数量，如生产经营引起的营业现金流入、项目清理时的残值收入。

(2) 现金流出量。现金流出量是指投资项目所引起的企业现金流出增加的数量。如项目建设期内为购建固定资产而发生的款项支出、项目投产前投入的垫支营运资金等。

(3) 现金净流量。现金净流量是指一定期间项目引起的企业现金流入量与现金流出量之间的差额。这里所说的"一定期间"通常指一年内，有时指投资项目持续的整个年限内。

现代财务管理将现金流量作为基础性指标，通过计算一系列评价指标对投资项目进行财务可行性评估。为了简化计算，通常将上述按期间预测的现金流入量和现金流出量这些时期指标转化为时点指标，一般假定各年的投资在年初发生，各年的营业现金净流量在各年年末一次发生，项目清理报废时的终结现金流量视同在最后一年年末发生。

二、现金流量的估计

前面已提到，预测投资项目的现金流量是项目投资评价中的重要一步，全面、准确地预测一个投资项目的预期现金流量是投资项目财务可行性评价必不可少的一环。

实际中，投资项目的现金流量估计是一项十分复杂的工作，涉及企业的各个部门，在企业财务部门统一协调的基础上，需要企业各相关部门的通力合作才能完成。

在确定投资方案的现金流量时，应该遵循的最基本的原则是：只有增量现金流量才是与项目相关的现金流量。所谓增量现金流量，是指接受或拒绝某个项目投资方案后，企业总的现金流量会因此而发生变动。只有那些由于采纳某个项目引起的现金流出的增加额，才是该项目的现金流出；只有那些由于采纳某个项目引起的现金流入的增加额，才是该项目的现金流入。

为了正确地确定投资项目的现金流量，在对投资项目预期现金流量进行分析时，应特别关注以下几个方面：

1. 现金流量与投资项目之间的相关性

所谓相关性，主要强调列入投资项目评价的现金流量必须是与项目投资有关的、是由项目投资所引起的，而且是在项目评价时必须要考虑的现金流入或现金流出。

现金流量的相关性与投资项目的一次性有关，离开相关性来考虑现金流量，往往容易导致现金流量估计得不准确，影响项目评估质量。

例如，房地产开发公司多年前计划对公司已有的一块空地进行特种经营开发项目的评估，曾向有关部门支付项目前期费用10万元，后由于某种原因，项目被推迟进行，直至最后取消。5年后，新任经理重新提及这块空地的开发利用，拟兴建商品房。在进行兴建商品房投资项目评估时，就不应当把5年前已发生的项目前期费用考虑在内。因为该笔开支与本次项目评估不具相关性。本次项目投资与否，5年前的那笔开支都已成为沉没成本，与本次项目评估无关。

之所以强调现金流量的相关性，是因为如果在项目评估时，把不相关的现金流量纳入项目评估中，则可能会使一个有利的项目方案变得不利；反之，可能使一个不利的方案，从项目评估的结果来看，判定为一个在财务上可行的方案，最终误导决策。

2. 全面考虑机会成本

企业用于投资的资源是有限的，而一项资源在具体投资项目的使用上，一般只能用于一个项目，而不可能同时用于几个项目。在对资源的具体使用上，如果企业选择了某个项目投资，则必须放弃其他可能的投资机会，其他投资机会可能取得的收益，是实行本方案的一种代价，这一代价则称为本投资项目的机会成本。

例如，企业现有一台旧设备，原值50万元，已使用5年，已提折旧25万元，企业在考虑可否利用一台新设备来替换这台旧设备，需对继续使用的旧设备和启用新设备两套方案的经济可行性进行评价。单就旧设备继续使用而言，有两种选择：一是放弃继续使用，可能获得变价收入20万元，同时可获得纳税上的好处1.7万元；二是继续使用旧设备。在考虑继续使用旧设备时，就必须放弃将其出售的机会，而放弃这一机会所可能取得的收益21.7万元，就是继续使用旧设备的机会成本。相对于出售旧设备而言，继续使用旧设备相当于企业投资21.7万元购置一台旧设备。

在全面考虑投资项目的机会成本时，应注意两点：第一，机会成本不是通常意义上理解的成本概念，它不是一种现实的支出，并没有实际发生，而是一种潜在的收益；第二，机会成本总是针对被放弃的具体方案而言的，这个具体方案是被放弃的所有方案中的最佳方案，该方案可能取得的收益才是拟建项目的机会成本。

在项目投资评估中全面考虑机会成本，旨在全面考虑可能采取的各种方案，以便为企业的既有资源找到最有利的使用途径。

3. 必须考虑拟建项目对本企业其他部门的影响

当投资一个新的项目后，该项目可能对公司的其他部门造成有利或不利的影响。在对投资项目进行财务可行性评价时，必须考虑这种影响。

例如，新建生产线生产的产品上市后，原有的其他产品的销路可能减少，而且整个公司的销售额也许不增加甚至减少。因此，公司在进行投资分析时，不应将新生产线的销售收入直接作为增量收入来处理，而应扣除其他部门因此减少的销售收入。

当然，也可能产生相反情况，新产品上市后将促进其他部门的销售增长。具体的影响要看新项目和原有部门之间是竞争关系还是互补关系。

企业在进行项目投资时，必须考虑这种影响，这有助于企业对拟建项目进行全面、有效的评估。

4. 项目需要垫支的营运资金也是项目投资的一部分

在一般情况下，当公司开办一项新业务并使销售额扩大后，对于存货和应收账款等流动资产的需求也会增加，公司必须筹措新的资金以满足这种额外的资金需求；另外，公司业务扩充的结果是应付账款与一些应付费用等流动负债也会同时增加，从而降低公司对营运资金的实际需要，导致企业垫支一部分营运资金，其数额等于增加的流动资产与增加的流动负债之间的差额。

三、项目投资评估中使用现金流量的原因

会计利润的确定是按照权责发生制原则作为计算基础，通过计算收入和成本，并以一定时期的收入抵补其成本费用后的结果作为收益，来评价企业经济效益的。在对投资项目进行财务评价时，不是按权责发生制原则确定的利润作为项目收益评价的依据，而是按以收付实现制原则确定的现金净流量作为评价项目经济性的基础指标。在项目投资评价中之所以把现金流量作为基础指标，主要基于以下原因：

(1) 在整个项目投资有效年限内，利润总计与现金净流量总计是相等的，因而可以使用现金净流量取代利润指标作为评价项目净收益的指标。

对这一结论可以进行简单的证明，为此作如下假定：

C_1——固定资产投资；

C_2——垫支营运资金；

I——项目投资期内现金流量；

i——项目投产后每年营业现金净流量；

f——各年的净利润；

g——每年以现金方式收回的折旧；

n——项目的寿命期；

M_1——清理时的残值收入；

M_2——项目结束后收回的垫支营运资金；

$I=f+g$。

这样，项目整个有效期内现金净流量为：

$$\begin{aligned} I &= -C_1 - C_2 + \sum_{t=1}^{n} I + M_1 + M_2 \\ &= -C_1 - C_2 + \sum_{t=1}^{n} f + \sum_{t=1}^{n} g + M_1 + M_2 \end{aligned}$$

$$= \sum_{t=1}^{n} f$$

(因为：$\sum_{t=1}^{n} g + M = C_1, C_2 = M_2$)

(2) 采用现金流量作为评价的基础性指标体现了时间价值。

资金时间价值是客观存在的，科学地进行项目投资评价，必须认真考虑资金时间价值因素。这就要求在项目评价时，一定要明确每笔预期现金流出和现金流入的具体时间，因为不同时点上的资金在价值量上是不相同的。因此在衡量方案优劣时，应根据各投资项目寿命周期内各年的现金流量，按照资本成本，结合时间价值来确定项目投资评估的各项指标，进而对投资项目各方案作出评估。将利润作为评价项目投资收益的指标难以奏效。可见，在项目投资评价中考虑时间价值因素，就必须使用现金流量指标。

(3) 采用现金流量指标对投资项目进行评估更符合客观实际。

由于受到折旧方法、跨期摊提费用摊销方法等人为因素的影响，即使同一个项目的折旧，由于固定资产折旧方法的不同，使得每期计提的折旧额不同，从而导致按权责发生制计算的项目各年利润的分布会存在很大差异。而在考虑时间价值的情况下，早期的收益与晚期的收益有明显的区别，为确保评估的正确性，收益的分布应当具有客观性，不受人为选择的影响，由于现金流量的分布不受以上诸多人为因素影响，正好能适应这种需要，可以保证评估的客观性。

四、固定资产更新项目的现金流量

固定资产更新是对技术上或经济上不宜继续使用的旧资产用新的资产更换，或用先进的技术对原有设备进行局部改造。

固定资产更新决策主要研究两个问题：一个是决定是否更新，即继续使用旧资产还是换成新资产；另一个是决定选择什么样的资产来更新。实际上，这两个问题是结合在一起考虑的，如果市场上没有比现有设备更适用的设备，那么就继续使用旧设备。由于旧设备总可以通过修理继续使用，所以更新决策就成为一个继续使用旧设备与购置新设备的选择问题。

(一) 更新决策的现金流量分析

固定资产更新决策不同于一般的投资决策。一般说来，设备更换并不改变企业的生产能力，不增加企业的现金流入。更新决策的现金流量主要是现金流出，即使有少量的残值变价收入，也属于支出抵减，而非实质上的流入增加。由于只有现金流出，而没有现金流入，就给采用贴现现金流量分析带来了困难。

【例 5-1】 某建筑工程公司有一台旧设备，工程技术人员提出更新要求，建议用一台新的效率更高的设备来代替旧设备。旧设备原购置成本为 21 万元，使用年限

10 年，已使用 5 年，预计还可以使用 5 年，报废时残值收入 1 万元，每年需支付维护费用 1.5 万元，如果现在出售可获得变价收入 8 万元；购置新设备需支付购置成本 15 万元，支付运输及保险等费用 5 万元，设备使用后每年需支付维护费用 1 万元，预计可使用 5 年，报废时可获得残值收入 0.5 万元。该公司的资本成本率为 12%。试对该公司继续使用旧设备和购买新设备两方案的财务可行性进行论证，并作出选择。

现金流量分布如下：

(1) 购入设备情况如图 5-1 所示。

(2) 继续使用旧设备情况如图 5-2 所示。

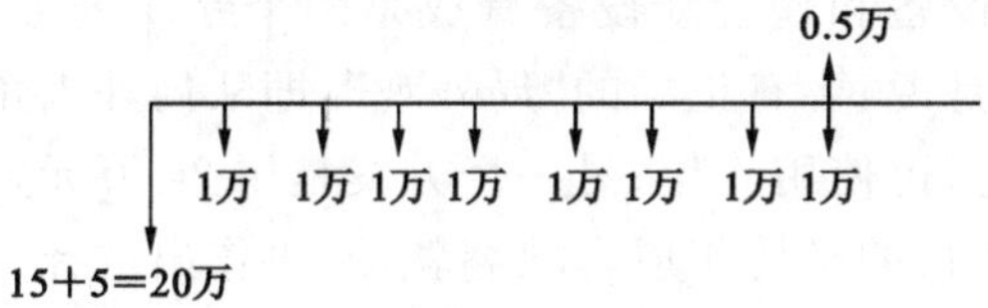

图 5-1 购入设备情况

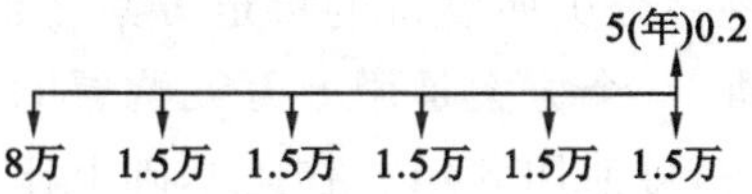

图 5-2 继续使用旧设备情况

由于没有适当的现金流入，无论哪个方案都不能计算其净现值和内含报酬率。通常，在收入相同时，成本较低的方案是好方案。那么，可否通过比较两个方案的总成本来判别方案的优劣呢？仍然不妥。因为旧设备尚可使用 5 年，而新设备可使用 8 年，两个方案取得的"产出"并不相同。因此，应当比较其 1 年的成本，即获得 1 年的生产能力所付出的代价，据此判断方案的优劣。

(二) 固定资产的平均年成本

固定资产的平均年成本，是指该资产引起的现金流出的年平均值。如果不考虑货币的时间价值，它是未来使用年限内的现金流出总额与使用年限的比值；如果考虑货币时间价值，它是未来使用年限内现金流出总现值与年金现值系数的比值，即平均每年的现金流出。

1. 不考虑货币的时间价值

如例 5-1 资料，不考虑货币的时间价值时，有：

$$旧设备平均年成本 = (8 + 5 \times 1.5 - 0.2) \div 5 = 3.06(万元)$$

$$新设备平均年成本 = (20 + 8 \times 1 - 0.5) \div 8 = 3.4375(万元)$$

2. 考虑货币的时间价值

如果考虑货币的时间价值，有以下两种计算方法：

(1) 计算现金流出的总现值，然后分摊给每一年。

$$\begin{aligned}旧设备平均年成本 &= [8+1.5\times(P/A,12\%,5)-0.2\times(P/F,12\%,5)]\div(P/A,12\%,5)\\ &=3.6877(万元)\end{aligned}$$

$$\begin{aligned}新设备平均年成本 &= [20+1\times(P/A,12\%,8)-0.5\times(P/F,12\%,8)]\div(P/A,12\%,8)\\ &=4.9854(万元)\end{aligned}$$

(2) 由于各年已经有了相等的运行成本，将原始投资和残值摊销到每年，然后求和,也可得到每年平均的现金流出量。

年平均成本=运行成本-残值摊销

$$旧设备平均年成本=8÷(P/A,12\%,5)+1.5-0.2÷(F/A,12\%,5)=3.6877(万元)$$

$$新设备平均年成本=20÷(P/A,12\%,8)+1-0.5÷(F/A,12\%,8)=4.9854(万元)$$

通过上述计算可知,使用旧设备的平均年成本较低,不宜进行设备更新。

3. 使用平均年成本法时要注意的问题

(1) 平均年成本法是把继续使用旧设备和购置新设备看成是两个互斥的方案,而不是一个更换设备的特定方案。也就是说,要有正确的"局外观",即从局外人角度来考查:一个方案是用 8 万元购置旧设备,可使用 5 年;另一个方案是用 20 万元购置新设备,可使用 8 年。在此基础上比较各自的平均年成本孰高孰低,再作出选择。由于两者的使用年限不同,前一个方案只有 5 年的现金流动数据,后一个方案持续 8 年,缺少后 3 年的差额现金流量数据,因此不能根据各年现金流量的差额计算净现值和内含报酬率。对于更新决策来说,除非未来使用年限相同,否则,不能根据实际现金流动分析的净现值法或内含报酬率法解决问题。

(2) 平均年成本法的假设前提是将来设备再更换时,可以按原来的平均年成本找到可代替的设备。例如,旧设备 5 年后报废时,仍可找到使用年成本为 3.687 7 万元的可代替设备。由于未来数据的估计有很大的主观性,时间越长越靠不住,因此平均年成本法通常以旧设备尚可使用年限(5 年)为"比较期",一般情况下不会有太大误差。如果以新设备可用年限(8 年)为比较期,则要有旧设备报废时再购置新设备的可靠成本资料。另一种替代方法是预计当前拟更换新设备 5 年后的变现价值,计算其 5 年的平均年成本,与旧设备的平均年成本进行比较。不过,预计 6 年后尚可使用设备的变现价值也很困难,其实际意义并不大。

五、所得税和折旧对现金流量的影响

(一) 所得税对现金流量的影响

对公司来说,其经营的主要目的在于获取"税后净利"而非"税前净利",因为利润内用于缴纳所得税的部分,并不形成公司的实际所得,公司投资的主要目的是争取实现预期的税后净利。

所得税对投资的影响主要是对营业现金流量的影响,对投资方案的分析和评价依据投资的税后营业现金流量进行。考虑所得税因素以后,营业现金流量的计算有三种方法。

所得税是一种现金支付,应当作为年营业净现金流量的一个减项,由此,式(5-1)加入所得税因素后,得到式(5-3):

$$年营业现金净流量 = 营业收入 - 付现成本 - 所得税 \tag{5-3}$$

式(5-3)进一步推导为：

$$\begin{aligned}年营业现金净流量 &= 营业收入 - (营业成本 - 折旧) - 所得税\\ &= (营业收入 - 营业成本) \times (1 - 所得税税率) + 折旧\\ &= 利润总额 \times (1 - 所得税税率) + 折旧\\ &= 净利润 + 折旧\end{aligned} \tag{5-4}$$

由式(5-4)可知，项目的年营业现金净流量实际上由两部分组成：一部分是企业销售产品所赚取的利润引起的企业现金流量的增加；另一部分则是企业以现金方式收回的折旧额。

使用式(5-3)和式(5-4)计算项目的年营业现金净流量往往受到一些局限，因此从方便项目评估的角度出发，在式(5-3)和式(5-4)的基础上推导出式(5-5)：

$$\begin{aligned}年营业现金净流量 &= 净利润 + 折旧\\ &= (营业收入 - 营业成本) \times (1 - 所得税税率) + 折旧\\ &= (营业收入 - 付现成本 - 折旧) \times (1 - 所得税利率) + 折旧\\ &= 营业收入 \times (1 - 所得税税率) - 付现成本 \times (1 - 所得税税率)\\ &\quad - 折旧 \times (1 - 所得税税率) + 折旧\\ &= 营业收入 \times (1 - 所得税税率) - 付现成本 \times (1 - 所得税税率)\\ &\quad + 折旧 \times 所得税税率\end{aligned} \tag{5-5}$$

在投资决策时，可以对投资项目预期的营业收入、付现成本作出预测，年折旧额也可以通过计算取得，这样就可以很方便地利用式(5-5)确定投资项目的年营业现金净流量，这使式(5-5)在投资决策中具有重要的作用。

【例 5-2】 某公司拟进行一项投资，现金流出总额 100 000 元，当年投产，预计寿命为 10 年，无残值，采用直线法折旧。预计投产后第 1～5 年，每年现金净流入 22 000元；第 6～10 年，每年现金净流入 20 000 元。所得税税率为 25%，公司投资的必要报酬率为 10%，试对方案的现金流量进行估计。

根据以上资料，计算其每年税后营业现金净流量：

每年折旧额＝100 000÷10＝10 000(元)

第 1～5 年每年税后营业现金净流量＝22 000－(22 000－10 000)×25%＝19 000(元)

或＝(22 000－10 000)×(1－25%)＋10 000

＝19 000(元)

或＝22 000×(1－25%)＋10 000×25%

＝19 000(元)

第 6～10 年每年税后营业现金净流量＝20 000－(20 000－10 000)×25%＝17 500(元)

或＝(20 000－10 000)×(1－25%)＋10 000

＝17 500(元)

或＝20 000×(1－25％)＋10 000×25％
＝17 500(元)

(二) 折旧方法对现金流量的影响

固定资产折旧方法的不同意味着折旧速度的不同。不同的折旧方法虽然不影响折旧额和纳税总额,但对折旧费用的回收速度和税金的缴纳时间有直接的影响。从货币时间价值角度衡量,折旧费用回收越早,货币现值越大,税金缴纳越迟,其现值越小。这些对公司都是有利的。

【例 5-3】 某公司拟用 50 000 元购置设备一台,可使用 5 年,期末无残值。该设备生产的产品每年销售收入可达 30 000 元,销售成本为 13 000 元(不包括折旧)。假定公司的必要报酬率为 12％,所得税税率为 25％,按年限法和年数总和法计提折旧。要求:估计该方案的现金流量。

在年限折旧法下,每年计提折旧＝50 000÷5＝10 000(元)

每年的纳税现金流入计算如下:

销售收入	30 000
销售成本(13 000＋10 000)	23 000
税前净利	7 000
所得税	1 750
税后净利	5 250
折旧	10 000
每年税后现金净流量	15 250

在年数总和法下,每年计提折旧的数额如下:

第一年

$$50\ 000\times\frac{5}{15}=16\ 667(\text{元})$$

第二年

$$50\ 000\times\frac{4}{15}=13\ 333(\text{元})$$

第三年

$$50\ 000\times\frac{3}{15}=10\ 000(\text{元})$$

第四年

$$50\ 000\times\frac{2}{15}=6\ 667(\text{元})$$

第五年

$$50\ 000\times\frac{1}{15}=3\ 333(\text{元})$$

据此计算每年的税后现金流入，如表 5-1 所示。

表 5-1 税后现金流入计算表 （单位：元）

	第 1 年	第 2 年	第 3 年	第 4 年	第 5 年
销售收入	30 000	30 000	30 000	30 000	30 000
销售成本(不包括折旧)	13 000	13 000	13 000	13 000	13 000
折旧	16 667	13 333	10 000	6 667	3 333
税前净利	333	3 667	7 000	10 333	13 667
所得税(25%)	83.25	916.75	1 750	2 583.25	3 416.75
税后净利	249.75	2 750.25	5 250	7 749.75	10 250.25
折旧	16 667	13 333	10 000	6 667	3 333
税后现金净流入	16 916.75	16 083.25	15 250	14 416.75	13 583.25

第三节 项目投资评价的基本方法

项目投资评价时使用的指标主要有两种：一类是折现指标，即考虑了时间价值因素的指标，主要包括净现值法、内含报酬率法、现值指数法；另一类是非折现指标，即没有考虑时间价值因素的指标，主要包括投资利润率法、投资回收期法等。因而投资项目评价分析的方法，也分为折现的分析评价方法和非折现的分析评价方法两种。

一、折现的分析评价方法

1. 净现值法

这种方法使用净现值作为评价方案优劣的指标。所谓净现值，是指特定方案未来现金流入的现值与未来现金流出的现值之间的差额。按照这种方法，所有未来现金流入和流出都要按预定贴现率折算成现值，然后再计算差额。如果净现值为正数，即贴现后的现金流入大于贴现后的现金流出，表明该投资项目的实际报酬率大于预定的贴现率。如果净现值为零，即贴现后的现金流入等于贴现后的现金流出，表明该投资项目的实际报酬率相当于预定的贴现率。如果净现值为负数，即贴现后的现金流入小于贴现后的现金流出，表明该投资项目的实际报酬率小于预定的贴现率。

计算净现值(NPV)的公式为：

$$NPV = \sum_{k=0}^{n} \frac{I_k}{(1+i)^k} - \sum_{k=0}^{n} \frac{O_k}{(1+i)^k} \tag{5-6}$$

式中 n——投资涉及的年限；

I_k——第 k 年的现金流入量；

O_k——第 k 年的现金流出量；

i——预定的贴现率，即资本成本或要求的必要报酬率。

投资项目净现值的计算包括以下步骤：

第一，估算投资项目每年的现金流量，包括现金流入量和现金流出量；

第二，选用适当的贴现率，将投资项目各年的折现系数通过查表确定下来；

第三，将各年现金流量乘以相应的折现系数求出现值；

第四，汇总各年现金流量的现值，得到投资项目的净现值。

【例 5-4】 设必要报酬率为 12%，现有三个投资项目，具体资料如表 5-2 所示。

表 5-2　三个投资项目现金流量表

期间	甲方案现金流量	乙方案现金流量	丙方案现金流量
0	30 000	18 000	40 230
1	13 000	9 000	17 000
2	14 000	6 000	17 000
3	11 000	4 100	17 000
合计	8 000	1 100	10 770

根据表 5-2 的资料，计算三个投资项目的净现值(元)。

$$NPV_{甲}=13\ 000\times(P/F,12\%,1)+14\ 000\times(P/F,12\%,2)+11\ 000\times(P/F,12\%,3)-30\ 000$$
$$=13\ 000\times0.893+14\ 000\times0.797+11\ 000\times0.712-30\ 000$$
$$=599(元)$$

$$NPV_{乙}=9\ 000\times(P/F,12\%,1)+6\ 000\times(P/F,12\%,2)+4\ 100\times(P/F,12\%,3)-18\ 000$$
$$=9\ 000\times0.893+6\ 000\times0.797+41\ 000\times0.712-18\ 000$$
$$=-2\ 261.8(元)$$

$$NPV_{丙}=17\ 000\times(P/A,12\%,3)-40\ 230$$
$$=17\ 000\times2.402-40\ 230$$
$$=604(元)$$

甲、丙两项投资的净现值为正数，说明两方案的实际报酬率都超过 12%。如果企业的资金成本或要求的必要报酬率为 12%，则这两个方案是有利的，因而是可以接受的；乙方案的净现值为负数，说明该方案的实际报酬率达不到 12%，因而应予放弃。甲方案和丙方案相比，丙方案更好些。

净现值法所依据的原理是：假设预计的现金流入在年末可以实现，且原始投资按预定贴现率借入。当净现值为正数时，说明偿还本息后该项目仍有剩余的收益；当净现值为零时，说明偿还本息后一无所获；当净现值为负数时，该项目收益不足以偿还本息。

应当指出的是，在项目评价中，正确选择贴现率至关重要，因为它直接影响项目评价的结论。如果选择的贴现率过低，则会导致一些经济效益较差的项目得以通过，浪费有限的社会资源；如果选择的贴现率过高，则会导致一些效益较好的项目不能通过评价，使有限的社会资源不能充分的发挥作用。在实务中，一般按以下几种方法确定项目的贴现率：

（1）以投资项目的资金成本作为贴现率。

（2）以投资的机会成本作为贴现率。

净现值是折现后的项目净收益指标，运用净现值法评价项目的标准是：如果投资方案的净现值大于或等于零，该方案为可行方案；如果投资方案的净现值小于零，该方案为不可行方案；如果投资方案的投资额相同，且净现值均大于零，那么净现值最大的方案为最优方案。

采用净现值法进行项目财务可行性评价的优点表现为以下三个方面：

（1）考虑了货币时间价值因素，增强了投资经济性的评价；

（2）考虑了项目计算期的全部现金流量，体现了流动性与收益性的统一；

（3）考虑了投资风险，因为贴现率的大小与风险大小有关，风险越大贴现率越高。

净现值法的缺点也是明显的，主要表现为以下三个方面：

（1）不能从动态的角度直接反映投资项目的实际收益率水平，当各项目投资额不等时，仅用净现值无法确定投资方案的优劣；

（2）现金流量的估算和贴现率的确定比较困难，而其合理性对计算净现值有着重要影响；

（3）净现值法计算麻烦，且较难理解和掌握。

2. 内含报酬率法

内含报酬率法是根据方案本身的内含报酬率来评价方案优劣的一种方法。所谓内含报酬率，是指能够使未来现金流入量现值等于未来现金流出量现值的贴现率，或者说是使投资方案净现值为零的贴现率，即投资项目的实际报酬率，用 IRR 表示。显然，内含报酬是使下式成立的贴现率：

$$\sum_{k=0}^{n} \frac{I_k}{(1+IRR)^k} - \sum_{k=0}^{n} \frac{Q_k}{(1+IRR)^k} = 0 \qquad (5\text{-}7)$$

式中 n——投资涉及的年限；

I_k——第 k 年的现金流入量；

Q_k——第 k 年的现金流出量；

IRR——项目的内含报酬率。

内含报酬率的计算，通常需要借助“逐步测试法”和“内插法”两种方法的配合使用才能计算出来。首先估计一个贴现率，用它来计算方案的净现值；如果净现值为正数，说明方案本身的报酬率超过估计的贴现率，应提高贴现率后进一步测试；如果净现值为负数，说明方案本身的贴现率低于估计的贴现率，应降低贴现率后进一步测试。经过多次测试，寻找出使净现值等于或接近于零的贴现率，即为方案本身的内含报酬率。

经过逐步测试判断，有可能找到内含报酬率 IRR。每一轮判断的原则相同。若设 r_j 为第 j 次测试的贴现率，NPV_j 为按 r_j 计算的净现值，则有：

当 $NPV_j>0$ 时，$IRR>r_j$，继续测试；

当 $NPV_j<0$ 时，$IRR<r_j$，继续测试；

当 $NPV_j=0$ 时，$IRR=r_j$，测试完成。

若经过有限次测试，已无法继续利用有关货币时间价值系数表，仍未求得内含报酬率 IRR，则可以利用最为接近于零的两个净现值的正负临界值 NPV_m 和 NPV_{m+1} 及相关的贴现率 r_m 和 r_{m+1}。使用“内插法”计算近似的内含报酬率。即如果以下关系成立：

$$NPV_m > 0$$
$$NPV_{m+1} < 0$$
$$r_m < r_{m+1}$$
$$r_m - r_{m+1} < 5\%$$

就可按下列具体公式计算内含报酬率 IRR：

$$IRR = \text{低折现率} + \frac{\text{低折现率计算的净现值(即正数)}}{\text{两个折现率计算的净现值之差}} \times \text{高低两个折现率之差}$$

$$IRR = r_m + \frac{NPV_m - 0}{NPV_m - NPV_{m+1}} \cdot (r_{m+1} - r_m)$$

【例 5-5】 以表 5-2 资料为例，计算甲方案的内含报酬率。

按照“逐步测试法”的要求，自行设定贴现率并计算净现值，据此判断调整贴现率，得到以下数据(计算过程略)，如表 5-3 所示。

表 5-3 例 5-5 数据表

测试次数	选定贴现率	净现值(元)
1	8%	2 770
2	10%	1 642
3	12%	599
4	14%	−595

因为，当 $r_m=12\%$ 时，$NPV_m=599$(元)；当 $r_{m+1}=14\%$ 时，$NPV_{m+1}=-595$

(元);所以,可以断定 IRR 一定在 12%与 14%之间,即

$$12\% < IRR < 14\%$$

应用"内插法",求内含报酬率的近似值为:

$$IRR = 12\% + \frac{599}{599-(-595)} \times (14\% - 12\%) \approx 13\%$$

内含报酬率反映投资项目本身的收益能力,是其内在的实际收益率,计算出各方案的内含报酬率后,可以将这一比率与其资金成本或要求的必要报酬率对比,如果方案的内含报酬率大于其资金成本或要求的必要报酬率,该方案为可行方案;如果投资方案的内含报酬率小于其资金成本或要求的必要报酬率,为不可行方案。如果几个投资方案的内含报酬率都大于其资金成本或要求的必要报酬率,且各方案的投资额相同,那么内含报酬率与资金成本或要求的必要报酬率之间差异最大的方案为最优方案;如果几个方案的内含报酬率均大于其资金成本或要求的必要报酬率,但各方案的原始投资额不等,其决策标准应是"投资额×(内含报酬率－资金成本或要求的必要报酬率)"最大的方案为最优方案。

内含报酬率法的优点是非常注重货币的时间价值,能从动态的角度直接反映投资项目的实际收益水平,且不受行业基准收益率高低的影响,比较客观。但该指标的计算过程十分麻烦,当经营期大量追加投资时,又有可能会导致多个 IRR 出现,或偏高偏低,缺乏实际意义。

3. 现值指数法

此方法使用现值指数作为评价方案的指标。所谓现值指数,是未来现金流入量的现值与现金流出量的现值的比率,亦称现值比率、获利指数、贴现后收益-成本比率等,记作 PI。

计算现值指数的公式为:

$$PI = \sum_{k=0}^{n} \frac{I_k}{(1+i)^k} \div \sum_{k=0}^{n} \frac{O_k}{(1+i)^k} \tag{5-8}$$

式中　n——投资涉及的年限;

I_k——第 k 年的现金流入量;

Q_k——第 k 年的现金流出量;

i——资金成本或所要求的必要报酬率。

根据表 5-2 的资料,三个方案的现值指数如下:

现值指数(甲) = 30 599 ÷ 30 000 = 1.020

现值指数(乙) = 15 738.2 ÷ 18 000 = 0.874

现值指数(丙) = 40 834 ÷ 40 230 = 1.015

现值指数也是一个折现的相对评价指标,利用这一指标进行投资项目评价的标准是:如果投资方案的现值指数小于 1,该方案为不可行方案;如果几个方案的现值

指数均大于1，现值指数越大，投资方案越好。但在采用现值指数法进行互斥方案的选择时，选择原则是在保证现值指数大于1的条件下，使追加投资所得的追加收入最大化，而不是选择现值指数最大的方案。

甲、丙两项投资机会的现值指数均大于1，说明其收益超过成本，即实际投资报酬率超过预定的贴现率。乙投资机会的现值指数小于1，说明其实际报酬率没有达到预定的贴现率。如果现值指数为1，说明贴现后现金流入等于现金流出，投资的实际报酬率与预定的贴现率相同。

现值指数法的主要优点是进行独立投资机会获利能力的比较。在例5-4中，甲方案的净现值是599元，丙方案的净现值是604元。如果这两个方案之间是互斥的，当然丙方案较好。如果两者是独立的，哪一个应优先给予考虑，可以根据现值指数来选择。甲方案现值指数为1.020，大于丙方案的1.015，所以甲方案优于丙方案。现金指数可以看成是1元原始投资可望获得的现值净收益，因此，作为评价方案的一个指标，它是一个相对数指标，反映投资的效率。而净现值指标是绝对数指标，反映投资的效益。

现值指数法的优缺点与净现值法的优缺点相似，但有一个重要区别是，现值指数法可以从静态的角度反映项目投资的资金投入与总产出之间的关系，弥补净现值法在投资额不同的方案之间不能比较的缺陷，使投资方案之间可直接运用现值指数进行比较；其缺点是无法直接反映投资项目的实际报酬率，且计算复杂。

4. 三种评价方法的比较

前面分别介绍了常用的三种动态分析方法。这三种方法各有优缺点，在实际投资项目分析评价中，针对企业是否存在资本限量和决策类型的不同，三种方法的使用存在一定的差别。

在不存在资本限量的情况下，净现值法是首选分析评价方法。在互斥方案选择中，净现值为正数且最大的投资项目方案为可行方案；在独立方案的分析评价中，净现值为正者均可入选。

在存在资本限量情况下，对于互斥方案的选择，在资本限量内应选择净现值为正且最大的投资项目作为入选方案；而对于独立方案的分析评价，在资本限量内取净现值为正且最大的投资组合为入选投资方案。项目投资的优先顺序应按内含报酬率或现值指数的大小排定。

二、非折现的分析评价方法

1. 投资利润率法

投资利润率又称投资报酬率（记作 *ROI*），是指一项投资方案的平均每年获得的收益与投资额之比，是一项反映投资获利能力的相对数指标。投资利润率法是以投资利润率为标准评价和分析投资方案的方法。投资利润率的计算公式为：

$$\text{投资利润率} = \frac{\text{年平均利润额}}{\text{投资总额}} \times 100\% \tag{5-9}$$

或

$$ROI = \frac{P(\text{或 } P')}{I'} \times 100\%$$

式中 P——年平均利润额；

P'——经营期内全部利润除以经营年数的平均数；

I'——投资总额。

【例 5-6】 某项目预计投产后每年可获利润 10 万元，建设期 2 年，固定资产投资 100 万元，每年借款利息 12 万，计算其投资利润率。

$$ROI = \frac{10}{100 + 12 \times 2} \times 100\% = 8.06\%$$

投资利润率的决策标准是：投资项目的投资利润率越高越好，低于无风险投资利润率的方案为不可行方案。

投资利润率评价法的优点是简单、明了、易于掌握，不受建设期长短、投资方式、及净现金流量的大小等因素的影响，便于比较各投资方案的收益水平。

投资利润率评价法的缺点是：第一，没有考虑货币时间价值因素，不能恰当反映建设期长短及投资方式不同对项目的影响；第二，该指标的分子分母时间特征不一致(分子是时期指标，分母是时点指标)，因而在计算口径上可比性较差；第三，该指标的计算无法直接利用净现金流量信息。

2. 投资回收期法

投资回收期(PP)，是指回收全部初始投资所需要的时间，一般以年为单位，它代表回收投资所需要的时间。回收期限越短，方案越有利。投资回收期法是以投资回收期的长短作为评价项目方案优劣标准的投资决策方法。

如果项目投产后每年的现金净流量相等，则使用以下公式计算：

$$\text{投资回收期} = \frac{\text{投资额}}{\text{每年现金净流量}} \tag{5-10}$$

【例 5-7】 依表 5-2 丙投资项目的资料，因其投产后每年的现金净流量相等，计算其投资回收期。

$$\text{投资回收期(丙)} = \frac{40\ 230}{17\ 000} = 2.37\text{(年)}$$

如果项目投产后每年的现金净流量不相等，计算投资回收期要根据每年年末尚未回收的投资额加以确定。

【例 5-8】 如表 5-2 中乙投资方案，计算其投资回收期。

$$\text{投资回收期} = 2 + \frac{18\ 000 - 9\ 000 - 6\ 000}{4\ 100} \times 1 = 2.73\text{(年)}$$

投资回收期法容易理解，计算也比较简单，但因其没有考虑时间价值因素，没有考虑投资回收后项目的获利情况，有明显的缺点。事实上，具有战略意义的长期投资往往早期收益较低，而中后期收益较高。投资回收期法容易导致优先选择急功近利的项目，却放弃长期更优的方案。该方法是过去评价投资方案最常用的方法，目前作为辅助方法主要用来测定方案的流动性而非盈利性。

第四节　投资决策的风险分析

在前例中，一直假定投资决策中项目和现金流量是确定的，但事实上，投资项目和现金流量都是很难确定的。这一节将分析和探讨投资决策中的风险问题。

有风险情况下项目投资决策的方法很多，常用的方法有风险调整贴现率法和风险调整现金流量法两种。

一、风险调整贴现率法

风险调整贴现率法是投资项目风险分析的常用方法，这种方法的基本思想就是在计算评价指标时，对于高风险的项目，采用较高的贴现率去计算；对于低风险的项目，采用较低的贴现率去计算。相应贴现率的确定，通常是将与投资项目风险相当的风险报酬率加到无风险情况下的企业资本成本或必要报酬率中，形成与项目风险相当的贴现率，并据以进行投资项目的财务评价。

风险调整贴现率法的关键在于风险调整贴现率的确定，通常有以下几种方法：

（一）按风险报酬率模型调整贴现率

前已指出，一项投资的总报酬可分为无风险报酬率和风险报酬率两部分，如公式所示：

$$K = R_F + bV \tag{5-11}$$

因此，特定项目按风险调整的贴现率可按下式计算：

$$K_i = R_F + b_i V_i \tag{5-12}$$

式中　K_i——项目 i 按风险调整的贴现率；

R_F——无风险报酬率；

b_i——项目 i 的风险报酬系数；

V_i——项目 i 的预期标准离差率。

【例 5-9】　假定国债的年利率为 6%，某项目投资的标准离差率为 3%，其风险报酬系数为 0.6，计算该项目投资考虑风险因素的预期报酬率。

$$K = R_F + bV = 6\% + 0.6 \times 3\% = 7.8\%$$

（二）用资本资产定价模型调整贴现率

资本资产定价模型，其公式表示为：

$$K_j = R_F + \beta_j \cdot (R_M - R_F) \tag{5-13}$$

式中　K_j——项目 j 按风险调整的贴现率；

R_F——无风险报酬率；

β_j——项目 j 的不可分散风险的 β 系数；

R_M——所有项目平均的贴现率或必要报酬率。

资本资产定价模型是在有效的证券市场中建立的，实物资本市场不可能像证券市场那样有效，但其基本逻辑关系是一样的。可以借助这个模型将项目要求的收益率按项目风险的大小进行调整。

【例 5-10】 假定国债的年利率为 6%，市场平均报酬率为 14%，甲项目的风险报酬系数为 2，乙项目风险报酬系数为 1.2，则：

甲项目的风险调整贴现率为：

$$6\%+2\times(14\%-6\%)=22\%$$

乙项目的风险调整贴现率为：

$$6\%+1.2\times(14\%-6\%)=15.6\%$$

按风险调整的贴现率确定后，便可以结合具体投资项目预期的、未来具有不确定性的现金流量，通过计算相应指标对投资项目作出评价。

按风险调整贴现率后，具体的评价方法与无风险情形基本相同。这种方法对风险高的项目采用较高的贴现率，对风险低的项目采用较低的贴现率，简单明了，便于理解，因此被广泛采用。但这种方法把时间价值和风险报酬混在一起，并据此对现金流量进行贴现，意味着风险随着时间推移而加大，有时与事实不符。

二、风险调整现金流量法

这种方法的基本思路是由于不确定性或风险的客观存在，使得投资项目各年的现金流量变得不确定，因此可以按照一定方法将有风险的现金流量调整为无风险的现金流量，然后根据无风险贴现率贴现，计算有关评价指标，进行财务评价。

风险调整现金流量法中，最常用的方法是肯定当量法。

使用肯定当量法，关键是利用一个系数（称之为肯定当量系数），将各年不肯定现金流量折算成肯定的现金流量。肯定当量系数通常用 d 表示。在进行项目评价时，可根据各年现金流量风险的大小，选用不同的肯定当量系数。当现金流量确定时，可取 $d=1.00$；当现金流量的风险很小时可取 $0.80\leqslant d<1.00$；当风险一般时，可取 $0.40\leqslant d<0.80$；当现金流量风险很大时，可取 $0<d<0.40$。

肯定当量系数的选用因人而异，敢于冒险的分析者会选用较高的肯定当量系数，而不愿冒险的投资者可能选用较低的肯定当量系数。为了防止因决策者的偏好不同而造成决策失误，有些企业根据标准离差率确定肯定当量系数。因为标准离差率是衡量风险大小的一个很好指标，故用它来确定肯定当量系数是合理的。标准离差率与肯定当量系数的经验对照关系详见表 5-4。

表 5-4　标准离差率与肯定当量系数的经验对照关系表

标准离差率	肯定当量系数	标准离差率	肯定当量系数
0.00～0.07	1	0.33～0.42	0.6
0.08～0.15	0.9	0.43～0.54	0.5
0.16～0.23	0.8	0.55～0.70	0.4
0.24～0.32	0.7	⋮	⋮

当肯定当量系数确定后，就可以根据经计算取得的投资项目未来各年现金流量的标准离差率资料，将各年的不肯定的现金流量转化成肯定的现金流量，然后根据前面介绍的分析方法进行评价分析就比较容易了。

【例 5-11】 某房地产开发企业拟投资一处商品房开发项目，建设期 3 年，商品房销售期为 2 年，各年的现金流量分布如图 5-3 所示。

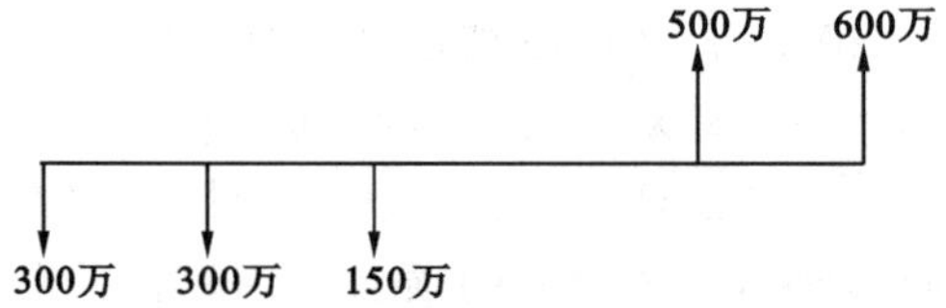

图 5-3　各年的现金流量分布图

已知无风险报酬率为 12%，用 d_i 表示肯定当量系数，其中 i 表示年份，各年的肯定当量系数分别为 $d_0=1.0$、$d_1=0.7$、$d_2=0.68$、$d_3=0.65$、$d_4=0.6$、$d_5=0.55$，试分析该项目在经济上是否可行。

根据以上资料，利用净现值法进行评价，计算如下：

$$
\begin{aligned}
NPV &= 600\times d_5\times(P/F,12\%,5)+500\times d_4\times(P/F,12\%,4)\\
&\quad -150\times d_2\times(P/F,12\%,2)-300\times d_1\times(P/F,12\%,1)-300\times d_0\\
&= 600\times0.55\times0.567+500\times0.6\times0.636-150\times0.68\times0.797\\
&\quad -300\times0.7\times0.893-300\times1.0\\
&= -190.91(\text{万元})
\end{aligned}
$$

项目未来现金流量的净现值为负的 190.91 万元，说明如果上马该项目，企业会赔 190.91 万元，因而在财务上是不可行的。

采用肯定当量法调整现金流量进而作出相应的决策，克服了调整贴现率法夸大远期风险的缺点，但合理、准确地确定肯定当量系数却是一个十分复杂的问题。

【本章小结】

项目投资评价是通过投资预算的分析与编制对投资项目的可行性作出评判，也称为“投资决策”或者“项目投资分析与评价”。其主要分为现有产品的规模扩张决策、设备或厂房的更新决策和研究与开发决策等。

现金流量是投资决策所涉及的重要概念，是指投资项目在其计算期内引起企业现金流入和现金流出增加的数量。现金流量估计是投资决策中最主要也是最困难的一个环节。现金流量估计需要正确理解增量现金流量、机会成本等概念，估计固定资产更新决策的现金流量以及所得税税率和折旧方法对现金流量的影响。

投资项目分析评价的方法主要有两种，即贴现指标分析评价方法和非贴现指标分析评价方法。贴现指标分析评价方法也叫动态分析方法，是依据货币时间价值的原理对投资方案进行评价和分析的方法，包括净现值法、内含报酬率法、现值指数法。非贴现指标分析评价方法也叫静态分析方法，是按传统会计观念对投资项目方案进行评价和分析的方法，这种方法没有考虑时间价值因素，包括投资利润率法、投资回收期法等。

投资决策的风险分析方法主要有风险调整贴现率法和风险调整现金流量法两种。风险调整贴现率法包括按风险报酬率模型调整贴现率和运用资本资产定价模型调整贴现率两种方法。风险调整现金流量法中，最常用的方法是肯定当量法，即将不肯定的现金流量转化为肯定的现金流量，然后采用净现值的评判标准进行决策。

【中英文关键词】

项目投资　Project Investment

投资回报率　Return on Investment，ROI

投资回收期　Payback Period，PP

净现值　Net Present Value，NPV

内含报酬率/内部收益率　Internal Rate of Return，IRR

现值指数　Present Value Index，PI

现金流量　Cash Flow

项目风险　Project Risk

【复习思考题】

1. 什么是投资项目评价的贴现指标分析方法？基本的方法有哪些？

2. 什么是投资项目评价的非贴现指标分析方法？基本的方法有哪些？

3. 各种具体的贴现指标分析方法的评价依据是什么？有何优缺点？

4. 各种具体的非贴现指标分析方法的评价依据是什么？有何优缺点？

5. 什么是现金流量？如何估算一个投资项目和固定资产更新的现金流量？

6. 项目投资决策中，为什么把现金流量作为研究的重点，而把对利润的研究作为次重点？

7. 所得税和折旧如何影响现金流量？

8. 什么是风险调整贴现率法？其基本思路是什么？有何不足？

9. 什么是风险调整现金流量法？其基本思路是什么？有何长处？

【实训练习题】

1. 某公司准备购入一批设备以扩充生产能力。现有甲、乙两个方案可供选择。甲方案需投资30 000元，使用寿命5年，采用直线法计提折旧，5年后设备无残值，5年中每年销售收入为15 000元，每年的付现成本为5 000元。乙方案需投资36 000元，采用年数总额法计提折旧，使用寿命也是5年，5年后有残值收入6 000元。5年中每年收入为17 000元，付现成本第1年为6 000元，以后随着设备陈旧，逐年增加修理费300元，另需垫支营运资金3 000元。假设所得税税率为25%，资金成本率为10%。

要求：(1) 计算两个方案的现金流量。(2) 计算两个方案的净现值。(3) 计算两个方案的投资回收期。(4) 试判断应选用哪个方案。

2. 大华公司进行一项投资，正常投资期为3年，每年投资300万元，3年共需投资900万元。第4～13年每年现金净流量为350万元。如果把投资期缩短为两年，每年需投资500万元，两年共投资1 000万元，竣工投产后的项目寿命和每年现金净流量不变。资本成本为10%，假设寿命终结时无残值，不用垫支营运资金。试分析判断应否缩短投资期。

3. 某开发公司拥有一稀有矿藏，这种矿产品的价格在不断上升。根据预测，4年后价格将上升30%。因此，公司要研究现在开发还是以后开发的问题。无论现在开发还是以后开发，投资额均相同，营运资金均于投产开始时垫支，建设期均为1年，从第2年开始投产，投产后5年就把矿藏全部开采完。有关资料如表5-5所示。

表5-5　某开发公司开发矿藏的相关资料表

投资与收回		收入与成本	
固定资产投资(建设期初)	80万元	年产销量	2 000吨
营运资金垫支(建设期末)	10万元	现投资开发每吨售价	0.1万元
固定资产残值	0万元	4年后投资开发每吨售价	0.13万元
资本成本	10%	年付现成本	60万元
		所得税税率	25%

要求：根据上述资料作出投资开发时机决策。

4. 假定A公司贷款1 000元，必须在未来3年每年年底偿还相等的金额，而银行按贷款余额的6%收取利息。请编制下述还本付息表(表5-6，保留小数点后两位)。

表 5-6 A公司的还本付息表

年度	支付额	利息	本金偿还额	贷款余额
1				
2				
3				
合计				

5. 某公司打算购置新设备，有关实施该方案的信息如下：

(1) 即使采用新设备方案，预期仍会有 6 000 元的次品成本。(2) 新设备方案每年可以减少人工成本 30 万元。(3) 购买新设备 50 万元，预期使用 4 年，但为加快回收折旧，按 3 年期计提折旧，设备残值 5 万元。(4) 采用新设备后每年维修成本从 2 000元增加到 8 000 元。所得税税率 25%，资金成本率 10%，问该方案是否可行？

6. 某公司无风险的最低报酬率为 6%，现有 A 投资方案，有关资料如表 5-7 所示。

表 5-7 某公司的 A 投资方案相关资料表

t 年	现金流量(万元)	概　　率(%)
0	4 000	1
1	3 000	0.25
	2 000	0.50
	1 000	0.25
2	4 000	0.20
	3 000	0.60
	2 000	0.20
3	2 500	0.30
	2 000	0.40
	1 500	0.30

设变化系数与肯定当量系数的经验关系如表 5-8 所示。

表 5-8 变化系数与肯定当量系数的经验关系

变化系数	肯定当量系数	变化系数	肯定当量系数
0.00～0.07	1	0.33～0.42	0.6
0.08～0.15	0.9	0.43～0.54	0.5
0.16～0.23	0.8	0.55～0.70	0.4
0.24～0.32	0.7		

要求：采用肯定当量法调整各年现金流量，计算 A 方案内含报酬率，并判断方案是否可行。

7. A 公司准备以 400 万元投资新建一个车间，预计各年现金流量及其概率如表 5-9 所示。

表 5-9　各年现金流量及其概率

t 年	现金流量(万元)	概率(%)
0	4 000	1
2	250	25
	200	5
	150	25
3	300	2
	250	6
	200	2

该公司投资要求的无风险最低报酬率为 6%，已知风险报酬率为 10%。

要求：

(1) 计算反映该项目风险的综合变化系数。(保留小数点后两位)

(2) 计算其风险调整贴现率。(精确至 0.1%)

(3) 计算方案的内含报酬率，判断项目是否可行。

(4) 用风险调整贴现率法计算净现值并判断项目是否可行。(计算结果取整数)

第六章　证券投资

【学习目的和要求】

通过本章学习，要求熟悉证券投资的基础知识，掌握证券投资的分析方法与技巧，并通过案例分析，提升自身的投资分析能力，培养理性投资理念。

【案例导引】

ABC公司2017年主营业绩较差，而此时公司持有的X证券的股价已处于历史最高位，公司高层召开专题会议，最终决定卖出一部分X证券。公司在2017年12月22日至29日累计出售了488万股X证券，共收回资金12 480万元，取得投资收益11 642万元。

ABC公司2017年经审计的利润总额为3 519万元，若剔除上述出售X证券所取得的收益，公司2017年利润总额将为8 122万元。由此可见，来自于非主营业务的证券投资收益不仅盘活了公司资产，而且还使ABC公司避免了年度亏损，实现了2017年度每股0.21元的收益，给公司主营业务的改善创造了有利条件，提升了公司声誉。

证券是指各类记载并代表了一定权利的法律凭证，用以证明持有人有权依其所持凭证记载的内容取得应有的权益。从一般意义上来说，证券是指用以证明或设定权利所做成的书面凭证，表明证券持有人或第三者有权取得该证券拥有的特定权益，或证明其曾经发生过的行为。简而言之，证券是一种表明对某项财物或利益拥有所有权的书面凭证。

第一节　有价证券概述

一、有价证券的界定

证券是用以表明各类财产所有权、债权的凭证或证书的统称，持有证券可依据券面所载内容取得相应的权益。凡是依据国家相关法律发行的证券都具有法律效力。股票、债券、本票、汇票、支票、保险单、存款单、借据、提货单等各种票证单据都是证券。按其性质不同，证券可以分为有价证券和无价证券两大类。证券的分类和构成如图6-1和图6-2所示。

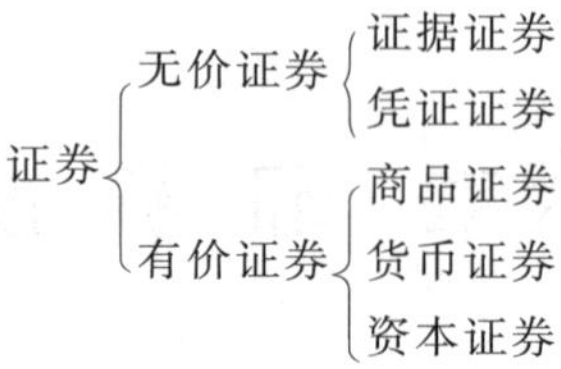

图 6-1　证券的分类

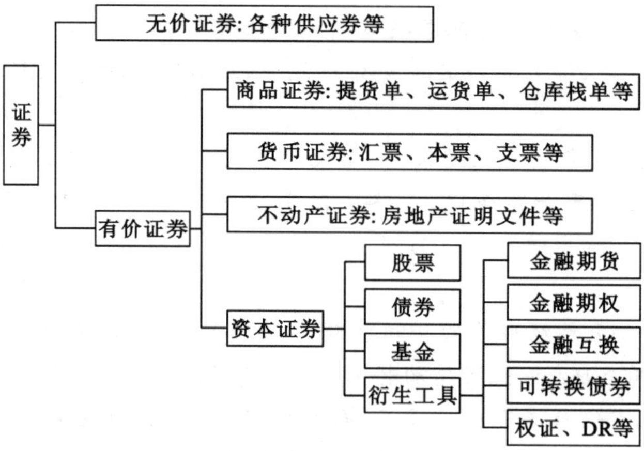

图 6-2　证券的构成

无价证券本身不具有明确的经济价值。有价证券与无价证券最为明显的区别是它的流动性,即有价证券可以在相应的范围内广泛地交易或转让。有价证券是指具有一定票面金额,证明持券人有权按期取得一定收入,并可自由转让和买卖的所有权或债权证书。按有价证券在经济运行中所体现的内容分为商品证券、货币证券、资本证券三类。

商品证券是证明持有人有商品所有权或使用权的凭证,取得这种证券就等于取得这种商品的所有权,持有人对这种证券所代表的商品所有权受法律保护。属于商品证券的有提货单、运货单、仓库栈单等。

货币证券是指本身能使持有人或第三者取得货币索取权的有价证券。货币证券主要包括两大类:一类是商业证券,主要包括商业汇票和商业本票;另一类是银行证券,主要包括银行汇票、银行本票和支票。

资本证券是指由金融投资或与金融投资有直接联系的活动产生的证券,包括股票、债券、基金证券及其衍生工具如金融期货、可转换债券等。持有人对发行人有一定的收入请求权。资本证券是证券的主要形式,在日常生活中人们通常把资本证券直接称为有价证券乃至证券。

有价证券是企业理财活动的重要工具,企业应本着先内后外的基本原则,合理安排有价证券,最大限度地利用企业现有资源,提高整体资产的获利水平。

二、有价证券的分类

资本市场中流通的证券种类繁多，不同种类证券的收益和风险各不相同。为了规避有价证券的风险，提高投资收益，加强对有价证券的管理，需要对有价证券进行分类。

1. 按预估变现期长短划分

按证券预估变现期的长短，可分为短期有价证券和长期有价证券。短期有价证券是指预估变现期在一年以内的各种有价证券，如企业利用暂时闲置的资金在资本市场中购买国债、企业债券及其他有价证券的短期买卖活动；长期有价证券是指预估变现期在一年以上的各种有价证券，如购买国债和长期企业债券等。相对而言，短期有价证券的变现能力较强，风险较小，但收益较低；长期有价证券的期限较长，风险较大，收益相应也较高。

2. 按证券发行主体划分

按证券发行主体的不同，可以分为政府有价证券和企业有价证券。政府有价证券是指企业购买中央政府或地方政府发行的有价证券，通常由财政部发行、政府担保。有的国家允许地方政府发行债券以满足地方政府的需要或兴办地方公共事业，这些债券也属于政府有价证券。企业有价证券一般包括金融证券或公司证券，证券的形式主要为公司债券或公司股票。一般来说，政府有价证券的风险较小，收益稳定可靠；公司有价证券的风险相对较高，特别是公司股票。受证券发行公司的信用等级、财务状况和经营规模的影响，不同公司证券的风险水平和收益存在差异，在进行有价证券投资时需要权衡投资的风险和收益。

3. 按预期收益的稳定性划分

按有价证券预期收益的稳定性，可分为固定收益有价证券和变动收益有价证券。固定收益有价证券是指投资收益完全固定的有价证券，该类证券的票面一般都载有证券的面值和固定的收益率，如国债和优先股等。变动收益有价证券是指证券的收益随发行主体的财务状况变化而变化的有价证券，如股票是典型的变动收益证券。固定收益有价证券的收益固定，风险较小，收益率相对较低；而变动收益证券的风险水平相对较高，收益也相应较高。

三、持有证券的动机

证券投资是通过购买有价证券实施的一种对外投资活动，相对于存货等资产存在形式而言，具有变现灵活、便捷等特点，进行证券投资的动机更加富有多元性。

1. 作为现金的替代品

现金是企业的血液，为了满足日常生产经营周转的需要，企业必需持有一定数量的现金。但是，现金作为一种支付能力极强的资产，收益性较差，不能给企业带来较高的收益；企业持有过多的现金，将降低企业整体资产的盈利能力。因此，当企业出现闲置现金时，可用这一部分闲置的现金购买短期有价证券进行投资，以获取较高的收益。当企业在某一时期现金流出量超出现金流入量时，可以售出有价证券换取现金以满足生产经营周转的需要。这时，短期有价证券实际上成为现金的替代品。

2. 获取投资收益

合理地调整企业内部、外部投资的比例，优化企业的投资组合，不仅可以有效地降低企业资产的风险水平，而且对企业整体资产报酬率的提高也有积极的促进作用。例如，当企业内部的投资收益率下降或内部投资的风险较高时，企业可以适当地安排对外投资，通过购买其他单位发行的有价证券在企业外部寻找新的利润点，提高企业的整体收益。另外，有的企业为了满足某个长期性投资项目的需要，发行股票或长期债券后会获取大量的现金，但由于该项目投资期很长，因此企业会有大量的长期闲置资金，这时进行有价证券投资也可以增加企业收益。

3. 实现企业竞争战略的需要

为了进一步提高核心竞争力，获取竞争优势，企业往往会采用垂直一体化、横向一体化的竞争战略。为了实现这一竞争战略，企业往往会有目的地购买关联公司的股票，通过参股和控股达到控制目标企业、稳定与关联企业业务往来的目的。例如，企业可以通过控股其主要原材料供应商稳定原材料的货源或价格，从而获取竞争优势。

四、持有证券的收益和风险

1. 预期收益

持有证券的预期收益是投资决策的重要指标之一。证券的预期总收益由两部分组成，即持有证券期间收到的股利或利息以及资本利得或损失。例如，甲在年初时以每股 37 元的价格购买了 ABC 公司的股票 100 股，则初始投资为 3 700 元。ABC 公司如果盈利将分配一部分利润给股东。作为公司股东之一，甲将收到一些现金即股利。假设 ABC 公司在这一年中支付了每股股利 1.85 元。甲一共获得现金股利 $1.85\times100=185$ 元。此外，由于年末时股票价格上涨至每股 40 元，那么甲还将获得另一部分收益即资本利得，计 $(40-37)\times100=300$ 元。如果资本利得为负值则称为“资本损失”或“负资本利得”。在这一年中甲获得的总收益是股利收入与资本利得（损失）之和，即：

$$总收益=股利(利息)收入+资本利得(损失)=185+300=485(元)$$

值得注意的是，持有证券的预期收益与年末是否售出证券无关。即假设年末甲不售出 ABC 公司的股票而是继续持有，那么资本利得仍然是总收益的一部分，甲的预期收益仍然是 485 元。因为甲决定继续持有而不是去实现资本利得，仅仅意味着甲推迟了预期收益的实现，只要甲愿意随时可以售出股票获得预期收益。

用百分比表示的收益率与投资额的大小无关，信息更加简明，通常用以衡量证券的收益水平。在不考虑资金的时间价值的情况下，有价证券的收益率可以用下面的公式计算：

$$R=\frac{I+(P_1-P_0)}{P_0} \tag{6-1}$$

式中 R——有价证券的收益率；

I——有价证券的利息或股利；

P_0——证券的购买价格；

P_1——证券的售出价格。

【例 6-1】 某企业于 2016 年年初投资 900 元购入一张 ABC 公司发行的面值为 1 000元、票面利率 6%、每年付息一次的债券。该企业于 2017 年年初以 950 元的市价售出该证券。计算该证券的投资收益率如下：

$$R=\frac{I+(P_1-P_0)}{P_0}=\frac{1\ 000\times 6\%+(950-900)}{900}\times 100\%=12.22\%$$

不考虑资金的时间价值的收益率的计算简单明了，易于掌握，比较适合于短期证券投资收益率的计算。长期有价证券涉及的时间较长，按此方法计算的收益率无法反映证券的真实收益水平，所以长期有价证券收益率的计算应考虑资金的时间价值。

2. 预期风险

证券的风险是指证券收益的不确定性，即证券的实际收益可能会与预期收益存在一定的差异。投资者既要看到证券的收益，更要分析和衡量证券的风险。从来源看，证券的风险主要有以下五类：

(1) 违约风险

证券发行人无法按期支付利息或偿还本金的风险，称为违约风险。一般而言，由于政府证券具有较强的偿债能力，违约风险较小；金融机构证券的违约风险次之，工商企业证券风险较大。不同公司证券的违约风险也各不相同。造成企业证券违约的因素很多，主要有：政治、经济形势发生重大改变；严重的自然灾害导致巨大的损失；企业经营不善造成严重亏损，财务状况恶劣；企业投资失败；企业财务管理失误，不能及时清偿到期债务等。

(2) 利率风险

由于市场利率变动而使投资者遭受损失的风险，称为利率风险。证券的价格会随着市场利率的变动而变动，当市场利率下降时证券的价格会上升，投资者将从中受益；当市场利率上升时证券的价格会下降，投资者将承受一定的损失。因此，进行有价证券投资时，应对利率的变动有一个必要的合理的预期。

(3) 购买力风险

由通货膨胀导致证券到期时收回资金的实际购买能力下降的风险，称为购买力风险。在通货膨胀时期，投资者对购买力风险的预期将对投资者的决策产生极大的影响。这时，投资者应谨慎地选择所购买的证券种类。一般而言，当通货膨胀发生时，变动收益证券比固定收益证券要好，相对于收益固定的企业债券和优先股来说，普通股将是更好的选择。

（4）流动性风险

投资者无法在短期内按照合理的公平价格出售证券获取现金的风险，称为流动性风险，亦称变现力风险。一种证券如果在短期内可以按公平的价格大量出售，则该证券具有较强的流动性，其流动性风险较小；反之，如果一种证券在短期内难以按公平的价格大量出售，则该证券的流动性风险较大。

（5）期限风险

证券到期日的长短给投资人带来的风险称为期限风险。一般来说，证券的到期日越长，证券发行单位面临的不确定性因素越多，该证券的持有风险越高。为了弥补期限风险，到期日较长的证券要求的必要报酬率会比短期报酬率高。

第二节　股票投资

企业股票投资除获利外，还获取对被投资单位的股权，甚至可以达到对被投资单位战略性控制的目的。投资目的不同，投资决策的方法也不同。与债券投资决策相似，可以通过将股票价值与其市场价值相比较，或股票的实际收益率与必要投资报酬率比较作出决策。

一、股票投资价值评价的模型

影响股票价格的因素有很多，但公司的内在品质，如盈利能力、财务状况、成长性等始终是股票投资价值的决定性因素。很多学者致力于研究公司的盈利、股利的风险和成长性等因素的相互关系，并在此基础上形成了几个具有代表性的股票估价模型。其中，贴现现金流量模型影响较大。

1. 股票估价基本模型

该模型认为，股票的价值等于投资者预期获得的未来现金流量的现值。股票持有者持有股票所获取的现金流量包括每期的预期现金股利和出售股票得到的现金收入。股票的价值也就是未来所得现金收入折合为现值的金额。

$$P_0 = \frac{D_1}{1+i} + \frac{D_2}{(1+i)^2} + \frac{D_3}{(1+i)^3} + \cdots + \frac{D_n}{(1+i)^n} + \frac{F_n}{(1+i)^n}$$

$$= \sum_1^n \frac{D_t}{(1+i)^t} + \frac{F_n}{(1+i)^n} \tag{6-2}$$

式中　D_t——第 t 期期末的现金股利；

i——权益资本的必要报酬率或资金成本率；

F_n——该股票在第 n 期期末的变现值。

【例 6-2】 某企业购入一种股票，预计 3 年后出售可能得到 220 元，该股票累计 3 年中每年获得股利收入 16 元，根据分析，该笔股票投资的预期报酬率为 16%。计算该股票价格如下：

$$P_0 = \sum_{t=1}^{3} \frac{16}{(1+16\%)^t} + \frac{220}{(1+16\%)^3} = 176.85(\text{元})$$

采用不同的股利支付政策时，投资者预期的未来股利收入有很大的差别，在应用贴现现金流量模型进行估价时应当做出适当的调整，使其与实际情况更加接近。

2. 零增长股利估价模型

零增长股利即公司每年发放给股东的股利相等，即预期股利的增长率为零。该类股票的估价模型为：

$$P_0 = \frac{D_1}{1+i} + \frac{D_2}{(1+i)^2} + \frac{D_3}{(1+i)^3} + \cdots = \frac{D}{i}$$

【例 6-3】 某企业购入一种股票并预期长期持有该股票，预计每年股利为 2 元，购入该股票应获得的报酬率为 10%。计算此股票的价格如下：

$$P_0 = \frac{2}{10\%} = 20(\text{元})$$

3. 固定增长股利估价模型

对多数公司来说，盈利和股利并不是固定不变的，可能是持续增长的，这种股票的估价模型比较复杂。

设某一公司最近一期支付的股利为 D_0，预期股利以后每年以一个固定的增长率 g 持续增长，且投资者打算长期持有。那么在第 t 年年末时，股利增加到：

$$D_t = D_0(1+g)^t$$

利用股票估价的基本模型，股价的推导过程如下：

$$\begin{aligned} P_0 &= \frac{D_1}{1+i} + \frac{D_2}{(1+i)^2} + \frac{D_3}{(1+i)^3} + \cdots \\ &= \frac{D_0(1+g)}{1+i} + \frac{D_0(1+g)^2}{(1+i)^2} + \frac{D_0(1+g)^3}{(1+i)^3} + \cdots \\ &= \sum_{t=1}^{\infty} \frac{D_0(1+g)^t}{(1+i)^t} \end{aligned} \tag{6-3}$$

当 $i > g$ 时，将式(6-3)左右两边同时乘以 $\frac{1+g}{1+i}$，用所得到的等式再减去式(6-3)，即可推出：

$$P_0 = \frac{D_0(1+g)}{i-g} = \frac{D_1}{i-g} \tag{6-4}$$

【例 6-4】 某公司发行股票的预期报酬率为 10%，最近一期股利为每股 2.4 元，估计股利会以每年 5%的速度增长。计算该种股票的价格为：

$$P_0 = \frac{D_0(1+g)}{i-g} = \frac{2.4\times(1+5\%)}{10\%-5\%} = 48(\text{元})$$

4. 非固定增长股票估价模型

公司的股利不是绝对固定的，可能一段时期内成长较快，另一段时期内成长较慢，甚至固定不变。在此情况下，只有分段计算，才能确定该股票的投资价值。

设前 m 期股利按 g_1 的比例快速增长，而从 $m+1$ 期开始以增长率 g_2 的比例持续增长下去，且 $g_1>g_2$，则股票的理论价格为：

$$P_0 = \sum_{t=1}^{m}\frac{D_0(1+g_1)^t}{(1+i)^t} + \frac{D_{m+1}}{(i-g_2)(1+i)^m} \tag{6-5}$$

【例 6-5】 某股票投资的期望报酬率为 16%，估计前 3 年高速成长，$g_{1\sim3}=30\%$，后 3 年慢速成长，$g_{4\sim6}=10\%$，$D_0=1.82$。试确定该股票的投资价值。

首先，计算前 3 年的股利现值：

年份	D_t 现值系数	现值
1	1.82×1.3×0.862 1	= 2.040
2	1.82×1.690×0.743 2	= 2.286
3	1.82×2.197×0.640 7	= 2.562

前 3 年快速成长股利现值之和为 6.888 元。

然后，计算第 3 年年底的股票价值为：

$$P_3 = \frac{D_3(1+g_2)}{i-g_2} = \frac{3.999\times(1+10\%)}{16\%-10\%} = 73.32(\text{元})$$

再求第 3 年年底股票价值的现值为：

$$73.32\times\frac{1}{(1+16\%)^3} = 46.98(\text{元})$$

将上述两步骤计算的现值相加，便能计算出目前该股票的投资价值为：

$$V=6.89+46.98=53.87(\text{元})$$

以上计算表明，要保证该股票投资的期望报酬率达到 16%，则目前购入股票价格必须在 53.87 元以下。

如果普通股投资的目的是为了获取对被投资单位的控制权时，股票投资的现金流量除了持有期间的股利收入和未来股票出售的收入以外，还包括因控制权的获得而产生的相关经济利益。例如，原材料采购成本的节约、资产转让和重组的收入。这时股票的投资价值理论上仍然等于持有股票未来所有现金流量的现值之和。

股票预期股价与报酬率，可能会与日后实际的情况有差异。这是因为受社会各种因素的影响，这些预计数据不可能十分精确。但此种方法在股票投资决策中仍具有重要意义，因为它是根据股票投资价值的差异分析进行决策的，预测误差只影响绝对值，并不影响其股票投资的优先次序。所以，此类方法对于股票投资方案的选择具有相当大的参考价值。

二、股票投资的特点

与债券投资相比，股票投资具有以下特点：

1. 股票投资是股权投资

与债券投资不同，股票投资属于股权投资，股票是代表所有权的凭证，投资者购买了股票就成为公司的股东，享有参与上市公司经营决策、表决权和选举权等相应的权利。

2. 股票投资的风险高

与债券投资相比，股票投资的风险较高。投资者购买上市公司的股票后不能要求上市公司偿还本金，只能在证券市场上转让。股票投资的收益主要取决于上市公司的经营情况和证券市场的行情。当上市公司经营情况好、盈利能力强时，股票的价格可能上涨，股东的收益可能增加；反之，则股价可能下跌，股东可能遭受较大的损失。影响股票价格的因素很多，导致股票收益变动的幅度较大。此外，当上市公司破产时，股东的求偿权位于债券之后，股东可能部分甚至全部不能收回投资。但在通货膨胀期，企业的利润和股利的支付也会增加，股票投资能有效地降低购买力风险。

3. 股票投资的期望收益较高

股票投资属于风险投资，从理论上讲股票投资的风险较债券投资的风险高。根据收益和风险对等的原则，股票投资的预期报酬率也要高于债券投资的报酬率。成熟市场长期实证研究的结果也显示股票投资的平均收益高于债券投资的平均收益。

第三节 债券投资

债券投资管理主要是评价债券的收益水平，计算债券的预期或实际收益率，评价债券的预期或实际风险，最终决定债券的购买、持有或出售。

一、债券估价

影响债券价格的因素很多，既有宏观经济因素，也有微观经济因素，还包括市场方面的因素。债券的价值理论上等于债券持有期间所有现金流入量的贴现值。债券在其有效期内的现金流入量包括持有期间取得的利息收入以及债券到期时收到的本金或出售债券时收回的现金。不同种类债券利息的支付方式不同，使用的贴现率不同，债券价值的计算也各不相同。

1. 贴现债券的估价

贴现债券通常以低于面值的价格发行，承诺在未来某一确定的日期作某一单笔的支付。债券发行者支付最后一笔款项的日期称为债券的到期日，到期支付的金额叫债券的面值。由于债券持有人在到期前不能得到任何现金支付，所以又称为零息债券。由于贴现债券的未来现金流入量只有债券的面值部分，其估值公式可以表示为：

$$V=\frac{F}{(1+i)^n} \tag{6-6}$$

式中 V——债券价值；

F——到期本金收入；

i——贴现利率，评价时可以用市场利率或投资者期望利率表示；

n——债券到期年限。

【例 6-6】 某债券面值 1 000 元，期限 5 年，不计利息，到期时一次还本，假如市场利率为 10%，该债券的价值为多少时才值得购买？

$$V=\frac{F}{(1+i)^n}=\frac{1\ 000}{(1+10\%)^5}=620.92(\text{元})$$

即该债券的发行价格等于或低于 620.92 元时才值得购买。

2. 永久债券的估价

永久债券是一种没有最后到期日，也从不停止支付票面利息，永不到期的债券。债券持有人可以定期地、持续地获得固定的收益。英国在拿破仑战争后为了还债而发行了这种债券。永久债券可以用永续年金的计算公式来定价。

$$V=\frac{I}{i}=\frac{rF}{i} \tag{6-7}$$

式中 V——债券价值；

F——到期本金收入；

i——贴现利率，评价时可以用市场利率或投资者期望利率表示；

r——债券到期年限；

I——债券利息。

【例 6-7】 假定投资者购买了一种永久债券，该债券每年向投资者支付 100 元回报，且无限期支付，假定市场利率为 10%，计算该债券的价值。

$$V=\frac{I}{i}=\frac{100}{10\%}=1\ 000(\text{元})$$

3. 附息债券的估价

附息债券，是一种在债券券面上附有各种息票的债券。息票上标明利息额、支付利息的期限，息票到期时，将息票从券面上剪下来凭此领取本期的利息。债券持有人不仅可以在期满时收回本金，而且还可以定期获得固定的利息。附息债券的价值应等于按市场利率贴现计算出来的利息收入和所得到本金的现值之和。计算公式如下：

$$V = \sum_{t=1}^{n} \frac{rF}{(1+i)^t} + \frac{F}{(1+i)^n} \tag{6-8}$$

式中　V——债券价值；

F——到期本金收入；

i——贴现利率，评价时可以用市场利率或投资者期望利率表示；

r——债券到期年限；

I——债券利息；

n——债券到期年限。

【例 6-8】　某企业 2017 年 11 月 1 日购买面值 10 000 元的债券，其票面利率为 8%，期限 5 年，每年付息一次。当时市场利率为 10%，债券市价为 9 200 元。请决定应否投资于此债券。

$$V = \sum_{t=1}^{n} \frac{rF}{(1+i)^t} + \frac{F}{(1+i)^n} = \sum_{t=1}^{5} \frac{10\ 000 \times 8\%}{(1+10\%)^t} + \frac{10\ 000}{(1+10\%)^5} = 9\ 240(\text{元})$$

结果表明此债券的价值大于现行市价，若不考虑其他风险，则可以投资于该债券。

4. 一次还本付息债券的估价

若此债券不是一年付息一次，而是 5 年后一次还本付息，可将上述公式作如下变化：

$$V = \frac{In + F}{(1+i)^n} \tag{6-9}$$

式中　V——债券价值；

F——到期本金收入；

i——贴现利率，评价时可以市场利率或投资者期望利率表示；

I——债券利息；

n——债券到期年限。

【例 6-9】　沿用上例的数据说明，若该债券为到期一次还本付息债券，则

$$V = \frac{In + M}{(1+i)^n} = \frac{10\ 000 \times 8\% \times 5 + 10\ 000}{(1+10)^5} = 9\ 530(\text{元})$$

可见，其价值明显低于其面值。

通过计算发现：每年支付利息的债券，如以票面利率计算其债券价值必然等于面值。如果债券一次还本付息，以债券票面利率作为贴现率计算其价值，其债券价值必然低于面值，持有者不能获取票面利率规定的利率水平，这主要是因为债券利息的现金流入量延后，造成折算现值金额下降引起的。

二、债券收益率

债券投资决策以债券的到期投资收益率作为基础。债券的实际到期收益率是指

购进债券后一直持有该债券至到期日可获取的收益率。该收益率是指按复利计算的收益率，它是使未来现金流入现值等于债券买入价格的贴现率。债券投资的实际收益率，并非债券的设定利率。由于债券可能折价或溢价发行，并由于利息支付的差异，持有者的实际收益率会发生变化。只有在债券的实际到期收益率高于市场利率或投资者的必要报酬率时，该债券投资才是可行的。

债券投资实际收益率的计算，与项目投资内含报酬率的计算非常相似。运用债券价值计算公式，以现行债券价格代替债券投资价值，可计算 i 值。计算公式如下：

$$V(\text{现行价格}) = \sum_{t=1}^{n} \frac{rF}{(1+i)^t} + \frac{F}{(1+i)^n} \tag{6-10}$$

可以用先测算后插入的方法来计算债券投资的实际报酬率。在对精确度要求不高的情况下，也可用下式计算其近似值。

$$\text{债券投资的实际收益率} = \frac{I+(F-P)/N}{(F+P)/2} \tag{6-11}$$

式中　I——债券年利息；

F——债券面值；

P——债券发行价格；

N——债券期限。

【例 6-10】　沿用例 6-8 的数据，如债券现行价格为 9 200 元，票面利率为 8% 时，计算债券投资实际收益率。

$$\text{债券投资的实际收益率} = \frac{I+(F-P)/N}{(F+P)/2} = \frac{10\,000\times 8\% + (10\,000-9\,200)/5}{(10\,000+9\,200)/2} = 10\%$$

三、债券投资的特点

与其他证券投资品种相比，债券投资具有以下特点：

1. 投资收益稳定

债券多为固定收益债券，债券发行人有义务按约定的条件向投资者支付利息，投资者购买债券可以获得较稳定的收益。

2. 投资风险较低

债券投资属于债权性投资，相对于股权投资而言具有优先求偿权。因此债券投资的安全性相对较高，投资风险相对较低。实证结果也显示债券投资风险较股票投资风险低。

3. 无经营管理权

债券投资者无法直接对被投资单位的经营活动施加影响。当债券发行单位信用等级较低时，债券投资者为了维护自身的利益可以要求债券发行单位附设一些限制性条款，如对发行人支付现金股利的限制等。这些附设性条款可以在一定程度内影响债券发行人的经营决策，降低债券投资的风险。

第四节　基 金 投 资

基金(Fund)从广义上说，是指为了某种目的而设立的具有一定数量的资金。根据基金募集方式是否公开，可分为公募基金和私募基金。本书所指的基金，主要是指公开募集的进行证券投资的基金，即证券投资基金。

一、证券投资基金的概念

证券投资基金是指一种利益共享、风险共担的集合证券投资方式，是通过发行基金单位，集中投资者的资金，由基金托管人托管，由基金管理人管理和运用资金，从事股票、债券等证券投资，并将投资收益按基金投资者的投资比例进行分配的一种间接投资方式。

从这个定义中可以看出证券投资基金当事人有三方：一是基金持有人，即投资者。二是基金管理人，这是负责基金具体投资操作和日常管理的机构。在我国，按照《证券投资基金管理暂行办法》规定，基金管理人由基金管理公司担任(如华安基金管理公司等)，一个基金管理公司可能管理几个基金。还有一方就是基金托管人。为充分保障基金投资者的权益，防止基金资产被挪用，各国证券信托投资法规都规定由基金托管人对基金管理机构的投资操作进行基金财产的监督和保管，即基金的管理与基金财产的保管是分开的，基金资产的保管是由托管人负责的。一般的基金托管人由有实力的商业银行或信托投资公司担任，如中国的工商银行、招商银行等都担任了基金的托管人。

二、证券投资基金与股票、债券的区别

证券投资基金与股票、债券是不相同的：首先，是反映的关系不同。债券反映的是债权债务关系，股票反映的是所有权关系，而证券投资基金反映的则是基金投资者和基金管理人之间的一种委托代理关系。其次，投向不同。股票和债券作为融资工具，所筹集的资金主要是投向实业，而证券投资基金主要投向其他有价证券等金融工具。最后，风险水平不同。股票风险最高，收益最不稳定；债券收益稳定，风险较小；证券投资基金主要投资于有价证券，投资选择灵活多样，使其收益可能高于债券，投资风险小于股票，因此，证券投资基金能满足那些不能或不宜直接参与股票投资的个人或机构的需要。

证券投资基金的发展十分迅速，与基金本身的特点有关。首先，证券投资基金对投资的最低限额要求不高，投资者可以根据资金的经济实力决定购买数量，证券投资基金能够将零散的资金汇集起来，交给专业投资机构投资于各种金融工具，以谋取资

产的增值。因此，证券投资基金能够最广泛地吸收社会闲散资金，在参与证券投资时，资本越雄厚，优势越明显，这就是规模收益的特点。其次，以科学的投资组合降低风险、提高收益，是证券投资基金的另一大特点。实现投资资产的多样化需要一定的资金实力，证券投资基金可以帮助中小投资者做到这一点。因为它具有庞大的资产规模，可以分散投资于多种证券，一方面使每个投资者的风险变小，另一方面，又利用不同投资对象之间的互补性，达到分散风险的目的。最后，证券投资基金实行的是专家管理制度。这些专业的管理人员经过专门训练，具有丰富的证券投资和其他项目投资经验，对于那些没有时间或对市场不太熟悉的中小投资者而言，专家们在市场信息、投资经验、金融知识和操作技术等方面所体现的优势，可以最大限度地避免盲目投资带来的失败。

三、封闭式基金与开放式基金的主要区别

封闭式基金和开放式基金的划分，是以可否自由赎回为标志的。

封闭式基金是指基金的发起人在设立基金时，限定了基金单位的发行总额，当筹集到这个数额后，基金即宣告成立，并在一定时期内不再接受新的投资。基金单位的流通就如同股票在证券交易所上市一样，投资者要买卖基金单位，都必须通过证券经纪商在二级市场进行竞价交易。基金的交易价格也根据市场供求关系来决定。封闭式基金是有期限的，这个期限就是基金的存续期。存续期限届满，基金就终止运作。而开放式基金是基金发起人在设立基金时，基金单位的总数是不固定的，可视投资者的需求追加发行，由基金管理公司公布净资产值并在此基础上确定投资者的申购价和赎回价。

封闭式基金与开放式基金的主要区别是：

第一，期限不同。封闭式基金有固定的封闭期，而开放式基金没有固定期限，投资者可随时向基金管理人要求赎回基金单位。第二，发行规模不同。封闭式基金一旦成立，规模就确定下来，以后也不再追加发行；而开放式基金没有规模限制，基金规模随投资者的认购或赎回而相应地增加或减少。第三，基金单位的交易方式不同。封闭式基金投资者要转让基金单位，只能在证券交易所进行，而开放式基金的投资者可以到基金管理公司的交易柜台提出购买或赎回申请。第四，基金单位交易价格的计算标准不同。需要注意的是，封闭式基金与开放式基金的基金单位，除了首次发行都是按面值定价外，以后的交易计价方式就不相同了。封闭式基金的买卖价格受市场供求的影响，价格上下波动，并不一定反映基金的净资产值；开放式基金的交易价格取决于基金每单位净资产值的大小，其申购价就是净资产值加上一定的申购费，赎回则是基金单位净资产值减去一定的赎回费。第四，投资策略也不相同。因为封闭式基金的基金单位数不变，资本不会减少，因此，基金可进行长期投资，基金资产的投资组合能有效地在预定计划内进行。而开放式基金可随时赎回基金单位，为应对投

资者随时赎回，基金资产不能全部用来投资，更不用说长线投资了，为保持基金资产的流动性，在投资组合上需保留一部分现金和高流动性的金融工具。

第五节 金融衍生资产投资

金融衍生资产(Financial Derivatie)也叫金融衍生工具或金融衍生产品，既有套期保值的避险功能，又有投机释放风险的作用。在操作中，充分运用其降低或锁定风险的功能，有助于获得最大化的收益。

一、期货

1. 期货的定义

期货就是双方通过签订合约的方式，把商品与货币的相互换位推至未来某一日期。期货交易以规范的合约形式操作，又称为期货合约买卖，具有法律效应。期货合约由期货交易所统一制定，规定在未来某一特定时期，双方各自向对方承诺交收一定数量和质量的特定商品或金融商品的协议书。合约的单位为“张”或“手”，也可称为“口”。合约所有内容，除了交易价格外，都事先确定，包括交易的品种、数量、规格、价格波动区间、交割的时间地点、违约处罚办法等。合约交易价由市场竞价产生。

可以选为期货合约标的物的商品，一般需要具有四个特征：① 价格波幅大，弹性系数高，如大米、棉花则不宜选用；② 市场需求大，有足够的交易量，如味精、香油则不宜选用；③ 质量稳定，便于分级，如西瓜、荔枝则不宜选用；④ 易于仓储和运输，否则交割时损耗无法承受，如活鱼、鸡鸭等不宜选用。

按交易标的物的不同，期货可分为商品期货和金融期货。商品期货历史悠久，种类繁多，如金属、粮食、石油、建材、化工等不下几十个大类，每个大类还可按品种、产地分成若干个小类。我国建有上海、大连、郑州等三家不同类型的商品期货交易所。金融期货是以金融工具为标的物的期货合约买卖，包括利率期货、货币期货、国债期货和股指期货等类别，发展历史较短。利率期货是交易双方在市场以竞价方式进行利率期货合约的买卖，这种合约规定在确定的时间，交收一定数量的某种利率相关商品。所谓利率相关商品，是以一种标准化合约形式，包括商业信用、银行信用的各类支票、本票、汇票及国库券等与市场利率密切相关的商品。总之，对由市场利率变动引起的有价证券价格变动的风险，可以通过合约操作化解或降低。货币期货和股指期货分别是以外汇汇率和股票指数为标的物的期货合约。

2. 期货的功能

期货具有套期保值、投机和价格发现三大功能。

(1) 套期保值。即为规避现货价格风险，在期货市场操作与现货商品数量、品种相同但方向相反的合约，以期在未来某一时间通过期货合约的对冲来弥补现货价格下跌带来的亏损,或者通过现货交易的盈利来冲抵期货合约对冲时的亏损,达到总投资基本不盈不亏的目的。

(2) 投机。期货投机是以获取价差收益为目的的合约买卖。投机者依据对市场的行情判断,作出买入或卖出若干期货合约的决定。如行情预测正确,通过合约对冲获利,反之将产生亏损。投机是期货交易市场中不可缺少的组成部分,没有投机就没有期货交易。投机具有三方面的基本作用:一是投机具有价格平衡作用。投机者力图通过对未来价格的正确判断和预测在期货市场上低吸高抛,贱买贵卖,起到削峰填谷的平衡效应,使市场供求趋于大致相当。投机是一种市场行为,对缓和市场波动有一定的效果,尽管其平衡价格的结果可能是投机者当初所始料不及的。投机的积极作用要以投机者的理性和适度为前提条件,即投机行为要遵守市场游戏规则。否则,恶意的、失去理智的投机行为将导致证券市场的震荡,引发国民经济的紊乱,对此世界各国都有过惨痛的教训。二是投机加速了市场的流动性。期货市场的活力在于流动性,其强弱取决于投机动作的大小。投机为套期保值提供了机会,创造了市场。适度的投机,使期货价格的连续性得到保证,能较准确地反映合约的远期价格。三是投机者是证券市场的风险承担者。期货期权的套期保值者为避免风险进行合约买卖,如果无人承担风险,套期保值就会成为一句空话。投机者之所以愿意承担价格变动风险,是因为高风险能够带来高收益。正是因为保值者与投机者各取所需,市场才能正常运转。

(3) 价格发现。价格发现是指在一个公开、公平、公正的竞争市场中,通过众多交易者激烈竞争形成某一成交价格。该价格具有真实性、连续性和权威性,基本上反映了当时的市场供求状况及所达到的某种暂时的平衡,较准确地揭示出某种商品未来价格的趋势,对该种商品生产经营者提供价格指导,对未来现货价格作出预期。期货价格不一定总比同品种的现货价格高,期货价格与现货价格之差被称为基差。期货价格高于现货价格,基差为负值,又称远期升水;反之,基差为正值,也称远期贴水。从理论上讲,一般基差应为负值;反之,如供求失常,价格扭曲,投机盛行,基差也呈正值,而这正是投机者大显身手之时。

3. 国债期货

国债期货是指交易者按市价签订一份国债买卖成交协议,即交易期货合约。这是一个在约定的日期,按合约规定的价格,进行清算交割的金融工具和可转让协议。合约单位为“口”,投资者交易的标的物就是合约,而非国债本身。其特点有:

(1) 保证金制度。国债期货交易只须缴付一定比例的承诺保证金,这既是对交易者本身的约束,也是一种履约信用,同时又是事后结算的基础。每口标准合约的规格由交易所确定,如以两万元国债面额为一口,其交易保证金在1%～15%之间,具体金额由期货交易所依据市场风险度大小确定,并随时调整。保证金比例越低,操作者风险越高,预期收益也越高。反之,若保证金比率高达100%,期货交易则成为现货交易。保证金比率的适度调整,成为管理层控制风险度的阀门和交易规模的有效手段,它灵敏度极强,轻微的变动就会带来强烈反应,尤如中央银行调整再贴现率对商业银行的作用。对投资者而言,该比率又是衡量交易成本的尺度和喜好风险的程度。保证金不是现货交易中的定金,而是买卖双方都须缴付,用以确保履约和承担价格变动风险的最终支付手段。

(2) 结算制度。在保证金制度下,交易双方最终的盈亏由期货交易所通过双方保证金账户划转,即交易所成了每笔业务的对应方。从法律角度分析,如果亏损方因种种原因无法支付应付债务,那交易所即是法定最后付款人,以确保盈利方的权利不受任何侵犯。期货交易所为此每日交易收市结算保证金,防止负债隔夜,将风险控制在最小的时间单位内。这种结算制度称为逐日盯市或每日无负债制度。期货交易所依据当日成交情况得出当日结算价,并依此核算客户当日盈亏,超出初始保证金部分可自由提取,低于维持保证金的立即发出追加通知,若资金不能及时到位,合约被强制平仓的损失将全部由投资者承担。

(3) 结算方式。结算方式分为三种:一是对冲结算。交易方在合约到期之前重新买卖与自己原持有的合约数量、品种相等而交易方向相反的合约,以达到结清退场目的。从另一角度分析,这也是投资者自己与自己交割。二是实物结算。合约到期后,买方付款提券,卖方付券提款。如卖方无法筹集到所需支付的现券品种,可按规定采用混合证券品种交收法,利用其他品种现券按比例折算成所需券种。距到期日近的债券品种折算比率接近 100%,反之折扣率加大,以缓解现券交付量不足。其弊端是,投机者可对几个关键替代品种进行炒作控制,产生逼空行情或使套期保值者承担较大的风险。期货交易所可在合约到期时,临时调高保证金比率,迫使持合约者平仓,以减少实物交割量。实物交割比例降低,反映市场流动性增强,投机旺盛。三是现金交割。这通常适用于无法进行实物交割的期货品种,如股指期货等。国债期货一般不允许现金交割,否则风险难以控制。

4. 股指期货

股指期货是指证券市场中以股票价格综合指数为标的物的金融期货合约。交易双方买卖的既不是股票,也不是抽象的指数,而是代表一定价值的股指期货合约。投资者利用股价和股指变动的趋同性,采用在现货和期货两大市场中方向相反的操作以减少、抵消价格变动的不利因素,进行套期保值或投机获取风险收益。股指期货利用股指的变动代表股指期货合约价格的涨跌,它反映了几十种甚至成百上千种股价变化的趋势。在股指期货交易中,没有股票的易手,只是合约买卖,采用支付保证金方式操作,具有明显的杠杆作用,与国债期货交易性质相似。与普通的商品期货相比,股指期货具有预防未来不可知风险的保值功能,其区别在于:商品期货合约到期必须交割规定的有形实物商品,而股指期货交割的是非实物性的无形商品,交易双方只能依据到期日或对冲时的股指与合约成交时的股指的差额,折算成金额以了结各自的权利和义务。

股指期货是证券市场上的衍生产品和股票现货市场的风向标。股指期货实际上并非必定风险巨大，如果能够以套期保值的思路操作，那么反而能够控制风险。股票市场上只有正向操作，即只有做多方可获利，而股指期货则可双向操作获利。

二、期权

1. 期权定义

期权是一种选择权，它表示人们可在特定的时间以特定的价格交易一定数量商品的权利。期权交易就是某种权利的交易，与任何其他金融交易一样，都有买方和卖方。但这种买卖的划分并不是建立在商品和现金流向的基础上，而是以权利的获得和履行为依据划分的。期权的买入方，即支付期权费的一方，在支付了期权费之后，即获得以确定的时间、价格、数量和品种买卖金融期货合约的权利。买方可根据自身意愿，选择执行该权利或放弃该权利，甚至可将权利出售他人直接获利。期权的卖出方，是指收取期权费的一方在收取了一定费用后，按规定随时准备履约而无法要求放弃该笔期权交易。显然，期权交易的双方在权利与义务上呈现出一种不对称性。

2. 期权要素

期权构成要素如下：

(1) 价格。期权的价格并非买卖权利的费用，而是期权合约中确定的交易价格。它是双方约定的、在未来某一特定时间将被执行的价格，一律称之为协定价格或敲定价格。该价格在合约有效期内是固定不变的，可以高于或低于市价。

(2) 期限。期权合约有效期一般不超过一年，三个月较为普遍。

(3) 数量。对于股票期权，每个期权合约可交易一百股股票，该一百股期权基数是不能拆开交易的。

(4) 期权费。期权费是期权合约的价格，即买卖权利的价格。它不等于股票的市价或合约到期后的股价，仅表示权利的价值，是随股市行情波动而相应调整的。买入方支付期权费，既可购买看涨期权，也可购入看跌期权；同理，卖出方收取期权费，既可出售看涨期权，也可出售看跌期权。

(5) 结算。期权交易是通过经纪人在市场上竞价实现的，该经纪人就是期权清算公司。经纪人是每笔期权交易的中间人，是所有买方的卖方和所有卖方的买方。

3. 期权分类

期权主要包括外汇期权、黄金期权、债券期权、股价指数期权等金融期货期权。无论何种期权，都分为看涨期权和看跌期权两类，英语简称为 CALLS 以及 PUTS。这里看涨和看跌是以买方的决策来命名的，即如果买方看涨后市，那么这个期权就是看涨期权；如果买方看跌后市，那么这个期权就是看跌期权。

(1) 看涨期权：买方愿意在未来以一定的价格向卖方买入一定的股票，因为预期将来的股价将高于现在商定的价格。如果将来股价真的如愿上涨，便可以以较低的市场价格在期权市场上买入股票，再到股票市场上以较高的市价卖出，从中获得收益。倘若该买方行情预期失误，不涨反跌或价格持平未变，可以弃权处理，此时至多损失当初购买期权的费用，成本无论如何也不会超过购股被套的亏损。但是，作为看涨期权的卖方，其决策恰恰是和买方相反的。卖方之所以肯以特定的价格卖出，自然是看跌后市，认为现在商定的价格将高于后市，买方不会执行这个权利，期权费自然落入囊中。若事后预测准确，便无人会来要求履约。倘若判断失误，行情未跌反涨，将被迫以低于市场价格出售股票，以履行所承担的义务。

(2) 看跌期权：买入方预计行情将下跌，当前股价将大于未来的价格，便事先购买看跌期权。如果行情真的下跌，可以首先在股票市场以较低的价格买入股票，再到期权市场上以相对较高的约定价格出售给卖方，达到避开价格下跌风险的目的。作为买方的对应方，看跌期权的卖方看好后市，确信行情上升，出售看跌期权可以直接获利。一旦预测失误，卖方将不得不以高出期权合约约定价格的标准购回特定数量的某种股票。如果先前期权费收入不足以抵补履约的损失，卖方就遭到实实在在的亏损。无论 CALLS 还是 PUTS，都有买卖两方，买方就是付出期权费的一方，卖方就是收取期权费的一方。但看涨期权和看跌期权的买卖双方交易的方向相反。CALLS 和 PUTS 买卖双方特点如表 6-1 所示。

表 6-1 看涨期权(CALLS)和看跌期权(PUTS)买卖双方的特点

	看涨期权(CALLS)	看跌期权(PUTS)
买方 Buyer(付出期权费一方)	看涨后市，愿以协定价格买入一定数量的股票	看跌后市，愿以协定价格卖出一定数量的股票
卖方 Seller(收取期权费一方)	看跌后市，愿以协定价格卖出一定数量的股票	看涨后市，愿以协定价格买入一定数量的股票

4. 案例分析

【例 6-11】 投资者 A 和 B 分别是看涨期权的买方与卖方，并就 X 股票达成看涨期权交易，期权协议价格为 50 元/股，期权费 3 元/股。试分析未来 3 个月该期权的执行情况。

分析：此题没有明确告知股价走势，因此假定未来 3 个月的股价走势有以下几种情况：① X 股票股价＜50 元/股，买方弃权，损失期权费 3×100＝300 元，卖方收入 300 元；② X 股票股价＝50 元/股，买方弃权，损失期权费 300 元，卖方收入 300 元；③ 50 元/股＜X 股票股价＜53 元/股，买方可执行权利弥补期权费损失，卖方收入＜300 元；④ X 股票股价＝53 元/股，买方执行权利，买卖双方盈亏相抵；⑤ X 股票股价＞53 元/股，买方执行权利，并有获利，卖方亏损；⑥ 若期权费上涨，如 4.5 元/股，股价 54 元/股，买方可将此权利卖给他人，获得收入 150 元。

看涨期权买方和卖方盈亏如图 6-3 所示。

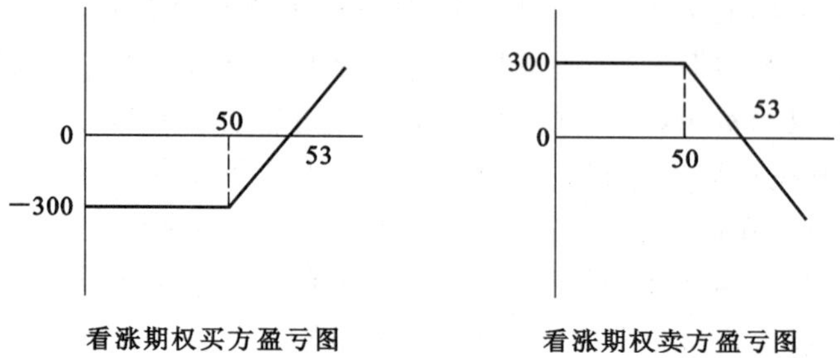

图 6-3　看涨期权买方和卖方盈亏图

三、权证

权证是指标的证券发行人或第三人发行的，约定持有人在规定期间内或特定到期日，有权按约定价格向发行人购买或出售标的证券，并以现金结算方式收取结算差价的有价证券。标的证券可以是个股、基金、债券、一篮子股票或其他证券，是发行人承诺按约定条件向权证持有人购买或出售的证券。

权证实质反映的是发行人与持有人之间的一种契约关系，持有人向权证发行人支付一定数量的金额后，就从发行人那里获取了一个权利。这种权利使得持有人可以在未来某一特定日期或特定期间内，以约定的价格向权证发行人购买/出售一定数量的资产。购买股票的权证称为认购权证，出售股票的权证叫做认售权证(或认沽权证)。权证分为欧式权证、美式权证和百慕大式权证三种。所谓欧式权证就是只有到了到期日才能行权的权证。所谓美式权证就是在到期日之前随时都可以行权的权证。所谓百慕大式权证就是持有人可在设定的几个日期或约定的到期日行权的权证。持有人获取的是一个权利而不是责任，有权决定是否履行契约，而发行者仅有被执行的义务，因此为获得这项权利，投资者需付出一定的代价(权利金)。权证(实际上所有期权)与期货的区别在于前者持有人所获得的不是一种责任，而是一种权利；后者持有人有责任执行双方签订的买卖合约，即必须以一个指定的价格，在指定的未来时间，交易指定的相关资产。

由此可知，根据权利的行使方向，权证可以分为认购权证和认沽权证，认购权证属于期权当中的"看涨期权"，认沽权证属于"看跌期权"。认沽权证可以让投资者构建多种投资组合，而认购权证在市场上缺乏做空机制的条件下，只能成为投机者炒作的工具。

权证价值由两部分组成：一是内在价值，即标的股票与行权价格的差价；二是时间价值，代表持有者对未来股价波动的期望与机会。在其他条件相同的情况下，权证的存续期越长，权证的价格越高。美式权证由于在存续期可以随时行权，比欧式权证的价格相对要高。

认购权证价值和认沽权证价值的公式如下：

认购权证价值=(正股股价－行权价)×行权比例

认沽权证价值=(行权价－正股股价)×行权比例

第六节 组合投资

持有有价证券的主要目的是获利，有价证券决策的目标主要是投资收益最大化。有价证券投资决策要基于已往的经验和所掌握的信息对未来的收益作出预测。有价证券的投资收益受许多不确定性因素的影响，实际获得的投资收益可能会偏离原来的预期，甚至有可能亏损。投资者进行投资决策时总是倾向于尽可能地降低投资风险，提高投资收益。自美国经济学家哈里·马柯威茨(Harri M. Markowitz)等在20世纪50年代初期创立投资组合理论以来，理论研究的重点便转移到寻求有效的投资组合。这以后夏普(William Sharp)、林特纳(John Lintner)、莫森(Jan Mossin)等人进行了拓展性的研究，提出了资本资产定价模型(CAPM)和套利定价模型(APT)，形成了有价证券投资组合理论。有价证券投资组合理论运用数学工具对证券投资组合的收益和风险进行量化分析，在此基础上根据投资者厌恶风险和追求投资收益最大化的行为特征，阐述了如何进行最优化的有价证券组合选择，是投资者进行有价证券组合决策的理论依据。

一、单个证券的收益和风险

持有单个证券的投资者应该使用期望收益度量该证券的收益，而方差和标准差是用来度量该证券风险的合适指标。单个证券的期望收益率可以用该证券在过去一段时期的平均收益来表示，也可以在分析该证券未来前景的基础上使用概率方法来计算。这时，证券的期望收益率是以概率为权数计算出来的证券加权平均期望报酬率：

$$\overline{R} = \sum_{i=1}^{n} P_i R_i \tag{6-12}$$

式中 P_i——第 i 种结果出现的可能性；

R_i——第 i 种结果出现后的后期报酬率；

n——所有可能结果的数目。

评价单个证券收益变动的方法有很多，其中最常用的方差和标准差可表示为：

$$\sigma^2 = \sum_{i=1}^{n} P_i (R_i - \overline{R})^2 \tag{6-13}$$

$$\sigma = \sqrt{\sum_{i=1}^{n} P_i (R_i - \overline{R})^2}$$

二、两种证券组合的收益和风险

有价证券投资组合理论的定量分析是从研究由两种证券所组成的投资组合的风险和收益之间的关系开始的，然后推广到 n 种证券的组合，最终得出一般的结论。先来讨论由两种证券构成的投资组合。

假设投资者投资于 A、B 两种证券，其投资额占总投资额的比重分别为 X_A、X_B，那么有 $X_A+X_B=1$。这时，该证券组合（用 P 表示）的期望报酬率等于证券 A 和 B 的期望报酬率以其投资比重为权数计算的加权平均数。计算公式为：

$$\overline{R}_P = X_A\overline{R}_A + X_A\overline{R}_B \tag{6-14}$$

由 A、B 两种证券构成的投资组合的风险用该投资组合的方差衡量。由 A、B 两种证券构成的投资组合的方差为：

$$\sigma_P^2 = X_A^2\sigma_A^2 + 2X_AX_B\sigma_{AB} + X_B\sigma_B^2 \tag{6-15}$$

组合的标准差为：

$$\sigma_P = \sqrt{X_A^2\sigma_A^2 + 2X_AX_B\sigma_{AB} + X_B^2\sigma_B^2}$$

式中的 σ_{AB} 为协方差，也可记作 $\text{Cov}(R_A, R_B)$，是常用的可以衡量两种证券之间收益变动的相互关系的指标，其计算公式为：

$$\sigma_{AB} = \sum_{i=1}^{n}(R_{Ai} - \overline{R}_A)(R_{Bi} - \overline{R}_B)P_i \tag{6-16}$$

投资组合的方差取决于组合中每种证券的方差和两种证券之间的协方差。证券方差度量的是该种证券的收益的变动程度，两种证券之间的协方差度量的是两种证券之间收益的相互关系。在证券方差给定的情况下，协方差为正则组合的方差上升；如果协方差为负则组合的方差下降。实际中，在投资者所持有的两种证券中，当其中某一种证券的收益上升时，另一种证券的收益下降，则这两种证券的收益的变动彼此相互抵消，证券组合的风险下降。

两种证券投资收益之间的相互关系也可以用二者收益的相关系数 ρ_{AB} 来表示。相关系数和协方差之间的关系是：

$$\rho_{AB} = \text{Corr}(R_A, R_B) = \frac{\text{Cov}(R_A, R_B)}{\sigma_A\sigma_B} \tag{6-17}$$

从式(6-17)可见，协方差实际上是 A 和 B 两种证券的相关系数与其各自标准差的乘积。即协方差包括两个部分：两种证券的相关系数；以标准差度量的两种证券各自收益的变动程度。

将式(6-17)代入式(6-15)得到：

$$\sigma_P^2 = X_A^2\sigma_A^2 + 2X_AX_B\rho_{AB}\sigma_A\sigma_B + X_B^2\sigma_B^2 \tag{6-18}$$

组合的标准差可以表示为：

$$\sigma_P = \sqrt{X_A^2\sigma_A^2 + 2X_AX_B\rho_{AB}\sigma_A\sigma_B + X_B^2\sigma_B^2} \tag{6-19}$$

由式(6-18)可知,当 $\rho_{AB}=1$ 时,投资组合收益的标准差正好等于组合中各证券投资收益标准差的加权平均数。此外,当相关系数小于1时,组合的标准差和方差都会随之下降。因此,可以得出如下结论:当由两种证券构成投资组合时,只要 $\rho_{AB}<1$,组合的标准差就小于这两种证券各标准差的加权平均数。换言之,只要两种证券投资收益之间的相关系数小于1,即只要 $\rho_{AB}<1$,组合的多元化的效应就会发生。此时,证券组合的整体风险下降。

三、多种证券组合的优化

1. 多种证券组合的期望收益和风险

设投资组合由 N 种证券构成,投资组合期望报酬率为构成投资组合的各种证券的预期收益率的加权平均数。可用如下公式表示为:

$$\overline{R}_P = \sum_{i=1}^{n} X_i \overline{R}_i$$

组合的收益仍然用组合的方差和标准差来衡量,其计算公式如下:

$$\sigma_P^2 = \sum_{i=1}^{n} X_i \sigma_i^2 + \sum_{i=1}^{n} \sum_{\substack{j=1 \\ j\neq i}} X_i X_j \mathrm{Cov}(R_i, R_j)$$

由此可见,证券组合的方差不仅取决于组合中单个证券的方差的大小,还取决于各证券之间协方差的大小。证券组合中证券的数量越多,协方差起的作用越大。只要有价证券组合中两两之间的收益的相关系数小于1,组合的标准差一定小于组合中各种证券的标准差的加权平均数,投资者将获得投资组合的多元化效应。

2. 系统风险和非系统风险

在一个投资组合中,两种证券之间的协方差对组合收益方差的影响大于每种证券的方差对组合收益方差的影响。当投资者增加投资组合中的证券数量时,各种证券的方差会因为组合而被分散掉直至消失,但是各证券之间的协方差不会因为投资多元化而被分散掉。即随着投资组合中证券数量的增加,各证券本身的风险状况对组合风险的影响逐渐减小,直至消失。但各证券之间的相互作用并不随组合品种的增加而消失。可见,投资组合不能分散和化解全部风险,而只能分散和化解部分风险。通常将反映证券本身特性、可以通过投资组合分散的风险叫可分散风险,或非系统风险、公司特别风险;而那些反映证券间相互作用、无法通过组合分散的风险叫不可分散风险、系统风险或市场风险。投资者持有某一种证券的总风险等于这两种风险之和。

由于投资组合可以分散部分风险,所以当投资者增加组合中证券的数量时,组合的风险会逐渐减小。在不存在佣金和交易费用时投资者会尽可能地使投资分散化。但在现实生活中,多元化需要成本。许多西方经济学者通过实证研究也得出相似的结论:一般来讲,要想有效地降低风险,至少要有10种左右的资产,15种资产是较好的选择。关于风险程度与资产数量的关系，如图 6-4 所示。

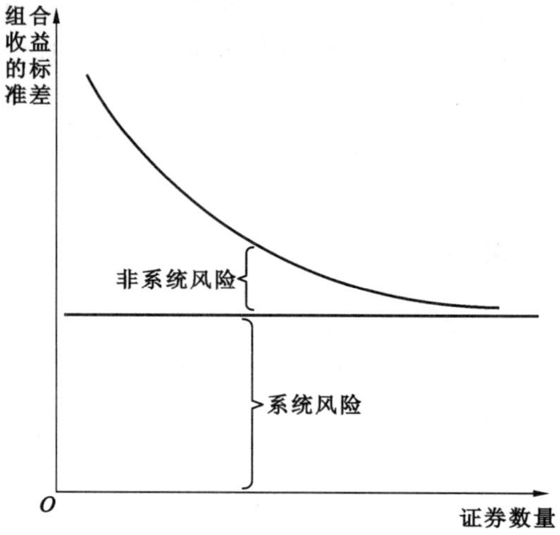

图 6-4 风险程度与资产数量关系图

四、资本资产定价模型

资本资产定价模型(CAPM)假设所有的投资者都是理性投资者，都按现代投资组合理论进行投资决策，都是风险厌恶者，都对期望收益、方差和协方差的估计完全相同。因此，他们将选择相同的风险资产组合，即市场组合。假设该市场组合的收益率为 R_M，方差为 σ_M。由于市场组合的期望收益是无风险资产的收益率加上市场组合内在风险所需要的补偿。因此，市场组合的收益可以表示为：

$$\overline{R}_M = R_F + \text{风险溢价} \tag{6-20}$$

市场组合中各种证券的非系统风险将被分散掉。进行市场组合的投资者关心的不再是每种证券的收益的方差，而是组合中每种证券对组合方差的贡献。对投资者来说，单个证券的最佳风险的度量是 β 系数。β 系数的计算公式如下：

$$\beta = \frac{\mathrm{Cov}(R_i, R_M)}{\sigma_M^2} = \rho_{iM} \cdot \frac{\sigma_i}{\sigma_M}$$

式中 ρ_{iM}——第 i 种证券(资产)。

β 系数是反映一种证券对市场组合变动的反映程度的指标，表示个别资产收益变动相对于市场组合收益的变动程度。市场组合的 β 系数设定为 1，β 的值可正可负，绝对值越大，表明单个证券的收益的波动越大。

由上式可以推出，当 β 等于 1 时，风险溢价等于$(R_M - R_F)$。

单个证券的风险溢价为 $\beta(R_M - R_F)$，预期报酬率等于无风险资产的收益率与其风险报酬率的和。用公式可表示为：

$$\overline{R}_i = R_F + \beta_i(R_M - R_F) \tag{6-21}$$

式中　$\overline{R}_i$——第 i 种证券的期望报酬率；

R_M——市场组合的期望报酬率；

R_F——无风险资产的报酬率；

β_i——第 i 种证券的 β 系数。

资本资产定价模型表明某种证券的期望收益与其 β 系数线性相关。如果用横轴表示代表证券风险的 β 系数，纵轴表示证券的期望报酬率 $\overline{R}$，则可得到一条斜率为市场组合的风险溢价的直线，即证券市场线（Security Market Line，SML）。如图 6-5 所示。

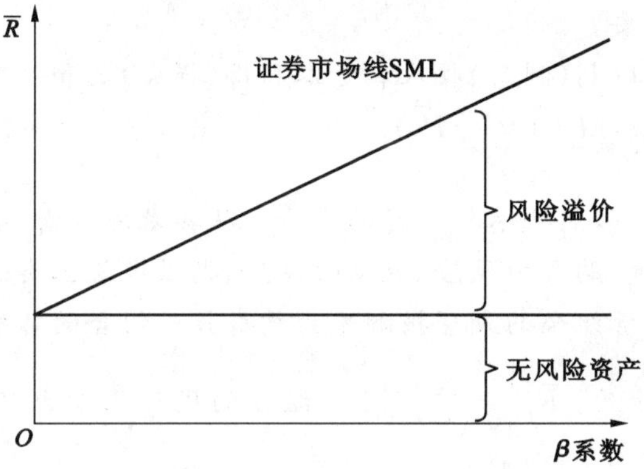

图 6-5　证券市场线

五、有价证券投资组合的操作要点

有价证券投资的风险呈现复杂性和多样性，防范风险最有效的方法是进行有价证券投资组合。但在实际投资过程中受投资者个人专业素质等主客观条件的限制，利用有价证券投资组合理论，采用数学定量分析方法计量风险存在一定的难度。经过长期的有价证券投资实践，投资者总结出了一些构建有效的有价证券组合的经验。

(1) 投资组合的三分法。将 1/3 的资金存入银行以备不时之需，1/3 的资金投资于有价证券，1/3 的资金投资于不动产。其中，用于有价证券的资金又一分为三：1/3 投资于风险较大的有发展前景的股票，1/3投资于安全性较高的债券等有价证券，1/3 的资金投资于中等风险的证券。

(2) 按风险等级和报酬的高低组合。投资者根据自己期望的投资收益率和所能承受的风险程度，选择风险和收益符合条件的证券构建投资组合。对同等风险的证券尽可能选择报酬高的，对同等收益的证券要选择风险低的证券作为投资组合。

(3)选择不同行业、区域和市场的证券组合。在选择证券时，尽可能选择上市交易数量充足的证券，证券所属的行业、区域也应尽可能分散，将资金分散投资于不同的证券市场。

(4) 选择不同期限的证券组合。根据投资者未来的现金流量,安排各种证券的预估变现期,进行长、中、短期相结合的投资组合。

【本章小结】

本章探讨了股票投资、债券投资、基金投资、衍生金融资产投资和有价证券投资组合的方法。

证券投资是指企业通过资本市场购买有价证券的金融性资产而实施的投资活动。投资者进行证券投资的动机包括作为现金的替代品、获取投资收益的需要以及实现企业发展战略的需要。

证券的总收益等于股利(利息)收入和资本利得(损失)之和。有价证券的收益也可以用收益率 R 表示:$R=\frac{I+(P_1-P_0)}{P_0}$。

进行有价证券投资,必然要承担一定的风险。从其来源来看,有价证券的风险主要有违约风险、利率风险、购买力风险、流动性风险、期限风险五类。

多种证券构成的投资组合的期望报酬率为构成投资组合的各种证券的预期收益率的加权平均数,可表示为:$\overline{R}_P=\sum_{i=1}^{n}X_i\overline{R}_i$。组合的风险用组合的方差或标准差衡量,其方差为:$\sigma_P^2=\sum_{i=1}^{n}X_i\sigma_i^2+\sum_{i=1}^{n}\sum_{\substack{j=1\\j\neq i}}X_iX_j\mathrm{Cov}(R_i,R_j)$。只要有价证券投资组合中两两之间的收益的相关系数小于1,组合的标准差一定小于组合中各种证券的标准差的加权平均数,投资者将获得投资组合的多元化效应。

依据资本资产定价模型,证券的收益等于无风险资产的报酬加上该证券的风险溢价,即:$\overline{R}_i=R_F+\beta_i(R_M-R_F)$。

投资者可以使用投资组合的三分法,按风险等级和报酬的高低进行投资组合,选择不同的行业、不同的区域和市场、不同期限的证券进行有价证券投资组合。

【中英文关键词】

股票　Stock　　债券　Bond
票面价值　Face Value　　永久债券　Perpetual Bond
附息债券　Bond with Coupond　　到期收益率　Yield to Maturity,YTM
利率风险　Interest-rate Risk　　违约风险　Default Risk
流动性风险　Liquidity Risk　　购买力风险　Purchasing Power Risk
投资组合　Investment Portfolio　　证券市场线　Security Market Line ,SML
资本资产定价模型　Capital Asset Pricing Model
有效投资组合　Efficient Portfolio

【复习思考题】

1. 利率和债券价值有何关系？
2. 时间价值在股票投资价值的估计上有哪些局限性？
3. 试比较债券投资与普通股票投资。
4. 写出由两种证券构成的投资组合的期望收益率和方差的计算公式。
5. 什么是投资组合的多元化效应？
6. 为什么投资组合不能消除全部的风险？

【实训练习题】

1. 某企业拟购入ABC公司新发行的债券，该债券的面值为1 000元，票面利率为8%，期限为5年。该债券的现行市价为920元，市场利率为10%。

(1) 该债券在每年年末付息一次，是否值得投资？

(2) 一年付息两次或四次，是否值得投资？

2. 企业年初时准备购入F公司的股票，该公司去年支付的股利为每股1.2元。预计在今后的4年里，该公司的股利将以20%的增长率增长，从第5年开始股利的增长速度将减缓，增长率为10%。

(1) 当市场利率为12%时，什么情况下F公司的股票才有投资价值？

(2) 若股票市场的平均报酬率为11%，同期的国债的利率为6%，经测算F公司的β系数为1.5。试确定F公司股票的投资价值。

3. 企业在年初时购入了HR公司的股票，HR公司在过去的一年里向股东支付了每股1.5元的现金股利。预计股利将以8%的增长率增长，企业要求的必要报酬率为12%，预计3年后能以每股25元的价格售出股票。试计算该股票的理论价值。

4. 现有A、B两种股票，它们的收益是相互独立的。其中A股票的收益率为15%的概率为40%，收益率为10%的概率为60%；B股票的收益率为35%的概率是50%，收益率为−5%的概率为50%。

(1) 这两种股票的期望收益率和标准差分别是多少？其收益之间的相关系数和协方差是多少？

(2) 若将60%的资金用于购买A股票，40%的资金用于购买B股票，该投资组合的期望收益率和标准差是多少？

第七章　流动资产管理

【学习目的和要求】

通过本章的学习，明确流动资产管理的基本内容；掌握现金管理的内容；掌握应收账款信用成本的计算及公司信用政策的确定；熟练运用存货经济批量模型。

【案例导引】

四川长虹电器股份有限公司是我国彩电行业公认的龙头企业，全球第三大彩电生产基地，其主导产品占有较高的市场份额。自1998年进行内部调整以来，四川长虹业绩逐年下降，在国内开拓农村市场未果后，终于在2001年将眼光转向了国际市场。2001年7月，第一辆长虹专列驶达美国，随后，该公司的各种产品源源不断销往世界各地。据统计，2001年长虹出口彩电约12万台。2002年公司产品出口增加47.7亿元人民币，不仅有效地抵补了公司内销收入的减少额，而且使公司收入总额有了较大幅度的增长。

但在公司销售收入平均每年增长8.47%的基础上，同期应收账款的增长速度却达到了52.27%。至2004年3月23日，长虹公告的2003年年度报告披露：截至2003年年末，公司应收账款49.85亿元人民币，其中来自美国APEX公司的应收账款为44.46亿元人民币。

由于巨额应收账款无法收回，外界一度传闻长虹海外巨额资金受骗，出现严重危机。2004年7月8日，在国内外家电市场叱咤风云多年的倪润峰退出长虹，股票连续一段时间暴跌，损失13.3亿人民币。

长虹应收账款问题给我们带来什么启示？

流动资产是企业总资产的一个组成部分，它是指那些能够在一年内或长于一年的一个营业周期内变现的资产，包括现金、有价证券、应收账款、存货等资产项目。流动资产虽然有多种形态，但有其共同点：较强的流动性。一般来说，作为企业，资产流动性强，必会使其收益性受损；反之，资产流动性弱，又会损害企业的财务信誉，最终影响到其收益的稳定和提高。所以，对企业来讲，如何处理流动性与收益性的矛盾关系是至关重要的。本章主要从现金管理、应收账款管理以及存货管理等方面阐述企业流动资产的管理，以较好地解决流动性与收益性之间的矛盾，使企业获取最大收益，并保证资产的安全。

第一节　现 金 管 理

现金是流动性最强的资产，拥有足够的现金对降低企业财务风险、增强企业资金的流动性具有十分重要的意义。

一、现金管理的目的

为了说明现金管理的目的，必须了解企业持有现金的动机。

（一）企业持有现金的动机

企业持有现金的动机主要有如下三个方面：

1. 支付需求

支付需求是指为了满足日常支付的需要而持有一定数量的现金，如用于购买材料、支付工资、交纳税款、支付股利等。企业每天的现金收入和现金支出很少同时等额发生，保留一定的现金余额可使企业在现金支出大于现金收入时，不致中断交易。支付需要现金的数量，取决于其销售水平。正常营业活动所产生的现金收入和支出及其差额，一般与销售量呈正比例关系。其他现金的收支，如买卖有价证券、购入机器设备、偿还借款等，随着销售量的增加有增加的倾向。

2. 预防需求

预防需求是指持有现金，以应付意外事件对现金的需求。企业预计的现金需要量一般是指正常情况下的需要量，但有许多意外事件会影响企业现金的收入与支出。如地震、水灾、火灾等自然灾害，生产事故，主要客户未能及时付款等，都会打乱企业原有的现金收支计划，使现金收支出现不平衡。持有较多的现金，可使企业更好地应付这些意外事件的发生。预防需求现金的多少取决于以下三个因素：① 现金收支预测的可靠程度；② 企业临时借款能力；③ 企业愿意承担的风险程度。

3. 投机需求

投机需求就是企业持有现金，以便当证券价格剧烈波动时，从事投机活动，从中获得超额收益。当预期银行利率将要上升、有价证券的价格将要下跌时，投机的动机就会鼓励企业暂时持有现金，直到利率停止上升为止。当预期银行利率将要下降、有价证券的价格将要上升时，企业可能会将现金投资于有价证券，以便从有价证券价格的上升中得到超额收益。

（二）现金管理的目的

现金管理的目的，是在保证企业生产经营所需现金的同时，节约使用资金，并从暂时闲置的现金中获得尽可能多的利息收入。企业的库存现金没有收益，银行存款的利率也远远低于企业的资金利润率。现金结余过多，会降低企业的收益；但现金太少，又可能会出现现金短缺，影响企业正常的生产经营活动。现金管理应力求做到既保证企业交易所需资金以降低风险，又不使企业有过多的闲置现金以增加收益。

二、现金管理的有关规定

按现行制度，国家有关部门对企业使用现金有如下规定：

(1) 规定了现金的使用范围。这里的现金仅指人民币现钞，是最狭义的现金概念。它包括支付职工工资、津贴；支付给个人的劳务报酬；根据国家规定颁发给个人在科学技术、文化艺术、体育等方面的各种奖金；支付各种劳保、福利费用以及国家规定对个人的其他支出；向个人收购农副产品和其他物资的价款；出差人员必须随身携带的差旅费；结算起点(1 000 元)以下的零星支出和中国人民银行确定需要支付现金的其他支出。

(2) 规定库存现金限额。企业库存现钞限额，由其开户银行根据企业的实际需要核定，一般以 3～5 天的零星开支为限；企业不得坐支现金，即企业不得从本单位的人民币现钞收入中直接支付交易款项，现钞收入应于当日终了送存开户银行。

(3) 各种收支款项凭证必须如实填写款项的来源和用途，不得巧立名目，套取现金和银行信用，严禁利用现金账户进行非法活动。

(4) 各单位在银行的账户，必须有足够的资金保证其支付的需要，不得签发空头支款凭证，不准签发远期支款凭证。

(5) 不得持有账外公款，包括不得将公款以个人名义存入银行和保存账外现钞等各种形式的账外公款。

三、现金的日常收支管理

在现金管理中，企业除合理编制现金收支计划和合理确定最佳现金余额外，还必须进行现金的日常收支管理。

(一) 加速收款

为了提高现金的使用效率，加速现金周转，企业应尽量加速收款，即在不影响未来销售的情况下，尽可能地加快现金的收回。如果现金折扣在经济上可行，应尽量采用，以加速账款的收回。企业加速收款的任务不仅是要尽量使顾客早付款以规避违约风险，而且要尽快地使这些付款转化为可用现金。为此，必须满足如下要求：① 减少顾客付款的邮寄时间；② 减少企业收到顾客开出支票与支票兑现之间的时间；③ 加速资金存入本企业往来银行的过程。为达到以上要求，可采用以下措施：

1. 集中银行

集中银行是指通过设立多个策略性的收款中心代替通常在公司总部设立的单一收款中心，以加速账款回收的一种方法。其目的是缩短从顾客寄出账款到现金收入企业账户这一过程的时间。

具体做法是：

(1) 企业以服务地区和各销售区的账单数量为依据，设立若干收款中心，并指定一个收款中心（通常是设在公司总部所在地的收账中心）的账户为集中银行。

(2) 公司通知客户将货款送到最近的收款中心而不必送到公司总部。

(3) 收款中心将每天收到的货款存到当地银行，然后再把多余的现金从地方银行汇入集中银行——公司开立主要存款账户的商业银行。

设立集中银行主要有以下优点：

(1) 账单和货款邮寄时间可大大缩短。账单由收款中心寄发该地区顾客，与由总部寄发相比，顾客能较早收到。顾客付款时，货款邮寄到最近的收款中心，较直接邮往公司总部所需时间短。

(2) 支票兑现的时间可缩短。收款中心收到顾客汇来的支票存入该地区的当地银行，而支票的付款银行通常也在该地区内，因而支票兑现较方便。

但集中银行也有如下缺陷：

(1) 每个收款中心的当地银行都要求有一定的补偿余额，而补偿余额是一种闲置的不能使用的资金。开设的收款中心越多，补偿余额也越多，闲置的资金也越多。

(2) 设立收款中心需要一定的人力和物力，花费较多。所以，财务主管在决定采用集中银行时，一定不可忽略这两个缺陷。

【例 7-1】 某企业现在平均占用现金 1 000 万元，企业准备改变收账办法，采用集中银行方法收账。经研究测算，企业增加收款中心预计每年多增加支出 8 万元，但可节约现金 100 万元，企业加权平均的资本成本率为 9%。问：是否应采用集中银行制。

采用集中银行制度，企业从节约资金中获得的收益是 $100\times9\%=9$ 万元，比增加的支出 8 万元多 1 万元。因此，采用集中银行制度是比较有利的。

2. 锁箱系统

锁箱系统是通过承租多个邮政信箱，以缩短从收到顾客付款到存入当地银行时间的一种现金管理办法。

采用锁箱系统的具体做法是：

(1) 在业务比较集中的地区租用当地加锁的专用邮政信箱。

(2) 通知顾客把付款凭证邮寄到指定的信箱。

(3) 授权公司邮政信箱所在地的开户行，每天数次收取邮政信箱的汇款并存入公司账户，然后将扣除补偿余额后的现金及一切附带资料定期送往公司总部，以免除公司办理收账、货款存入银行的一切手续。

采用锁箱系统的优点是大大地缩短了公司办理收款、存储手续的时间，即公司消除了从收到支票到将这些支票完全存入银行之间的时间差距。由于银行提供多项服务，因此要求有相应的报酬。这种方法的主要缺点是需要支付额外的费用。这种费用支出一般来说与存入支票张数成一定比例，如果平均汇款数额较小，采用锁箱系统并不一定有利。是否采用锁箱系统要比较节约资金带来的收益与额外支出的费用。如果增加的费用支出比收益小,则可采用该系统;反之,就不宜采用。

3. 其他方法

除以上两种方法外,还有一些加速收现的方法。例如,对于金额较大的货款可直接派人前往收取支票并送存银行,以加速收款;对于各银行之间以及公司内部各单位之间的现金往来要严加控制,以防有过多的现金闲置在各部门之间等。

(二) 控制支出

企业收款时应尽量加快收款的速度,管理支出时应尽量延缓现金支出的时间。通常,控制现金支出的方法有以下几种。

1. 运用“浮游量”

所谓现金浮游量是指企业账户上存款余额与银行账户上存款余额之间的差额。有时,公司账簿上的现金余额已为零或负数,而银行账簿上该公司的现金余额还有不少。这是因为有些支票公司虽已开出,但对方还没有到银行兑现。如果能正确预测浮游量并加以利用,可节约大量资金。

当一个公司在同一国家内有多个银行存款账户时,则可选用一个能使支票流通在外的时间最长的银行账户来支付货款,以扩大浮游量。

利用现金的浮游量,公司可适当减少现金数量,达到减少现金的目的。但是利用浮游量往往对供应商不利,有可能破坏公司与供应商之间的关系,因而只能有限度地灵活运用。

2. 控制支出时间

为了最大限度地利用现金,合理地控制现金支出时间是十分重要的。例如,企业在采购材料时,如果付款条件是“2/10,*n*/45”,应安排在发票开出日期后的第 10 天付款,这样,企业可以最大限度地利用现金而不丧失现金折扣。

3. 工资支出模式

企业为支付工资通常会设立一个存款账户。这种存款账户余额的多少,会影响企业的现金余额。为了减少这一存款数额,企业必须合理预测所开出支付工资的支票到银行兑现的具体时间。假设某企业在 1 月 3 日支付工资 10 万元,根据历史资料,3 日、4 日、5 日、6 日及 7 日以后的兑现比率分别为 20%、40%、20%、10%和 10%。这样公司就不必在 3 日存够 10 万元。

四、最佳现金持有量

现金的管理除了做好日常收支、加速现金流转速度外,还需控制好现金持有规模,即确定适当的现金持有量。下面是几种确定最佳现金持有量的方法。

(一) 成本分析模式

成本分析模式是通过分析持有现金的成本,寻找持有成本最低的现金持有量。

企业持有的现金,有三种成本:

1. 机会成本

现金作为企业的资金占用是有代价的，这种代价就是它的机会成本，即持有现金所放弃的报酬。这种成本通常为有价证券的利息率，它的变化与现金余额成正比例。现金资产的流动性极佳，但盈利性极差，持有现金则不能将其投入生产经营活动。企业为了经营业务的正常运转，有必要持有一定的现金，以应付意外的现金需要。但现金拥有量过多，机会成本大幅度上升就不划算了。

2. 管理成本

企业拥有现金，会发生管理费用，如现金管理人员工资、安全措施费等。这些费用是现金的管理成本。管理成本是一种固定成本，与现金持有量之间没有明显的比例关系，是一种不相关成本。

3. 短缺成本

现金的短缺成本是因缺少必要的现金，不能应付业务开支所需，使企业蒙受损失或为此付出的代价。现金的短缺成本随现金持有量的增加而下降，随现金持有量的减少而上升。

上述三项成本之和最小的现金持有量就是最佳现金持有量。如果将这三个成本线放在一个图上(图 7-1)，就能表示出持有现金的总成本(总代价)，计算出最佳现金持有量的点：机会成本线向右上方倾斜，短缺成本线向右下方倾斜，管理成本线是一条直线，总成本线便是一条抛物线，该抛物线的最低点即为持有现金的最低总成本。超过这一点，机会成本上升的代价又会大于短缺成本下降的好处；这一点之前，短缺成本上升的代价又会大于机会成本下降的好处。这一点横轴上的量，即是最佳现金持有量。

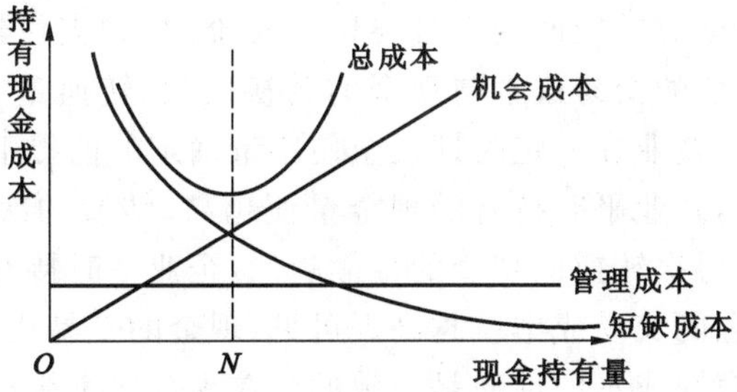

图 7-1 最佳现金持有量

最佳现金持有量的具体计算，可以先分别计算出各种方案的机会成本、管理成本、短缺成本之和，再从中选出总成本之和最小的现金持有量。

【例 7-2】 某企业有三种现金持有方案，机会成本率即该企业的资本收益率为 10%。它们各自的机会成本、管理成本、短缺成本见表 7-1。

这三种方案的总成本计算结果如下：

A 方案现金持有总成本＝3 000＋20 000＋12 000＝35 000(元)

B 方案现金持有总成本＝6 000＋20 000＋5 800＝31 800(元)

表 7-1　现金持有方案　（单位：元）

项目＼方案	A	B	C
现金持有量	30 000	60 000	90 000
机会成本	3 000	6 000	9 000
管理成本	20 000	20 000	20 000
短缺成本	12 000	5 800	0

C 方案现金持有总成本＝9 000＋20 000＋0＝29 000（元）

将以上各方案的总成本加以比较可知，C 方案的总成本最低，也就是说当企业持有 90 000 元现金时，总成本最低，故 90 000 元是该企业的最佳现金持有量。

（二）存货模式

企业平时持有较多的现金，会降低现金的短缺成本，但也会增加现金占用的机会成本；而平时持有较少的现金，会增加现金的短缺成本，却能减少现金占用的机会成本。如果企业平时只持有较少的现金，在有现金需要时（如手头的现金用尽），通过出售有价证券换回现金（或从银行借入现金），便能既满足现金的需要避免短缺成本，又能减少机会成本。因此，适当的现金与有价证券之间的转换，是企业提高资金使用效率的有效途径。但是，如果每次随意地进行有价证券与现金的转换，会加大企业的成本，因此如何确定有价证券与现金的次数和转换量，是一个需要研究的问题。

现金持有量的存货模式又称鲍摩模型，是威廉·鲍摩（William Baum）提出的用以确定目标现金持有量的模型。

企业每次以有价证券转换回现金是要付出代价的（如支付经纪费用），这被称为现金的交易成本。现金的交易成本与现金的转换次数、转换量有关。假定现金每次的交易成本是固定的，企业在一定时期现金使用量确定的前提下，每次以有价证券转换回现金的金额越大，企业平时持有的现金量便越高，转换的次数便越少，现金的交易成本就越低；反之，每次转换回现金的金额越低，企业平时持有的现金量便越低，转换的次数会越多，现金的交易成本就越高。可见，现金的交易成本与现金的平时持有量成反比，这与现金短缺成本的性质是一致的。在现金成本构成图上，可以将现金的交易成本与现金的短缺成本合并为同一条曲线，并不再考虑相对固定不变的管理成本，这样，现金的成本构成可重新表现为如图 7-2 所示的图形。

在图 7-2 中，现金的机会成本和交易成本是两条随现金持有量呈不同方向发展的曲线，两条曲线交叉点相应的现金持有量即是总成本最低的现金持有量，它可以运用现金持有量存货模式求出。

如果现金余额大，则持有现金的机会成本高，但交易成本会减少；如果现金余额小，则持有现金的机会成本低，但交易成本会上升。使两种成本之和最低的现金余额即为最佳现金余额。

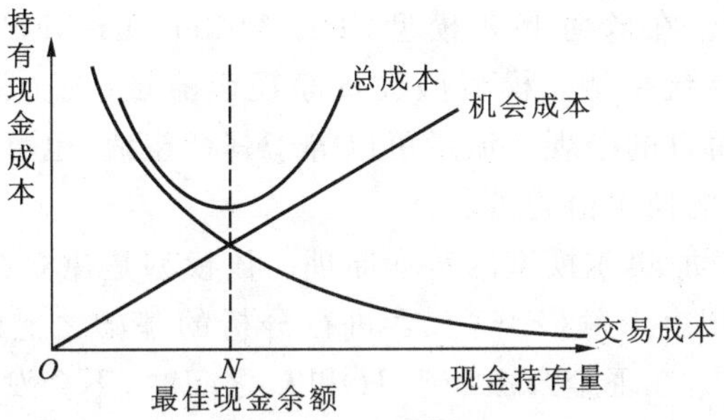

图 7-2 最佳现金余额量

$$TC = \frac{N}{2}i + \frac{T}{N}b$$

式中 TC——总成本；

b——现金与有价证券的转换成本；

T——特定时间内的现金需求总额；

N——理想的现金转换数量(最佳现金余额)；

i——短期有价证券利息率。

可用导数方法求出最小值,公式如下：

$$TC' = \left(\frac{N}{2}i + \frac{T}{N}b\right)' = \frac{i}{2} - \frac{Tb}{N^2}$$

令 $TC'=0$,则$\frac{i}{2}=\frac{Tb}{N^2}$,$N^2=\frac{2Tb}{i}$,则

最佳现金余额 $N=\sqrt{\frac{2Tb}{i}}$。

【例 7-3】 某企业预计全年需要现金 600 000 元,现金与有价证券的转换成本为每次 100 元,有价证券的利息率为 3%。则计算最佳现金余额如下：

$$N = \sqrt{\frac{2\times 60\ 000\times 100}{3\%}} = 20\ 000(\text{元})$$

最佳现金余额为 20 000 元,这就意味着公司从有价证券转换为现金的次数每年为 3 次(即 60 000÷20 000=3)。

存货模式可以精确地测算出最佳现金余额和变现次数,表述了现金管理中基本的成本结构,对加强企业的现金管理有一定作用。但是这种模式以货币支出均匀发生、持有现金机会成本和转换交易成本易于预测为前提条件。因此,只有在上述因素比较确定的情况下才能使用此种方法。

(三) 随机模型

随机模型又称米勒-奥尔模型,是由默顿·米勒(Merton Miller)和丹尼尔·奥尔(Daniel Orr)创建的一种能在现金流入量和现金流出量每日随机波动情况下确定

目标现金余额的模型。在米勒-奥尔模型(The Miller-Orr Model)中,既引入了现金流入量,也引入了现金流出量。模型假设日净现金流量(现金流入量减去现金流出量)服从正态分布。每日的净现金流量可以等于其期望值,也可以高于或低于其期望值。假设净现金流量的期望值为零。

图 7-3 说明了米勒-奥尔模型的基本原理。该模型是建立在对控制上限(H)、控制下限(L)以及目标现金余额(Z)这三者进行分析的基础之上的。企业的现金余额在上、下限间随机波动,在现金余额处于 H 和 L 之间时,不会发生现金交易。当现金余额升至 H 时,比如说点 X,则企业购入 $H-Z$ 单位(美元)的有价证券,使现金余额降至 Z。同样地,当现金余额降至 L,如点 Y(下限),企业就需要售出 $Z-L$ 单位的有价证券,使现金余额回升至 Z。这两种情况都会使现金余额回到 Z。其中,下限 L 的设置是根据企业对现金短缺风险的愿意承受程度确定的。

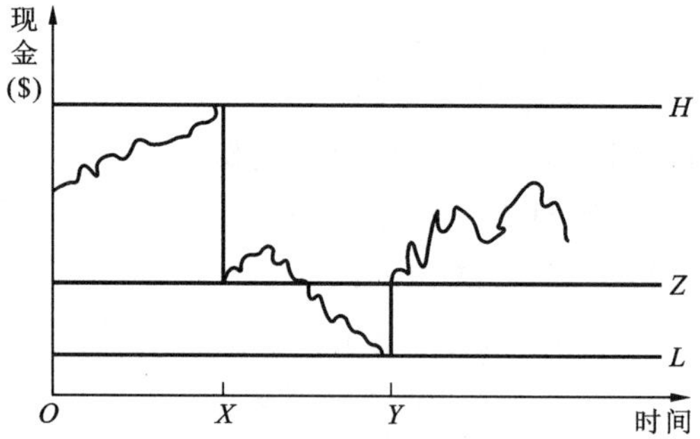

图 7-3　米勒-奥尔模型

与鲍摩模型相同的是,米勒-奥尔模型也依赖于交易成本和机会成本,且每次转换有价证券的交易成本被认为是固定的,而每期持有现金的百分比机会成本则是有价证券的日利率。与鲍摩模型不同的是,米勒-奥尔模型每期的交易次数是一个随机变量,且根据每期现金流入量与流出量的不同而发生变化。

因此,每期的交易成本取决于各期有价证券的期望交易次数。同理,持有现金的机会成本则是每期期望现金余额的函数。

给定企业设定的 L,运用米勒-奥尔模型可以解出目标现金余额 Z 和上限 H。现金余额返回政策的期望总成本等于期望交易成本和期望机会成本之和。根据米勒-奥尔模型确定令期望总成本最小的 Z(现金返回点)和 H(上限)的值为:

$$Z=\sqrt[3]{\frac{3F\sigma^2}{4K}}+L$$

$$H=3Z-2L$$

式中　σ^2——日净现金流量的方差。

米勒-奥尔模型中的平均现金余额为:

$$\text{平均现金余额}=\frac{4Z-L}{3}$$

要运用米勒-奥尔模型，管理者必须先完成以下四项工作：

(1) 设置现金余额的控制下限(该下限与管理者确定的最低安全边际有关)。

(2) 估计日净现金流量的标准差。

(3) 确定利率。

(4) 估计转换有价证券的交易成本。

通过这四步就可以计算出现金余额的上限和返回点。米勒和奥尔用一个大型工业企业 9 个月的现金余额数据检验了该模型。由这一模型得出的日平均现金余额大大低于企业实际获得的平均数值。

米勒-奥尔模型明确了现金管理的关键点。首先，该模型说明最优返回点 Z^* 与交易成本 F 正相关，而与机会成本 K 负相关。这一发现与鲍摩模型的结论是基本一致的。其次，米勒-奥尔模型说明最优返回点及平均现金余额都与现金流量这一变量正相关。这就意味着，现金流量不确定性程度高的企业应保持更大数额的平均现金余额。

(四) 现金周转模式

现金周转期是指从现金投入生产经营开始，到最终转化为现金的过程。它大致包括如下三个方面：

(1) 存货周转期，是指将原料转化成产成品并出售所需要的时间。

(2) 应收账款周转期，是指将应收账款转换为现金所需要的时间，即从产品销售到收回现金的期间。

(3) 应付账款周转期，是指从收到尚未付款的材料开始到现金支出之间所用的时间。

在以上三方面确定的基础上，现金周转期可用下列算式表示：

$$\text{现金周转期}=\text{存货周转期}+\text{应收账款周转期}-\text{应付账款周转期}$$

现金周转期确定后，便可确定最佳现金余额。计算公式如下：

$$\text{最佳现金余额}=\frac{\text{企业年现金需求总额}}{360}\times\text{现金周转期}$$

【例 7-4】 某企业预计存货周转期为 90 天，应收账款周转期为 40 天，应付账款周转期为 30 天，预计全年需要现金 720 万元。求最佳现金余额如下：

$$\text{现金周转期}=90+40-30=100(\text{天})$$

$$\text{最佳现金余额}=\frac{720}{360}\times 100=200(\text{万元})$$

现金周转模式简单明了，易于计算。但是这种方法是假设材料采购与产品销售产生的现金流量在数量上一致，企业的生产经营过程在一年中持续稳定，即现金需求和现金供应不存在不确定的因素。如果以上假设条件不存在，则求得的最佳现金余额将发生偏差。

(五) 因素分析模式

因素分析模式是根据上年现金占用额和有关因素的变动情况，确定最佳现金余额的一种方法，其计算公式如下：

$$\text{最佳现金余额}=\left(\text{上年现金平均占用额}-\text{不合理占用额}\right)\times\left(1\pm\text{预计销售收入变化的百分数}\right)$$

【例 7-5】 某企业 2017 年平均占用现金为 1 000 万元，经分析其中有 50 万元的不合理占用额，2018 年销售收入预计较 2008 年增长 10%。计算 2018 年最佳现金余额如下：

$$(1\ 000-50)\times(1+10\%)=1\ 045(\text{万元})$$

因素分析模式考虑了影响现金余额高低的基本因素，计算也比较简单。但是这种模式假设现金需求量与营业量呈同比例增长，与事实并非完全吻合。

以上各种计算模式分别从不同角度计算最佳现金余额，各有优缺点，在实际工作中可结合起来加以运用。另外，现金余额的多少是多种因素作用的结果，数学模型并不能把各种因素的变化都考虑进去，所以，在多数情况下，还需财务管理人员根据经验加以确定。

第二节　应收账款管理

应收账款是企业流动资产的一个重要项目，是企业因为对外赊销产品、材料及供应劳务等而应向购货单位或接受劳务单位收取的款项。近几年来，随着市场经济的发展，商业信用的推行，企业应收账款数额明显增多，已成为流动资产管理中的一个日益重要的问题。虽然大多数企业更希望现销而不是赊销，但竞争的压力迫使许多企业提供商业信用，以稳定自己的销售渠道。

一、应收账款的功能与成本

（一）应收账款的功能

应收账款的功能即它在生产经营中的作用，主要表现为：

(1) 增加销售量。在激烈的市场竞争中，为了增加销售量，企业往往采用赊销的方式吸引顾客，达到增加利润的目的。

(2) 扩大市场占有率。企业为了扩大市场占有率或开拓新市场，也常常采用赊销方式推销商品。对于某些准备进入市场的新产品更是如此。

(3) 减少存货。当企业商品积压过多时，通过赊销的方式可以大大减少存货，降低存货成本。

（二）应收账款的成本

应收账款的成本一般包括以下三种：

1. 应收账款资金成本

应收账款所占用的资金若是企业的自有资金，则其占用资金的成本就相当于用其投资于有价证券的收益，实际上是一种机会成本；若所占用的资金来源于银行借款，则其资金成本就等于借款利息和一定的手续费。其计算公式为：

应收账款机会成本＝应收账款占用资金×资本成本率

应收账款占用资金＝应收账款平均余额×变动成本率

应收账款平均余额＝销售额÷应收账款周转率

应收账款周转率＝360÷应收账款周转期

2. 应收账款管理成本

产生了应收账款，就要对其进行日常管理，与管理相关的费用主要有：(1)顾客信用状况调查费用。(2)各种信息收集的费用。(3)应收账款核算费用。(4)应收账款收款费用。(5)其他管理费用。

3. 坏账损失成本

实际情况表明，应收账款并不能保证百分之百的收回，总有一部分会形成坏账，给企业带来经济损失。这一数量通常与应收账款的数量成正比。

应收账款有扩大销售、增加企业利润的一面，还有增加企业成本的另一面。对应收账款的管理，就是要分析其所能增加的毛利润及所产生的成本。在毛利润与成本之间做出权衡，最终达到增加企业利润的目的。毛利润与成本的权衡是通过制定有效的信用政策来实现的。

二、信用政策

企业要实现对应收账款的有效管理，事先必须制定出合理的信用政策。在制定政策时，必须遵守收益大于成本的原则。信用政策也称应收账款政策，其主要内容包括信用标准、信用条件和收账方针三个方面。

（一）信用标准

信用标准是指顾客获得企业的交易信用所应具备的条件。信用标准是判断顾客是否有资格享受企业提供的商业信用以及可以享受多少信用数额的一个标准。如果顾客达不到信用标准，便不能享受企业的信用或只能享受较低的信用优惠。

企业在设定某一顾客的信用标准时，可以通过“5C”系统进行。所谓“5C”系统是指评估顾客信用品质的五个方面，即品质（Character）、能力（Capacity）、资本（Capital）、抵押（Collateral）和条件（Conditions）。

(1) 品质。品质指顾客的信誉即履行偿债义务的可能性。企业必须设法了解顾客过去的付款记录，看其是否有按期如数付款的一贯做法，与其他供货企业的关系是否良好。这一点经常被视为评价顾客信用的首要因素。

(2)能力。能力指顾客的偿债能力，即其流动资产的数量、质量及其与流动负债的比率。顾客的流动资产越多，其转换为现金支付款项的能力越强。同时，还应注意顾客流动资产的质量，看是否有存货过多、过时或质量下降影响其变现能力和支付能力的情况。

(3) 资本。资本指顾客的财务实力和财务状况，表明顾客可能偿还债务的背景。

(4) 抵押。抵押指顾客拒付款项或无力支付款项时能够被用作抵押的资产。这对于不知底细或信用状况有争议的顾客尤为重要。一旦收不到这些顾客的款项，便以抵押品抵补。如果这些顾客提供足够的抵押，就可以考虑向他们提供相应的信用。

(5) 条件。条件指可能影响顾客付款能力的经济环境。比如，万一出现经济不景气，会对顾客的付款产生什么影响，顾客会如何做等，这需要了解顾客在过去困难时期的付款历史。

(二)信用条件

包括信用期间和现金折扣两个方面。

1. 信用期间

信用期间是指企业为顾客规定的最长付款时间。如30天付款，60天付款等。信用期间越长，销量会越大，利润会增加。但同时会增加应收账款，从而导致资金占用成本与坏账损失成本的增加。因此，是否延长信用期间，关键是要权衡延长信用期间所带来的收益是否大于所增加的成本。

2. 现金折扣

现金折扣即在顾客及早付款时给予的优惠。目的是鼓励顾客及早付款、加速货款收回，以减少坏账损失。但这样做要增加折扣支出，账单上常见的“2/10，*n*/30”是指顾客在10天内付款，可以享受货款金额2%的折扣，即只需付货款的98%。如果不想取得折扣，这笔货款必须在30天内付清。是否提供现金折扣，提供多少折扣，也要比较相应的收益与成本。

【例7-6】 某企业预测的年度赊销收入净额为2 400万元，其信用条件为：*n*/30，变动成本率为65%，有价证券投资报酬率(或资金成本率)为20%。该企业准备了三个信用条件的备选方案：A方案维持*n*/30的信用条件；B方案将信用条件放宽到*n*/60；C方案将信用条件放宽至*n*/90。试确定对公司最有利的信用条件。

各种备选方案估计的赊销水平、坏账百分比和收账费用等有关数据如表7-2所示。

表7-2　信用条件备选方案表　(单位：万元)

项　目	A：*n*/30	B：*n*/60	C：*n*/90
年赊销额	2 400	2 640	2 800
应收账款周转率(次数)	12	6	4
应收账款平均余额	2 400÷12=200	2 640÷6=440	2 800÷4=700
坏账损失率	2%	3%	5%
坏账损失	2 400×2%=48	640×3%=79.2	2 800×5%=140
收账费用	24	40	56

根据以上资料，可计算如下指标，见表7-3。

表 7-3　信用条件分析评价表　（单位：万元）

项　目	A：n/30	B：n/60	C：n/90
年赊销额	2 400	2 640	2 800
变动成本	1 560	1 716	1 820
信用成本前收益	840	924	980
信用成本：			
应收账款机会成本	26	57.2	91
坏账损失	48	79.2	140
收账费用	24	40	56
小计	98	176.4	287
信用成本前收益	742	747.6	693

根据表 7-3 中的资料可知，在这三种方案中，B 方案（n/60）的获利最大，因此，在其他条件不变的情况下，B 方案最佳。

【例 7-7】 仍接上例，如果企业选择了 B 方案，但为了加速应收账款的回收，又决定将赊销条件改为“2/10，1/20，n/60”（D 方案），估计有 60%的客户会利用 2%的折扣，15%的客户会利用 1%的折扣。坏账损失率降为 2%，收账费用 30 万元。试确定企业是否该选择 D 方案。

有关指标计算如下：

应收账款周转期＝60%×10＋15%×20＋25%×60＝24（天）

应收账款周转率＝360÷24＝15（次）

应收账款机会成本＝2 640÷15×65%×20%＝22.88（万元）

现金折扣＝2 640×（60%×2%＋15%×1%）＝35.64（万元）

根据以上资料，计算结果见表 7-4。

表 7-4　例 7-7 表　（单位：万元）

项　目	B：n/60	D：2/10，1/20，n/60
年赊销额	2 640	2 640
变动成本	1 716	1 716
信用成本前收益	924	924
信用成本：		
应收账款机会成本	57.2	22.88
坏账损失	79.2	52.80
收账费用	40	30
折扣成本	0	35.64
小计	176.4	141.32
信用成本前收益	747.6	782.68

计算结果表明，实行现金折扣以后，企业的收益增加，因此，企业最终应选择 D

方案(2/10,1/20,n/60)作为最佳方案。

(三)收款方针

即顾客违反信用条件时,企业所采取的收款政策。每个企业经营时期、经营风格的不同,均会导致收款政策的不同。

三、应收账款的日常管理

应收账款的日常管理工作,就是按照已经建立的信用政策办事,这就需要对顾客的信用情况进行详细的调查和分析,以便决定是否给予顾客信用、采取什么样的收账措施等。

(一) 对顾客进行信用调查

对顾客的信用评价是应收账款管理活动中最重要的一环,只有在对顾客的信用状况正确评价的前提下,才可能正确地执行企业的信用政策。对顾客进行信用调查,收集其有关资料,是评价其信用情况的基础。顾客的信用资料一般可从以下几个方面获得。

1. 财务报告

顾客最近的资产负债表、损益表和财务状况变动表是信用资料的重要来源。这些报表很容易取得。财务状况良好的企业,也乐于提供这方面的资料,拒绝提供财务报告的顾客多为财务基础较差的公司,根据报告中的数据,计算其流动比率、速动比率、存货及应收账款周转率,便能判断企业的偿债能力和信用状况。

2. 信用评估机构

许多国家都有信用评估的专门机构,它们定期发布有关企业的信用等级报告。目前,我国的信用评估机构有两种形式:一是独立的社会评估机构,不受行政干预和集团利益牵制,独立自主地开办信用评估业务,如会计师事务所。二是由银行组织的评估机构,一般吸收有关专家参与对其客户进行评估。在评估等级方面,较常用的是三款九级制,即将企业信用情况分为 AAA、AA、A、BBB、BB、B、CCC、CC、C 九等。评估机构是一种专门的信用评估部门,有较高的可信度。

3. 商业银行

许多银行都设有规模很大的信用部门,为往来户调查商业信用是其服务项目之一。企业的往来银行一般都能取得被调查对象的存款余额、借款情况、经营状况等信用资料,且愿与其他银行共享这些信息。因此,企业可委托其往来银行代理信用调查。

4. 企业自身的经验

企业自身的经验是判断顾客信用好坏的一种重要依据。通过对顾客过去付款行为的分析,以及来自企业内部的推销员、经常收账的财务人员的经验所提供的资料,基本上能判断出顾客的信用情况。

5. 其他方面的资料

企业还可以从税务部门、顾客的上级主管部门、市场监督管理部门、银行等金融机构或证券交易部门收集有关顾客的信用资料。

(二)对顾客进行信用分析与评价

在调查掌握有关资料后,就应运用特定的方法,对顾客信用状况进行分析和评价。常用的方法有5C分析法和信用评分法。

1. 5C分析法

5C分析法是指通过重点分析影响信用状况的5个方面因素评估顾客信用状况的方法。这5个方面因素的英文均以C开头,因此称为5C分析法。

(1) 品质(Character),是指顾客愿意履行其偿债义务的可能性,即顾客是否愿意尽力来偿还货款。一般认为,品德是信用评估中最重要的因素。

(2) 能力(Capacity),是指顾客偿还债务的能力,包括顾客的历史记录,特别是对流动比率和负债比率的分析和判断。

(3) 资本(Capital),是指顾客的一般财务状况,主要根据各种财务比率,特别是对流动比率和负债比率的分析和判断。

(4) 抵押(Collateral),是指顾客是否愿意提供担保物以获取商业信用。如果有担保物,在信用标准上可适当放宽。

(5) 条件(Conditions),是指社会经济形势或某一特殊情况对顾客偿债能力的影响。

企业通过对顾客进行以上5个方面的分析,基本上可以判断顾客的信用状况,这为是否为其提供商业信用做好了准备。

2. 信用评分法

信用评分法是一种从数量分析的角度来评价顾客信用的方法,其基本公式是:

$$S = a_1x_1 + a_2x_2 + \cdots + a_nx_n = \sum_{i=1}^{n} a_ix_i$$

式中 S——顾客的信用评分;

x_i——顾客第 i 种财务比率或信用状况的评分;

a_i——事先拟定的第 i 种财务比率或信用状况的加权权数,$\sum_{i=1}^{n} a_i = 1$。

例如,对某公司信用评分的分析如表7-5所示。

表7-5 某公司信用评分的分析

项 目	信用状况	x_i	a_i	a_ix_i
流动比率	1.78	86	0.2	17.2
利息周转倍数	5	85	0.1	8.5
净利率	12%	90	0.1	9
评估机构评价	A级	80	0.25	20
付款历史	好	85	0.2	17
企业未来情况	尚好	78	0.1	7.8
其他因素	好	90	0.05	4.5
合计	—	—	$\sum_{i=1}^{n} a_i = 1$	$\sum_{i=1}^{n} a_ix_i = 84$

表 7-5 中财务比率和信用状况由收集的资料分析而得，分数 x_i 是由第一栏的资料及企业财务人员判断而得（采用百分制），a_i 是根据财务比率和信用状况的重要程度事先确定。

一般来说，评分在 80 分以上，说明顾客信用良好；在 60～80 分，说明顾客信用一般；在 60 分以下，说明顾客信用较差。上例中顾客的信用评分为 84，说明其信用良好。

（三）决定是否向顾客提供信用

在收集分析了顾客的信用资料，并对其信用做出评价之后，企业就要做出是否向顾客提供信用的决策。在进行决策时，还要分别对新顾客和老顾客采用不同的方法。

（1）如果是新顾客，则主要根据企业信用政策中制定的信用标准来做出决策。例如，可根据有关资料，分析出信用评分与坏账损失率的关系，如表 7-6 所示。

表 7-6　信用评分与坏账损失率的关系

信用评分	60 分以下	60～70 分	71～75 分	76～80 分	81～85 分	86～90 分	91～100 分
坏账损失率	20%以上	10%～20%	5%～10%	2%～5%	1%～2%	0.5%～1%	0

如果企业的信用标准为允许坏账损失率达到 5%，那么其可对信用评为 75 分以上的顾客提供信用。

（2）如果是老顾客，且老顾客的情况又未发生大的变化，一般不必再对其进行信用分析。这时企业主要是考虑给予老顾客多大的信用额度，即允许老顾客在任何时候赊购货物的最大限度。例如，核定给某顾客的信用额度为 30 万元，该顾客第一次购货金额为 20 万元，若货款尚未支付，则第二次购货时，最多允许其赊购 10 万元的货物。信用额度一般必须定期核定，以适应顾客情况的变化，否则可能给企业带来经济损失。

（四）收账策略

收账策略是指对顾客逾期未付的应收账款采取的方法和措施。一般来说，大多数顾客都能按期付款，但总有一小部分顾客会出现逾期未付的情况。理想的收账策略是既要顺利收回账款，又要维护好与顾客的关系，并降低收账费用。催收账款的程序是：信函通知→电话催收→派人面谈→法律解决。

当顾客逾期未付款时，可先发一封措辞礼貌的信函，提醒对方是否忘记付款日期；若仍无反应，企业就得派专人登门催收，如果顾客确实暂时有困难，可以协商再延展付款的时间。假如上述方法都不成功，最后则不得不采取法律措施。企业在决定采用法律手段解决问题之前，必须慎重考虑两个问题：一是采用法律手段会恶化与顾客的关系；二是采用法律手段解决问题后收回款项的可能性。如对方可能正希望通过法律手段宣告破产，解除其财务困境，而待其清算的资产付清法律费、职工工资、国家税金及有担保的债务后，已所剩无几。因此，法律手段主要用于个别不讲信誉、故意拖欠、试图赖账的顾客。

（五）其他日常管理方法

除上述方法外，还有其他日常管理应收账款的方法。如 ABC 管理法；账龄分析法，即通过编制应收账款账龄分析表，时常检测应收账款账龄发展趋势。当账龄分析表显示逾期账户所占的百分比逐渐增加时，就必须考虑紧缩企业的信用政策。

在国外，对应收账款还有信用保险的管理办法。如果企业的财务状况不太理想，其应收账款又集中于一两个风险较大的顾客身上，就十分有必要向保险公司申请对其应收账款进行信用保险。

第三节　存货管理

存货在流动资产总额中占有很大的比重，是企业财务管理的重要对象。存货管理成功与否，直接影响到企业的经营效益。

一、存货的概念

存货是指企业在生产经营过程中为销售或耗用而储备的物资，主要包括原材料、在产品及产成品。凡是所有权属于企业的用于耗用或销售的物资，不论存放在何处，都属于企业的存货。因此，已经购入虽未入库的物品或者已出库但所有权尚未转移给对方的物品，都属于企业的存货；反之，按合同已售出，虽然尚未出库的物品，则不再视作企业的存货。要注意：委托其他企业代销的商品，其所有权未发生改变，亦属于企业存货。而顾客赊购的商品，虽然暂时未收到货款，但是所有权已发生转移，就不再属于企业存货。

存货按其储存目的，可分为为生产或耗用而储存的存货和为销售而储存的存货两种，前者包括材料、燃料、外购零件及在产品，后者包括待销售商品和产成品等。存货按其存放地点不同又可分为库存存货、在途存货、委托加工存货与代销存货。

二、存货的功能与成本

（一）存货的功能

存货的功能是指存货在生产经营过程中的作用，主要表现在以下几个方面：

（1）防止停工待料。如果没有一定量的原材料存货，一旦未能按时采购材料，或者运输途中发生意外，或者质量、规格、数量方面出现差错，都将迫使企业停产。同样，如果没有一定量的在产品存货，当生产线上某一环节出现故障时，其后的所有工序都将受到影响。因此，为保证生产经营活动正常进行，企业必须保有一定量的原材料和在产品存货。

（2）保证销售正常。首先，当市场需求突然增加时，充足的存货能有效地供应市场，满足客户需求；其次，顾客为节约采购费用、享受数量折扣，也会成批购买。当企业的产量超过顾客要求的批量时,也会形成存货。

(3) 维持均衡生产,降低产品成本。有的产品属于季节性需求产品,有的产品的需求极不稳定。如果企业根据产品的需求状况安排生产,必然出现有时超负荷生产、有时生产能力过剩的情况。这种不均衡的生产状况会增加产品的成本。为了均衡生产,自然就会形成一定量的产成品存货。

(4) 享受数量折扣,减少采购成本。成批地购进原材料、零部件或商品,往往可以获得价格上的优惠,享受数量折扣。同时,还可以减少采购、管理费用,降低采购成本。

(5) 适应市场变化,减少通货膨胀所带来的损失。当即将出现严重通货膨胀时,为减小原材料或拟购进商品价格上涨带来的损失,通常要及早大量进货,这同时加大了企业的存货量。

(二) 存货的成本

存货固然能给企业带来很多好处,但存货成本也不可忽视。存货成本可分为以下三类:

(1) 储存成本。即与存货储存相关的成本。其又可分为三种:第一种是存货占用资金的资金成本;第二种是由于保管存货而发生的仓库费、保险费、保暖费、照明费、保管工人工资等;第三种是存货发生的变质、损坏、陈旧和报废成本等。

储存成本一般与平均库存量成正比,而库存量又取决于订货次数(或者生产批次)。假设企业的年销售量为 S,如果每年等量订货 N 次,则每次的订货量为 S/N。若一年中存货是均匀地流出的,在不考虑安全存量的情况下,企业平均的库存量 $A=$ 每次订购量$/2=S/2N$。假设每单位存货的采购成本为 P,则企业存货平均占用资金量就等于 AP。设 C 为每 1 元存货的储存成本,则企业的总储存成本等于 APC。

(2) 订货成本。指除购买价格以外的使存货送达企业所必要的费用。如果存货来自企业外部,则订货成本就是请购、订购、运输、收货、验查和入库等活动所发生的费用;如果存货属于企业自己生产的,则订货成本就是指安排存货生产而发生的生产调整准备费,该项成本一般只与订货次数(生产批次)有关,而与每次订货量(生产批量)无关。

设每年订货 N 次,每次订货成本为 F,则总订货成本 $TOC=NF=\frac{SF}{2A}$。

(3) 缺货成本。指由于缺少存货而使生产中断或丧失销售机会而造成的损失。如停工损失,临时高价采购材料而发生的额外支出,不能按时交货而产生的信誉损失等。缺货成本不易计量,但确实是一个重要的成本项目。

三、存货管理的目的

从存货的功能与成本不难看出,企业没有存货是不可能的;从利用存货功能的角度出发,当然是存货越多越好。但持有存货又必然增加其储存成本,因此,从降低储存成本的立场出发,存货越少越好。处理好存货的成本与功能的关系,确定一个合适的存货量,是存货管理的主要目的。或者说,存货管理的主要目的就是控制存货水平，在充分发挥存货功能的基础上，尽量降低存货成本。

四、存货管理模型

（一）经济批量模型

与存货有关的成本主要有储存成本、订货成本与缺货成本。在不考虑缺货成本的情况下，存货总成本 TIC 就等于储存成本 TCC 与订货成本 TOC 之和，即

$$TIC = TCC + TOC$$

设每次订货量为 Q，则：

$$Q = S/N, A = Q/2$$

$$TCC = CPA = CPQ/2$$

$$TOC = F\frac{S}{2A} = FS/Q$$

$$TIC = \frac{CPQ}{2} + \frac{FS}{Q}$$

可见，储存成本与每次订货量成正比，而订货成本与每次订货量成反比，TCC、TOC 及 TIC 三者的关系如图 7-4 所示。

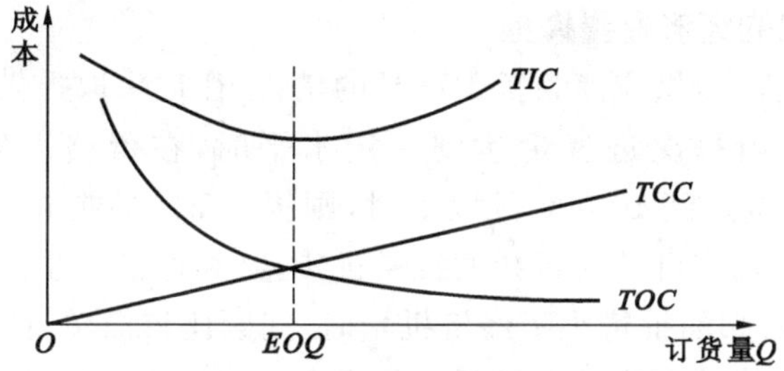

图 7-4　经济批量模型

经济批量模型企业存货管理的目的是要使存货总成本为最小，为此，对总成本 TIC 求关于 Q 的导数，并令其等于 0，则有：

$$\frac{d(TIC)}{dQ} = \frac{CP}{2} - \frac{FS}{Q^2} = 0, \frac{CP}{2} = \frac{FS}{Q^2}$$

即当订货批量 $Q=\sqrt{\frac{2FS}{CP}}$ 时，存货总成本可达到最小，此时的订货批量称为经济批量，用 EOQ 表示为：

$$EOQ = \sqrt{\frac{2FS}{CP}}$$

式中　EOQ——经济批量；

F——每次订货成本；

S——年存货需要量；

C——每 1 元存货的平均储存成本；

P——进货单价。

由经济批量 EOQ 可以推出相应的经济批次和经济批量下的最低存货成本如下：

$$\text{经济批次} = \frac{\text{全年需要量}}{\text{经济批量}} = \frac{S}{EOQ} = \sqrt{\frac{CPFS}{2}}$$

$$\text{最低存货成本} = \frac{CP}{2} \cdot EOQ + \frac{FS}{EOQ} = \sqrt{\frac{CPFS}{2}} + \sqrt{\frac{CPFS}{2}} = \sqrt{2CPFS}$$

【例 7-8】 某公司经销某种商品，预计全年销量为 26 000 件，每件进货单价为 4.92元，每次订货成本为 1 000 元，每 1 元存货的平均储存成本为 0.25 元。则 S= 26 000，P=4.92，F=1 000，C=0.25，于是：

$$EOQ = \sqrt{\frac{2FS}{CP}} = \sqrt{\frac{2 \times 1\ 000 \times 26\ 000}{0.25 \times 4.92}} \approx 6\ 500(\text{件})$$

$$\text{全年经济订货次数} = \frac{26\ 000}{6\ 500} = 4(\text{次})$$

$$\text{最低的存货成本} = \sqrt{2CPFS} = \sqrt{2 \times 0.25 \times 4.92 \times 1\ 000 \times 26\ 000} \approx 8\ 000(\text{元})$$

（二）数量折扣的经济批量模型

在实际购销过程中，供应商为扩大商品的销售，往往采取提供数量折扣的办法鼓励购货方多进货。当每次进货量达到一定水平时，在价格上给予一定优惠。如例 7-8中，每次订购量达到 10 000 件以上时，则提供 2%的折扣。在此情形下，究竟按经济批量进货，还是按可享受折扣的批量进货，必须作进一步的测算与比较。

(1) 当可享受折扣的批量小于经济批量时，问题比较简单，按经济批量进货既可享受批量折扣，又可使总存货成本最低。但需要注意原来计算经济批量时，未考虑数量折扣因素，而当可享受折扣的批量小于经济批量时，则需要按新的进货价格重新计算经济批量。在例 7-8 中，若进货量达到 5 000 件以上时，可享受 2%的数量折扣，而事先计算的经济批量为 6 500 件时，可享受数量折扣。此时，可把折扣因素加上，修正原来计算的经济批量。因为折扣为 2%，所以进货单价由原来的 4.92 元变为 4.92× 0.98=4.821 6(元)，于是修正后的经济批量为：

$$\overline{EOQ} = \sqrt{\frac{2FS}{CP}} = \sqrt{\frac{2 \times 1\ 000 \times 26\ 000}{0.25 \times 4.821\ 6}} \approx 6\ 570(\text{件})$$

修正后的经济批量比原来增加了 70 件。

(2) 如果可享受折扣的批量大于经济批量，就要把采购成本的因素加上，比较两种批量条件下的总成本，以总成本最小者作为实际进货批量。在例 7-8 中，如果批量达到 10 000 件时，可享受 2%的折扣，则两种批量条件下的成本可分别测算如下：

① 按经济批量进货

全年采购成本＝26 000×4.92＝127 920(元)

全年存货成本＝$\sqrt{2CFSP}$＝8 000(元)

全年总成本＝127 920＋8 000＝135 920(元)

② 按可享受折扣的批量进货

全年采购成本＝26 000×4.92×(1－2%)＝125 361.6(元)

$$全年储存成本=\frac{C\bar{P}Q}{2}=\frac{0.25\times4.92\times(1-2\%)\times10\ 000}{2}$$

＝6 027(元)[注:进价为 4.92×(1－2%)＝4.821 6(元)]

$$全年订货成本=\frac{FS}{Q}=\frac{1\ 000\times26\ 000}{10\ 000}=2\ 600(元)$$

全年总成本＝125 361.6＋6 027＋2 600＝133 988.6(元)

由此可见,按可享受数量折扣的批量进货比按经济批量进货可降低成本 135 920－133 988.6＝1 931.4(元)。因此,应按每批 10 000 件进货。

(三) 订货点的确定

订货点是指订购下一批存货时,本批存货还剩余的储存量。由于从订货到货物入库需要一定的时间,企业不能在库存耗尽时才订货,而是必须有一个提前量,这就要确定订货点。

如果企业的耗用量均匀,且交货期(从订货到入库的时间)也稳定,则订货点的确定较为简单,此时:

订货点＝交货期×平均耗用量

仍以例 7-8 为例,设订货后两周才能收到商品,全年按 52 周计,每周耗用量为:26 000÷52＝500(件),则:

订货点＝2×500＝1 000(件)

即当存货下降到 1 000 件时,就应订货。如图 7-5 所示。

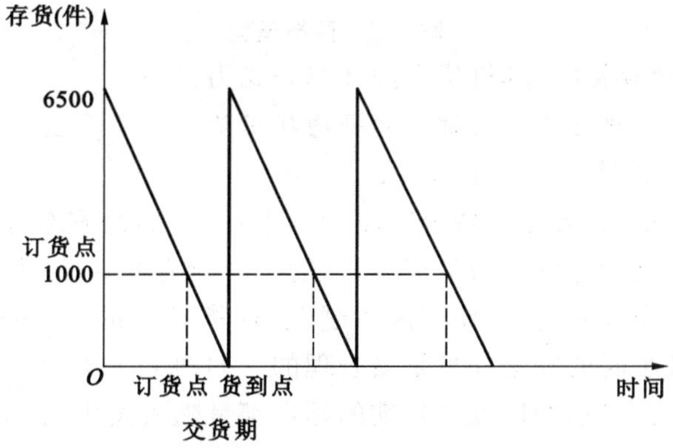

图 7-5　订货点的确定

当存货下降为0时,下一批货刚好入库。这样既不影响生产和销售,也不增加存货。

(四) 安全存量下的存货模型

在上述讨论中,假设存货的耗用量是均匀的,交货期是稳定的。但是这种假设与实际情况可能不相符。在实际经营过程中,耗用量往往是波动的,交货期也可能因种种原因而发生延迟。因此,在确定订货模型时,要考虑以下实际因素。

1. 考虑安全存量时订货点的确定

为防止因耗用量突然增加或交货期延迟,企业应保持一定的安全储备量。仍以例7-8为例,企业每周正常耗用量是500件,但每周最大耗用量可达1 000件。如果订货点仍为1 000件,则1 000件也许只能维持一周的耗用,订货后要两周才能收到货物。因此,极有可能缺货一周,缺货量可能达到1 000件。为此,企业需增加1 000件的安全存量。初次订货时,批量为6 500+1 000=7 500(件),以后当存货下降到2 000件时,考虑安全存量的存货模型如图7-6所示。

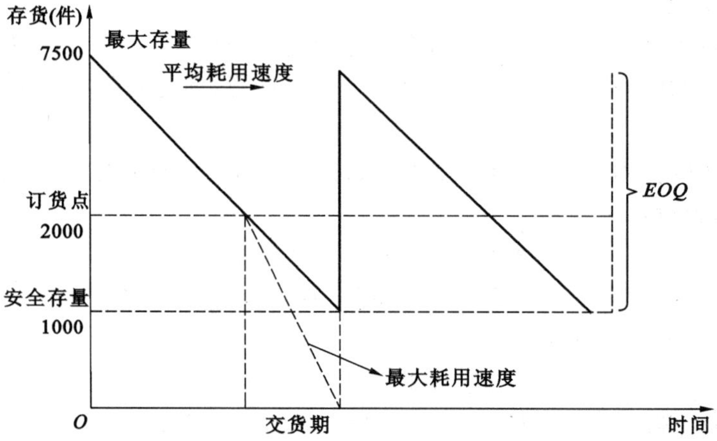

图7-6 存货模型

因此,考虑安全存量时,其订货点的计算公式为:

订货点=交货期×平均耗用量+安全存量

2. 安全存量的计算

在确定安全存量时,要考虑两个方面的成本:一方面是安全存量的储存成本,另一方面是因存货不足所造成的缺货成本。显然,安全存量越大,储存成本越高,缺货成本越低;反之,安全存量越小,储存成本越低,缺货成本越高。因此,当储存成本与缺货成本之和为最小时的安全存量是最合理的。如图7-7所示。

因为耗用量的突然增加以及交货期的延迟都是随机发生的,所以,要计算缺货成本,就必须知道缺货成本发生的概率及发生时的实际成本。仍以例7-8为例,设企业在一个批量周期(13周)内的耗用量及相应的概率如表7-7所示。

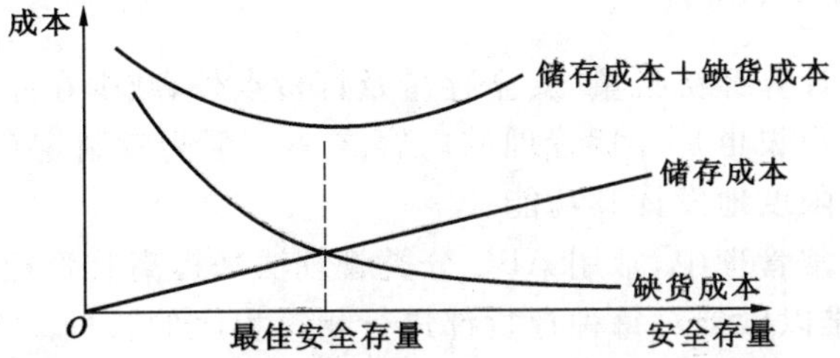

图 7-7　安全存量与存储成本、缺货成本的关系

表 7-7　企业在一个批量周期内的耗用量及相应的概率

耗用量(件)	5 500	6 000	6 500	7 000	7 500
概率	10%	20%	40%	10%	20%

设每缺货一件造成的损失为 5 元，根据前面的资料可计算出各种情况下的成本，如表 7-8 所示。

表 7-8　各种情况的成本

安全存量①(件)	缺货件数②(件)	缺货成本③(元)	概率④(%)	期望缺货成本⑤(元)	储存成本⑥(元)	总成本⑦＝⑤＋⑥(元)
1 000	0	0	0	0	4.92×1 000×0.25＝1 230	1 230
500	500	2 500	0.1	250	615	865
0	1 000	5 000	0.2	1 000	0	1 250
	500	2 500	0.1	250	0	

说明：(1)由于最大耗用量为 7 500 件，经济批量为 6 500 件，当安全存量为 1 000 件时不会发生缺货(概率为 0)；(2)期望缺货成本＝缺货成本×相应概率；(3)安全存量为 500 件时，最高存货量为 7 000 件，因为最大耗用量为 7 500 件，所以可能发生缺货 500 件，其概率为 10%；(4)安全存量为 0 时，两种情况都可能发生(耗用量为7 500 件时，缺货 1 000 件；耗用量为 7 000 件时，缺货 500 件)，此时的总成本为这两种情况的期望缺货成本之和。

从表 7-8 中可以看出，当安全存量为 500 件时，总成本最小。因此，企业最佳安全存量为 500 件。

这里只讨论了因耗用量波动而引起缺货时安全存量的确定问题。同理，可讨论因交货期延迟引起缺货时安全存量的确定问题，以及因耗用量波动与交货期延迟共同引起缺货时安全存量的确定问题。

五、存货的日常控制

存货的管理除计算经济批量、安全存量及订货点外，减少在库存货的管理费以及损坏、变质、过时等损失也是存货管理的内容之一。企业应制定存货日常管理制度，以保证存货能最大限度地发挥其功能。

在对存货的日常管理中，常用ABC分类管理法来提高其管理效果。由于企业存货种类通常较多，难以做到对每种存货都进行相等程序的管理。ABC管理法便应运而生。该方法是先对存货进行分类，然后按其价值大小分别控制。其具体方法是：价值高、数量少的存货为A类，对其进行严格管理；价值低、数量多的存货为C类，对其进行简单管理；B类是介于A类与C类之间的存货，对其控制的方法也介于两者之间。对存货分类的一般标准是：

A类存货：品种数量约占总存货的10%，其价值约占总存货价值的70%；

B类存货：品种数量约占总存货的20%，其价值也约占总存货价值的20%；

C类存货：品种数量约占总存货的70%，其价值约占总存货价值的10%。

【例7-9】 某企业有20种存货，共占用资金100 000元，按占用资金多少的顺序排列后，根据上述标准可划分为A、B、C三类，其划分情况如表7-9所示。

表7-9　存货分类划分情况

存货品种	占用资金总额（元）	类别	各类存货的数量（件）与比重	各类存货占用资金数量（元）与比重
1	50 000	A	2 10%	75 000 75%
2	25 000			
3	10 000	B	5 25%	20 000 20%
4	5 000			
5	2 500			
6	1 500			
7	1 000			
8	900	C	13 65%	5 000 5%
9	800			
10	700			
11	600			
12	500			
13	400			
14	300			
15	200			
16	190			
17	180			
18	170			
19	50			
20	10			
合计	100 000		20 100%	100 000 100%

显然，抓住了A类，就抓住了重点。可将主要精力放在对A类的管理上，对C类不必费太多精力。B类介于A、C之间，应给予相当的重视，但不必像A类那样管理。

【本章小结】

流动资产管理包括现金管理、应收账款管理以及存货管理，在流动资产管理中要遵循收益大于成本的基本原则。

现金管理的目的是在保证企业生产经营所需现金的同时，节约使用资金，并从暂时闲置的现金中获得尽可能多的利息收入。在对现金进行日常管理时，需要加速收款和控制支出，合理确定最佳现金余额。

应收账款管理的目的是权衡其产生的收益与成本，以增加企业利润。应收账款成本包括资金占用成本、管理成本和坏账损失成本。应收账款管理主要通过制定合理的信用政策来实现，其主要内容包括信用标准、信用条件和收账方针三个方面。信用标准通常用允许的坏账损失率来表示。信用条件包括信用期间和现金折扣两项内容。收款方针是指顾客违反信用条件时，企业所采取的收款政策。

存货管理的主要目的就是控制存货水平，在充分发挥存货功能的基础上，尽量降低存货成本。存货成本包括订货成本、储存成本和缺货成本。存货管理的方法主要有经济批量模型、数量折扣的经济批量模型、订货点的确定和安全存量下的存货模型。ABC管理法是存货日常管理的主要方法。

【中英文关键词】

流动资产管理　Current Asset Management
现金管理　Cash Management
应收账款管理　Accounts Receivable Management
存货管理　Inventory/Stock Management
信用政策　Credit Policy
经济批量模型　Economic-Order Quantity Model
订货提前期　Lead Time
安全存量　Safety Stock

【复习思考题】

1. 什么是流动资产？主要包括哪些内容？
2. 简述现金管理的目的。
3. 如何控制现金支出？
4. 简述应收账款的作用与成本。
5. 如何对顾客开展信用调查？

6. 什么是存货？企业持有存货的原因是什么？

7. 存货管理的目的是什么？

8. 简述 ABC 管理法。

【实训练习题】

1. 某企业预计全年需要现金 60 000 元，现金与有价证券的转换成本为每次 1 000元，有价证券的利息率为 10%。求最佳现金余额。

2. 已知 ABC 公司与库存有关的信息如下：

(1) 年需求数量为 30 000 单位(假设每年 360 天)；

(2) 购买价格为每单位 100 元；

(3) 存货的储存成本是商品买价的 30%；

(4) 订货成本每次 60 元；

(5) 公司希望的安全储备量为 750 单位；

(6) 订货量只按 100 的倍数(四舍五入)确定；

(7) 订货至到货的时间为 115 天。

要求：

(1) 最优经济订货量为多少？

(2) 存货水平为多少时应补充订货？

(3) 存货平均占用多少资金？

3. 某商业企业估计在目前的营运政策下，今年销售将达 10 万件。该公司只销售一种商品，商品销售单价为 10 元，销售的变动成本率为 0.8，资金成本率为 10%。目前的信用政策为 $n/25$，即无现金折扣。由于部分客户经常拖欠货款，平均收账期为 30 天，坏账损失为 1%。公司的财务主管拟改变信用政策，使信用条件为 $n/40$。预期影响如下：销售量增加 1 万件；增加部分的坏账损失比率为 4%；全部销售的平均收现期为 45 天。

要求：

(1) 计算改变信用政策预期资金变动额。

(2) 计算改变信用政策预期利润变动额。

4. 某公司有关 A 材料资料如下：

(1) A 材料需用量 6 000 件，每日送货量为 40 件，每日耗用量为 10 件，单价为 20 元。一次订货成本为 30 元，单位储存变动成本为 2 元。求经济订货量和在此批量下的总成本。

(2) 假定 A 材料单位缺货成本为 5 元，每日耗用量、订货批数及全年需要量同上，交货时间的天数及其概率分布如表 7-10 所示。

表 7-10　交货时间的天数及其概率分布

交货天数(天)	13	14	15	16	17
概率(%)	10	15	50	15	10

要求:计算企业最合理的保险储备量。

5. 某企业销售方式采用现金交易,每年销售 120 000 件产品,单价 15 元,变动成本率 60%,固定成本为 100 000 元,企业尚有 40%的剩余生产能力。现准备通过给客户一定的信用政策,以期达到扩大销售的目的。经过测试可知:如果信用期限为 1 个月,可以增加销售 25%,平均的坏账损失率为 2.5%,收账费用为 22 000 元;如果信用期限为 2 个月,可以增加销售 32%,平均的坏账损失率为 4%,收账费用为 30 000元。假定资金成本率为 10%。

要求:

(1) 应采用何种方案?

(2) 如果企业采用的信用期限为 1 个月,但为了加速应收账款的回收,决定使用现金折扣的办法,条件为“2/10,1/20,n/30”,估计将有 65%的客户利用 2%的折扣,20%的客户利用 1%的折扣,坏账损失率下降到 1.5%,收账费用下降到 15 000 元。试做出是否采用现金折扣方案的决策。

第八章　股 利 分 配

【学习目的和要求】

通过本章的学习，能够掌握各种股利支付理论要点，分析影响股利政策的各种因素，灵活制定适宜的股利政策。

【案例导引】

2021 年年末，A 上市公司税前盈余比去年增加 140%。董事会与股东大会决议，在股利分配上，每 10 股配发 1.5 元的股票股利(即每股配发 0.15 股)。这种低股利分配政策令许多投资者感到疑惑不解，因为同行业的 B 上市公司，虽然税前盈余只比上一年增加 10%，仍每 10 股配发 3 元的股票股利(即每股配发 0.3 股)。两家企业为什么会采取不同的股利分配政策呢？这种不同的政策对于企业的价值会产生怎样的影响？实务中在制定股利政策时需要考虑哪些因素呢？

第一节　利润与利润分配

利润是企业在一定期间内从事生产经营活动所累积的财务成果，是企业投资者、经营者和财务管理人员所共同追求的目标。从数量上看，利润是该期间内收入与成本费用相抵扣后的差额，反映了企业在一定生产经营期间的经济收益和效率。企业只有具备较高的收益获取能力，才能在市场经济的激烈竞争中求得生存和发展。企业收益水平的高低不仅反映企业的获利能力和盈利水平，而且反映企业在市场中的生存和竞争能力。因此，利润分配、管理在企业财务管理中处于极其重要的地位。企业收益的主要部分是经营活动所得、对外投资所得以及从事与企业经营活动无直接关系的其他活动的收支差额等，即企业收益主要来源于营业利润(销售利润)、投资净收益和营业外收支净额三部分。

一、利润的构成

企业实现利润是收益分配的前提，为确保收益依法合理分配，首先必须确认企业一定时期内的收益总额。收益总额是企业在一定期间内生产经营活动财务成果的累积，主要反映为收入与成本费用相抵后的差额。总收入小于总成本费用时为亏损；反之，则为利润。企业的收益主要来源于生产经营活动所得、对外投资活动所得等。此外，企业由于政策性亏损或者减免增值税等而收到的各种补贴收入，在本期发现的以前年度发生的少计成本费用、多计收益而应调整减少本期利润的数额；或者由于以前年度多计成本费用、少计收益而应调整增加本期利润的数额，即以前年度损益调整等，也应当按照会计准则的规定调整本期收益总额。但是由于这几个调整项目在收益中所占的比重较小，一般认为企业的收益总额主要包括营业利润和营业外收支净额两大部分，如表 8-1 所示。

收益总额＝营业利润＋营业外收入－营业外支出

表 8-1 利润简表

编制单位：ABC 公司 （2018 年度 单位：万元）

项目	金额
一、营业收入	13 038.05
减：营业成本	12 730.27
营业税金及附加	5.74
销售费用	158.37
管理费用	2 181.39
财务费用	－0.47
资产减值损失	0.00
加：公允价值变动损益（亏损以“－”号填列）	438.11
投资净收益（损失以“－”号填列）	3 374.23
二、营业利润（亏损以“－”号填列）	1 779.34
加：营业外收入	6.63
减：营业外支出	41.55
三、利润总额（亏损总额以“－”号填列）	1 744.41
减：所得税费用	0.220 4
四、净利润（净亏损以“－”号填列）	1 744.19

（一）营业利润

营业利润是企业利润来源的最主要部分，是企业在一定时期直接从事经营活动所创造的，在数量上反映为营业收入减去营业成本、营业税金及附加、销售费用、管理费用、财务费用和资产减值损失，并加上投资净收益和公允价值变动损益后的余额。营业利润的计算公式是：

营业利润＝营业收入－营业成本－营业税金及附加－销售费用－管理费用－财务费用－资产减值损失＋投资净收益＋公允价值变动损益

1. 营业收入

营业收入包括主营业务收入和其他业务收入。主营业务收入指企业在一定期间从事主要业务活动获得的收入扣除当期的销售退回、销售折让和销售折扣以后的余额，是企业现金流入的重要来源。其他业务收入指企业从事主要经营业务活动以外的其他经营活动所取得的收入，如短期出租闲置设备取得的收入等。

2. 营业成本

营业成本包括主营业务成本和其他业务支出。营业成本是指企业在一定期间为了获得主营业务收入而发生、支付的能直接归属于主营业务的费用。其他业务支出是指企业从事主要经营业务活动以外的其他经营活动所发生的支出，如短期出租闲置设备发生的成本费用等。

3. 营业税金及附加

营业税及附加是指企业在一定期间按照国家税法规定，按所获得的主营业务收入净额的一定比例计算缴纳的，以及按照所缴纳税金的一定比例计算缴纳的有关附加税费，包括增值税、营业税、城市建设税、资源税和教育费附加等。

4. 销售费用

销售费用是指企业在一定期间为了获得主营业务收入而发生的应计入该主营业务收入同期的费用开支，主要有广告费、保险费、运输费、装卸费、包装费、展览费、差旅费以及专设销售机构的人员工资和其他经费。

5. 管理费用

管理费用是指企业行政管理部门为管理和组织经营活动而发生的各种费用，包括公司经费、工会经费、职工教育经费、劳动保险费、待业保险费、董事会会费、咨询费、审计费、诉讼费、排污费、绿化费、税金、土地使用费、土地损失补偿费、技术转让费、技术开发费、无形资产摊销、开办费摊销、业务招待费、坏账损失、库存盘亏、毁损和报废损失、上交上级管理费和其他管理费用。

6. 财务费用

财务费用是指企业为筹集资金而发生的各项费用，包括公司经营期间发生的利息净支出、汇兑净损失、调剂外汇手续费、金融机构手续费以及因融资而发生的其他财务费用。

7. 资产减值损失

资产减值损失是指企业在资产负债表日，经过对资产的测试，判断资产的可收回金额低于其账面价值而计提资产减值损失准备所确认的相应损失，反映为企业确认的资产减值准备。

8. 投资净收益

投资净收益是指企业对外投资取得的收益减去对外投资损失后的净额，由企业的股票投资、债券投资、联营投资及其他投资的净收益组成。

9. 公允价值变动损益

公允价值变动损益是指企业交易性金融资产、交易性金融负债以及采用公允价值模式计量的投资性房地产、衍生工具、套期保值业务等公允价值变动形成的应计入当期损益的利得或损失。

(二)营业外收入

营业外收入是相对于经营收入而言的,是指与企业经营活动没有直接关系的各种收入,主要包括固定资产盘盈净收入、处置固定资产净损益、处置无形资产净收益、资产再次评估增值、债务重组收益、对方违约的罚款收入、因债权人原因确实无法支付的应付款项、教育费附加返还款等。营业外收入一般按照实际发生数额核算,发生时直接计入企业利润总额。

(三)营业外支出

营业外支出是相对于生产经营耗费而言的,不属于企业生产经营费用,是与企业经营活动没有直接关系的各项支出,按照有关规定应当从企业实现的利润总额中扣除。营业外支出包括固定资产盘亏、报废、毁损和出售的净损失,非季节性和非修理期间的停工损失,职工子弟学校经营和技工学校经营,非常损失,公益救济性捐赠,赔偿金,违约金等。

营业外收入和营业外支出之间是相互独立的,应当分别核算。企业在进行营业外收支核算时,不得以营业外支出直接冲减营业外收入,也不得以营业外收入冲减营业外支出。营业外收入和营业外支出应当严格区别,在会计上分别独立进行核算,并在利润表中分列项目反映。

【例 8-1】 某公司 2022 年 12 月初利润余额为 500 万元。年度经营数据如下:主营业务收入为 200 万元,主营业务成本为 120 万元,销售费用为 140 万元,营业税金及附加为 14 万元,其他业务收入为 70 万元,其他业务成本为 40 万元,管理费用为 30 万元,财务费用为 8 万元,投资收益为 80 万元,投资损失为 40 万元,营业外收入为 70 万元,营业外支出为 40 万元。根据以上数据计算该公司 2022 年全年的利润总额如下:

2017 年利润总额=500 +(200 +70)-(120+40)-14-140-30-8
+(80-40) +(70-40)= 488(万元)

二、利润分配的项目

支付股利是税后净利润的一项分配,但不是利润分配的全部。按照我国《公司法》的规定,企业利润分配的项目包括以下部分:

(一) 盈余公积金

盈余公积金是企业从当年所实现的净利润中按照一定比例提取形成的一种积累性资金,主要用于弥补企业亏损、扩大企业生产规模或者转增为公司注册资本,是企业防范及抵御风险、补充资本的重要来源。盈余公积金可以分为法定盈余公积金和任意盈余公积金两部分。在没有年初累计亏损的情况下,法定盈余公积金使用当年的税后净利润为计提基数，一般按照税后净利润的10%提取；当法定盈余公积金达到注册资本的50%时，企业可以不再继续提取。任意盈余公积金一般是由企业章程或者股东大会按照企业发展的需要计提，计提目的主要是为了满足企业经营管理的需要。一般而言，企业计提的盈余公积金主要用于以下几个方面：

1. 弥补亏损

按照国家相关法律规定，企业以前年度的亏损一般在法律规定的五年内先用税前利润弥补；五年内尚未弥补完的亏损，可用税后利润弥补。按此规定，在亏损未被全部弥补完以前，后续分配暂停。作为股份制企业，长时间不对股东分红，会极大地影响股东对企业的信心和忠诚，影响企业股票的市场价格。因此，为了让股东的既得利益不受大的影响，避免股价大幅波动，维护企业的声誉，企业常常使用盈余公积金来弥补亏损。在盈余公积金弥补亏损后，经股东大会特别决议，可以按照不超过股票面值6%的比例，用盈余公积金向股东分配股利；但在分配股利后，企业的法定盈余公积金不得低于注册资本的25%。

2. 扩大经营规模

盈余公积金可以被企业用于扩大经营规模，但是剩余部分的法定盈余公积金不得低于注册资本的25%。

3. 转增注册资本

企业的盈余公积金经股东大会特别决议后，可以用于增加注册资本。但转增注册资本后的盈余公积金仍然不得低于注册资本的25%。

（二）提取任意盈余公积金

根据企业章程，任意盈余公积金一般由董事会或股东大会自行决定提取比例和金额。实际中，很多企业不提任意盈余公积金。

（三）向投资者分配收益

企业当年如果没有实现利润，一般不得向投资者分配利润，也就是所谓的“无利不分”。但企业以前年度未分配的利润，可以并入本年度向投资者分配。企业股东通过参加企业收益分配的方式获得自己的投资收益。股东收益的获得发生在盈余公积金提取之后，分配依据是该投资者在企业所持有的投资额，每个投资者所应分得的利润与其投资额呈正比。

三、利润分配的顺序

企业向股东（投资者）分派股利（分配利润），应依法进行。按我国《公司法》的有关规定，利润分配应当按照以下顺序进行：

1. 计算可供分配的利润

将本年净利润（或亏损）与年初未分配利润（或亏损）合并计算出可供分配的利润。如果可供分配的利润为负数即亏损时，不进行后续分配；如果可供分配的利润为正数即本年累计盈利时，进行后续分配。

2. 提取法定盈余公积金

按抵减年初累计亏损后的本年净利润计提法定盈余公积金。计提法定盈余公积金的基础不一定是可供分配利润，也不一定是本年的税后利润，而要视具体情况分析计算。只有不存在年初累计亏损时，才能按本年税后净利润计算提取。

3. 提取任意盈余公积金

任意盈余公积金是在法定的收益分配事项以外由企业决定提取的款项，一般依据企业章程或按股东大会通过的比例提取，可以用于企业的发展等相关事项。

4. 向投资者支付股利

企业向股东支付股利只能使用税后利润，即提取盈余公积金、公益金和任意盈余公积金之后的剩余部分。一般而言，企业如果当年没有实现利润，就不得向股东支付股利；如果企业当年实现了利润，那么企业以前年度的未分配利润也可以并入本年度进行分配。分配的具体方式根据不同企业的性质有所不同。

【例 8-2】 某有限责任公司 2022 年收益分配数据如下：

当年实现盈利 100 万；2017—2021 年每年税前盈利 20 万；2015 年未分配利润 30 万；2016 年发生亏损 150 万；所得税税率为 25%；盈余公积金计提比例为 10%，剩余部分全部用于股利分配。

请计算：

(1) 2022 年是否要交所得税？如果要交，应交多少？

(2) 2022 年是否可进行盈余公积金的提取和股利的分配？如果可以，其各自的计提基数为多少？各项目的具体金额为多少？

根据资料，企业收益分配的程序为：

(1) 依法交纳所得税

2015 年所发生的亏损已经超过了用税前利润弥补亏损的 5 年法定期限，因此按照规定 2023 年应该上交所得税。

$$2022\text{ 年应交所得税}=100\times25\%=25(\text{万元})$$

(2) 税后利润分配

$$2022\text{ 年税后净利润}=100-25=75(\text{万元})$$

2022 年可供分配的利润为 75 万元(正数)，因此可以计提盈余公积金、向股东分配股利。

$$2022\text{ 年计提基数}=30-150+20\times5+75=55(\text{万元})$$

① 计提盈余公积金

$$2022\text{ 年计提盈余公积金}=55\times10\%=5.5(\text{万元})$$

② 股利分配

$$2022\text{ 年可供分配的股利}=55-5.5=49.5(\text{万元})$$

第二节　股利的支付方式与程序

公司用税后利润向股东(投资者)支付股利,是公司利润分配的重要内容。采用何种方式向股东派发股利及通过何种途径将股利发放至股东手中,既要符合法律规范,也要结合公司实际情况。

一、股利支付方式

股份有限公司派发股利可以采用不同的方式。我国的股份有限公司一般采用现金股利和股票股利两种方式来发放股利。在国际上,除了这两种主要的支付方式之外,还有财产股利及负债股利等发放形式。

(一) 现金股利

现金股利是指企业将应该分配给投资者的股利直接用现金的方式予以发放,是目前最普遍、最主要的股利发放方式。现金股利是大多数投资者乐意接受的投资回报方式,也是容易对公司造成一定财务压力的股利支付方式。企业的持续发展经营需要足够的现金储备,现金股利的发放无疑会增加企业的现金流出量,导致公司库存现金的减少。因此,企业只有在现金充足时才会采用现金股利的分配方式。

(二) 股票股利

股票股利是指公司将应该支付给股东的股利以股票的形式予以支付。股票股利的发放通常是按照现有股东的持股份额,用增发新股的形式按比例分配给普通股股东。例如,如果某公司发放股票股利为10%,那就意味着所有的普通股股东,每持有100股普通股股票就可以得到10股额外的普通股。公司支付股票股利,不会影响公司的资产负债结构,也不会影响公司股东权益的账面价值总额,不发生现金流出,但是会因总股数的增加而稀释普通股的每股权益并导致股价的波动。

(三) 财产股利

财产股利是以公司财产主要是有价证券作为支付给股东的股利。有价证券的变现能力强,相当于准货币,容易被股东接受。当公司为了吞并其他公司而大量购入股票时,财产股利的方式既能帮助企业保持其控股权,又可以把股票等有价证券作为股利发放给股东,一举两得。基于这些原因,企业可能考虑使用财产股利的方式向股东发放股利。

(四) 负债股利

负债股利是指公司以债务凭证作为股利发放给股东,以代替现金股利的发放。通常被发放的负债有公司的应付债券、应付票据等。负债股利的票据通常是带息的票据,会给公司带来付息压力。负债股利往往是公司在无法正常支付现金股利时采用的一个权宜之计。

财产股利和负债股利实际上是用来替代现金股利的，这两种股利支付方式在实际操作中并不多见。

二、股利支付程序

股份有限公司的股利分配方案通常由公司董事会决定并宣布，经过股东大会或股东代表大会批准后才能实施。公司每年发放股利的次数，不同的国家可以有所不同。我国的股份公司均为一年发放一次股利，美国的公司则为一个季度发放一次。股份有限公司向股东支付股利，其主要程序是：股利宣告日→股权登记日→除息日→股利支付日。

（一）股利宣告日

股利宣告日是公司董事会将股利支付情况予以公告的日期。公司董事会一般根据定期发放股利的周期，举行董事会议讨论并提出股利分配方案，待交由公司股东大会讨论通过后，正式宣布股利发放方案，并加以公告。公告中将宣布每股支付的股利、股权登记期限、除去股息的日期和股利支付日期。

（二）股权登记日

股权登记日是指有权领取股利的股东登记的截止日期，也称为除权日。只有在股权登记日之前在公司股东名册上登记的股东才有权分得股利。

在实际操作中，自公司宣布发放股利到公司实际发放股利往往需要一段时间。由于上市公司的股票在这个时间段不会停止交易，因此公司的股东还会继续随着股票的易手而易人。为了明确股利的最终归属，凡是在公司确定的股权登记日之前（含登记日当天）登记于公司股东名单上的股东，都将获得此次发行的股利，而在这一天之后才登记到公司股东名单上的股东，将得不到此次发放的股利，股利归原股东所有。

（三）除息日

除息日是指除去股息的日期，即股票中不含股息的日期。通常，股权登记日后的第一天就是除权日或除息日，这一天购入该公司股票的股东不再享有公司此次的分红配股。在除息日当天及之后购买的股票即所谓的除息股，都不能享受股利。

除息日对股票的价格有明显的影响。除息日之前交易的股票，其价格中含有将要发放的股利，而在除息日之后交易的股票，其价格中不再包含股利，因此除息日之后的股票价格应该低于除息日之前的股票价格。

（四）股利支付日

股利支付日又称付息日，是公司正式向股东发放股利的日期。

股利宣告日、股权登记日、除息日和股利支付日的时间顺序关系如图 8-1 所示。

【例 8-3】 某公司 2021 年 12 月 16 日发布公告称，“本公司董事会在 2021 年 12 月 16 日的会议上决定，本年度发放每股 0.8 元的现金股利；本公司将于 2022 年 2 月 19 日将上述股利发放给已在 2021 年 12 月 28 日登记为本公司股东的人士。”试确定与股利发放有关的关键日期。

该例中，2021 年 12 月 16 日为该公司的股利宣告日；2021 年 12 月 28 日为其股权登记日；2021 年 12 月 29 日为其除息日；2022 年 2 月 19 日为其股利支付日。

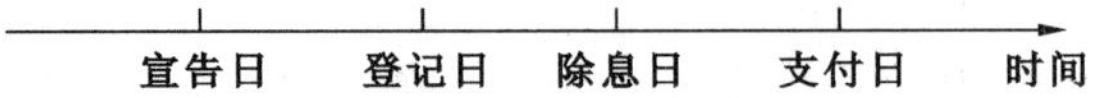

图 8-1 时间顺序图

第三节 股利分配理论

股利政策是公司理财决策的重要组成部分，决定着公司权益资本的成本。如何使股利发放与公司的未来发展相协调，并带动公司股票的市值稳中有升，是公司管理者追求的目标。股利政策与公司奉行的股利分配理论紧密相关。股利分配理论主要讨论股利的支付和股票市场价值的关系。从 1961 年米勒（Miller）和莫迪利亚尼（Modigliani）的开创性研究起，西方国家财务学者就围绕此论题展开了激烈的争论。在此过程中，基本上形成了三个主要的学派："中间派"认为股利的高低与企业的市场价值无关；"右派"认为高股利增加企业的市场价值；"左派"认为低股利增加企业的市场价值。这三个学派都统称为古典学派，其中"中间派"的理论又称"股利无关论"，而"右派"和"左派"的理论则概括为"股利相关论"。50 多年来，西方国家的股利理论得到不断完善和发展。从股利是否影响企业市场价值的角度来看，西方国家股利理论基本上有两大理论派系，即股利与市价无关理论和股利与市价相关理论。

一、股利与市价无关理论

股利与市价无关理论认为股利政策对股票市价没有影响，即股利政策与企业价值无关。因为企业的价值是由其盈利能力和经营风险决定的，与企业所在的行业和资产风险有关，因此企业的价值与投资政策有关，而与企业怎样分配股利和留存收益无关。这一理论的代表人物是 Miller 和 Modigliani，两人于 1961 年发表了著名的《股利政策、增长和股利价值》一文，宣告了股利与市价无关理论（又称"MM 理论"）的诞生。

（一）股利与市价无关理论的假设条件

这一理论分析股利政策的假设条件是：第一，假设企业的投资和融资决策都已确定，不会因为股利的支付而改变。第二，假设存在"完美的资本市场"，即：① 不存在公司所得税和个人所得税；② 证券交易瞬间完成，不存在股票发行费用和交易成本（即不存在任何融资费用）；③ 公司的投资者和管理当局可相同地获得关于未来投资机会的信息，而且两者之间没有利益冲突；④ 不存在代理成本；⑤ 怎样分配股利和留存收益对公司的股本成本没有影响。但是以上假设与实际情形有很大出入，如公司与投资者个人均需支付所得税，筹集任何资本均存在成本等。

(二) 股利与市价无关理论的内容

上述假设描述的是一种完美无缺的市场,因而股利与市价无关理论又称为完全市场理论。股利与市价无关理论认为:

1. 投资者并不关心公司股利的分配

若公司留存很多的利润用于再投资,会导致公司股票价格的上升,此时尽管公司股利较低,但需用现金的投资者可以通过出售股票换取现金。若公司发放较多的股利,投资者又可以用现金再买入一些股票以扩大投资。也就是说,投资者对股利和资本利得并无偏好。

2. 股利支付比率不影响公司的价值

既然公司的投资者不关心股利的分配,公司的价值就完全由其投资的获利能力所决定,公司的盈余在股利和留存收益之间的分配并不影响公司的价值(即使公司有理想的投资机会而又支付了高额股利,也可以募集新股,新投资者会认可公司的投资机会)。

但在公司股利分配的实践中,股利与市价无关理论并不实用。事实上,市价确实随着股利政策的变化而变化,部分上市公司即使当年盈利很少甚至亏损也要发放股利。由此可以看出,公司股票的市价是公司股利决策时考虑的重要内容。

(三) 股利与市价无关理论的发展

“股利自制”理论是古典中间学派的衍生。该观点认为,投资者能够自制任何一个公司可以支付但当期没有支付的股利水平。如果股利水平低于期望值,投资者可以出售部分股票以获取期望的现金收入;如果股利高于期望值,投资者可以用股利收入购买公司的股票。因此,投资者能够“自制股利”。自制股利是公司股利的最佳替代物,企业无法通过改变股利与留存收益的组合来创造价值。“股利自制”理论有一定的说服力,但在非完全市场中却受到了挑战,因为实证研究发现投资者对不同的股利有不同的偏好。

二、股利与市价相关理论

股利与市价相关理论认为股利政策与股票市价有较大的相关性。在公司理财的社会实践中,不存在无关论提出的假设前提,公司的股利分配受多种因素的制约,公司不可能摆脱这些因素的影响。在多种不确定因素的综合影响下,投资者最关心的是用什么形式取得回报。

(一) 股利与市价相关理论的产生和形成阶段

1. “右派”:高股利增加企业的价值

“右派”的创始人戈登(Gordon,1962)提出了“股利效应假设”,被后人称作“在手之鸟”理论。戈登理论的假设是:投资者通常是厌恶风险的,他们不是把当前的股利,而是把未来的股利(收益)和更高的风险因素联系起来。戈登认为,在股利与资本利得两种形式的收入中,现实的投资者可能更偏好“实实在在”的股利。股利是在持续经营基础上于本期收到，而资本利得的实现则是在不确定的未来。股利的支付可以消除投资者对企业盈利能力不确定性的担忧，即“一鸟在手，胜过双鸟在林”。当投资者对早日消除不确定性的偏好达到一定程度时，在其他条件相同的情况下，就愿意为那些能够支付较高股利的股票支付一个较高的价格。基于此分析，可以认定股利收益与资本收益密切相关。

2.“左派”：低股利增加企业的价值

当股利收入与资本利得存在税收差异的时候，投资者往往偏好资本利得。布伦南(Brennan，1970)认为，大多数投资收益都得纳税，政府对股利征收的所得税通常高于对资本利得征收的所得税，因此股利实际上有损于投资者的利益。投资者的目标是特定风险下的税后收益最大化，当资本利得与股利收入存在税收差异时，企业保留盈余少发股利或不发股利对投资者是有利的。另外，红利税是在收到股利时支付，而资本利得税可以递延到股票真正卖出时才支付，保留盈余而不支付股利给了股东一个有价值的时机选择权。因此，基于税收差异的考虑，大多数投资者会选择公司留存收益而不是分发股利。所以，利润留存后，股价会上升。总之，当存在税收差异时，投资者希望税后收益最大化，税收递延的股票(低股利、高资本利得)比需要税收即付的股票(高股利、低资本利得)价格高。即高股利损害了投资者的利益，而低股利则会抬高股价，增加企业的市场价值，实现股东财富最大化的目标。

(二)股利与市价相关理论的完善阶段

如果低股利这么好，为什么公司还要向投资者支付大量的股利，并且保持支付率稳定？以信息经济学和代理经济学为基础形成的现代学派认为，股利的发放向投资者传递经理的优势信息，可以减少企业的代理成本。现代学派可谓百花齐放，概括起来有以下观点：① 剩余股利。该理论认为公司在满足所有投资需求后，若内部留存利润有剩余，才向股东支付股利；否则，就不应分配。② 客户效应理论。该理论认为，对有些理性的投资者来说，不同的股利形式有不同的偏好，公司应制定相应的股利政策来吸引不同偏好的投资者。③ 交易成本理论。该理论认为，一方面交易成本的存在，使投资者偏好现金股利；另一方面对公司而言，最优的选择是不分配股利。④ 股权结构理论。该理论认为，由于股权结构的集中与分散，导致公司制定不同的股利政策向投资者传递企业信息。⑤ 代理成本理论。该理论认为，公司管理当局之所以发放股利，是为了减少代理成本。⑥ 信号理论。该理论认为，在信息不对称状态下，拥有信息优势的公司经理通常把股利政策当作一种信号，向投资者传递企业当前和未来盈利的信息。

现代学派的股利分配理论是古典学派的延伸，是对古典学派的完善和发展。虽然现代学派在不同程度上存在一些缺点，但股权结构理论、代理理论和信号理论较为令人信服。

第四节 股利分配政策

股利分配政策是股份有限公司的管理层在综合考虑各种影响因素，结合公司自身实际情况权衡利弊得失后，就是否发放股利、如何发放股利、发放多少股利以及何时发放股利等问题从优选择的方针和策略。

一、股利分配政策类型

在股利分配实务中，企业经常采用的股利分配政策有以下几种：

(一) 剩余股利分配政策

1. 剩余股利分配政策的定义

剩余股利分配政策以首先满足企业自身发展的资金需要为出发点。它是指企业在具有良好的投资机会时，即投资机会的预期报酬率高于股东要求的必要报酬率时，根据一定的目标资本结构，从税后净利润中留存出投资所需要的权益资本，然后将剩余部分作为股利予以分配。

2. 剩余股利分配政策发放的步骤

(1) 确定投资所需要的股权资本数额。

(2) 确定企业最佳的目标资本结构，即权益资本与债务资本的比例，使综合资本成本达到最低水平。

(3) 最大限度地使用保留盈余满足投资方案所需要的权益资本数额。

(4) 投资所需权益资本满足后若有剩余盈余，再将其作为股利发放给股东。

3. 企业采用剩余股利政策的理由

(1) 使企业保持合理的资本结构，同时保证综合资本成本处于最低水平。

(2) 可以满足企业增长的需要。

(3) 可以帮助企业规避负债筹资等风险。

4. 剩余股利政策的主要缺点

(1) 可能会使希望及时得到投资收益的股东不满。

(2) 可能导致股价的波动，容易给人造成企业经营不稳定的感觉。

(3) 容易造成企业的股票价格被低估。

【例 8-4】 某公司 2021 年的税后净利为 800 万元，2022 年的投资计划所需资金为 1 000 万元，公司目标资本结构为权益资本占 60%，债务资本占 40%。问：该公司 2021 年是否可以向股东发放股利？如果可以，每股股利是多少？

按照目标资本结构的要求：

(1) 公司投资方案所需的股权资本数额为：

$$1\ 000 \times 60\% = 600(\text{万元})$$

公司当年可用于股利分配的盈余为 800 万元，可以满足上述投资方案所需的权益资本数额并有剩余，可以考虑用剩余部分向股东发放股利。

（2）2021 年发放的股利总额为：

$$800-600=200(\text{万元})$$

假定该公司 2021 年流通在外的只有普通股 100 万股，那么该公司每股股利为：

$$200\div100=2(\text{元})$$

（二）固定股利分配政策

1. 固定股利分配政策的定义

固定股利分配政策是以确定的现金股利数作为利润分配的目标，即公司在较长时期内将支付的股利定格到一个固定水平上，股利不随公司各年经营状况的变化而变化。

2. 固定股利分配政策的优点

（1）有利于树立公司良好的财务形象

长期稳定的股利分配会带给投资者公司经营状况良好的印象，巩固投资者对公司的信心和忠诚度，起到稳定公司股票价格的作用。

（2）有利于股东合理安排股利收入和支出

长期稳定的股利分配额度对于股东而言是一笔稳定的收入，有利于股东特别是对股利有着强烈依赖性的股东及时合理地安排股利收入和支出。

3. 固定股利分配政策的缺点

（1）股利的支付与公司的经营状况严重脱节，导致公司不能充分合理地利用企业的未分配利润。当公司经营状况不理想时，仍要支付固定的股利，可能导致公司资金紧缺，财务状况恶化。

（2）在公司经营状况不佳且处于亏损状态的情况下，按照固定股利政策向股东支付固定股利可能违反《公司法》的相关规定。

（三）固定股利支付率政策

固定股利支付率政策是指公司在较长的期限内，每年按照固定的比例从税后利润中提取一部分用于支付股东股利的政策。在固定股利支付率政策下，因为公司每年的盈利状况不同，所以每年向股东发放的股利数额也随之变化。该政策易导致每年股利数额的频繁变动，可能会向外界传递出企业经营状况不稳定的信息，不利于稳定公司股票的市场价格，因此该股利分配政策很少被企业采用。

固定股利支付率政策能够长期保持股利与利润之间一定的比例关系，较好地反映企业的经营状况，使股利与公司盈利状况紧密结合，充分体现多盈多分、少盈少分、无盈不分的原则，使每一位投资者得到公平的对待。

固定股利支付率政策比较适合于新兴及正处于成长期的上市公司。这类公司受影响的因素太多，自身处于不稳定的发展期、上升期，所以各年利润的稳定性较差，不固定的股利分配政策难以适应其特点。另外 ，固定股利分配政策还可用于内部职工、个人持股比例较高的公司，更好地将职工的个人利益与公司的整体利益紧密结合起来。

(四) 低正常股利加额外股利政策

1. 低正常股利加额外股利分配政策的定义

低正常股利加额外股利分配政策是指公司在经营状况一般时，每年只支付一个固定的、数额较低的股利；在经营状况良好、盈余较多时，则根据盈利状况向股东发放一些额外股利的股利分配政策。该股利分配政策的弹性较大，一方面，企业可以设定一个较低的正常股利额，以保证企业在一般年度有足够的支付能力支付现金股利；另一方面，当盈利较高或者资金需求较低时，企业又可以额外支付一部分股利，增加股东的投资收益。

2. 采用低正常股利加额外股利分配政策的主要理由

(1) 该股利分配政策使公司具有较大的灵活性。当公司盈余较少或投资需用较多资金时，可维持设定较低但正常的股利，股东不会有失落感；而当盈余有较大幅度增加时，则适度增发股利，把部分利益分配给股东，增强其对公司的信心，稳定股票价格。

(2) 该股利分配政策可使那些依靠股利度日的股东每年至少得到虽然较低但比较稳定的股利收入，从而吸引住这部分股东。

低正常股利加额外股利分配政策适用于处在不同成长期间的上市公司。当然，低正常股利的确定，需要决策层权衡各种因素之后慎重决定。

总之，不同的股利分配政策有不同的使用条件，适用于不同的企业。其中，固定股利分配政策和低正常股利加额外股利分配政策是被公司普遍采用并为投资者所广泛认可的股利分配政策。公司在分配股利时，应充分权衡各种政策的优缺点，结合公司自身的实际情况，选择符合公司特色和市场环境的股利分配政策。

二、影响企业股利分配政策的因素

企业的股利分配政策往往受到许多因素的影响，主要有以下几个方面：

(一) 法律因素

为了保护债权人和股东的利益，《公司法》、《证券法》等有关法规对企业股利的分配进行了规范。

1. 资本累积

根据规定，企业每年的税后利润都必须按照一定比例提取公积金，余下部分才能用于支付股东股利。

2. 资本保全

通常情况下，企业只能用实现的利润发放股利，而不能用资本(包括股本和资本公积)发放股利。其目的是为了保证企业保有充分的权益资本以维护债权人利益。

3. 企业净利润

按照规定，公司年度累计税后利润必须是正数，并且在弥补了以前年度亏损后的剩余部分才可以用来发放股利。

4. 偿债能力

按照规定，公司在保有充分偿债能力的前提下，才能发放股利。为了保证到期债务的支付，企业必须有充分的现金准备。

5. 超额累积利润

按照规定，企业不得超额累计利润，一旦企业的保留利润超过法律所规定的合理水平，将被加征额外的税款。

这些法律、法规的限制性规定，实际上是企业在制定股利分配政策时对资本保全、资本积累和净利润等方面做出的一些约束。而西方国家对超额累积利润也作了一些限制性的规定，当公司的保留盈余超过了法律规定的水平，将被加征额外税额。我国法律对企业累积利润尚未作出限制性规定。

（二）企业因素

从企业经营的视角考察，影响股利分配政策的企业因素包括资产的流动性、举债能力、投资机会、融资成本及盈利的稳定性等。

1. 资产的流动性

为了维持适当的支付能力，企业通常会保持适当比例的流动资产。如果企业资产的流动性及变现能力较强，可以采用较为宽松的股利政策，多分少留。如果企业资产流动性较弱，变现能力不足，则应该尽量采用紧缩的股利分配政策，多留少分。因为较多地支付现金股利会减少企业的现金持有量，进一步降低企业资产的流动性。因此，如果公司的资产流动性差，即使盈余可观，也不宜过多发放现金股利。

2. 举债能力

不同的企业在资本市场上有不同的举债能力。举债能力较强的企业在资金缺乏的时候容易筹集到资金，往往采取较为宽松的股利分配政策，多分少留；而举债能力较弱的企业，在资金缺乏时难以筹集到资金，常常不得不采取紧缩的股利分配政策，少分多留，保有较多的利润。

3. 投资机会

在拥有良好的投资机会时，企业通常会考虑留存一部分收益用于再投资，而减少对股东的股利发放。如果企业暂时没有良好的投资机会，则倾向于将收益先行支付给股东，留存少量收益。所以对于成长中的企业，可以考虑采取低股利分配政策，将更多的收益用于投资获利。

4. 融资成本

留用企业净利润作为企业重要的内源融资手段与其他内源融资手段和外源融资相比，具有成本低、速度快、风险小的特点。如果企业的外源融资成本较高，则可以考虑多使用企业自己的留存收益，多留少分。

5. 盈利的稳定性

企业盈利的稳定性对企业的股利分配政策也有影响。盈利相对稳定的企业能较好地掌握股利分配，可以多分少留；而对于盈利状况不稳定的企业，支付较多的股利对企业是一种财务负担，一般应采取低股利分配政策，多留少分。

（三）股东因素

出于对自身利益的考虑，股东可能会对企业的收益分配提出不同的意见。股东考虑的问题主要包括收入的稳定、控制权的稀释、避税以及避险等方面。

1. 收入的稳定性

依靠企业发放的股利维持生活的股东，往往希望能定期从企业拿到较为稳定的股利收入维持其日常生活，不希望企业有过多的留存收益。部分股东认为，企业将留存收益用于再投资所带来的收益和股票价格上升的资本收益具有较大的不确定性，拿到实实在在的现有股利比未来无法确定的预期收益更加实际。

2. 控制权的稀释

企业支付较高的股利，可能导致留存收益减少，增加发行新股的可能性。而通过增发新股的方式筹集资金，可能导致企业控制权的稀释，这是拥有企业控制权的大股东们所不乐见的。因此，大股东往往主张限制股利的支付，持有较多的留存盈余，以防止控制权被稀释。

3. 避税

政府在对企业所得征收所得税以后，还要对股东的股利收入征收个人所得税。而股利收入的所得税税率一般高于股票交易的资本利得税，所以大股东出于避税考虑，往往会反对公司发放较多的股利。

4. 避险

中小股东通常认为股利收入的风险比资本利得收入的风险小，所以倾向于采用宽松的股利分配政策，多分少留。

（四）其他因素

影响股利分配政策的因素还包括债务合同约束、信息传递效应和通货膨胀等。

1. 债务合同约束

企业的债务合同，尤其是长期债务合同，往往有限制企业现金支付的相关条款，使得企业不得不采取低股利分配政策。

2. 信息传递效应

企业股利分配状况是企业经营及其盈利状况的反映，也是企业财务信息的传递渠道。为了发挥股利分配信息的积极作用，企业应尽量采用宽松的股利分配政策，多分少留。

3. 通货膨胀

通货膨胀会直接导致整体物价的上涨，企业可能会没有足够的资金用于满足固定资产的购置，企业往往不得不考虑留存一定的收益以应付物价的持续上涨。因此在通货膨胀期间，当外部融资困难时，企业会倾向于采取紧缩的股利分配政策，多留少分。

三、股票股利和股票分割

（一）股票股利

股票股利也叫股份股利或红利，是指公司用股票的形式将股利发放给股东，一般按照股东的持股比例以认购股票或减价增配新股的方式进行。实际操作中，往往采用的是无偿增资配股的方式，即现有股东无须缴纳任何额外费用，就可以取得公司增发的新股。

股票股利是一种特殊的股利形式，相当于股东将应得的股利收益用于购买本企业的股票进行再投资。随着企业普通股总股数的增加，股东的持股数也按同样比例增加。对于企业而言，股票股利不会引起企业资产总额的变动，不会引起负债总额的变动，也不会引起所有者权益总额的变动，只是引起所有者权益项目中资本公积、盈余公积和未分配利润等项目之间内部结构的变动。由此可见，股票股利的发放不会直接增加股东的财富，也不会影响企业的财务价值和原股东的股权比例。同时，由于股票股利的发放会使公司的总股数增加，导致普通股的每股账面价值与每股收益减少，股票价格也会按股利的支付比例相应下降，但股东持有股票的市场价值总额却不会发生变化。

【例 8-5】 某公司在发放股票股利前的股东权益情况如表 8-2 所示。若公司宣布发放 20%的股票股利，试分析股利发放后的股东权益情况。

表 8-2 股票股利发放前的股东权益 （单位：万元）

项　目	金　额	比　例
普通股（面额 1 元）	600	33.33%
资本公积	200	11.11%
盈余公积	500	27.78%
未分配利润	500	27.78%
股东权益合计	1 800	100%

假定该公司宣布发放 20%的股票股利，即普通股股东每持 10 股可得 2 股的股票。则公司增发普通股股票的数量为：

$$600\times 20\%=120（万股）$$

如果该股票当时的市场价格为 3 元，股票股利的发放需从“未分配利润”项目划转出资金：

$$3\times 120=360（万元）$$

由于股票面额（1 元）不变，增发的 120 万股普通股只能按股票面额的价值标准反映在“普通股”项目内，余下部分则应该按股票溢价处理，反映在“资本公积”项目内，而公司股东权益总额保持不变。发放股利后，该公司股东权益各项目情况如表 8-3 所示。

表 8-3 股票股利发放后的股东权益 （单位：万元）

项 目	金 额	比 例
普通股（面额 1 元）	720	40％
资本公积	440	24.44％
盈余公积	500	27.78％
未分配利润	140	7.78％
股东权益合计	1 800	100％

表 8-3 显示，发放股票股利不会对公司股东权益总额产生影响，但会改变股东权益项目的比例结构。

发放股票股利后，如果盈利总额不变，普通股股数的增加会引起每股收益和每股市价的下降；但因为股东所持股份的比例不变，所以每位股东所持股票的市场价值总额保持不变。

【例 8-6】 假定例 8-5 中的公司本年盈余 360 万元，该公司某股东持有 60 万股普通股，问发放股票股利对该股东有何影响？

发放股票股利对该股东的影响如表 8-4 所示。

表 8-4 股票股利发放前后对比 （单位：万元）

项 目	股票股利发放前	股票股利发放后
每股收益（*EPS*）	360÷600＝0.6	360÷720＝0.5
每股市价（元）	3	3÷（1＋20％）＝2.5
持股比例	60÷600＝10％	72÷720＝10％
持股总市值	3×60＝180	2.5×72＝180

股票股利是我国股份有限公司常常采用的股利发放形式。虽然股票股利不直接增加股东的财富，也不增加公司的价值，但对公司和股东有重要的现实意义。

股票股利对公司的主要意义在于：

（1）发放股票股利向市场传递的是公司持续发展的信息，能够增强投资者对公司的信心，增加公司股票的吸引力。也有投资者认为，发放股票股利是因为公司资金周转不灵，从而削弱对公司的信心，反而加剧股票市价的下跌。

（2）如果公司在保持盈余和每股现金股利不变的情况下，同时发放股票股利，可以降低股票价格，增加股票的市场流通量，吸引更多的投资者购买和持有，防止股票被恶意收购，有助于大股东控股。

（3）发放股票股利的费用比发放现金股利的费用大，增加公司的费用支出。

股票股利对股东的意义主要在于：

（1）如果公司在发放股票股利后，还能发放现金股利，且维持每股现金股利不变，股东则会因所持股数的增加而得到更多的现金。

(2) 发放股票股利后,股票市价会随股东持股数的增加而成比例下跌,但事实上股价的下降和股数的增加并不成比例。如果股价的下跌幅度较小,则股东所持股票的价值相对上升,从而实现股东财富的增加。

(3) 股票股利的分配方式常常被经营状况良好的公司所采用,投资者认为公司的盈余将会有大幅度增长,并能抵消增发股票所带来的消极影响,从而使股价稳定不变或略有上升。

(4) 在股东需要现金时,可将分得的股票股利出售。有些国家税法规定,出售股票所需交纳的资本利得税率比收到现金股利所需交纳的所得税税率低,使得股东可以从中获得一些税收上的好处。

(二) 股票分割

股票分割也叫拆股,是指股份有限公司将一股面额较大的股票分割成数股面额较小股票的行为。例如,将原来的一股股票分割成两股或者多股股票等。

股票分割会使市场上的普通股总股数增加,每股股票面值降低,每股所代表的账面价值降低,每股收益下降。股票分割可能会使每股股价下跌,但不会影响公司股票的总市值,也不影响公司的资本结构,股东权益总额及其各项目的金额、比例也不会发生变化。股票分割不属于股利分配方式,但与发放股票股利类似。

【例 8-7】 某公司原发行面额为 2 元的普通股 200 万股,若按 1 股换成 2 股的比例进行股票分割,试分析分割前后的股东权益情况。

分割前后的股东权益如表 8-5 和表 8-6 所示。

表 8-5　股票分割前的股东权益　　(单位:万元)

项　目	金　额	比　例
普通股(面额 2 元,200 万股)	400	22.22%
资本公积	300	16.67%
盈余公积	800	44.44%
未分配利润	300	16.67%
股东权益合计	1 800	100%

表 8-6　股票分割后的股东权益　　(单位:万元)

项　目	金　额	比　例
普通股(面额 1 元,400 万股)	400	22.22%
资本公积	300	16.67%
盈余公积	800	44.44%
未分配利润	300	16.67%
股东权益合计	1 800	100%

假定该公司当年盈余为400万元，则股票分割前的每股盈余为2元(400÷200)。若股票分割后公司盈余不变，则分割后的每股盈余为1元(400÷400)，股票市价也会因此而下跌。

股票分割与股票股利非常类似，只是在账务处理上略有不同，所以两者只能根据证券管理部门的具体规定进行区分。例如，美国纽约证券交易机构规定，发放25%以上的股票股利即被认为是股票分割。

对企业而言，股票分割的主要目的在于通过增加股票股数、降低股票市价，吸引更多的投资者。因为当股票价格过高时，可能会使一些资金不足的投资者无法继续投资而选择放弃。因此，一些大企业为了迎合投资者的心理进行股票分割，以期望股票在市场上的交易更加活跃。此外，股票分割往往被成长型的企业所采用，所以股票分割容易成为企业的利好消息，有助于提高该企业股票在市场上的人气，引起股价上涨。

企业股东愿意接受股票分割，是因为股票分割后各股东持有的股数增加，但持股比例、持有股票的总市值均不发生变化。当股票分割后每股现金股利的下降幅度小于股票分割幅度时，股东还可以多获得现金股利。

由于股票股利和股票分割都会使股票的市场价格下跌，因此当股价上涨幅度不大时，企业会考虑采用股票股利的方式；而当涨幅较大时，则采用股票分割的方式。

与股票分割相反，某些企业为提高股价，会采取反分割，也就是股票合并的办法。即用一股新股换两股或者 N 股旧股，也可以说是将两股或者 N 股旧股合并成一股新股。这种做法会减少流通在外的股数，使企业的每股收益增加，提高股票市价。

【本章小结】

股利分配政策是企业关于股利发放的方针和策略，股利分配是股份有限公司收益分配的重要组成部分。就股利支付是否影响企业价值，西方理论界形成了以MM理论为代表的股利与市价无关理论和股利与市价相关理论两大流派。股利分配政策涉及的内容很多，如股利支付程序的确定、股利支付比率的确定、股利支付形式的确定、支付现金股利所需资金的筹集方式的确定等。企业向股东支付股利，一般要经过股利宣布日、股权登记日、股票除息日和股利支付日四个阶段。

在股利分配实务中，企业向股东支付股利的具体形式主要有现金股利、股票股利、财产股利和负债股利。我国股份有限公司的股利发放主要采用现金股利和股票股利两种方式。股利分配政策主要包括剩余股利分配政策、固定股利分配政策、固定股利支付率政策和低正常股利加额外股利分配政策等。影响企业股利分配政策决策的因素主要来源于四个方面，即法律因素、企业因素、股东因素和其他方面的因素。企业在确定股利分配政策时，应综合考虑各种影响因素，结合自身实际情况，权衡利弊得失，从优选择确定自己的股利政策。

股票股利和股票分割是两个既有区别又有联系的概念。股票股利是指企业以股票的形式分发给股东;而股票分割是指将面额较高的股票分割成面额较小的股票的行为。

【中英文关键词】

营业利润 Operating Profit
产品销售利润 Sales Profit
产品销售成本 Selling Cost
产品销售费用 Selling Expenses
管理费用 Overhead Cost
财务费用 Financial Cost
投资净收益 Net Investment Income
营业外收入 Non-business Income
营业外支出 Non-business Expenditure
盈余公积 Retained Earnings
股利 Dividends
股利宣告日 Declaration Date
股权登记日 Date of Record
除息日 Ex-dividend Date
现金股利 Cash Dividends
财产股利 Property Dividends
负债股利 Debt Dividends
股票股利 Stock Dividends
股票回购 Stock Repurchase
股票分割 Stock Split
剩余股利分配政策 Dividend as a Passive Residual

【复习思考题】

1. 股利发放程序中的股利宣告日、股权登记日、除息日、股利支付日分别是什么意思?

2. 股份有限公司的股利分配政策有哪些?其具体内容各是什么?

3. 股利的支付形式有哪些?企业应该如何选择?

4. 股利分配政策受哪些因素影响?试分析说明。

5. 股票股利对于企业和股东各有哪些影响和意义?

6. 股票分割对企业财务状况和经营成果有何影响?股票分割有什么作用?如何区分股票股利和股票分割?

【实训练习题】

1. 某公司本年税后净利润为300万元,下年拟计划投资一个新项目,需投资400万元,公司目标资本结构的产权比率为0.667,公司流通在外的普通股为1 000万股,如果公司采用剩余股利政策,问:

(1) 公司本年可发放的股利数额是多少?

(2) 股利支付率是多少?

(3) 每股股利是多少?

2. 某股有限份公司决定采用股票股利的方式对股东分配收益。发放股票股利前,股东权益总额为600万元,其中普通股200万元(面额1元,发行100万股),资本公积 300 万元，未分配利润 100 万元。该公司股票当时的市价为 5 元，公司决定发放 10%的股票股利。要求：

(1) 计算增发普通股的股数；

(2) 增发普通股后股东权益各项目的金额及比例；

(3) 如果该公司年末实现盈利 50 万元，甲股东持有该公司 1 000 股股票，计算该公司股票股利发放前后的每股收益、每股市价以及甲股东所持股票的市值总额。

3. 某公司 2016 年在提取了公积金后的税后净利润为 900 万元，分配现金股利 400 万元。2017 年提取了公积金后的税后净利润为 750 万元。2018 年没有计划投资项目。要求：

(1) 如果采用剩余股利分配政策，则该公司 2018 年应分配的现金股利为多少？

(2) 如果采用固定股利分配政策，则该公司 2018 年应分配的现金股利为多少？

(3) 如果采用固定股利支付率政策，则该公司 2018 年应分配的现金股利为多少？

(4) 如果采用低正常股利加额外股利分配政策，则该公司 2018 年应分配的现金股利为多少？

4. 某公司年终利润分配前的有关资料如表 8-7 所示。

表 8-7　某公司年终利润分配前的相关资料　(单位：万元)

项　　目	金　　额
上年未分配利润	1 000
本年税后利润	2 000
股本(500 万股，每股 1 元)	500
资本公积	100
盈余公积	400
所有者权益合计	4 000
每股市价(元)	40

该公司决定，本年按规定比例 10%提取盈余公积金，发放股票股利 10%(股东每持有 10 股可得 1 股)，按发放股票股利后的股数派发现金股利每股 0.1 元。

要求：假设股票每股市价与每股账面价值成正比例关系，计算股利分配后的未分配利润、盈余公积、资本公积、流通股数和预计每股市价。

第九章　财务预算

【学习目的与要求】

通过本章的学习，掌握全面预算的编制方法和本量利分析方法。重点掌握现金预算的编制以及盈亏临界点分析方法。

【案例导引】

武汉钢铁集团（以下简称“武钢”）1999年开始推行预算管理，首先在组织结构上进行了配套改革，成立了公司预算管理委员会，并利用机构改革之机，把公司的年度生产经营计划部门和公司财务管理部门合并，组建了计划财务部，优化了预算管理的组织结构。利用计划财务部这个组织平台，武钢不断吸纳生产、销售、设备、运输、能源等各个专业的管理专家，使预算管理真正超越财务管理的范畴。预算委员会成员由公司董事长或总经理任免，董事长或总经理对公司预算的管理工作负总责。预算委员会制定公司总体预算目标及保障措施，审定公司总预算、分预算和专项预算。预算委员会设预算管理办公室，集团公司总会计师兼任办公室主任，负责全面预算管理工作的日常事宜。集团公司下属各单位成立相应的预算管理组织，一般设在财务部门，由多个部门参加，负责本单位内部的预算编制和监督执行。预算委员会建立例会制度，定期分析预算的执行情况，督促检查预算的实施。

各责任单位、相关专业预算编制部门在预算管理办公室的组织下，按预算管理责任分工，根据《预算编制大纲》和专业预算目标要求编制各分预算及专项预算，并按时上报预算管理办公室。预算管理办公室将各单位、各部门上报的分预算及专项预算草案进行分析汇总编制，在综合平衡基础上，编制企业完整的总预算，并报公司预算委员会审定、颁发。此过程一般要经过几个来回，历经两个月时间，最终以公司文件形式下发。思考武钢的预算管理有何特征？

企业发展需要明确的方针、政策，对这些方针、政策的系统表述就是财务计划。财务计划离不开财务预算，财务预算汇集了企业每一个项目的资本预算分析，分为长期财务预算和短期财务预算。长期财务预算包括销售预测、财务预测、融资计划等内容；而短期财务预算涉及一年内的现金流入与流出，包括在销售预算的基础上逐步对生产、材料采购、存货和费用等方面的预算。同时，在编制财务预算时离不开相关分析，如企业本量利分析和经营风险分析等。

第一节 全面预算的编制

财务预算是企业全面预算的一部分，是和其他预算联系在一起的。整个全面预算实际上就是一个数字相互衔接的整体。

一、全面预算的基本体系

所谓预算就是用货币来计量，将决策的目标具体地、系统地反映出来。一个企业通过长短期决策，确定了最优方案，为企业各有关方面的活动确定了具体目标。为了达到并完成既定的目标，还必须研究实现目标的途径和方法，以保证目标在实际中贯彻执行，这就需要编制预算。因此，预算是经营决策的具体化，经营决策的经济效益还要进一步体现、落实到有关的长短期预算中。

（一）全面预算的功能

全面预算又称总预算，是关于企业在一定时期内（一般不超过1年）经营、财务等方面的总体预算。全面预算是一种执行预算，数据要尽量具体化，以便各职能部门落实执行。编制全面预算的功能概括起来有以下三点：

1. 明确目标，控制业务

编制全面预算就是把整个企业和各个职能部门在计划期间的工作分别定出目标，并将制定目标所依据的主要设想以及达到目标拟采取的方法和措施都详细列举出来，从而达到指导和控制业务的目的。

2. 内部协调，综合平衡

现代化企业各个职能部门的经济活动之间存在着一个局部与整体的关系。各职能部门在安排计划时不能各自为政，否则难以实现总的战略目标。编制全面预算可以促使各部门管理人员了解本部门在全局中所处的地位和所起的作用，协调和平衡各职能部门的计划，从而实现最佳经济效益。

3. 分析比较，评价业绩

预算是目标的具体化，同时也是评价企业生产经营各方面工作成果的基本尺度。在生产经营过程中，把实际成果同预算目标进行对比，考核和分析实际成果同预算之间的差异，既可以考核各部门或有关人员的工作业绩，也有助于促进各方及时采取有效措施，消除薄弱环节，保证预定目标更好地完成。

（二）全面预算的构成

企业的全面预算以市场需求研究和预测为基础，以销售预算为主导，进而涵盖生产、成本和现金收支等各方面，并强调生产经营活动对企业财务状况和财务成果的预期影响，最后以编制预计的财务报表为终结的一种整体预算。其特点是以销定产，使预算的每一部分、每一项指标都紧紧围绕着企业经营决策的目标利润来制定。其基本组成包括如下方面：

（1）销售预算，包括预期现金收入的计算。

（2）生产预算。

（3）直接材料采购预算，包括预期现金支出的计算、应交税金及附加的计算。

（4）直接人工预算。

（5）制造费用预算。

（6）产品单位成本和期末产成品存货预算。

（7）销售与管理费用预算。

（8）现金预算。

（9）利润表预算。

（10）资产负债表预算。

二、全面预算编制的基本方法

编制预算的技术方法很多，如固定预算法、弹性预算法、零基预算法、滚动预算法等。其中固定预算法为传统的常用方法，是根据预算期间内计划预定的一种活动水平来确定相应的数据，因此亦称为静态预算。固定预算法一般适用于非营利组织和业务水平较为稳定的企业。本节具体介绍固定预算法下全面预算的编制，并以东方公司有关数据为例。

（一）销售预算

销售预算是规定预算期内各季度销售目标和实施计划的一种预算。它是全面预算的出发点，也是全面预算的关键，因为现代企业都是以销定产的，产品的生产数量、材料、人工、设备和资金需要量等都由预期的商品销售量来决定。在编制过程中，需根据市场变化和销售历史资料来分析、预测计划期销售收入。

在销售预算中通常还包括预期的现金收入的计算，具体包括上期销售将于本期收到的现金和本期销售于本期收到的现金，从而为编制现金预算提供必要的资料。

【例 9-1】 假定东方公司于计划年度 2021 年只生产和销售一种产品，每季商品销售在当季收到货款的占 50%，剩下的在下季收讫。基期(2020 年)末的应收账款余额为 25 000 元。假设该公司的增值税税率为 17%。求该公司计划年度的分季销售预算。

该公司计划年度的分季销售预算表如表 9-1 所示(计算结果保留两位小数)。

表 9-1 销售预算表 (2021 年 单位：元)

项 目	第一季度	第二季度	第三季度	第四季度	全年合计
预计销售量(件)	1 100	1 200	1 500	1 200	5 000
销售单价	70	70	70	70	70
预计销售收入	77 000	84 000	105 000	84 000	350 000

续表 9-1

增值税销项税额	13 090	14 280	17 850	14 280	59 500
含税销售收入	90 090	98 280	122 850	98 280	409 500
预期的现金收入					
项　　目	第一季度	第二季度	第三季度	第四季度	全年合计
应收账款(2020 年末)	25 000				25 000
第一季度销售现金收入	45 045	45 045			90 090
第二季度销售现金收入		49 140	49 140		98 280
第三季度销售现金收入			61 425	61 425	122 850
第四季度销售现金收入				49 140	49 140
现金收入合计	70 045	94 185	110 565	110 565	385 360

(二) 生产预算

生产预算主要用来具体安排企业在预算期内的生产活动，确定预算期内有关产品的生产数量及其分布状况。根据销售预算的具体内容来编制生产预算，要注意计划期初、期末存货的预计水平。产品的生产量与销售量之间的关系按下式计算：

预计生产量＝计划销售量＋预计期末存货量－预计期初存货量

【例 9-2】 接例 9-1，假定东方公司计划年内每季季末产成品存货量占其下季销售量的 10%，计划年度末产成品存货量为 100 件，计划年度初产成品存货量为 110 件，请编制生产预算表。

该公司的生产预算表如表 9-2 所示。

表 9-2　生产预算表　　(2021 年度　单位：件)

项　　目	第一季度	第二季度	第三季度	第四季度	全年合计
预计销售量	1 100	1 200	1 500	1 200	5 000
加：预计期末存货量	120	150	120	100	100
减：预计期初存货量	110	120	150	120	110
总　　计	1 110	1 230	1 470	1 180	4 990

(三)直接材料采购预算

确定了生产预算并安排好了生产进度之后，就应据此编制直接材料采购预算。编制直接材料采购预算也要考虑计划期间的期初和期末材料水平。直接材料预计采购量按下式计算：

预计采购量＝预计生产需用量＋预计期末材料存货量－预计期初材料存货量

在直接材料采购预算中，通常还包括材料预期的现金支出方面的计算，为编制现金预算提供必要的资料。材料方面预期的现金支出具体包括上期采购本期付款的现金支出和本期采购本期支付的现金支出。

【例 9-3】 续前例，假定东方公司直接材料消耗定额为 2 千克，每千克单价为 5

元，预算期内每季季末材料存量占其下季生产需用量的 20%，预算期末材料存量为 500 千克，预算期初材料存量为 400 千克，每季材料采购在当季付款的占 60%，其余部分在下季付款。该企业预算期初应付款余额为 7 000 元，请编制该公司的计划年度直接材料采购预算表。

根据上述资料编制的该公司的计划年度直接材料采购预算表如表 9-3 所示。

表 9-3　直接材料采购预算表　（单位：元）

项　目	第一季度	第二季度	第三季度	第四季度	全年合计
预计生产量（件）	1 110	1 230	1 470	1 180	4 990
单位产品材料消耗定额定额	2	2	2	2	2
预计生产需要量（千克）	2 220	2 460	2 940	2 360	9 980
加：预计期末存料量（千克）	492	588	472	500	500
减：预计期初存料量（千克）	400	492	588	472	400
预计材料采购量（千克）	2 312	2 556	2 824	2 388	10 080
材料计划单价	5	5	5	5	5
预计材料采购成本	11 560	12 780	14 120	11 940	50 400
增值税进项税额	1 965.2	2 172.6	2 400.4	2 029.8	8 568
预计采购金额合计	13 525.2	14 952.6	16 520.4	13 969.8	58 968
预期的现金支出					
应付账款（2012 年末）	7 000				7 000
第一季度采购额	8 115.12	5 410.08			13 525.2
第二季度采购额		8 971.56	5 981.04		14 952.6
第三季度采购额			9 912.24	6 608.16	16 520.4
第四季度采购额				8 381.88	8 381.88
现金支出合计	15 115.12	14 381.64	15 893.28	14 990.04	60 380.08

应交税金及附加预算是指为规划一定预算期内预计发生的应交增值税、营业税、消费税、资源税、城市维护建设税和教育费附加金额而编制的一种经营预算。

直接材料采购预算中不包括预交所得税和直接计入管理费用的印花税。由于税金需要及时清缴，为简化预算方法，可假定预算期发生的各项应交税金及附加均于当期以现金形式支付。

【例 9-4】 续前例，假设东方公司所生产的产品不属于消费税征收的范畴。另外，该公司无应交营业税，附加税税率为 10%（即城市维护建设税税率为 7%，教育费附加的征收率为 3%）。为简化预算方法，可假定预算期发生的各项应交税金及附加均于当期以现金形式支付。应交税金及附加预算表如表 9-4 所示。

（四）直接人工预算

直接人工预算也是在生产预算的基础上编制的，例 9-5 以各期完成的产成品数乘以生产单位产品需要的工时,再乘以小时工资率,得出直接人工成本。在通常情况下,企业生产产品耗用的直接人工工种往往不止一种,由于工种不同,小时工资也不一样,这时直接人工预算则须按工种类别分别计算,然后汇总求得直接人工成本总数。

表 9-4　应交税金及附加预算表　(单位:元)

项　目	第一季度	第二季度	第三季度	第四季度	全年合计
预计销售收入	77 000	84 000	105 000	84 000	350 000
增值税销项税额	13 090	14 280	17 850	14 280	59 500
预计材料采购成本	11 560	12 780	14 120	11 940	50 400
增值税进项税额	1 965.2	2 172.6	2 400.4	2 029.8	8 568
应交增值税合计	1 1124.8	12 107.4	15 449.6	12 250.2	50 932
应交附加税合计	1 112.48	1 210.74	1 544.96	1 225.02	5 093.2
应交税金及附加合计	12 237.28	13 318.14	16 994.56	13 475.22	56 025.2

【例 9-5】 续前例,假定东方公司计划期间所需直接人工只有一个工种,生产单位产品需用直接人工工时为 5 小时,每小时工资率为 4 元。请编制该公司 2017 年度直接人工预算表。

该公司 2017 年度直接人工预算表。

表 9-5　直接人工预算表

项　目	第一季度	第二季度	第三季度	第四季度	全年合计
预计生产量(件)	1 110	1 230	1 470	1 180	4 990
单位产品直接人工工时(小时)	5	5	5	5	5
预计各期需用的直接人工总工时(小时)	5 550	6 150	7 350	5 900	24 950
单位工时工资率(元)	4	4	4	4	4
预计直接人工成本总额(元)	22 200	24 600	29 400	23 600	99 800

(五) 制造费用预算

制造费用包括生产成本中除直接材料、直接人工以外的一切费用。这些费用可以按成本形态划分为变动制造费用和固定制造费用两类。在全部成本法下,变动制造费用和固定制造费用都包括在产品成本中;在变动成本法下,只有变动制造费用计入产品成本,固定制造费用直接列入损益表作为当期产品销售收入的一个扣除项目。编制制造费用预算时,应以预算期的各季生产量为基础规划各个费用项目的具体预算数字。

在制造费用预算中,通常还包括费用方面预期的现金支出的计算,为编制现金预算提供必要的资料。由于固定资产折旧是无须现金支出的项目,计算预期现金支出时应予以扣除。

【例 9-6】 续前例,根据有关资料,请编制东方公司计划年度的制造费用预算表。

该公司计划年度的制造费用预算表如表 9-6 所示。

表 9-6　制造费用预算表　（2021 年度　单位：元）

成本明细项目		金　　额	费用分配率
变动制造费用	间接人工	15 000	$变动制造费用分配率=\frac{变动费用合计}{直接人工工时}=\frac{49\ 900}{24\ 950}=2(元/工时)$
	间接材料	8 000	
	维修费	10 000	
	水电费	12 500	
	机物料消耗	4 400	
	合计	49 900	
固定制造费用	维修费	5 200	$每季固定制造费用支出=\frac{28\ 800}{4}=7\ 200$
	折旧费	7 400	
	管理费	7 500	
	保险费	6 600	
	财产税	2 100	
	合计	28 800	

预期的现金支出

项　　目	第一季度	第二季度	第三季度	第四季度	全年合计
直接人工工时	5 550	6 150	7 350	5 900	24 950
变动制造费用分配率	2	2	2	2	2
变动制造费用现金支出	11 100	12 300	14 700	11 800	49 900
固定制造费用支出	7 200	7 200	7 200	7 200	28 800
减：折旧费	1 850	1 850	1 850	1 850	7 400
现金支出合计	16 450	17 650	20 050	17 150	71 300

注：$每季折旧费=\frac{年折费总额}{4}=\frac{7\ 400}{4}=1\ 850(元)$

（六）产品单位成本和期末产成品存货预算

为正确计算预计损益表中的产品销售成本和预计资产负债表中的期末产成品存货，要根据以上五种预算来编制产品单位成本和期末产品存货预算。

【例 9-7】 根据上述有关资料，请编制东方公司产品单位成本和期末产成品存货预算表。

该公司产品单位成本和期末产成品存货预算表如表 9-7 所示。

表 9-7　产品单位成本和期末产成品存货预算表　（2021 年度）

成本项目	单位消耗定额	金　　额	单位成本（元）
直接材料	2 千克	5 元	10
直接人工	5 小时	4 元/小时	20
变动制造费用	5 小时	2 元/小时	10
单位变动生产成本			40
期末存货预算	期末存货数量（件）		100
	单位变动成本（元）		40
	期末存货余额（元）		4 000

(七) 销售及管理费用预算

此预算应包括制造业务范围以外预计发生的各种费用项目。变动费用与固定费用需分开列示。此预算通常也包括计划期间预计销售与管理费用的现金支出计算,以便编制现金预算表。

【例 9-8】 接前例,根据东方公司有关资料,请编制销售及管理费用预算表。

销售及管理费用预算表如表 9-8 所示。

表 9-8　销售及管理费用预算表　(2021 年度　单位:元)

费用明细项目		预算金额	分配率
变动费用	销售人员工资及佣金	6 000	单位产品变动销售及管理费用 $=\frac{\text{变动费用总计}}{\text{预计销售量}}=\frac{20\ 000}{5\ 000}=4$
	运输费	9 000	
	办公费	5 000	
	合　计	20 000	
固定费用	管理人员工资	8 000	每季固定费用支出 $=\frac{24\ 000}{4}=6\ 000$
	广告费	10 000	
	保险费	3 000	
	财产税	3 000	
	合　计	24 000	

预期现金支出

项　目	第一季度	第二季度	第三季度	第四季度	全年合计
预计销售量	1 110	1 200	1 500	1 200	5 000
单位变动销售与管理费用	4	4	4	4	4
变动销售与管理费用	4 400	4 800	6 000	4 800	20 000
固定销售与管理管用	6 000	6 000	6 000	6 000	24 000
现金支出合计	10 400	10 800	12 000	10 800	44 000

(八)现金预算

现金预算是概括地反映企业在整个预算期内现金收支余缺及其筹集与运用情况的预算。编制现金预算表的主要目的是为了测算企业在预算期间现金收入与现金支出的匹配程度及不匹配的时间与数额,以便采取措施,避免资金的积压或短缺。

现金预算一般包括四个组成部分:

(1) 现金收入。包括计划期间的期初现金余额,加上本期预计可能发生的现金收入。一般来说,现金收入的主要来源是销售收入的取得和应收账款的收回,可从销售预算中获得该项资料。

(2) 现金支出。包括计划期内预计可能发生的一切现金支出,如支付材料购置款、直接人工、制造费用以及销售与管理费用等。此项资料可分别从直接材料预算、直接人工预算、制造费用预算、销售及管理费用预算中获得,此外还包括交纳所得税、购置固定设备、支付股利等事项所发生的现金支出。

(3) 现金剩余或短缺。将现金收入总额与现金支出总额进行抵减，如果收入大于支出即出现现金剩余，可用来归还以前借款或用于短期投资；如果收入小于支出就出现现金短缺，则应向银行或其他单位举债。

(4) 融通资金(或投放资金)。这部分是以现金余缺为出发点，包括计划期间需要在期初向银行借款的数额，以及在期末归还借款和偿付利息等事项。

完成了初步的现金预算以后，就可以知道企业在计划期间需要多少经营资金，财务主管人员就可以预先安排和筹措，来满足各个时期的资金需要。

由此可见，为了有计划地安排和筹措资金，编制期间愈短愈好。西方国家有不少企业以星期为单位，逐周编制预算，但最常见的还是年度分季或季度分月进行编制。

【例 9-9】 续前例，假定东方公司预算期内现金余额最低限额为 10 000 元，最高限额为 15 000 元。预计每季支付股利 2 000 元。专门决策计划第一季度购置设备支出 5 000 元，第二季度购置设备支出 17 000 元，第三季度购置设备支出 5 000 元，第四季度无设备购置，预计期初现金余额为 10 000 元。资金筹措额为 1 000 元的整数倍。假设公司所得税是按季预交，根据上年情况每季度交纳所得税为 6 000 元，利息费用是还本时交纳。请编制现金预算表。

现金预算表如表 9-9 所示。

表 9-9　现金预算表　　(2021 度　单位：元)

项　目	第一季度	第二季度	第三季度	第四季度	全年合计
期初现金余额	10 000	10 642.6	14 077.82	12 117.48	10 000
加：本期现金收入	70 045	94 185	110 565	110 565	385 360
现金收入合计	80 045	104 827.6	124 642.82	122 682.48	395 360
减：本期现金支出					
直接材料	15 115.12	14 381.64	15 893.28	14 990.04	60 380.08
直接人工	22 200	24 600	29 400	23 600	99 800
制造费用	16 450	17 650	20 050	17 150	71 300
销售及管理费用	10 400	10 800	12 000	10 800	44 000
增值税及营业税金及附加	12 237.28	13 318.14	16 994.56	13 475.22	56 025.2
预计所得税	6 000	6 000	6 000	6 000	24 000
预计设备购置	5 000	17 000	5 000	—	27 000
预计支付股利	2 000	2 000	2 000	2 000	8 000
现金支出合计	89 402.4	105 749.78	107 337.84	88 015.26	390 505.28
收支相抵结余(+)/不足(−)	−9 357.4	−992.18	17 304.98	34 667.22	4 854.72
向银行借款(偿还借款)	20 000	15 000	(5 000)	(20 000)	10 000
支付利息(年息率 5%)			(187.5)	937.5	(1 125)
总　计	10 642.6	14 077.82	12 117.48	13 729.72	13 729.72

注：向银行借款数除需抵补现金支出的不足数外，还要保证期末最低余额 10 000 元。另外，如果结余现金超过 15 000 元的最高限额，就需归还借款并注意支付利息。借款、筹资在期初，还款、支付各种利息在期末，利息随本金一并偿还。第三季利息为 187.5 元(5 000×5%×3÷4)，第四季度利息 937.5 元(15 000×5%+5 000×5%×3÷4)。

(九) 利润表预算

预计损益表是用来综合反映企业在计划期间生产经营的财务情况,并作为预计企业经营活动最终成果的重要依据,是企业财务预算中最主要的预算表之一。编制依据是表 9-1、表 9-2、表 9-3、表 9-4、表 9-5 以及专门决策资料等。

【例 9-10】 依前例,东方公司根据以上预算资料,编制年度分季的预计损益表。

编制的年度分季的预计损益表如表 9-10 所示。

表 9-10 预计损益表 (2021 年度 单位:元)

项目	第一季度	第二季度	第三季度	第四季度	全年合计
销售数量(件)	1 100	1 200	1 500	1 200	5 000
销售收入	77 000	84 000	105 000	84 000	350 000
减:变动销售成本	44 000	48 000	60 000	48 000	200 000
销售税金及附加	1 112.48	1 210.74	1 544.96	1 225.02	5 093.2
边际贡献(生产阶段)	31 887.52	34 789.26	43 455.04	34 774.98	144 906.8
减:变动性销售费用	4 400	4 800	6 000	4 800	20 000
边际贡献(销售阶段)	27 487.52	29 989.26	37 455.04	29 974.98	124 906.8
减:固定性制造费用	7 200	7 200	7 200	7 200	28 800
固定性销售费用	6 000	6 000	6 000	6 000	24 000
减:利息支出			187.5	937.5	1 125
利润总额	14 287.52	16 789.26	24 067.54	15 837.48	70 981.8
减:所得税(25%)	3 571.88	4 197.32	6 016.88	3 959.37	17 745.45
税后净收益	10 715.64	12 591.94	18 051.06	11 878.11	53 236.35

(十) 资产负债表预算

预算期末的资产负债表用来反映企业在预算期末的财务状况。它是以预算期的资产负债表为基础,然后根据计划期间各项预算的有关资料加以分析、计算而编制的。

【例 9-11】 依前例,请编制预算期末的资产负债表。

企业预算期初的资产负债表如表 9-11 所示。

现根据预算期初的资产负债及预算期间各项预算中的有关资料进行调整,编制预算期末的资产负债表,如表 9-12 所示。

表 9-11　预算期初的资产负债表

2020 年 12 月 31 日　　（单位：元）

资　　产		负债及权益	
流动资产		流动负债	
1. 现金	10 000	8. 应付账款	7 000
2. 应收账款	25 000	合计	7 000
3. 直接材料	2 000	股东权益	
4. 产成品	4 400	9. 普通股	25 000
合计	41 400	10. 留存收益	31 400
长期资产		合计	56 400
5. 土地	20 000		
6. 房屋及设备	26 000		
7. 累计折旧	24 000		
合计	22 000		
资产总计	63 400	负债及权益总计	63 400

表 9-12　预算期末的资产负债表

2021 年 12 月 31 日　　（单位：元）

资　　产		负债及权益	
流动资产		流动负债	
1. 现金	13 729.72	8. 应付账款	5 587.92
2. 应收账款	49 140	9. 短期借款	10 000
3. 材料存货	2 500	10. 未交所得税	−6 254.55
4. 产成品存货	4 000	合计	9 333.37
合计	69 369.72	股东权益	
长期资产		11. 普通股	25 000
5. 土地	20 000	12. 留存收益	76 636.35
6. 房屋及设备	53 000	合计	101 636.35
7. 累计折旧	31 400		
合计	41 600		
资产总计	110 969.72	负债及权益总计	110 969.72

编表说明：

(1) 现金，见表 9-9，期末余额 13 729.72 元。

(2) 见表 9-1，预计期初应收账款 25 000 元，期末应收账款余额为 49 140 元(98 280×50%)。

(3) 见表 9-3，预计期初材料余额为 2 000 元(400×5)，预计期末余额为 2 500 元(500×5)。

(4) 见表 9-2 和表 9-7，预计期末产成品余额为 4 000 元(100×40)。

(5) 见表 9-11,土地期初账面价值 20 000 元。

(6) 见表 9-11 和表 9-12,期初房屋及设备账面价值为 26 000 元,预计期末房屋及设备账面价值为 53 000 元(26 000+27 000)。

(7) 见表 9-6 和表 9-11,预计期初累计折旧额为 24 000 元,预计期末累计折旧额为 31 400 元(24 000+7 400)。

(8) 见表 9-3,预计期初应付账款余额为 7 000 元;预计期末应付账款余额为 5 587.92元(13 969.8×40%)。

(9) 见表 9-11,普通股本期初数 25 000 元。

(10) 见表 9-9、表 9-10、表 9-11,留存收益预计期末余额=预计期初余额+预计期间所获净利润-预计期间支付股利=31 400+53 236.35-8 000 =76 636.35(元)。

第二节 本量利分析

本量利分析又可简称为 CVP 分析(Cost-Volume-Profit Analysis),或简称为量本利分析(VCP 分析)。它是成本、业务量和利润三者依存关系分析的简称,是在成本形态分析和变动成本法的基础上,以数量化的会计模型与图形来揭示固定成本、变动成本、业务量、单价、销售额和利润之间的内在规律性联系,考察相关因素变动对财务预算编制影响的一种定量分析方法。

一、本量利分析的相关概念和损益方程式

(一) 本量利分析的基本形式

本量利分析的基本关系式是表示成本、业务量和利润之间的依存关系。由于其中利润是企业关注的焦点和结果,通常从利润的角度考虑三者之间的关系。所以本量利分析的关系式又称为损益方程式。而目前大多数企业都通过损益法来计算销售利润,即确定一定期间的收入,然后计算与这些收入相匹配的成本,两者之差即为销售利润。基本公式为:

$$销售利润=销售收入-总成本 \tag{9-1}$$

其中:

$$总成本=变动成本+固定成本=单位变动成本\times销量+固定成本$$

$$销售收入=单价\times销量$$

假设产量和销量相同,则有:

$$\begin{aligned}销售利润&=单价\times销量-单位变动成本\times销量-固定成本\\&=销量\times(单价-单位变动成本)-固定成本\end{aligned} \tag{9-2}$$

式(9-2)明确表达了本量利之间的数量关系。它涉及相互联系的 5 个变量,即单价、单位变动成本、销量、固定成本和销售利润,给定其中 4 个便可求出另一个变量的值。

【例 9-12】 某企业生产一种产品，单价 18 元，单位变动成本 12 元，本月计划销售 1 000 件，每月固定成本 3 000 元，预期销售利润是多少？

$$利润=单价\times销量-单位变动成本\times销量-固定成本$$
$$=18\times1\ 000-12\times1\ 000-3\ 000=3\ 000(元)$$

此基本损益方程式可以根据所需计算的问题，或者根据企业具体情况增加一些变量，成为更复杂、更接近实际的方程式。

(二) 本量利分析的变换形式

本量利分析的基本关系式将销售利润作为待求的变量。如果将其他变量作为待求的量，就可以根据基本的关系式进行恒等变换，从而得到四个变换形式。

1. 计算销量的方程式

$$销量=\frac{固定成本+利润}{单价-单位变动成本}$$

假设例 9-12 企业拟实现目标利润 3 600 元，问应销售多少产品？

$$销量=\frac{3\ 000+3\ 600}{18-12}=1\ 100(件)$$

2. 计算单价的方程式

$$单价=\frac{固定成本+利润}{销量}+单位变动成本$$

假设例 9-12 企业计划销售 1 200 件，欲实现利润 3 600 元，问单价应定为多少？

$$单价=\frac{3\ 000+3\ 600}{1\ 200}+12=17.5(元/件)$$

3. 计算单位变动成本的方程式

$$单位变动成本=单价-\frac{固定成本+利润}{销量}$$

假设例 9-12 企业每月固定成本 3 000 元，单价 18 元，计划销售 1 200 件，欲实现利润 3 600 元，问单位变动成本应控制在什么水平？

$$单位变动成本=18-\frac{3\ 000+3\ 600}{1\ 200}=12.5(元/件)$$

4. 计算固定成本的方程式

$$固定成本=单价\times销量-单位变动成本\times销量-利润$$

假设例 9-12 企业单位变动成本 12 元，单价 18 元，计划销售 1 200 件，欲实现利润 4 000 元，固定成本应控制在什么水平？

$$固定成本=18\times1\ 200-12\times1\ 200-4\ 000=3\ 200(元)$$

(三) 边际贡献方程式

1. 边际贡献

在本量利分析中，边际贡献是一个很重要的概念。它是指销售收入减去变动成本所得的差额，即：

$$边际贡献=销售收入-变动成本 \tag{9-3}$$

将其与基本损益方程式对比得出销售利润的另外一种表达形式：

$$销售利润=边际贡献-固定成本 \tag{9-4}$$

可见，边际贡献是各项产品或服务扣除自身变动成本后给企业所作的贡献，虽然不是企业的利润，但它与企业的利润密不可分。它首先用于收回企业的固定成本，如果有剩余，则成为利润；如果不足以收回固定成本，则表示企业发生了亏损。

上面所用的边际贡献概念是总量的概念，实际中经常还会涉及单位产品的情况。如果用单位产品来表示边际贡献就称为单位边际贡献。单位边际贡献通常有两种表达方式：一是用边际贡献除以销售量而得，另一种是某产品的单价与单位变动成本之差。用公式表示为：

$$单位边际贡献=\frac{边际贡献}{销售量}=单价-单位变动成本 \tag{9-5}$$

2. 边际贡献率

不同企业的销售规模是不一样的，而边际贡献没有考虑不同企业之间的比较，使用的是绝对量，如果使用相对量来表示就是边际贡献率。所谓边际贡献率是指边际贡献在销售收入中所占的百分率，也可以理解为每 1 元的销售收入中边际贡献所占的比重，反映了产品为企业作出贡献的能力。其表达式为：

$$\begin{aligned}边际贡献率&=\frac{边际贡献}{销售收入}\times 100\%=\frac{单位边际贡献\times 销量}{单价\times 销量}\times 100\%\\&=\frac{单位边际贡献}{单价}\times 100\%\end{aligned} \tag{9-6}$$

与边际贡献率相对应的概念是“变动成本率”，即变动成本在销售收入中所占的百分比。如果变动成本和销售收入同除以销量，就是单位变动成本在单价中所占的百分比，即：

$$变动成本率=\frac{变动成本}{销售收入}\times 100\%=\frac{单位变动成本}{单价}\times 100\% \tag{9-7}$$

由变换边际贡献的表达式可知，销售收入由边际贡献和变动成本两部分组成，而变动成本是产品自身的耗费，边际贡献是对企业的贡献。相应地将边际贡献的表达式同除以销售收入得到变动成本率和边际贡献率之和等于 1，也就是说变动成本率和边际贡献率两者具有互补关系。用公式表示为：

$$变动成本率+边际贡献率=1 \tag{9-8}$$

3. 边际贡献率方程式

在基本损益方程式中引入“边际贡献”，就得到边际贡献方程式，其变换过程为：

因为：

$$销售利润=销售收入-变动成本-固定成本=边际贡献-固定成本$$

所以：

$$\text{销售利润}=\text{销量}\times\text{单位边际贡献}-\text{固定成本} \tag{9-9}$$

根据需要可以将式(9-9)变换成以下形式：

$$\text{销量}=\frac{\text{固定成本}+\text{销售利润}}{\text{单位边际贡献}} \tag{9-10}$$

$$\text{单位边际贡献}=\frac{\text{固定成本}+\text{销售利润}}{\text{销量}} \tag{9-11}$$

$$\text{固定成本}=\text{销量}\times\text{单位边际贡献}-\text{销售利润} \tag{9-12}$$

除了上述变换外，还可以利用“边际贡献率”来改写边际贡献方程式。

因为：

$$\text{边际贡献率}=\frac{\text{边际贡献}}{\text{销售收入}}\times 100\%$$

$$\text{边际贡献}=\text{销售收入}\times\text{边际贡献率}$$

$$\text{销售利润}=\text{边际贡献}-\text{固定成本}$$

所以：

$$\text{销售利润}=\text{销售收入}\times\text{边际贡献率}-\text{固定成本} \tag{9-13}$$

式(9-13)称为边际贡献率方程式。由于多种产品的销售收入可以直接相加，此方程式还可以用于生产、销售多品种的企业。

(四) 盈亏临界点和安全边际

1. 盈亏临界点

盈亏临界点又称为保本点，是指使企业的销售收入总额同成本总额保持相等时的状态，亦即边际贡献等于固定成本时企业所处的既不盈利也不亏损的状况。通常，盈亏临界点既可以用实物单位来表示，称为盈亏临界点销售量，也可以用金额单位来表示，称为盈亏临界点销售额。

(1) 盈亏临界点销售量

盈亏临界点销售量是指销售利润为 0 时的销售量。就单一产品而言，计算很简单。具体的计算过程如下：

因为：

$$\text{销售利润}=\text{单价}\times\text{销量}-\text{单位变动成本}\times\text{销量}-\text{固定成本}$$

如果销售利润等于 0，此时的销量就为盈亏临界点销售量：

$$\begin{aligned}0&=\text{单价}\times\text{盈亏临界点销售量}-\text{单位变动成本}\times\text{盈亏临界点销售量}-\text{固定成本}\\&=\text{盈亏临界点销售量}\times(\text{单价}-\text{单位变动成本})-\text{固定成本}\end{aligned}$$

所以：

$$\text{盈亏临界点销售量}=\frac{\text{固定成本}}{\text{单价}-\text{单位变动成本}}=\frac{\text{固定成本}}{\text{单位边际贡献}} \tag{9-14}$$

(2) 盈亏临界点销售额

如果要计算生产、销售多品种的企业的盈亏临界点，通常使用销售额来表示，即盈亏临界点销售额。

因为：

$$\text{销售利润}=\text{销售额}\times\text{边际贡献率}-\text{固定成本}$$

令销售利润为0，此时的销售额为盈亏临界点销售额：

$$0=\text{盈亏临界点销售额}\times\text{边际贡献率}-\text{固定成本}$$

所以：

$$\text{盈亏临界点销售额}=\frac{\text{固定成本}}{\text{边际贡献率}} \tag{9-15}$$

(3) 盈亏临界点作业率

盈亏临界点作业率是指在企业正常销售量中盈亏临界点销售量所占的比重。所谓正常销售量是指在不出现意外处在正常市场和正常开工情况下企业的销售数量，还可用销售金额来表示。其计算公式为：

$$\text{盈亏临界点作业率}=\frac{\text{盈亏临界点销售量}}{\text{正常销售量}}\times100\%=\frac{\text{盈亏临界点销售额}}{\text{正常销售额}}\times100\% \tag{9-16}$$

这个指标表明企业保本状态下的业务量占正常业务量的比重。由于多数企业的生产经营能力与正常销售量大致相同，故盈亏临界点作业率指标还表明保本状态下生产经营能力的利用程度。

2. 安全边际

安全边际是指正常销售额超过盈亏临界点销售额的差额。其经济意义是指销售额下降多少企业才会亏损，反映了企业生产经营的安全程度。计算公式为：

$$\text{安全边际}=\text{正常销售额}-\text{盈亏临界点销售额} \tag{9-17}$$

如果采用相对指标来表示，就是安全边际率，即安全边际与正常销售额的比值。计算公式为：

$$\text{安全边际率}=\frac{\text{安全边际}}{\text{正常销售额}}\times100\% \tag{9-18}$$

安全边际和安全边际率越大，企业发生亏损的可能性就越小，企业就越安全。安全边际率是一个相对指标，可用于不同规模企业和行业之间的比较。其评价安全性检验标准如表9-13所示。

表9-13　安全性检验标准

安全边际率	>40%	30%～40%	20%～30%	10%～20%	<10%
安全等级	很安全	安全	较安全	值得注意	危险

由以上分析可知，盈亏临界点将正常销售分为两部分：一部分是盈亏临界点销售额，另一部分是安全边际。即：

正常销售额＝盈亏临界点销售额＋安全边际　　(9-19)

式(9-19)两端同除以正常销售额得：

盈亏临界点作业率＋安全边际率＝1　　(9-20)

由此得出安全边际率和盈亏临界点作业率之间的相互关系。

二、本量利分析图

为了清楚、直观、简明、形象地将成本、销售量、利润等经济变量的关系表达出来，可以使用解析几何模型在直角坐标系下反映，得出的图形称为本量利图，又称为盈亏临界图、保本图和损益平衡图。它能直观地显示出企业不盈利也不亏损时的产销量，反映影响利润的有关因素变动对利润的影响程度，为管理人员进行利润的预测提供依据。

本量利图通常有标准式、边际贡献式和销售量-利润式三种。

(一) 标准式的本量利分析图

标准式的本量利分析图是最常见的并能反映最基本的本量利关系的图形，也可以叫做基本的盈亏临界图，如图 9-1 所示。其绘制步骤为：

(1) 选定直角坐标系。以横轴表示销售数量，以纵轴表示销售收入和成本的金额。

(2) 绘制固定成本线。在纵轴上找出固定成本数值，以此点(0，固定成本)为起点，绘制一条与横轴平行的固定成本线。

(3) 绘制总成本线。以点(0，固定成本)为起点，以单位变动成本为斜率，绘制而成的直线即为总成本线。

(4) 绘制销售收入线。以坐标原点为起点，以单价为斜率绘制销售收入线。

从标准的本量利分析图可以反映出亏损区、利润区、盈亏临界点及安全边际之间的关系。具体表达的意义如下：

(1) 固定成本线与横轴之间的距离为固定成本值，不随产量增减而变动。

(2) 总成本线与固定成本线之间的距离为变动成本，随产量变动成正比例变化。

(3) 总成本线与横轴之间的距离为总成本，是固定成本与变动成本之和。

(4) 销售收入线与总成本线交点(A)为盈亏临界点，在横轴上对应的销售量是保本点，表明企业在此销售量下总收入与总成本相等，既没有利润，也不发生亏损。在此基础上，增加销售量，销售收入超过总成本，销售收入线和总成本线之间的距离为利润值，形成利润区；反之，形成亏损区。

(5) 盈亏临界点将正常销售量分为两部分，右边为安全边际。只有安全边际才能为企业创造利润。

图 9-1 中的销售量(横轴)不仅可以使用实物量，也可以使用金额来表示，其绘制方法与上述方法大体相同，如图 9-2 所示。通常，这种图成正方形。在绘制时，销售收入线为从原点出发的对角线，斜率为 1；总成本线从点(0，固定成本)出发，斜率为

变动成本率。这种图不仅用于单一产品，还可用于多种产品的情况，只不过需要计算加权平均的变动成本率。

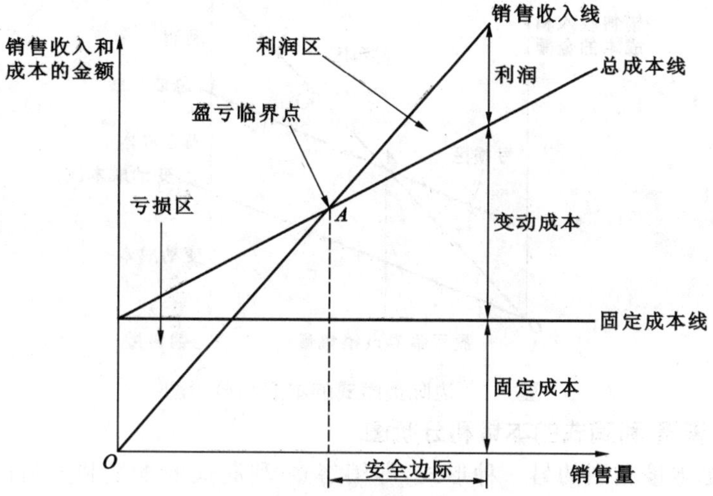

图 9-1 标准式的本量利分析图 I

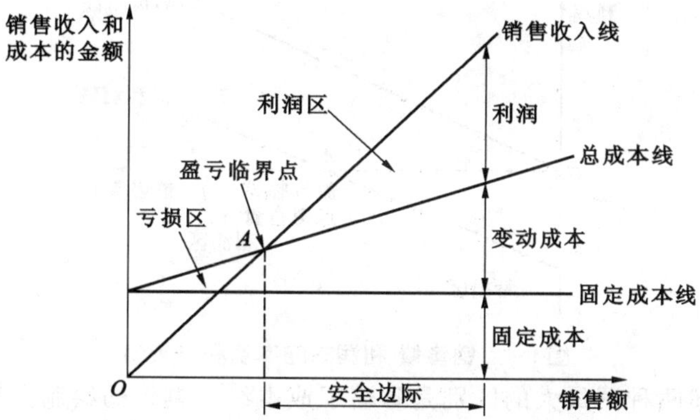

图 9-2 标准式的本量利分析图 II

(二) 边际贡献式的本量利分析图

这种图和标准式的本量利图绘制时基本相同，只是绘制成本线有所不同。此图要先画变动成本线，而不画固定成本线，然后在此基础上以(0，固定成本)为起点画一条与变动成本线平行的总成本线。其他部分的绘制方法与标准式的本量利图相同，见图 9-3。

此图的主要优点是可以表示边际贡献的数值。企业的销售收入和变动成本都随销售量正比例增长，这些销售收入首先用于弥补产品自身的变动成本，剩余的是边际贡献，即销售收入线与变动成本线之间的距离。边际贡献随销量增加而扩大，其首先应当补偿固定成本，只有超额的部分才构成企业的利润。

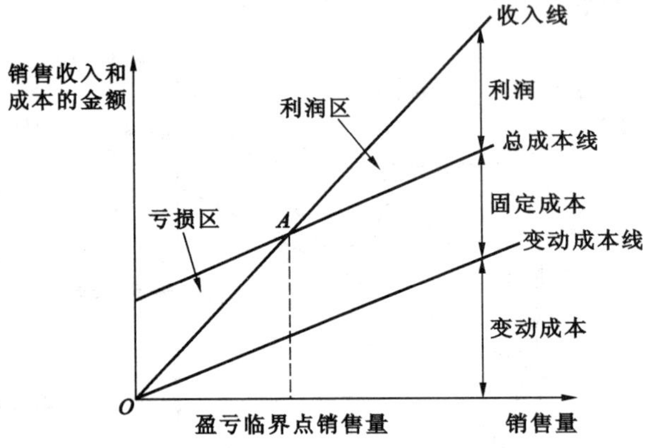

图 9-3　边际贡献式的本量利分析图

(三) 销售量-利润式的本量利分析图

图 9-4 是本量利图的另一种形式，即销售量-利润式的本量利分析图。它反映了利润与销量的直接关系，简明扼要，更易于企业管理人员理解。

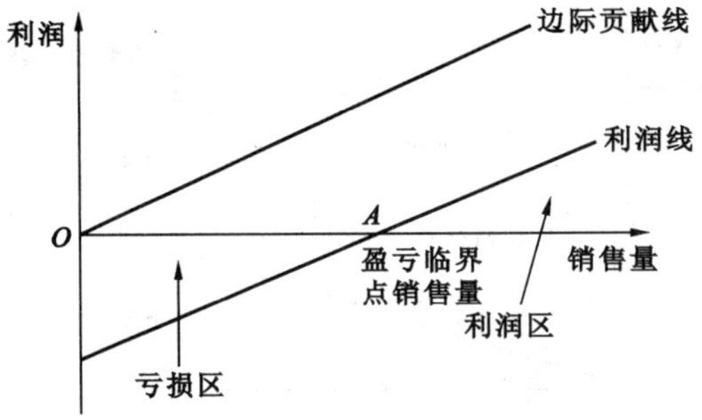

图 9-4　销售量-利润式的本量利分析图

此图与上述两种图最大的区别是省略了成本线。具体的绘制方法是：

(1) 确定直角坐标系。横轴表示销售量（可用金额，也可用实物量），纵轴表示利润。原点以上部分为正值；原点以下部分是负值，即亏损数额。

(2) 绘制边际贡献线。从原点出发，以边际贡献率为斜率，绘制边际贡献线。

(3) 绘制利润线。假定销售量为 0，找到利润亏损的点，即纵轴反方向截距为固定成本的值。以(0，一固定成本)为起点，作一条与边际贡献线平行的直线，即为利润线，它与横轴的交点(A)为盈亏临界点。

此图表达的经济意义如下：

(1) 当单价和成本水平一定时，销售量越多，利润就越多或亏损越少。

(2) 销量为 0 时，企业的亏损额等于固定成本。

三、本量利分析的基本内容和方法

本量利分析的基本内容就是保本点分析和盈利条件下的本量利分析。本量利分析的应用十分广泛，与企业经营分析相联系，可促使企业降低经营风险；与预测技术相结合，可对企业进行保本预测，确定实现目标利润所需的最少销售量；与决策方法相融合，可使企业进行项目决策、定价决策和投资的不确定性决策分析等。

（一）保本点分析

保本点分析是本量利分析的一种特殊情况，是指企业销售收入和成本相等的经营状态，即边际贡献等于固定成本时，企业所处的既不盈利又不亏损的状态，即销售利润为0时的状态。由于销售利润固定为0后，保本点分析就集中到其他4个变量，即单价、单位变动成本、销售量和固定成本。前面本量利分析的公式和本量利分析图对此都作了详细的解析，在此不再重复。

（二）单一产品企业在盈利条件下的本量利分析

企业要生存和发展，不仅要保本，更重要的是要盈利。故停留在保本分析水平上的本量利分析远远不能满足企业发展的需要。无论从理论角度还是从实际工作角度考虑，只有将利润这个经济变量考虑进去，本量利分析才会更好地揭示出销售量、成本和利润之间的内在联系和规律。

首先假定诸因素均是已知和固定的，即维持一种静态平衡的情况下来进行分析。一般企业都有要实现的预期利润，即销售利润是已知数，而其他因素是待求的未知数。企业应当研究如何利用现有资源，合理安排产销量、收入和成本支出，以实现特定利润，也就是分析实现目标利润所需要的有关条件。

1. 销售量和其他变量之间的关系

（1）实现目标利润额所需的销售量。这是指在单价和成本固定的前提下，为实现目标利润所需达到的销售量。计算公式为：

$$销售量=\frac{固定成本+目标利润额}{单价-单位变动成本}=\frac{固定成本+目标利润额}{单位边际贡献} \tag{9-21}$$

（2）实现目标净利润所需的销售量。如果利润采用企业可以支配的利润，即税后利润来表示，将式(9-21)进行有关变动就得到其计算公式：

$$销售量=\frac{固定成本+\dfrac{目标净利润}{1-所得税税率}}{单价-单位变动成本}=\frac{固定成本+\dfrac{目标净利润}{1-所得税税率}}{单位边际贡献} \tag{9-22}$$

（3）保本点销售量、实现目标利润所需销售量和实现目标净利润所需销售量三者之间的关系。比较三个计算公式，可以看出实现目标利润所需的销售量是最根本的，其他的两个公式都是在其基础上进行改造的。具体来说，当目标利润为0时，此公式就变为保本点公式；当用目标净利润和所得税税率来计算目标利润时，得到的公式就是实现目标净利润所需销售量的公式。

2. 成本和其他变量之间的关系

根据本量利公式，成本有两个，即固定成本和单位变动成本。一般要求求出成本的上限数值，企业实际的成本数值比上限数值低都是可以接受的。计算公式为：

$$\text{固定成本}=\text{销售收入}-\text{变动成本}-\text{目标利润}=\text{边际贡献}-\text{目标利润} \quad (9\text{-}23)$$

$$\text{单位变动成本}=\frac{\text{销售收入}-\text{固定成本}-\text{目标利润}}{\text{销售量}}=\frac{\text{边际贡献}-\text{目标利润}}{\text{销售量}} \quad (9\text{-}24)$$

3. 单价和其他变量之间的关系

在其他变量既定的情况下，企业可以通过预先制定产品价格，求出实现目标利润所应确定的单价，实际价格比其预期价格越高越好。计算公式为：

$$\text{单价}=\frac{\text{变动成本}+\text{固定成本}+\text{目标利润}}{\text{销售量}} \quad (9\text{-}25)$$

4. 利润和其他变量的关系

企业预测利润，要受销售收入、变动成本、固定成本等因素的影响，它们之间的关系为：

$$\begin{aligned}\text{目标利润}&=\text{销售收入}-\text{变动成本}-\text{固定成本}=\text{边际贡献}-\text{固定成本}\\&=(\text{单价}-\text{单位变动成本})\times\text{销售量}-\text{固定成本}\end{aligned} \quad (9\text{-}26)$$

5. 多变量变动的综合影响

上面分析采用的方法往往是假定其他变量不变，计算只有某一个变量发生变化对利润产生的影响。在实际经济生活中，单价、单位变动成本、固定成本和销售量等变量是相互影响、同时变动的，其中一个变量的变动会引起其他相关变量的连环变动。如单价的变动可通过销售收入使得利润与其同方向变动，单位变动成本的变动可通过变动成本总额使得利润与其反方向变动，固定成本的变动则会直接使得利润与其反方向变动，销售量的变动通过边际贡献总额使得利润与其同方向变动。

（三）多品种企业的本量利分析

一般来说，企业提供的产品往往不止一种，这种情况下的本量利分析方法与单一产品有所不同，因为不同产品的实物计量单位不同，实物计量指标之间不具有可比性，因此多品种企业的本量利分析不再以实物量指标表示，只采用货币量指标表示。相应的，多品种企业的本量利分析方法主要有综合边际贡献率法、联合单位法、顺序法、主要品种法等。

1. 综合边际贡献率法

就是在产品品种结构稳定不变的情况下，企业在计算综合边际贡献率的基础上来确定综合盈亏临界点和各种产品的盈亏临界点。由于多产品企业业务量的计量方式不同，故综合盈亏临界点只能用货币量指标表示。综合边际贡献率法的具体计算步骤为：

(1) 计算全部产品的销售额

$$全部产品的销售额=\sum(某种产品的单价\times该种产品的销售量) \tag{9-27}$$

(2) 计算各种产品的品种结构比重

$$某种产品的品种结构比重=\frac{该产品的销售额}{全部产品的总销售额}\times 100\% \tag{9-28}$$

(3) 计算综合边际贡献率

$$综合边际贡献率=\frac{各种产品边际贡献之和}{全部产品的总销售额}\times 100\% \tag{9-29}$$

$$=\sum(某种产品的个别边际贡献率\times该产品的品种结构比重)$$

(4) 计算综合盈亏临界点销售额和盈利状态下的销售额

$$综合盈亏临界点销售额=\frac{企业全部固定成本}{综合边际贡献率} \tag{9-30}$$

$$目标利润下的综合销售额=\frac{企业全部固定成本+目标利润}{综合边际贡献率} \tag{9-31}$$

(5)分别计算各种产品的盈亏临界点和目标利润下的销售额及销售量

$$某种产品的销售额=综合销售额\times该种产品的品种结构比重 \tag{9-32}$$

$$某种产品的销售量=\frac{该种产品的销售额}{该种产品的单价} \tag{9-33}$$

2. 联合单位法

就是按固定实物量比例构成所计算的、统一反映一组产品业务量的计量单位。例如,某企业有甲、乙、丙三种产品,其销售量之比为 1 : 2 : 3,那么一个联合单位就等于一个甲加上两个乙和三个丙,并规定甲产品为标准产品。故此种方法要求企业品种之间具有稳定的产销实物量比例,适用于企业产品品种结构保持不变的情况。其计算公式为:

$$联合盈亏临界点销售量=\frac{固定成本}{联合单价-联合单位变动成本} \tag{9-34}$$

$$联合目标利润销售量=\frac{固定成本+目标利润}{联合单价-联合单位变动成本} \tag{9-35}$$

其中:

$$联合单价=\sum(各种产品的单价\times各该产品的实物量比例) \tag{9-36}$$

$$联合单位变动成本=\sum(各种产品的单位变动成本\times各该产品的实物量比例) \tag{9-37}$$

如果要分别计算出每种产品的销售量,可以按照销售量之比对联合销售量进行分解,也就是按照每种产品的销售量所占的比重(在联合单位中所占的比重)进行分解。

3. 顺序法

就是按照事先规定的产品品种顺序，分别用各种产品的边际贡献补偿整个企业的固定成本，以此进行本量利分析的一种方法。此方法的关键是如何来确定产品的顺序，通常是按照产品的边际贡献率的水平确定产品顺序。确定产品顺序有两种方法：一是乐观的排序，即以边际贡献率由高到低的顺序排列各种产品；二是悲观的排序，即以边际贡献率由低到高的顺序排列各种产品。具体的排序方法由企业自行决定。

【例 9-13】 某企业生产 A、B、C 三种产品，假设企业计划年度内固定成本总额为 25 000 元，目标利润为 20 000 元，其他有关资料见表 9-14。要求：采用顺序法分别计算企业的盈亏临界点和预期利润下的销售额。假设企业采取悲观的排序方法。

表 9-14 企业有关资料

产品名称	单价（元/件）	单位变动成本（元/件）	销售量（件）	销售收入（元）	边际贡献率（%）
A	10	6	5 000	50 000	40
B	20	10	2 000	40 000	50
C	40	30	500	20 000	25

具体计算及分析过程见表 9-15。

表 9-15 顺序分析表 （单位：元）

序号	产品	边际贡献率	销售收入	累计销售收入	边际贡献	累计边际贡献	总固定成本	累计损益	目标利润	累计剩余损益
		①	②	③	④＝①×②	⑤	⑥	⑦＝⑤－⑥	⑧	⑨＝⑦－⑧
1	C	25%	20 000	20 000	5 000	5 000	25 000	－20 000	20 000	－40 000
2	A	40%	50 000	70 000	20 000	25 000	25 000	0	20 000	－20 000
3	B	50%	40 000	110 000	20 000	45 000	25 000	20 000	20 000	0

首先进行盈亏临界点分析，利用表 9-15 中第⑦栏所示的“累计损益”数据，累计损益为 0 所在行的累计销售收入就是盈亏临界点收入额，即为 70 000 元。如果计算实现目标利润所需的销售额就必须利用第⑨栏所示的“累计剩余损益”数据，累计剩余损益为 0 所在行对应的累计销售收入 110 000 元就是目标利润所需的销售额。

如果在“累计损益”栏和“累计剩余损益”栏中找不到正好为 0 的点，则其由负转正的点就是盈亏临界点。具体的计算公式为：

$$\text{盈亏临界点销售额}=\begin{matrix}\text{盈亏临界前}\\\text{累计销售收入}\end{matrix}+\frac{|\text{盈亏临界产品前累计损益}|}{\text{盈亏临界产品的边际贡献率}} \tag{9-38}$$

$$\text{目标利润销售额}=\begin{matrix}\text{目标利润前}\\\text{累计销售收入}\end{matrix}+\frac{|\text{目标利润前累计剩余损益}|}{\text{目标利润的边际贡献率}} \tag{9-39}$$

4. 主要品种法

就是在产品品种主次分明的企业中，以边际贡献最大的产品作为主要产品来补偿固定成本，并以该主要产品的有关资料来计算盈亏临界点进行本量利分析的一种方法。

主要品种法的使用需满足以下条件：

(1) 企业生产经营产品的品种主次分明；

(2) 作为企业产品中的主要产品，其所提供的边际贡献额占全部产品边际贡献总额的比重很大，是企业生产经营的重点；

(3) 次要产品的边际贡献占全部产品边际贡献总额的比重较小，且其发展余地不大，潜力也较小。

四、利润敏感性分析

前边对盈亏临界点和各因素变动进行了分析，假设除待求变量外，其他因素都是不变的。但是在实际生活中，市场的变化(原材料价格、产品价格波动等)和企业技术条件的变化会引起某些因素的变化，即原来计算出来的盈亏临界点、目标利润或目标销售量会发生变化。决策人员希望事先知道哪一个因素受影响的程度大，哪一个因素受影响的程度小。掌握有关数据后，就可根据变化情况，及时采取对策，使生产经营活动被控制在最有利的状态之下。

为了解决这个问题，需要引进一个新概念——敏感分析。敏感分析是研究与分析一个系统因周围条件发生变化而引起其状态或输出结果变化的敏感程度的方法。具体地说，它是在求得某个模型的最优解后，研究模型中某个或若干个因素允许变化多大，仍能使原最优解的条件保持不变；或者在因素变化超出允许范围，原最优解已不能保持时，提供一套简捷的计算方法，重新求得最优解。敏感分析是一种有广泛用途的分析技术，应用在本量利关系上，主要研究与分析有关因素发生多大变化使盈利转为亏损，各因素变化对利润变化的影响程度等。这正是需要寻找的解决问题的一把金钥匙。

【例 9-14】 某企业只生产 A 产品，单价 2 元，单位变动成本 1.20 元。预计下一年度固定成本 40 000 元，产销量计划达 100 000 件。试对其进行敏感分析。

预计下一度年利润为：

$$\text{利润}=100\ 000\times(2-1.20)-40\ 000=40\ 000(\text{元})$$

有关敏感分析如下：

1. 有关因素发生多大变化使盈利转为亏损

单价、单位变动成本、产销量和固定成本的变化会影响利润的高低。这种变化达到一定程度，会使企业利润消失，经营状况发生质变。敏感分析的目的之一就是指出能引起目标利润发生质变的各因素变化的界限，其方法称为“最大最小法”。

(1) 单价的最小值

利润随着单价的下降而减少，单价下降到一定程度，利润将变为零。这是企业能忍受的下限，即单价最小值。

设单价为 R，则：

$$100\ 000\times(R-1.20)-400\ 000=0$$

$$R=1.60(元)$$

当单价降至 1.60 元，即降低 20%(0.4÷2)时，企业由盈利转为亏损。

(2) 单位变动成本的最大值

单位变动成本上升会使利润下降，并逐渐趋近于零，此时的单位变动成本是企业能忍受的最大值。

设单位变动成本为 b，则：

$$100\ 000\times(2-b)-400\ 000=0$$

$$b=1.60(元)$$

当单位变动成本由 1.20 元上升到 1.60 元时，企业利润由 40 000 元降至零。此时，单位变动成本上升了 33%(0.40÷1.20)。

(3) 固定成本最大值

固定成本上升，利润下降，当上升到一定程度时利润趋近于零。

设固定成本为 a，则：

$$100\ 000\times(2-1.20)-a=0$$

$$a=80\ 000(元)$$

当固定成本增至 80 000 元时，企业由盈利转为亏损，此时固定成本增加了 100%(40 000÷40 000)。

(4)销售量最小值

销售量最小值是指使企业利润为零的销售量，就是盈亏临界点销售量。

其计算方法在前面已介绍过，设销售量为 x，则：

$$x=\frac{40\ 000}{2-1.2}=50\ 000(件)$$

当销售计划如果只完成 50%(50 000÷100 000)时，企业利润为零。

2. 各因素变化对利润的敏感程度

各因素变化会引起利润的变化，但其影响程度不相同。有的因素发生微小变化，就会使利润发生很大的变动，利润对这些因素变化十分敏感。与此相反，有些因素发生变化后，利润的变化不大，反应比较迟钝。

反映敏感程度的指标是敏感系数：

$$敏感系数=\frac{目标值变动百分比}{变量(参数)变动百分比} \tag{9-40}$$

仍以例 9-14 的数据进行敏感分析。

（1）单价的敏感程度

已知单价提高 20%，按此单价计算，则：

$$利润=100\ 000\times(2.40-1.20)-40\ 000=80\ 000(元)$$

利润原来是 40 000 元，其变动率为 100%，即：

$$目标值变动百分比=\frac{80\ 000-40\ 000}{40\ 000}=100\%$$

$$单价的敏感系数=\frac{100\%}{20\%}=5$$

从百分比来看，利润以 5 倍的速度随单价变化说明单价对利润的影响很大。涨价是提高盈利的最有效手段，但涨价也可能会导致销售量下降，应格外慎重。

（2）单位变动成本的敏感程度

已知单位变动成本提高 20%，则：

$$单位变动成本=1.20\times(1+20\%)=1.44(元)$$

按此单位变动成本计算，则：

$$利润=100\ 000\times(2-1.44)-40\ 000=16\ 000(元)$$

利润原来是 40 000 元，其变动率为 −60%，即：

$$目标值变动百分比=\frac{16\ 000-40\ 000}{40\ 000}=-60\%$$

$$单位变动成本的敏感系数=\frac{-60\%}{20\%}=-3$$

单位变动成本每上升 1%，利润将减少 3%。由此可见，单位变动成本对利润的影响比单价要小，但其敏感系数绝对值大于 1，说明单位变动成本的变化也会造成利润较大的变化。

3. 固定成本的敏感程度

已知固定成本提高 20%，则：

$$固定成本=40\ 000\times(1+20\%)=48\ 000(元)$$

按此固定成本计算，则：

$$利润=100\ 000\times(2-1.20)-48\ 000=32\ 000(元)$$

原来的利润为 40 000 元，其变动率为 −20%，即：

$$目标值变动百分比=\frac{32\ 000-40\ 000}{40\ 000}=-20\%$$

$$固定成本的敏感系数=\frac{-20\%}{20\%}=-1$$

这说明固定成本增加时，利润将等量减少。

4. 销售量的敏感程度

已知销售量增长20%，则：

$$销售量=100\ 000\times(1+20\%)=120\ 000(件)$$

按此销售量计算，则：

$$利润=120\ 000\times(2-1.20)-40\ 000=56\ 000(元)$$

利润的变动率为40%，即：

$$目标值变动百分比=\frac{56\ 000-40\ 000}{40\ 000}=40\%$$

$$销量的敏感系数=\frac{40\%}{20\%}=2$$

销售量对利润的敏感系数亦称经营杠杆系数。“杠杆”本是物理学术语，意味着利用一个杠杆，以较小的力撬起较重的物体。在企业经营中，杠杆作用是指销售的较小变动会引起利润的较大变动。就本例而言，两者变动百分比的比例为1∶2。

综上所述，影响该企业利润的诸因素中，最敏感的是单价(敏感系数为5)，其次是单位变动成本(敏感系数为−3)，再次是销售量(敏感系数为2)，最后是固定成本(敏感系数为−1)。其中敏感系数为正值的，表明因素与利润同向增减；敏感系数为负值的，表明因素与利润反向增减。

敏感系数指出了各因素变动百分比和利润变动百分比之间的比例，但不能直接显示变化后的利润值。为弥补这种不足，有时需要编制敏感分析表，列示各因素变动百分率及相应的利润值，如表9-16所示。

表9-16　各因素变动百分率及相应的利润值

项目 \ 利润 \ 变动率	−20%	−10%	0	+10%	+20%
单价(元)	0	20 000	40 000	60 000	80 000
单位变动成本(元)	64 000	52 000	40 000	28 000	16 000
固定成本(元)	48 000	44 000	40 000	36 000	32 000
销售量(件)	24 000	32 000	40 000	48 000	56 000

各因素变动百分比通常以±20%为变动区间，便可以满足实际需要。本表以±10%为变动区间，也可以根据实际需要改为5%或者更小。

【本章小结】

财务预算是企业全面预算的一部分，是和其他预算联系在一起的，整个全面预算是一个数字相互衔接的整体。固定预算法为传统的财务预算常用方法，是根据预算期间内计划预定的一种活动水平确定相应的数据，因此亦称为静态预算。根据“以销定产”的原则，以销售预算为基础，编制生产预算、直接材料采购预算、直接人工预算、制造费用预算、产品单位成本和期末产成品存货预算、销售及管理费用预算、现金预算、预计利润表和预计资产负债表。

本量利分析是研究业务量、成本、价格、销售收入等各个变化因素对利润产生影响的一种定量分析方法，为企业的经营管理提供了非常有用的信息，是分析全面预算各项指标相互关系的重要基础，也是科学编制、合理调整预算指标的重要分析工具。

【中英文关键词】

财务计划 Financial Programme
销售预测 Sales Forecasting
销售预算 Sales Budget
生产预算 Product Budget
材料采购预算 Raw Materials Budget
直接人工预算 Direct Labour Budget
现金预算 Cash Budget
预计资产负债表 Projected Balance Sheets
预计利润表 Projected Formal Income Statement
本量利分析 Cost-Volume-Profit Analysis
盈亏临界点 Break-even Point
安全边际 Margin of Safety
边际贡献 Marginal Contribution
敏感分析 Sensitivity Analysis

【复习思考题】

1. 全面预算体系是如何构成的？
2. 全面预算有哪些编制方法？
3. 预算编制与本量利分析之间有何内在联系？
4. 影响盈亏临界点的因素有哪些？各有关因素是如何影响盈亏临界点的？

【实训练习题】

1. 某公司2012年至2017年的产销量和资本需要数量如表9-17所示，假定2018年预计产销数量为37万件。试预测2018年该公司资本需要总量。

表9-17　产销量与资本需要量表

年　度	产销量 x（万件）	资本需要量 y（万元）
2012	25	176
2013	26	183
2014	28	197
2015	30	212
2016	31	217
2017	34	238

2. 某企业现着手编制2018年12月份的现金收支计划。预计2018年12月月初余额为8 000元，月初应收账款4 000元，预计月内可收回80%；本月销货50 000元，预计月内收款比例为50%；本月采购材料8 000元，预计月内付款70%；月初应付账款余额5 000元需在月内全部付清；月内以现金支付工资8 400元；本月制造费用等间接费用付现16 000元；其他经营性现金支出900元；购买设备支付现金10 000元。企业现金不足时，可向银行借款，借款金额为1 000元的倍数；现金多余时可购买有价证券，但月末现金余额不低于5 000元。

要求：(1) 计算经营现金收入；(2) 计算经营现金支出；(3) 计算现金余缺；(4) 确定最佳资金筹措或运用数额；(5) 确定月末现金余额。

3. 某企业经营甲、乙两种产品，全年固定成本72 000元，其他有关资料如表9-18所示。

表9-18　该企业的相关资料

项　　目	甲产品	乙产品
产品单价(元)	5	2.5
产品预计产销量(件)	30 000	40 000
产品边际贡献率(%)	40	30

要求：(1) 计算该企业综合的盈亏平衡销售收入；(2) 分别计算甲、乙两种产品的盈亏平衡销售量；(3) 计算该企业的安全边际和预期利润。

第十章　财务分析

【学习目的和要求】

通过本章的学习，理解并掌握财务分析的基本指标体系，熟练分析和判断公司的偿债能力、营运能力、盈利能力及成长能力；通过对现金流量结构及收益质量的深入分析，查找企业财务管理中存在的问题，作出正确的评价。

【案例导引】

ABC公司于2012年在上交所上市不久，就取得了不俗业绩，企业的资产规模从上市时的7.8亿元左右迅速增长到2015年末的52.9亿元，年增长率144.5%，销售额也大幅上涨。公司经营业绩资料如表10-1所示。

表10-1　ABC公司经营业绩财务指标表　（单位：百万元）

项　　目	2015年	2014年	2013年	2012年	2011年
主营业务收入	3 318.8	1 668.4	806.2	385.1	185.6
净利润	236.0	160.8	104.8	69.4	44.9
其中：营业利润	611.7	406.3	206.4	66.1	—
营业外净收支	16.7	9.9	2.2	6.4	—
总资产	5 290.6	2 563.5	1 376.4	786.4	282.1
股东权益	2 573.6	1 315.4	635.7	514.0	101.0
每股收益（元/股）	0.616	0.62	0.631	0.627	—
每股净资产（元/股）	6.718	5.07	3.83	40.643	—
净资产收益率（%）	9.17	12.23	16.47	13.5	—
经营活动产生的现金流量净额	183.6	49.4	41.0	—	—
现金及现金等价物净增加额	1 235.4	317.2	−24.4	—	—

你如何评价该公司的经营业绩？

随着市场经济的进一步发展，企业的经营活动日趋多元化，企业结构日益复杂，通过财务分析，有效地利用财务数据信息实现正确的经营决策显得尤其重要。有效的财务分析，能确保财务预测、计划、决策和控制的准确性；能正确评价财务活动，考核财务业绩并挖掘内部潜力，提高经济效益。

第一节　财务分析概述

一、财务分析的概念

一般认为，财务分析产生于19世纪末20世纪初。最早的财务分析主要是为银行服务的信用分析。当时，借贷资本在企业资本中的比重不断增加，银行家需要对贷款人进行信用调查和分析，借以判断客户的偿债能力。

资本市场形成后，随着融资范围的扩大，非银行的贷款人和股权投资人增加，公众进入资本市场和债务市场，投资人要求的信息更加广泛，财务分析的思想与方法也开始应用于投资领域，形成了比较完善的外部分析体系。

公司组织发展起来以后，现代财务分析的领域也不断发展，在资本市场、债务重组、绩效评价、企业评估等领域的应用也越来越广泛。财务分析由外部分析扩大到内部分析，以帮助公司经营者改善盈利能力和偿债能力，取得投资者和债权人的支持，并为改善内部管理服务。

财务分析以财务和其他资料为依据和起点，采用专门方法，系统分析和评价企业过去和现在的经营成果、财务状况及其变动状况，目的是了解过去、评价现在、预测未来、改善决策。财务分析的基本功能，是将大量的报表数据转换成对特定决策有用的信息，减少决策的不确定性。正确理解财务分析，应注意以下几点：

1. 财务分析的起点是财务

财务分析的起点是财务，分析使用的数据大部分来源于公开发布的财务会计报表。因此，财务分析的前提是正确理解会计报表。

2. 财务分析是个认识过程

财务分析把整个财务的数据分成不同的部分和指标，并找出有关指标之间的关系，以达到认识企业的偿债能力、盈利能力和抵抗风险能力的目的。但财务分析通常只能发现问题而不能提供解决问题的现成答案，只能作出评价而不能改善企业的状况。例如，某企业的资产报酬率低，通过分析得知是由于资产周转率低，进一步分析资产周转率低的原因是应收账款占用资金过高，如何处理这一问题，财务分析不能回答。财务分析是检查的手段，如同医疗上的检测设备和程序，能检查偿债、获利和抵抗风险的能力，分析越深入越能对症治疗，但诊断不能代替治疗。财务分析不能提供最终的解决办法，但能指明需要详细调查和研究的项目。这些调查和研究涉及经济、行业、本企业的相关信息。

3. 财务分析的结果

财务分析的结果是对企业的偿债能力、营运能力、盈利能力、成长能力和抵抗风险能力作出评价或找出存在的问题，但不能解决问题。

二、财务分析的目的

利益的差异性，决定了财务分析的不同主体在进行财务分析时，既有共性需求，又有不同的侧重点。

(一) 投资者

投资者是指公司的权益投资人，即普通股东。普通股东投资公司的目的是增加自己的财富。他们所关心的是偿债能力、收益能力以及风险等。投资人在决定是否投资时，要分析企业资产和盈利能力；在考查经营业绩时，要分析资产盈利水平、破产风险和竞争能力；在决定股利分配政策时，要分析融资状况；在决定是否转让股份时，要分析盈利状况、股价变动趋势和发展前景。

(二) 债权人

债权人关心企业是否具有偿还债务的能力。债权人在决定是否给企业贷款时，要分析贷款的报酬和风险；为了了解债务人的短期偿债能力，要分析其流动状况；为了了解债务人的长期偿债能力，要分析其盈利状况；为了决定是否出让债权，要评价其价值。

(三) 经理人员

经理人员是指被公司聘用的、对公司资产和负债进行管理的个人所组成的团体，有时称之为“管理当局”。对于经理人员的财务分析，涉及的内容最广泛，几乎包括外部使用人及利益相关者关心的所有问题。

(四) 企业员工

企业员工要通过财务分析，判断企业的盈利与员工的收入、保险和福利之间是否相适应。

(五) 政府有关部门

政府有关部门是公司财务的使用人，包括税务部门、国有企业的管理部门、证券管理机构、会计监管部门和社会保障部门等。它们使用财务是为了履行自己的监督管理职责。如税务部门通过财务分析企业纳税情况等。

(六) 供应商

供应商通过财务分析企业是否能长期合作；了解企业销售信用水平如何；能否应对延长付款期等。

尽管不同主体的侧重点不一样，但财务分析的目的一般可概括为三个方面，即偿债能力分析、盈利能力分析和营运能力分析。

三、财务分析的一般方法

财务分析的方法灵活多样，由于分析对象、企业实际情况和分析者的不同而存在差异。这里仅介绍两种常用的分析方法，即比较分析法和因素分析法。

(一)比较分析法

比较分析法(Comparison Analysis),是通过将同一企业不同时期的财务状况或不同企业之间的财务状况进行比较,对两个或几个有关的可比数据进行对比,从而揭示企业财务状况存在差异和矛盾的分析方法。这种分析方法有利于揭示实际财务指标与标准评价指标之间的差异。常用的标准评价指标,可分为行业标准、目标标准和历史标准。

1. 按比较对象分类

(1) 与本企业历史比,即不同时期(两期或多期)指标相比,也称"趋势分析"。通过对比分析可以确定不同时期的差异,以分析研究企业生产经营活动变动的规律,并根据这种规律预测今后的发展趋势。

(2) 与同类企业比,即与行业平均数或竞争对手比较,也称"横向比较"。通过横向对比,可以确定本企业与先进企业在经营管理上的差距,客观地评价企业的工作。并能促使企业学习先进,挖掘潜力,消除差距,以提高财务管理水平,提高经济效益。

(3) 与计划预算比,即实际执行结果与计划指标比较,也称"差异分析"。通过对比可以确定实际指标与预期指标的差异,分析预期指标的完成情况。

2. 按比较内容分类

(1) 比较会计要素的总量:总量是指报表项目的总金额,如总资产、净资产、净利润等。总量比较主要用于时间序列分析,如研究利润的逐年变化趋势,分析其增长潜力。有时也用于同业对比,分析企业的相对规模和竞争地位。

(2) 比较结构百分比:把利润表、资产负债表、现金流量表转换成百分比报表。如假定收入为100%,看利润表各项目的比重。结构百分比报表用于发现有显著问题的项目,揭示进一步分析的方向。

(3) 比较财务比率:财务比率揭示各会计要素的相互关系及其内在联系。比率是相对数,排除了规模的影响,使不同比较对象建立起可比性。财务比率的计算比较简单,但对它加以说明和解释是相当复杂和困难的。

财务分析是个研究过程,分析得越具体、越深入,则水平越高,越有助于发现并解决问题。如果仅仅是计算出财务比率而不进行分析,什么问题也说明不了。

采用比较分析法应注意:实际财务指标与指标评价标准的经济内涵必须相同;实际财务指标与标准评价指标的计算期间必须保持一致;实际财务指标与标准评价指标的计算方法必须可比。

(二)因素分析法

因素分析法(Factor Analysis),是指利用各种因素之间的依存关系,依次测定各种因素的变动对综合性财务指标影响程度的分析方法。在企业的经营活动过程中,财务指标具有高度的综合性,一种财务指标的变动往往是多种因素共同影响的结果。因此,在财务分析时,不能仅仅满足于财务指标的对比及一般性的分析评价,而需要分析财务指标中有关因素的影响程度，从而肯定成绩，找出差距，明确方向，改进工作。因素分析法有连环替代法和差额计算法两种。

1. 连环替代法

连环替代法是指将影响财务指标的有关因素进行分解，用以测定每一因素对财务指标影响程度的分析方法。其特点是：在测定某一经济指标的各个因素的影响时，首先要以基期指标为基础，把各个因素的基期按照一定顺序依次以实际数来替代。在按顺序替代第一个因素时，要假定其他因素不变，即保持基期水平。在按顺序逐个替代其他因素时，要在已替代过的因素的实际数基础上进行，其余尚未替代过的因素，仍保持基期水平。如此替代下去，最后一次替代指标是实际指标。将每次替代后的指标与该因素未替代前的指标相比较，两者的差额就是某一因素的影响程度。将各个因素的影响数相加，就是实际指标与基期指标之间的总差异。该差异就是各种因素对所分析财务指标的影响程度。

（1）连环替代法的计算程序

第一，确定影响财务指标变动的各个因素，并按照各因素之间的依存关系编制分析公式；第二，按照分析公式所列因素顺序，依次用各因素的实际数值替换其预计数值或基期数值，有几个因素就替换几次，每次替换后，要分别计算出每个因素的变动结果；第三，将每次替换所得的结果，与上次替换的结果相比较，其差额就是被替换因素的影响程度；第四，将各个因素变动对财务指标的影响数相加，其和就是被分析指标实际数值与预计数值或基期数值的差异。

【例 10-1】　东方股份有限公司 2021 年 12 月份生产 A 产品，耗用材料总额资料如表 10-2 所示。

表 10-2　A 产品耗用材料总额分析表（2021 年 12 月）

项　　目	计量单位	预计数	实际数	差异
产量	件	600	620	＋20
单位产品材料耗用量	千克	30	29	－1
材料单价	元	10	10.1	＋0.1
耗用材料总额	元	180 000	181 598	1 598

用连环替代法分析各有关因素对 A 产品耗用材料总额的影响程度如下：

分析公式：

耗用材料总额＝产量×单位产品耗用量×材料单价

算式：

预计耗用材料总额＝600×30×10＝180 000（元）

替代产量耗用材料总额＝620×30×10＝186 000（元）

替代单位产品材料耗用额＝620×29×10＝179 800(元)

替代材料单价＝620×29×10.1＝181 598(元)

替代产量影响耗用材料总额＝186 000－180 000＝6 000(元)

替代单位产品材料耗用量影响耗用材料总额＝179 800－186 000＝－6 200(元)

替代材料单价影响耗用材料总额＝181 598－179 800＝1 798(元)

全部因素影响耗用材料总额＝6 000－6 200＋1 798＝1 598(元)

结论：由于产量增加使耗用材料总额增加了6 000元；单位产品材料耗用量节约了1千克，使耗用材料总额减少了6 200元；材料单位价格上涨了0.1元，使耗用材料总额增加了1 798元。由此可见，今后降低A产品耗用材料的主要途径是降低材料采购成本，从而降低材料单位成本。

(2) 运用连环替代法应遵循的原则

对于各因素的替代程序，在数量因素与质量因素同时存在时，应先替代数量因素，后替代质量因素；在只有数量因素或只有质量因素时，应先替代有利因素；在有多种数量因素和质量因素时，应先替代主导因素，后替代派生因素。

不得任意变更替换程序，否则容易得出错误的结论。

2. 差额计算法

差额计算法是连环替代法的简化形式，是指利用各个因素的实际数值与预计数值或基期数值的差额，以测定每一因素对财务指标影响程度的分析方法。

根据上例，用差额计算法分析各有关因素对耗用材料总额的影响程度如下：

替代产量因素影响耗用材料总额＝(620－600)×30×10＝6 000(元)

替代单位产品材料耗用量影响耗用材料总额＝620×(29－30)×10＝－6 200(元)

替代材料单价影响耗用材料总额＝620×29×(10.1－10)＝1 798(元)

全部因素影响耗用材料总额＝6 000－6 200＋1 798＝1 598(元)

用差额计算法的结果与连环替代法计算的结果完全相同，而差额计算法的计算却较为简便。

四、财务分析的步骤

无论是企业的经营管理者，还是投资者、债权人，在作出财务评价和经济决策时，都必须进行充分的财务分析。为了保证财务分析的有效，必须遵循科学的程序。对不同的使用者与不同的数据范围，应采用不同的方法。财务分析不是一种有固定程序的工作，不存在唯一的通用分析程序，而是一个研究和探索过程。分析的具体步骤和程序，是根据分析目的、一般分析方法和特定分析对象，由分析人员个别设计的。

财务分析一般包括以下几步：

1. 确定财务分析的范围并搜集有关资料

财务分析的范围取决于财务分析的目的，它可以是企业经营活动的某一方面，也可以是企业经营活动的全过程。如债权人可能只关心企业偿还债务的能力，不必对企业经营活动的全过程进行分析，而企业的经营管理者则需进行全面分析。财务分析的范围决定了所要搜集资料的数量。全面的财务分析，则需要搜集企业各方面的资料。

2. 选择适当的分析方法进行对比评价

财务分析的目的和范围不同，所选用的分析方法也不同。常用的财务分析方法有比率分析法、比较分析法等，这些方法各有特点，可以结合使用。局部的财务分析，可以选择其中的一种方法；全面的财务分析，则应综合运用各种方法，以便进行对比，作出客观全面的评价。利用这些分析方法，可以比较分析企业的有关财务数据、财务指标，对企业的财务状况进行评价。

3. 通过因素分析抓住主要矛盾

通过财务分析，可以找出影响企业经营活动和财务状况的各个因素。在诸多因素中，有的是有利因素，有的是不利因素；有的是外部因素，有的是内部因素。在进行分析时，必须抓住主要矛盾，即影响企业生产经营活动财务状况的主要因素，然后才能有的放矢，提出相应的方法，作出正确的决策。

4. 为经济决策提供各种建议

财务分析的最终目的是为经济决策提供依据。通过上述比较分析，可以提出各种方案，权衡各种方案的利弊得失，从中选出最佳方案，作出经济决策。这个过程也是一个信息反馈过程，决策者可以通过财务分析总结经验，吸取教训，改进工作。

五、财务分析的局限性

财务分析是企业财务管理中不可缺少的重要组成部分。但是财务分析的结果不一定绝对准确，有时甚至与实际相去甚远，这是由财务分析的局限性造成的。

(一) 财务本身的局限性

财务分析的基础是会计报表。会计报表是会计的产物，会计有特定的假设前提，并要执行统一的规范。因此，只能在规定意义上使用报表数据，不能认为报表揭示了企业的全部实际情况。财务会计报表的局限性表现在以下几个方面：第一，历史成本报告资产，不代表其现行成本或变现价值；第二，假设币值不变，不按通货膨胀率或物价水平调整；第三，稳健原则要求预计损失而不预计收益，有可能夸大费用，少计收益和资产；第四，按会计年度分期报告，只报告了短期信息，不能提供反映长期潜力的信息。

(二) 会计报表的真实性问题

应当说，只有真实的财务，才有可能得出正确的分析结论。财务分析通常假设报表是真实的。报表的真实性问题要靠审计来解决。财务分析虽然不能解决报表的真实性问题,但财务分析人员通常对以下问题特别关注:第一,要注意财务报告是否规范,不规范的财务报告,其真实性也应当受到怀疑;第二,要注意财务报告是否有遗漏,遗漏是违背充分披露原则的。遗漏很可能是在不想讲真话也不能说假话的情况下形成的;第三,要注意审计报告的意见及注册会计师的信誉等。

(三) 会计政策的不同选择影响可比性

对同一会计事项的账务处理,会计准则允许使用几种不同的规则和程序,企业可以自行选择。例如,存货计价方法、折旧方法、所得税费用的确认方法等。

虽然财务附注对会计政策有一定的表述,但会计报表使用者不一定有能力完成可比性的调整工作。

(四) 比较基础问题

在比较分析时,必须选择比较基础,作为评价本企业当期实际数据的参照标准,包括本企业历史数据、同业数据和计划预算数据。

1. 同业标准

横向比较时大多使用同业标准,即同业的平均数。同业的平均数,只起一般性的指标作用,不一定有代表性,不是合理性的标志。通常,选一组有代表性的企业求其平均数,作为同业标准,可能比整个行业的平均数更好。近年来,更重视以竞争对手的数据作为分析基础。有的企业实行多种经营,没有明确的行业归属,同业对比就更困难。

2. 历史数据

趋势分析以本企业历史数据作为比较基础。历史数据代表过去,并不代表合理性。经营环境是变化的,今年比去年利润提高了,不一定说明已经达到应该达到的水平,甚至不一定说明管理有了改进。

3. 计划预算数据

实际与计划的差异分析,可以计划预算作比较基础。实际与预算的差异,有时是本身的不合理性造成的,而不是执行中出了什么问题。

总之,对比较基础本身要正确理解,并且要在限定意义上使用分析结论,避免简单化和绝对化。

第二节　基本财务比率分析

财务中有大量的数据,可以组成许多有意义的财务比率。这些比率涉及企业经营管理的各个方面,主要包括偿债能力比率分析、营运能力比率分析、盈利能力比率分析、发展能力比率和现金流量分析。

为了便于说明,本节各项财务比率的计算将主要以 AB 公司为例,该公司的资产负债表、利润表如表 10-3 和表 10-4 所示。

表10-3 资产负债表

编制单位:AB公司 2021年12月31日 (单位:万元)

项目	年末数	年初数	项目	年末数	年初数
货币资金	1 989.42	274.57	短期借款	7 850.00	8 900.00
交易性金融资产	400.09	300.09	交易性金融负债	0.00	0.00
应收票据	0.00	0.00	应付票据	0.00	0.00
应收股利	0.00	0.00	应付账款	311.95	404.74
应收利息	0.00	0.00	预收账款	636.79	1 383.64
应收账款	243.43	739.81	应付职工薪酬	37.08	21.45
其他应收款	10 092.89	10 297.54	应付股利	0.00	0.00
预付账款	632.85	1 447.36	应付利息	0.00	0.00
存货	1 162.79	1 395.79	其他应付款	5 047.83	5 108.85
待处理流动资产净损失	219.68	125.30	应交税费	35.07	67.53
其他流动资产	263.13	65.97	一年内到期非流动负债	0.00	0.00
流动资产合计	15 004.26	9 646.42	其他流动负债	1.57	2.94
长期股权投资	3 269.65	2 912.44	流动负债合计	13 920.31	15 889.14
固定资产原价	420.86	593.86	长期借款	800.00	800.00
减:累计折旧	223.40	373.75	应付债券	0.00	0.00
固定资产净值	197.46	220.20	长期应付款	0.00	0.00
工程物资	0.00	0.00	递延所得税负债	0.00	0.00
在建工程	0.00	0.00	其他非流动负债	0.00	0.00
固定资产清理	0.00	0.00	非流动负债合计	0.00	0.00
固定资产合计	197.46	220.11	负债合计	14 720.31	16 689.14
无形资产	1 499.75	1 535.48	*少数股东权益	90.00	90.00
长期待摊费用	0.00	0.00	实收资本(股本)	5 057.32	5 057.32
固定资产改良支出	0.00	0.00	资本公积	932.14	50.83
其他长期资产	0.00	0.00	盈余公积	770.57	770.57
无形及其他资产合计	1 499.75	1 535.48	未分配利润	−1 599.22	−3 343.41
递延所得税资产	0.00	0.00	所有者权益合计	5 160.81	2 535.32
资产总计	19 971.13	19 391.45	负债和所有者权益总计	19 971.13	19 391.45

表 10-4 利润表

编制单位：AB 公司　　2021 年度　　（单位：万元）

项　　目	本年实际数	上年实际数
一、营业收入	13 038.05	12 630.42
减：营业成本	12 730.27	12 272.38
营业税金及附加	5.74	22.96
销售费用	158.37	68.85
管理费用	2 181.39	5 754.51
财务费用	－0.47	97.00
资产减值损失	0.00	0.00
加：公允价值变动损益（亏损以“－”号填列）	438.11	205.74
投资收益（损失以“－”号填列）	3 374.23	5 450.44
二、营业利润（亏损以“－”号填列）	1 779.34	70.9
加：营业外收入	6.63	1.09
减：营业外支出	41.55	0.16
三、利润总额（亏损总额以“－”号填列）	1 744.41	71.86
减：所得税费用	0.220 4	0.44
四、净利润（净亏损以“－”号填列）	1 744.19	71.42

一、短期偿债能力比率分析

企业偿债能力是企业生存和发展的基础，是评价企业持续经营能力的重要依据。对企业进行偿债能力分析，一方面有利于债权人关注债权的安全程度；另一方面，促使企业关注自身的债务结果，确保所有债务能够按期支付，避免企业陷入因债务危机而引发清算或破产的风险。

概括而言，企业偿债能力分析的内容主要包括企业短期偿债能力的分析和长期偿债能力的分析。

就短期债务偿还能力而言，常见的评价指标包括流动比率、速动比率等。

（一）流动比率

1. 流动比率的概念

流动比率是反映企业短期债务支付能力的重要指标，是通过企业一定时期流动资产总额与流动负债总额之间的比例关系计算的。计算公式为：

$$流动比率 = \frac{流动资产}{流动负债} \tag{10-1}$$

其中，分子流动资产数据来源于资产负债表中的流动资产合计数，分母流动负债数据来源于资产负债表中流动负债的合计数。

根据式(10-1)，并结合表 10-3 数据，AB 公司 2011 年年末的流动比率为：

$$流动比率 = \frac{15\ 004.26}{13\ 920.31} = 1.08$$

2. 流动比率分析

理论上认为，该指标一般维持在 2 ∶ 1 比较合适。该比值表明了企业财务状况稳定可靠，除了能够满足企业日常生产经营活动的流动资金所需外，还有足够的财力支付企业的短期债务。这种认识因未能从理论上证明，还不能成为一个统一标准。上例说明，该公司的每 1 元流动负债有 1.08 元流动资产作保障，理论上讲，该公司流动比率较低，短期债务支付能力较差。

只有和同行业平均流动比率、本企业历史流动比率进行比较，才能对流动比率的合适度进行判断。这种比较通常并不能说明流动比率为什么高或低，要找出过高或过低的原因还必须分析流动资产和流动负债所包含的内容以及经营上的因素。

(二) 速动比率

流动比率指标在一定程度上能够反映企业短期债务的支付能力，但是，企业的流动资产中不仅包括变现速度较快的货币资金、交易性金融资产等流动资产项目，也包括容易产生损失的往来款(如应收账款等)和存货项目。这些项目虽然作为流动资产可以提升企业短期债务能力的评价，但由于受变现速度的影响，计算的流动比率可能会高估企业的短期债务支付能力。所以，为弥补不足，在分析企业短期债务支付能力时，用速动比率进行修正。

1. 速动比率的概念

速动比率是企业“速动资产”与流动负债之间的比率关系。解决速动比率问题，关键在于确定速动资产的范围。企业的“速动资产”包括货币资金、交易性金融资产和各种应收、预付款等，可以在短时间变现。非速动资产的变现时间和数量具有较大的不确定性，如存货的变现速度比应收账款要慢得多；部分存货已经损失报废还没做处理，或者已经抵押给某债权人，不能用于偿债等。这些现象的存在都会严重影响存货的变现速度。一年内非流动资产和其他流动资产的数额具有偶然性。因此，将可偿债资产定义为速动资产，其计算公式为：

$$速动比率 = \frac{速动资产}{流动负债} \tag{10-2}$$

在实际工作中，由于非速动资产中存货所占的比重较大，其他较少，因此可将速动资产简化为：

$$速动资产 = 流动资产合计数 - 存货$$

上述公司中的数据来源同流动比率，都是源于资产负债表的相关项目，只不过对分子进行了修正。该指标实质上是对流动比率存在的不足的一种修正或者补充，表示企业 1 元钱的流动负债有多少钱的速动资产作为偿债的保障。

2. 速动比率分析

与流动比率一样，速动比率在理论上也有一个国际认可的标准，该标准为100%，我国目前较好的企业一般在90%左右。一般情况下，该指标越高，企业短期债务的压力越小，企业发生债务的风险也越低；反之，企业短期债务支付压力较大。

根据式(10-2)，并结合表10-3数据，AB公司2021年年末的速动比率为：

$$\text{AB公司速动比率} = \frac{15\ 004.26 - 1\ 162.79}{13\ 920.31} = 0.99$$

与流动比率的分析一样，企业的速动比率计算结果也需要综合考虑本企业和行业的比较以及本企业不同期间该指标的变动情况，以得出相对准确的判断结果。要注意的是：

(1) 该指标并不是越高越好。与流动比率指标一样，速动比率指标越高，企业短期债务支付的压力越小，企业资产的盈利能力也越低，对企业的长远发展是不利的。

(2) 理论上认为，该指标一般维持在1∶1比较合适，但该指标的具体运用应结合企业的实际情况，如企业的生产经营周期等。一般情况下，如果企业的生产经营周期长，该指标应高一些；如果企业的生产经营周期较短，这该比例可以低一些。另一方面，行业结构和业务性质也是在分析该指标时应该重点考虑的因素之一。

二、长期偿债能力比率分析

与短期债务不同的是，企业长期债务的规模一般较小，偿还的期限较长。企业承担的长期债务，虽然短期偿还压力不大，但是，在长期债务到期前，容易形成集中支付的压力，即通常意义上的"还债高峰"。衡量企业长期债务偿还能力的常见指标包括资产负债率、产权比率、有形净值债务率和利息保障倍数等。

(一) 资产负债率

1. 资产负债率的概念

根据"资产＝负债＋所有者权益"，企业报告期末的资产来源有两部分：一是出资人投入企业资本形成；二是企业根据生产经营需要举债形成。资产负债率指标就是反映这种比率关系的一种财务指标，计算公式为：

$$\text{资产负债率} = \frac{\text{负债总额}}{\text{资产总额}} \times 100\% \qquad (10\text{-}3)$$

公司中的数据来源主要是为资产负债表中的资产合计数和负债合计数。

根据式(10-3)，并结合表10-3数据，AB公司2017年年末资产负债率为：

$$\text{资产负债率} = \frac{14\ 720.31}{19\ 971.13} \times 100\% = 73.71\%$$

这说明，AB公司2011年年末资产负债率为73.71%，表明每1元的资产有0.737 1元是通过负债形成的，因此，负债比率较高。

2. 资产负债率的分析

资产负债率是反映企业资本结构的重要财务指标，也是银行等金融机构对企业是否提供贷款等的重要参考指标。因此,企业资产负债率的高低一般反映企业财务风险的大小程度。资产负债率越高,企业的财务风险越大;企业的资产负债率越低,财务风险越小。一般情况下,该指标的标准一般在50%左右。

具体分析时,需要结合企业所在的行业、产业以及盈利能力等因素进行。

在分析资产负债率指标时应注意以下问题:

(1) 资产负债率指标的运用范围问题。与流动比率、速动比率不同的是,企业的资产负债率指标主要用于长期债务支付能力的判断,而流动比率等主要用于短期债务的判断。

(2) 资产负债率的高低是否合理要与企业的实际情况相结合进行判断。企业的资产负债率较高,一方面说明企业的经营风险较大,另一方面说明企业也在充分运用"财务杠杆"的作用。在企业的资本回报率高于债务资本利率时,企业应该充分利用债务资本加快企业的发展。

(3) 企业经营者对风险的偏好程度等因素也会影响企业的资产负债率。一般情况下,如果企业经营者对风险比较厌恶,有可能采取降低财务风险的措施;如果企业的经营者对风险比较偏好并且能够较好地控制风险,则可能增加债务资本的比重。

(二) 产权比率

1. 产权比率的概念

产权比率是企业负债总额与所有者权益之间的比率,反映投资者(出资人)对债权人的保障程度。计算公式为:

$$\text{产权比率} = \frac{\text{负债总额}}{\text{所有者权益总额(股东权益)}} \times 100\% \tag{10-4}$$

根据式(10-4)和表10-3的数据,AB公司2017年年末产权比率为:

$$\text{产权比率} = \frac{14\ 720.31}{5\ 160.81} \times 100\% = 285.23\%$$

2. 产权比率的分析

一般认为,该指标为1∶1最理想。该指标越低,表明企业长期债务的支付能力越强,债权人承担的债务风险越小,债权人也就越愿意向企业提供长期借款。产权比率高,是高风险、高报酬的财务结构;产权比率低,是低风险、低报酬的财务结构。和其他指标一样,在具体分析的时候,应结合行业和企业的历史水平进行综合判断。

AB公司2021年年末产权比率为285.23%,失调现象严重,债务资本超过权益资本近3倍,对企业的债权人而言,无疑不是什么好消息。

(三) 有形净值债务率

1. 有形净值债务率的概念

该指标是根据企业负债总额和有形净资产的比率关系判断企业长期债务支付能力的财务指标,有形净值是股东权益减去无形资产净值后的净值,即股东具有所有权的有形资产的净值。计算公式为：

$$有形净值债务率 = \frac{负债总额}{股东权益 - 无形资产净值} \times 100\% \qquad (10\text{-}5)$$

2. 有形净值债务率的分析

有形净值债务率指标实质上是产权比率指标的延伸。从企业资产的形态上，可以将资产分为有形资产和无形资产。一般情况下，无形资产的收益不确定性较大，依赖无形资产变现能力判断企业长期债务的支付能力具有较大的不确定性，所以，为准确判断企业长期债务的偿还能力，将资产总额中属于无形资产形成的净资产部分予以剔除。在企业陷入财务危机、面临破产等情况下，该指标在衡量企业长期债务偿还能力方面具有现实意义。一般情况下，该指标越低越好，说明企业长期债务能力越强。

(四) 利息保障倍数

1. 什么是利息保障倍数

债权人提供给企业的资金，除了需要安全收回本金外，还需要获取收益，就是需要收取约定的利息，利息保障倍数指标就是衡量债权人利息安全程度的重要指标。

利息保障倍数指标是指企业经营业务收益与利息费用的比率，用以衡量偿付借款利息的能力，又称已获利息倍数。计算公式为：

$$利息保障倍数 = \frac{息税前利润}{利息费用} \qquad (10\text{-}6)$$

其中：

$$息税前利润 = 报告期间企业的利润总额 + 利息费用$$

2. 企业利息保障倍数的分析

企业利息保障倍数越高，说明企业支付利息的能力越强，企业到期债务偿还的保障程度也就越高。从长期来看，该指标至少应大于1。如果企业已获利息倍数过小，说明企业将面临亏损，偿债的安全性和稳定性将面临下降的风险。

利息保障倍数只能从一个侧面说明企业支付利息的保障程度。该指标较高，并不意味着企业有足够的资金支付利息。同时，反映在企业利润表上的利息费用，也不一定都是需要在本期予以支付的费用。

三、营运能力比率分析

企业的营运能力是指企业充分利用现有资源创造企业价值财富的能力。企业营运能力分析的主要对象是企业的营运资产，特别是企业的流动资产和固定资产。从财务指标上看，企业的营运能力主要是通过营运资产的周转速度体现，企业的债权人、投资者以及经营者等利益相关主体应重视企业营运能力的分析，全面、客观、正确评价企业营运资产利用的效率和效果。

通过对企业营运能力的分析，不仅可以评价企业资产的流动性，挖掘企业资产利用的潜力，还可以综合评价企业的偿债能力和盈利能力。

反映营运能力比率的主要指标有应收账款周转率、存货周转率、营业周期、总资产周转率等。

(一) 应收账款周转率

企业的应收账款与销售收入密切相关，并基于企业的赊销活动形成，所以，应收账款周转率的计算公式为：

$$\text{应收账款周转率(次数)} = \frac{\text{赊销收入净额}}{\text{应收账款平均额}} \tag{10-7}$$

其中：

$$\text{应收账款平均余额} = \frac{\text{期初应收账款} + \text{期末应收账款}}{2}$$

赊销收入净额[①]＝主营业务收入－(现金销售收入＋销售折扣与折让＋销售退回)

和流动资产周转率一样，应收账款周转率(次数)也可以用周转天数计算。应收账款的周转天数也称“应收账款账龄”，是指企业自商品销售开始到收回货款的天数，计算公式为：

$$\text{应收账款周转天数} = \frac{\text{计算期天数}}{\text{应收账款周转率(次数)}} \tag{10-8}$$

其中，“计算期天数”取决于计算期的长短，在年度财务会计报告分析中，计算期天数一般为 360 天。

应收账款周转率是反映企业应收账款变现速度快慢与管理效率高低的指标。一般情况下，应收账款周转率高，说明企业赊销收入资金回笼速度快，发生坏账的可能性较小，短期债务的偿还能力强；反之，较低的应收账款周转率，一方面说明企业应收账款变现的速度较慢，管理效率较低，发生坏账的可能性较大。所以，企业应根据实际情况，制定合理的赊销政策，加强客户的信用管理，确保应收账款尽早收回。

根据式(10-6)和表 10-3、表 10-4 数据，AB 公司 2021 年应收账款周转率为：

$$\text{应收账款周转率} = \frac{13\,038.05}{(739.81 + 243.43) \div 2} = 26.52$$

(二) 存货周转率

一般情况下，流动资产中有相当一部分属于存货资产，因此，其周转速度的快慢，直接影响到企业流动资产利用效率的评价。和应收账款周转率不同的是，存货周转是基于销售成本发生的，计算公式为：

$$\text{存货周转率(次数)} = \frac{\text{销售成本}}{\text{存货平均额}} \tag{10-9}$$

---

① 从理论上看，采用“赊销净额”可以保持比率计算分子分母口径的一致性。但由于现金销售部分数据不易获得，实务中多采用“销售净额”(即销售收入扣除销售退回与折让后的净额)来计算应收账款周转率。

其中：

$$存货平均额 = \frac{期初存货 + 期末存货}{2}$$

存货周转率也可以用周转天数来表示，计算公式为：

$$存货周转天数 = \frac{计算期天数}{存货周转率} \quad (10\text{-}10)$$

其中，“计算期天数”取决于计算期的长短，年度财务会计报告分析中，计算期天数一般为 360 天。

企业存货周转率指标不仅可以考核企业存货周转情况，还与企业的盈利能力直接相关。在一定期间内，企业存货周转率高，表明企业存货回收速度快，发生积压的可能性小，企业经营效率高，在有效经营的条件下，企业的盈利能力强；反之，表明企业存货管理的效率低下，存货周转慢，占用资金多，企业的利润率低。

根据式(10-9)、式(10-10)和表 10-3、表 10-4 数据，AB 公司 2021 年存货周转率为：

$$存货周转率 = \frac{12\ 730.27}{(1\ 395.77 + 1\ 162.79) \div 2} = 9.95$$

该比率说明，该公司存货周转率较快，周转天数基本正常。

对企业存货周转率的分析应注意以下几个问题：

(1) 存货一般为实物资产，分析存货周转率时，要和企业的存货管理水平结合起来，充分考虑企业因季节性变化等因素对存货周转率的影响。

(2) 存货周转率合理性的判断标准：一是要结合企业历年生产经营情况中存货周转率情况并考虑到行业因素的影响；二是过低的存货周转率一般反映企业生产经营过程中可能存在“积压存货”或“残次冷背”存货，说明存货存在减值的可能；三是过高的存货周转率既可能是存货利用效率较高的表现，也可能是存货不足导致。

(3) 为进一步分析存货周转率对企业流动资产周转率的影响，根据重要性程度，可以对存货周转率作进一步的分解，分解的指标包括原材料周转率、产成品(库存商品)周转率等。

(三) 营业周期

营业周期是指从取得存货开始到销售并收回货款为止的时间，也是企业的生产经营周期。营业周期的长短对企业的生产经营有重要的影响：营业周期短，说明企业的资产利用效率高，资产变现能力强，财务风险低，债务支付能力强，盈利水平高；反之，企业营业周期长，说明企业资产利用效率低，资产变现能力差，财务风险高，盈利能力低。因此，营业周期的分析有利于企业发现影响营业周期的因素，并采取相应措施，尽可能缩短企业的营业周期，提高资产的利用效率和效果。计算公式为：

$$营业周期 = 应收账款周转天数 + 存货周转天数 \quad (10\text{-}11)$$

根据该公司的应收账款周转天数和存货周转天数，计算所得的营业周期为36.18

天。理论上，该营业周期不算太长，而经营活动的效益不高，不一定是应收账款和存货周转速度造成的。

(四) 流动资产周转率

流动资产周转率，是指企业年产品(或商品)销售收入净额与流动资产平均余额的比率，即企业的流动资产在一定时期内(通常为一年)的周转次数。流动资产周转率是反映企业流动资产周转速度的重要指标。计算公式如下：

$$流动资产周转率=\frac{销售收入}{平均流动资产总额} \tag{10-12}$$

其中：

$$平均流动资产总额=\frac{期初流动资产+期末流动资产}{2}$$

一般情况下，企业流动资产周转率(次数)越高，流动资产周转的速度越快，周转天数越短，表明企业流动资产的利用效率越高，偿债能力和盈利能力得到增强；反之，则表明企业流动资产的利用效率较低，经营活动能力较差。

根据式(10-12)和表10-3、表10-4数据，AB公司2021年流动资产周转率为：

$$流动资产周转率=\frac{13\ 038.05}{(14\ 646.42+15\ 004.26)\div 2}=0.88$$

在实际分析时，企业流动资产周转率究竟合不合适，应结合企业历年的流动资产周转率水平和行业资料综合判断；另外，仅仅依靠流动资产周转率发现企业流动资产经营过程中存在的问题也不现实，只有进一步分析流动资产具体构成项目的周转情况，才能较为准确地发现企业流动资产经营中存在的问题。

(五) 总资产周转率

总资产是企业报告期间所拥有的或所控制的全部资产。总资产周转率是指企业产品或商品销售收入净额与资产总额的比率。计算公式为：

$$总资产周转率=\frac{销售收入}{平均资产总额} \tag{10-13}$$

其中，销售收入为销售收入净额，即扣除销售退回和折让之后的净额。

$$平均资产总额=\frac{期初资产总额+期末资产总额}{2}$$

总资产周转速度和其他资产周转速度一样，可以用天数反映，计算公式为：

$$总资产周转天数=\frac{计算期天数}{总资产周转率} \tag{10-14}$$

一般情况下，企业总资产周转速度越快，总资产利用越充分，全部资产经营利用的效果越好，企业的偿债能力和盈利能力越能得到提高；反之，企业利用全部资产的效率较低。如果企业的总资产周转率一直处于比较低的状态，则说明企业可能存在长期不用的闲置资产或者没有什么价值的资产(潜亏资产)。

根据式(10-13)、式(10-14)和表 10-3、表 10-4 数据，AB 公司 2021 年总资产周转率为：

$$总资产周转率 = \frac{13\ 038.05}{(19\ 314.45 + 19\ 971.13) \div 2} = 0.66$$

$$总资产周转天数 = \frac{360}{0.66} = 545.45(天)$$

这说明，AB 公司总体上的总资产周转速度较低，资产利用效果并不佳。结合资产的结构判断，该公司可能存在数额比较大的闲置资产(潜亏资产)。

四、盈利能力比率分析

企业因利润而生，追求利润最大化是企业的基本目标之一。企业盈利能力实际上就是指企业利用其所支配的资源，从事生产经营活动并赚取利润的能力。保持足够且持续的盈利能力，既是企业生存和发展的本意所在，同时也是企业为各种利益相关主体创造财富的过程。一个没有足够盈利能力的企业，不仅不能吸引企业的利益相关者，而且，也难以在市场发展中生存。

(一) 一般企业盈利能力比率分析

企业的盈利能力分析主要是运用相关财务指标之间的比率关系进行综合评价。相关指标的数据来源包括资产负债表、利润表和现金流量表。根据企业是否公开发行股票可以将企业分为一般企业(非上市企业)和上市公司两类。就一般企业而言，盈利能力比率涉及企业的投资回报率评价、销售业绩评价和资源利用能力的评价，主要比率指标有以下几个：

1. 所有者权益报酬率

所有者权益也叫企业的净资产，是企业的出资人(股东)享有的企业净权益。因此，所有者权益报酬率也叫净资产收益率，是根据企业净利润与平均所有者权益之间的比率关系来判断企业盈利能力的财务指标。计算公式为：

$$所有者权益报酬率 = \frac{净利润}{平均所有者权益} \times 100\% \qquad (10\text{-}15)$$

其中：

$$平均所有者权益 = \frac{期初所有者权益 + 期末所有者权益}{2}$$

所有者权益报酬率是从所有者总权益的角度考查企业盈利能力的财务指标，该指标越高，企业的盈利能力越强；反之，企业的盈利能力越低。

根据表 10-3 和表 10-4，并结合式(10-15)，AB 公司 2021 年所有者权益报酬率为：

$$所有者权益报酬率 = \frac{1\ 744.41}{(2\ 535.32 + 5\ 160.81) \div 2} \times 100\% = 45.33\%$$

因此，从指标上看，该公司的所有者权益报酬率较高。

2. 销售净利率

销售净利率是衡量通过企业净利润和销售收入（主营业务收入）之间比率关系综合评价企业销售盈利能力的财务指标。计算公式为：

$$\text{销售净利率}=\frac{\text{净利润}}{\text{主营业务收入}}\times 100\% \tag{10-16}$$

一般情况下，该比率越高，企业销售收入对净利润的贡献越大，盈利能力越强；反之，企业销售收入对利润贡献较低，在成本费用控制方面存在缺陷。

根据表 10-4 和式(10-16)，AB 公司 2021 年销售净利率为：

$$\text{销售净利率}=\frac{1\,744.41}{13\,038.05}\times 100\%=13.38\%$$

从销售净利率分析，AB 公司销售净利率能力较强。但是，如果结合该公司的毛利率、成本率以及营业利润率等指标分析，该公司销售净利率较高实际上是一个“虚假现象”，主要原因在于该公司的利润来源是“投资收益”。

在具体分析时，需要注意以下几个问题：

(1) 净利润作为分子容易夸大企业销售对利润的贡献。因为，企业的净利润不仅包括销售活动的贡献，也包括企业投资活动或者营业外收支活动的贡献，若企业利润主要依靠销售以外的其他活动取得，该指标可能偏高，给销售业绩评价造成假象。

(2) 对单个企业而言，该指标越大越好。不同行业、同一行业的不同企业面临的资本结构、竞争因素、经营基础也存在较大差异，所以，横向比较的意义不是很大。但是，通过同一家企业若干年的该指标比较分析，可以判断该指标的基本趋势，能够对企业的销售业绩做出较为准确的评价。

(3) 从公式(10-16)可知，企业的销售净利率和净利润成正比，和主营业务收入成反比，因此，企业提高该指标，必须在扩大主营业务收入的同时，加强对成本费用的控制。

3. 资产净利率

资产净利率是指企业一定期间净利润和该期资产平均总额之间的比率关系，反映企业资产综合利用的效果，也是企业利用自有资金和债务资金创造利润能力的重要指标。计算公式为：

$$\text{资产净利率}=\frac{\text{净利润}}{\text{平均资产总额}}\times 100\% \tag{10-17}$$

根据式(10-17)，并结合表 10-3 和表 10-4 数据，AB 公司 2021 年年末的资产净利率为：

$$\text{资产净利率}=\frac{1\,744.19}{(19\,391.45+19\,971.13)\div 2}\times 100\%=8.86\%$$

一般情况下，资产净利率高，说明企业总资产的综合利用能力强，盈利能力也强；

反之，资产净利率较低，说明企业总资产利用效率较差，企业盈利能力差，财务管理水平不高。在资产净利率分析的时候，需要注意以下问题：

(1) 资产净利率的高低与资产的周转速度和利用效率密切相关。资产的周转速度快，利用的效率高，企业总资产的利润率水平也较高；相反，资产净利率较低。但需要注意的是：企业的总资产如果质量较差(存在“泡沫资产”)，企业资产净利率也较低，所以，在分析时要考虑企业资产的质量对资产净利率的负面影响。

(2) 考查企业的经营风险。当企业的资产一定时，净利润的波动必然影响资产净利率的变化，所以，通过对该指标进行分析，可以判断企业盈利能力的稳定性和持久性，确定企业所面临的风险。

(3) 反映企业经营管理的水平。一般情况下，企业经营管理水平高，资产利用率高，获取利润的能力也较强；反之，企业获利能力较弱。

(4) 保持分析的连续性。一般情况下，仅仅测算企业一年的资产净利率不足以发现生产经营中存在的问题，需要将企业若干期间的指标结合起来分析并综合比较，才能比较准确地判断资产净利率的整体趋势和经营管理的基本情况。

(二) 上市公司盈利能力比率分析

上市公司具有财务信息公开的特点，是公众关注度最高的一类经济主体。上市公司盈利能力比率指标主要包括股东权益报酬率、每股收益和市盈率等。

1. 股东权益报酬率

股东权益是上市公司股东享有的企业净资产所有权，类似于非上市公司的所有者权益或者净资产。股东权益报酬率是通过净利润和股东权益之间的比率关系综合评价上市公司盈利能力的财务指标。计算公式为：

$$\text{股东权益报酬率} = \frac{\text{净利润}}{\text{股东权益平均值}} \times 100\% \qquad (10\text{-}18)$$

其中：

$$\text{股东权益平均值} = \frac{\text{股东权益期初余额} + \text{股东权益期末余额}}{2}$$

根据式(10-18)，并结合表10-3和表10-4数据，AB公司2021年年末的股东权益报酬率为：

$$\text{股东权益报酬率} = \frac{1\ 744.19}{(5\ 160.81 + 2\ 535.32) \div 2} \times 100\% = 45.33\%$$

股东权益报酬率站在股东的角度，综合评价上市公司对股东财富的贡献。股东关注的除了投入资本外，还有企业历年积累下来属于股东的财富。该指标越高，说明股东的投资收益水平越高。当然，这种收益仅仅体现在账面上，实际的投资收益需要上市公司通过分红等方式来实现。

股东权益报酬率是股东以及潜在投资者决定是否进行投资的一个重要标准。一般情况下，股东权益报酬率越大，获得投资者投资的机会越大，企业的价值就会增加；

反之，企业的价值就会下降。

2. 普通股每股收益

普通股每股收益也叫普通股每股利润或每股盈余，是指上市公司净利润与流通在外的普通股股数的比值。该比率反映普通股的盈利水平，是衡量上市公司盈利能力的重要财务指标，对公司股票市价、股利支付能力等都具有重要的影响。计算公式为：

$$\text{普通股每股收益} = \frac{\text{净利润}}{\text{普通股股数}} \tag{10-19}$$

该指标越高，说明企业每股收益越高，企业的盈利能力越强；反之，企业的盈利能力越弱。在确定分母“普通股股数”时需要注意以下几个问题：

(1) 普通股股数不等于企业发行的所有股份。企业发行的所有股份可能包括优先股或已收回但尚未注销的“库藏股”，但在计算的时候，不能包括这些股份。

(2) 如果在分析期间企业普通股股数发生了变化，就不能简单地将企业期末的普通股股数作为分母，而应计算普通股股数的加权平均数，计算公式为：

$$\begin{array}{c}\text{普通股加权}\\\text{平均股数}\end{array} = \begin{array}{c}\text{期初普通}\\\text{股股数}\end{array} + \frac{\begin{array}{c}\text{年度新增(减)}\\\text{普通股股数}\end{array} \times \begin{array}{c}\text{该股票的实际}\\\text{持有月份}\end{array}}{12}$$

3. 市盈率

市盈率是反映普通股每股市价与普通股每股收益之间的比率关系的财务指标。计算公式为：

$$\text{市盈率} = \frac{\text{普通股每股市价}}{\text{普通股每股收益}} \times 100\% \tag{10-20}$$

该公式表示，投资者为每获得1元的收益需要支付的买价，买价越高，说明企业的成长性越好，盈利能力越强；但另一方面，过高的市盈率也是风险较高的一个标志。

追求较高的市盈率是公司管理层和股东需要的一种财务选择，它一方面可以衡量公司管理层的理财行为，同时也是股东衡量财富是否增值最直接的手段；同时，市盈率较高时，公司可以高价发行新股或者配股，同样的股份可以筹集到更多的资金。但如果企业向市场传递错误的信号时，过高的市盈率必然带来投资风险。

五、发展能力比率分析

发展能力是企业在生存的基础上，扩大规模、壮大实力的潜在能力。发展能力比率主要有以下几种：

1. 销售增长率

一个企业的营业情况越好，说明其在市场所占的份额越多，企业生存和发展的市场空间也越大，营业收入越多。销售增长率是企业本期营业收入增长额与基期营业收入总额的比率，反映企业营业收入的增减变动情况。计算公式为：

$$销售增长率 = \frac{本期营业收入增长额}{基期营业收入总额} \times 100\% \tag{10-21}$$

其中：

本期营业收入增长额＝本期营业收入总额－基期营业收入总额

根据式(10-21)，并结合表10-4数据，AB公司2021年年末的销售增长率为：

$$销售增长率 = \frac{13\ 038.05 - 12\ 630.42}{12\ 630.42} \times 100\% = 3.23\%$$

如果基期营业收入为负值，则应取绝对值带入公式进行计算。该公式反映的是企业营业收入的增长情况。销售增长率大于零，表明企业本期营业收入有所增长。该指标值越高，表明企业营业收入的增长速度越快，企业市场前景越好。

但利用销售增长率来分析企业在营业收入方面的增长能力时，应该注意以下几个方面：

(1) 判断企业在营业收入方面是否具有成长性，必须分析营业收入是否具有效益。如果营业收入的增长主要依赖于资产增加，也就是销售增长率低于资产增长率，说明营业收入不具有效益性，同时也反映企业在开拓市场方面的可持续增长能力不强。正常情况下，一个企业的销售增长率高于其资产增长率，才能说明企业市场开拓的具有较好的成长性。

(2) 全面、正确地分析和判断一个企业的营业收入的增长趋势和增长水平，必须对一个企业不同时期的销售增长率加以比较和分析。因为销售增长率仅仅指某个年度的营业收入情况，某个年度的销售增长率可能受偶然的和非正常的因素影响，无法反映企业实际的市场开拓能力。

2. 资本积累率

资本积累率是企业本期所有者权益增长额与基期所有者权益总额的比率，反映企业当年资本的积累能力，也称为股东权益增长率。计算公式为：

$$资本积累率 = \frac{本期所有者权益增长额}{基期所有者权益总额} \times 100\% \tag{10-22}$$

其中：

本期所有者权益增长额＝本期所有者权益总额－基期所有者权益总额

根据式(10-22)，并结合表10-3数据，AB公司2021年年末的资本积累率为：

$$资本积累率 = \frac{5\ 160.81 - 2\ 535.32}{2\ 535.32} \times 100\% = 103.56\%$$

资本积累率越高，表明企业的资本积累越多，应对风险、持续发展的能力越强。

3. 总资产增长率

总资产增长率是企业本期总资产增长额同基期资产总额的比率，反映企业本期资产规模的增长情况。计算公式为：

$$总资产增长率 = \frac{本期总资产增长额}{基期资产总额} \times 100\% \tag{10-23}$$

其中：

本期总资产增长额＝本期资产总额－基期资产总额

根据式(10-23)，并结合表10-3数据，AB公司2021年年末的总资产增长率为：

$$总资产增长率=\frac{19\ 971.13-19\ 391.45}{19\ 391.45}\times 100\%=2.99\%$$

总资产增长率越高，表明企业一定时期内资产经营规模扩张的速度越快。但在分析时，需要关注资产规模扩张的质和量的关系，以及企业的后续发展能力，避免盲目扩张。若使用三年平均资产增长率指标，可以消除资产短期波动的影响，其实反映企业较长时期内的资产增长情况。

六、现金流量分析

公司理财学的一个重要结论是：资产的内在价值是未来现金流量的现值。但是，传统会计不能提供历史的现金流量信息，更不能提供未来的现金流量信息，不能满足投资者的信息需求。为了改变这种局面，从1987年起，美国率先规定现金流量表为必须编制的报表，此后，其他国家纷纷效仿。1994年国际会计准则的《现金流量表准则》生效。1998年我国的《企业会计准则——现金流量表》生效，2001年1月修订，2006年再次修订。

现金流量表的主要作用：第一，提供本期现金流量的实际数据；第二，有助于评价企业的财务弹性；第三，提供评价本期收益质量的信息；第四，用于预测企业的未来现金流量。

现金流量分析是在现金流量表出现以后发展起来的，其方法体系并不完善，其分析不仅依靠现金流量表，还要结合资产负债表和利润表。

(一) 现金流量的结构分析

现金流量的结构分析包括流入结构、流出结构和流入流出比分析，本书以MN公司为例展开。假定已知MN公司各项业务的现金流入量、流出量分别如表10-5的前三列所示，具体分析见表10-5的后四列所示。

表10-5　现金流量结构分析　(单位：万元)

项　目	流　入	流　出	净流量	内部结构	流入结构	流出结构	流入流出比
一、经营活动							
销售产品和提供服务	1 384 257.06			97%			
收到的税费返还	1 789.85			1%			
其他相关现金流入	39 128.69			2%			
流入小计	925 175.60			100%	64%		
购买商品和劳务		892 926.11		78%			

续表 10-5

项　目	流　入	流　出	净流量	内部结构	流入结构	流出结构	流入流出比
支付给职工		78 400.41		7%			
支付各项税费		137 677.92		12%			
其他相关现金流出		34 434.64		3%			
流出小计		1 143 439.06		100%		57%	1.25
经营流量净额			281 736.54				
二、投资活动							
投资收回	455 763.21			89%			
投资收益	52 066.21			10%			
处置各项资产	632.52			0.4%			
其他相关资金流入	989.06			0.6%			
流入小计	509 450.99			100%	23%		
购置各项资产		143 409.07		33%			
投资支出		288 452.19		66.7%			
其他相关资金流出		726.14		0.3%			
流出小计		432 587.4		100%		22%	1.18
投资流量净额			76 863.59				
三、融资活动							
吸收投资收到现金	118 177.5			38.8%			
借款	186 119.86			61%			
其他相关资金流入	426.56			0.2%			
流入小计	304 723.92			100%	13%		
偿还债务		353 785.15		83%			
支付股利、利息		69 994.79		16%			
其他相关资金流入		1 952.68		1%			
流出小计		425 732.62		100%		21%	0.72
筹资流量净额			－121 008.7				
合　计	2 239 350.52	2 001 759.08	23 759.93		100%	100%	

1. 流入结构分析

流入结构分析分为总流入结构和三项（经营、投资和融资）活动流入的内部结构分析。该公司的总流入中经营流入占 64%，是主要来源；投资流入占 23 %；融资流入占 13%，也占有重要地位。经营活动流入中销售收入占 97%，比较正常；投资活动的流入中，投资回收占 89%，大部分是回收资金而非获利；融资活动 61%是属于借款，权益融资所占比重较小。

2. 流出结构分析

流出结构分析分为总流出结构和三项（经营、投资和融资）活动流出的内部结构分析。该公司的总流出中经营活动流出占 57%，投资活动流出占 22%，融资活动流出占 21%，这说明流出以经营活动流出为主，其中购买商品和劳务占了 78%，是现金流出的主要去向。

3. 流入流出比分析

经营活动流入流出比为 1.25，表示 1 元的流出可换回 1.25 元现金。此比值是越大越好。

投资活动流入流出比为 1.18，此值较大，则说明公司正处于衰退阶段或缺少投资机会或处于投资回报期，而发展时期此比值较小。

融资活动流入流出比为 0.72，还款大于借款，表明公司现金充裕。

通过流入流出结构的历史比较和同业比较，可以得到更有意义的信息。

对于一个健康的正在成长的公司而言，经营活动的现金流量应是正数，投资活动的现金流量应是负数，融资活动的现金流量应是正负相间。

（二）流动性分析

所谓流动性，是指将资产迅速转变为现金的能力。根据资产负债表确定的流动比率虽然也能反映流动性，但有很大的局限性。其主要原因是：作为流动资产主要成分的存货并不能很快转变为可偿债的现金；存货用成本计价不能反映变现净值；流动资产中的待摊费用也不能转变为现金。许多企业有大量的流动资产，但现金支付能力较弱，甚至因为无力偿债而破产清算。

真正能用于偿还债务的是现金流量。现金流量和债务的比较可以更好地反映企业偿还债务的能力。

1. 现金到期债务比

现金到期债务比是指经营活动现金净流量与本期到期债务的比率。计算公式为：

$$现金到期债务比 = \frac{经营活动现金净流量}{本期到期债务} \tag{10-24}$$

本期到期的债务是指本期到期的长期债务和本期应付票据。通常，这两种债务是不能展期的，必须如数偿还。

假设 MN 公司的本期到期债务为 680 831 841.97 元，本期应付票据为 5 000 000 元，则：

现金到期债务比＝2 817 365 405.36÷(680 831 841.97＋5 000 000)＝4.11

若同行业平均现金到期债务比为 3，则说明 MN 公司偿还到期债务的能力较好。

2. 现金流动负债比

现金流动负债比指经营活动现金净流量与流动负债的比率。计算公式为：

$$现金流动负债比 = \frac{经营活动现金净流量}{流动负债} \tag{10-25}$$

假设 MN 公司的本期流动负债为 7 159 726 888.79 元，则：

现金流动负债比＝2 817 365 405.36÷7 159 726 888.79＝0.39

若同行业平均现金流动负债比是 0.5，则说明 MN 公司偿还流动负债的能力一般。

3. 现金债务总额比

现金债务总额比指经营活动现金净流量与债务总额的比率，其计算公式为：

$$现金债务总额比 = \frac{经营活动现金净流量}{债务总额} \tag{10-26}$$

假设 MN 公司的本期债务总额为 10 132 447 249.26 元，则：

现金债务总额比 ＝ 2 817 365 405.36÷10 132 447 249.26＝0.28

这个比率越高，企业偿还债务的能力越强。该公司最大的付息能力为 0.28，即利息高达 0.28 时企业仍能按时付息。只要能按时付息，就能借新债还旧债，维持债务规模。

（三）获取现金能力分析

获取现金的能力是指经营现金净流入和投入资源的比值。投入资源可以是销售收入、总资产、净营运资金、净资产或普通股股数。

1. 销售现金比率

销售现金比率，是指经营活动现金净流量与销售额的比率，其计算公式为：

$$销售现金比率 = \frac{经营活动现金净流量}{销售额} \tag{10-27}$$

假设 MN 公司的本期销售额为 11 395 762 423.97 元，则：

销售现金比率＝2 817 365 405.36÷11 395 762 423.97＝0.247 2

该比率反映每 1 元销售能够得到的现金，其数值越大越好。

2. 全部资产现金回收率

全部资产现金回收率是经营现金流量与全部资产的比值，说明企业资产产生现金的能力，其计算公式为：

$$全部资产现金回收率 = \frac{经营活动现金净流量}{全部资产} \times 100\% \tag{10-28}$$

假设 MN 公司本期全部资产平均余额为 37 618 205 419.09 元，则：

全部资产现金回收率 ＝2 817 365 405.36÷37 618 205 419.09×100%＝7.49%

若同行业平均全部资产现金回收率为 5%，则说明 MN 公司资产产生现金的能力较强。

（四）财务弹性分析

财务弹性是指企业适应经济环境变化和利用投资机会的能力，这种能力来源于现金流量和支付现金需要的比较。若现金流量超过需要，有剩余的现金，适应性就强。因此，财务弹性是经营现金流量与支付要求的比较，支付要求可以是投资需求或承诺支付等。

1. 现金满足投资比率

$$现金满足投资比率=\frac{近5年经营活动现金流量}{近5年资本支出+存货增加+现金股利} \tag{10-29}$$

该比率越大，说明资金自给率越高。达到1时，说明企业可以用经营获取的现金满足扩充所需资金；若小于1，则说明企业要靠外部融资来补充。

2. 现金股利保障倍数

$$现金股利保障倍数=\frac{每股营业现金流量}{每股现金股利} \tag{10-30}$$

该比率越大，说明企业支付现金股利能力越强。

（五）收益质量分析

收益质量分析主要是分析会计收益和净现金流量的比例关系。评价收益质量的财务比率是营运指数，其计算公式为：

$$营运指数=\frac{经营活动现金净流量}{经营活动所得现金} \tag{10-31}$$

其中，经营活动所得现金是经营活动净收益与非付现费用之和。

MN公司有关收益质量的信息，列示在现金流量“补充资料”的第二部分，见表10-6。

表10-6 MN公司现金流量补充资料 （单位：万元）

补充资料	金额	说明
净利润（亏损以“－”号填列）	125 585.94	
加：计提的资产减值准备	32 357.21	没有支付现金的费用，共188 308.34万元。少提这些费用，增加收益却不增加现金流入，会使收益的质量下降
固定资产折旧	153 166.15	
无形资产摊销	506.06	
长期待摊费用摊销	2 278.92	
处理固定资产、无形资产和其他长期资产损失（减：收益）	3 013.63	非经营收益75 376.27万元，不代表正常的收益能力
固定资产报废损失		
财务费用	7 310.22	
投资损失（减：收益）	85 700.12	
存货的减少（减：增加）	－65 937.67	经营性资产净增加4 284.97万元
经营性应收项目的减少（减：增加）	23 096.21	
经营性应付项目的增加（减：减少）	84 794.65	
其他（预计负债的增加）		
经营活动产生的现金流量净额	281 736.54	

其中：

$$经营活动净收益=净收益-非经营收益$$
$$=125\ 585.94-75\ 376.27=50\ 209.67(万元)$$
$$经营所得现金=经营活动净收益+非付现费用$$
$$=50\ 209.67+188\ 308.34=238\ 518.00(万元)$$

所以：

$$营运指数=\frac{经营现金净流量}{经营所得现金}$$
$$=281\ 736.54\div 238\ 518=1.18$$

营运指数小于1，说明公司收益质量较差。

第三节　财务综合分析

通过比率分析，可以对企业的偿债能力、营运能力和盈利能力等做出基本的判断。本节在比率分析的基础上，阐述包括杜邦分析在内的综合分析方法。

一、杜邦分析法

（一）杜邦分析法的概念

杜邦分析法是由美国杜邦公司的经理创造的，又称为杜邦财务分析体系（Dupont System）。它是利用几个主要财务比率之间的内在联系综合地分析企业的财务状况。杜邦分析法可以用图来表示，如图10-1所示。

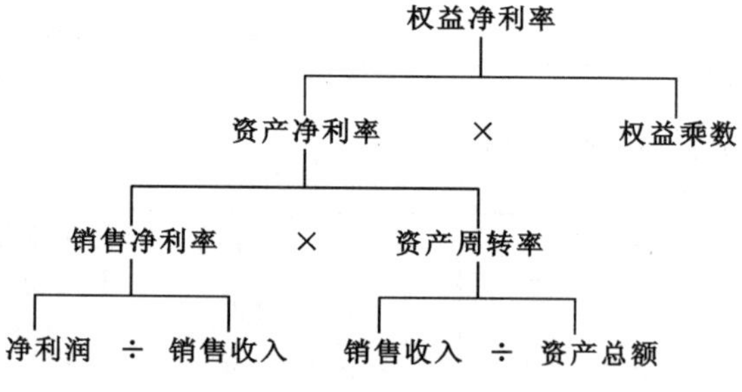

图10-1　杜邦分析法示意图

（二）杜邦分析法核心指标的分解

图10-1表明，杜邦分析法实际上是一种层层分解财务比率的方法，其核心指标是权益净利率。具体分解过程如下：

$$权益净利率=\frac{净利润}{股东权益}=\frac{净利润}{资产总额}\times\frac{资产总额}{股东权益}$$
$$=资产净利率\times权益乘数 \tag{10-32}$$

$$资产净利率=\frac{净利润}{资产总额}=\frac{净利润}{销售收入}\times\frac{销售收入}{资产总额}$$
$$=销售净利率\times资产周转率 \tag{10-33}$$

所以

$$权益净利率=销售净利率\times资产周转率\times权益乘数 \tag{10-34}$$

分解后，决定权益净利率高低的因素有销售净利率、资产周转率和权益乘数，通过分析这三个因素可以把权益净利率发生升降的原因具体化，比一项综合性指标更能说明问题。

$$销售净利率=\frac{净利润}{销售收入}$$
$$=\frac{销售收入-全部成本+其他利润-所得税}{销售收入} \tag{10-35}$$

所以，销售净利率的因素分析，需要考虑销售额和销售成本两个方面。

资产周转率高低的因素分析，需要对影响总资产周转的各个因素进行分析。除了对资产的各构成部分从占用量是否合理进行分析外，还可以通过对各资产组成部分使用效率的分析，判明影响总资产周转的主要因素。

$$权益乘数=\frac{资产总额}{股东权益总额}=\frac{1}{1-资产负债率}$$
$$=\frac{1}{1-\frac{全年平均负债总额}{全年平均资产总额}} \tag{10-36}$$

所以，权益乘数主要受资产负债率的影响。负债程度越高，权益乘数就越大，这样既能给企业带来较大的杠杆正效应，同时也给企业带来了较大的杠杆负效应。

单个财务比率的分析在前文有详细的阐述，在这里不再重复。

自上而下的杜邦分析图可以解释指标变动的原因。

如果从下而上来分解该图，则能找到企业可以采取的措施，为企业的目标保障指明方向。所以，杜邦分析法实现了企业自上而下的目标分解和自下而上的措施保障。

（三）杜邦分析法的应用

【例 10-2】 ABC 公司近两年的主要财务数据和财务比率如表 10-7 所示。假设该公司没有营业外收支和投资收益，所得税率没有变化。

利用杜邦分析法，可对 ABC 公司的权益净利率指标进行分解，实现对该公司财务状况的全面评价。具体分析过程如表 10-8 所示。

从表 10-8 可以看到，ABC 公司 2017 年的权益净利率较 2016 年有较大幅度的下降。主要原因是：

(1) 销售净利率大幅度下降。销售净利率从 2016 年的 7.5%降到 2017 年的2.6%。从表 10-7 所给资料得知，销售净利率大幅度下降的原因是销售毛利率的下降。

表 10-7　ABC 公司 2016—2017 年主要财务数据

项　目	2016 年	2017 年
销售额(万元)	4 000	3 800
总资产(万元)	930	1 695
所有者权益(万元)	600	650
主要财务比率		
流动比率	1.19	1.2
平均收现期(天)	18	27
存货周转率	8.0	5.5
权益乘数	2.38	2.5
销售毛利率	20.0%	9.2%
销售净利率	7.5%	2.6%
资产周转率	2.8	2.24

表 10-8　ABC 公司权益净利率指标的分解

年　份	权益净利率	销售净利率	资产周转率	权益乘数
2020 年	49.98%	7.5%	2.8	2.38
2021 年	9.56%	2.6%	2.24	2.5

(2) 资产周转率下降。利用表 10-7 所给的资料可以分析出资产周转率下降的原因是平均收现期延长了,说明该企业对应收账款的管理不善,存货周转也变慢了。

(3) 权益乘数略有上升。2021 年 ABC 公司运用债务融资的比重较 2020 年略有上升,占 2021 年资产总额的 61.65%,即(1 695－650)÷1 695×100%。债务融资在企业销售没有上升时未能给企业带来财务杠杆正效应。

综合以上分析,对 ABC 公司未来的财务管理提出如下建议:① 扩大销售,发挥财务杠杆正效应,否则就应该降低负债融资的额度;② 改善对存货和应收账款的管理,主要是加快存货的周转和应收账款的回收;③ 加强成本费用控制,降低耗费,增加利润,努力提高销售毛利率。

二、沃尔评分法

沃尔评分法是指对选定的财务比率进行评分,然后计算出综合得分,并据以评价企业的综合财务状况。亚历山大·沃尔是财务状况综合评价的先驱者之一,在 20 世纪初出版的《信用晴雨表研究》和《财务比率分析》论著中提出,在评价企业信用能力指数时要综合评价企业的财务效益状况。他选择了7个财务比率指标,分别给定其在总评价中所占的比重,以总和100分为标准信用等级,然后确定出每项指标的标准比率,用实际比率与标准比率对比,计算出每项指标的得分,最后求出信用实际得分。表10-9是对L公司的财务状况用沃尔评分法得出的评分结果。

表10-9 L公司主要财务指标评价——沃尔评分法

财务比率	比重 (1)	标准比率 (2)	实际比率 (3)	相对比率 (4)=(3)÷(2)	实际得分 (5)=(1)×(4)
流动比率	25	1.00	1.17	1.17	29.25
净资产/负债	25	1.50	0.88	0.59	9.75
资产/固定资产	15	2.50	3.33	1.33	19.95
销售成本/存货	10	8	12	1.5	15.00
销售额/应收账款	10	6	10	1.7	17.00
销售额/固定资产	10	4	2.66	0.67	6.70
销售额/净资产	5	3	1.63	0.54	2.70
合计	100				105.35

说明:在表10-9中,(1)和(2)的数据是已知的,(3)的数据是根据企业的实际情况计算出来的。

从表10-9中可以看出,L公司的信用得分(105.35)比标准(100分)要高,这说明企业的信用能力还是不错的。通过构成信用等级的明细分析发现,对L公司信用得分(105.35)贡献较大的指标是资产的流动比率;如果该比率下降到24%,则L公司的信用得分(105.35)就会低于标准信用等级了。所以,沃尔评分法提供了一种企业财务的综合分析思路,就是将企业的实际指标与标准指标进行比较,并将比较的结果进行量化计分,以准确评价企业财务指标的质量。该种方法存在两点不足:

(1) 在财务指标的选择上为什么是7个而不是更多或者更少的财务指标,以及确定这些财务指标的比重和标准比率的依据是什么,至今没有办法从理论上给予解释。

(2) 个别例外因素对评分结果的影响。在沃尔评分法下,企业某项财务指标的实际得分是根据相对比率和标准比重之间的乘积算出来的。因此,如果某一项指标的实际得分很高,而其他指标的实际得分不高,也有可能导致对企业总体的评价很高,但这种做法有违综合评价的初衷。表10-10说明了这种例外。

表10-10中,Q公司的最后得分是183.01分,但是Q公司的财务指标是否就合理呢?通过明细分析发现,得分高的主要原因在于流动比率指标太高所至,因此,沃尔评分法可能会掩盖企业真实的财务状况,在实际工作中应该予以修正。对所有指

标的最高得分给出一个限度，如规定为标准比重的110%等或许更为合理一些。

表 10-10 Q公司主要财务指标评价——沃尔评分法

财务比率	比重 (1)	标准比率 (2)	实际比率 (3)	相对比率 (4)=(3)÷(2)	实际得分 (5)=(1)×(4)
流动比率	25	1.00	3.98	3.98	99.5
净资产/负债	25	1.50	0.88	0.59	9.75
资产/固定资产	15	2.50	4.56	1.824	27.36
销售成本/存货	10	8	12	1.5	15.00
销售额/应收账款	10	6	10	1.7	17.00
销售额/固定资产	10	4	2.66	0.67	6.70
销售额/净资产	5	3	1.63	0.54	2.70
合计	100				183.01

虽然沃尔的财务比率评价方法存在许多问题，但他提出的综合评价企业财务效益的方法，为企业财务分析的发展开拓了新的思路。

【本章小结】

财务分析是财务预测、决策与计划的基础，是正确评价财务活动、考核财务业绩的依据，也是挖掘内部潜力、提高经济效益的手段。本章介绍了财务分析的目的、方法和步骤，主要阐述财务分析中比率分析、现金流量分析和综合分析。

比率分析是利用指标间的相互关系，通过计算比率来评价企业经济活动效益的一种方法，借助比率分析可以有效地发现企业财务管理中的问题。一般情况下，用于财务分析的财务比率分为偿债能力财务比率指标、营运能力财务比率指标、盈利能力比率和现金流量等。企业偿债能力是企业生存和发展的基础，是评价企业持续经营能力的重要依据。营运能力分析主要是指企业资产运用、流转效率的高低，资产运用效率高、流转快，企业就可以以较少的投入获取比较多的收益。盈利能力是指企业赚取利润的能力，盈利能力分析可结合企业的投资回报率、销售业绩和资源利用能力等几个方面进行。现金流量分析根据现金流量表提供的有关数据，对企业现金流量的结构、流动性、现金获取能力、财务弹性和收益质量进行的分析。

常用的财务综合分析方法有杜邦分析法和沃尔评分法。杜邦分析法是一种层层分解财务比率的方法，其核心指标是权益净利率。按照杜邦分析法，可将其分解为销售净利率、资产周转率和权益乘数三个指标的乘积，找出企业权益净利率上升或下降的具体原因，以便企业采取相应的措施。沃尔评分法则是指对选定的财务比率进行评分，然后计算出综合得分，并据以评价企业的综合财务状况。

【中英文关键词】

财务分析 Financial Analysis
财务报告 Financial Statement
比较分析法 Comparison Analysis
因素分析法 Factor Analysis
偿债能力 Debt Paying Ability
营运能力 Working Ability
盈利能力 Profit-making Ability
发展能力 Development Capability
资产负债表 Balance Sheet
利润表 Income Statement
财务综合分析 Financial Comprehensive Analysis
杜邦分析法 Dupont System
权益乘数 Equity Multiplier
股东权益报酬率 Return on Equity

【复习思考题】

1. 对企业进行短期偿债能力分析的指标主要有哪几个？这几个指标之间的关系是怎样的？
2. 进行企业偿债能力分析时，需要注意的问题有哪些？
3. 什么是存货周转率？什么是存货周转天数？
4. 什么是利息保障倍数？它有什么作用？
5. 影响企业盈利能力的指标主要有哪些？
6. 什么是财务综合分析？常用的方法有哪些？
7. 什么是杜邦分析法？如何运用该分析体系？
8. 什么是沃尔评分法？

【实训练习题】

习题一

一、目的：练习基本比率分析。

二、资料：光华公司资料如下：

资料 1：

光华公司资产负债表如表 10-11 所示。

表 10-11　光华公司资产负债表××××年 12 月 31 日　　(单位:万元)

资　产	年　初	年　末	负债及所有者权益	年　初	年　末
流动资产			流动负债合计	450	300
货币资金	100	90	长期负债合计	250	400
应收账款净额	120	180	负债合计	700	700
存货	230	360	所有者权益合计	700	700
流动资产合计	450	630			
固定资产合计	950	770			
总计	1 400	1 400	总计	1 400	1 400

资料 2:

光华公司××××年度销售利润率为 16%,总资产周转率为 0.5 次,权益乘数为 2.2,净资产收益率为 17.6%。光华公司××××年度销售收入为 840 万元,净利润总额为 117.6 万元。

三、要求:

1. 计算××××年年末速动比率、资产负债率和权益乘数。

2. 计算××××年总资产周转率、销售净利率和股东权益净利率。

3. 利用连环替代分析法分析销售净利率、总资产周转率和权益乘数变动对净资产收益率的影响。

习题二

一、目的:练习现金流量分析。

二、资料:A 公司资料如下:

现金流量表,见表 12-12。

表 10-12　现金流量表

编制单位:A 公司　　2021 年度　　(单位:万元)

项　　目	金　　额
一、经营活动产生的现金流量净额	1 355
二、投资活动产生的资金流量净额	−8 115
三、筹资活动产生的现金流量净额	−1 690
四、现金及现金等价物净变动	−8 490
补充资料:	
1. 将净利润调节为经营活动现金流量:	
净利润	4 000

续表 10-12

项　　目	金　　额
加:计提的资产减值准备	5
固定资产折旧	1 000
无形资产摊销	80
长期待摊费用摊销	40
待摊费用减少(减:增加)	−10
预提费用增加(减:减少)	−10
处置固定资产、无形资产和其他长期资产的损失(减:收益)	−500
固定资产报废损失(减:收益)	100
财务费用	200
投资损失(减:收益)	−100
存货减少(加:增加)	−50
经营性应收项目减少(减:增加)	−2 400
经营性应付项目的增加(减:减少)	−1 000
其他	0
经营活动产生的现金流量净额	1 355
2. 现金净增加情况:	
现金的期末余额	4 580

2021 年实现销售收入 10 000 万元,2020 年该公司的资产总额是 5 000 万元,资产负债率为 40%。

三、要求:

1. 计算该公司的销售现金比率与现金债务总额比率、净收益营运指数、现金营运指数。

2. 对公司的收益质量进行评价,并分析其原因。

3. 若该公司目前的贷款利率为 8%,该公司理论上最大负债规模是多少?

习题三

一、目的:练习杜邦分析法。

二、资料:N 公司 2021 年的销售额为 6 000 万元,比上年提高了 25%,有关的财务比率见表 10-13。

表 10-13　N 公司 2021 年财务比率表

财务比率	2016 年同业平均	2016 年本公司	2017 年本公司
应收账款回收期(天)	35	36	36
存货周转率	2.5	2.59	2.11
销售毛利率(%)	38	40	40
销售息税前利润率(%)	10	9.6	10.63
销售利息率(%)	3.73	2.4	3.82
销售净利率(%)	6.27	7.2	6.81
总资产周转率	1.9	1.11	1.07
固定资产周转率	1.4	2.02	1.82
资产负债率(%)	58	50	61.3
已获利息倍数	2.68	4	2.78

注:该公司正处于免税期

三、要求:

1. 运用杜邦分析法,比较 2016 年公司与同业平均的股东权益报酬,定性分析其差异产生的原因。

2. 运用杜邦分析法,比较本公司 2017 年与 2016 年的股东权益报酬率,定性分析其变化的原因。

第十一章　并购管理

【学习目的和要求】

通过本章的学习，掌握并购理论，阐释并购现象，熟悉并购实务，为通过并购投资实现企业发展、提高资源利用奠定基础。

【案例导引】

2016年6月7日海尔集团发表声明，表示青岛海尔股份有限公司(600690)已与通用电气(GE)就并购交易签署所需交割文件，这标志着通用电气旗下的通用家电正式成为海尔一员。早在8年前，GE就开始寻求出售家电业务。2014年，瑞典家电巨头伊莱克斯一度拟以约33亿美元的价格收购通用家电，但最终被美国司法部在2015年以并购后会造成厨电行业竞争不够充分、消费者选择变少为由而驳回。

2016年1月15日，经过两轮竞价，青岛海尔宣布，以54亿美元的价格收购通用家电。此后，双方又对交易金额进行调整，最终金额定为55.8亿美元，主要调整事项包括营运资本、交易税费等。根据青岛海尔6月1日的公告，实际交割金额的60%为国家开发银行提供的33亿美元长期贷款。此外，通用家电总部仍将保留在美国肯塔基州路易斯维尔。被并购的公司将在现有高级管理团队的引领下，开展日常工作，独立运营。由通用家电和海尔的高管团队及两位独立董事组成的公司董事会，将会指导公司的战略方向和业务运营。

收购通用家电业务，是海尔继2012年收购新西兰家电明星品牌斐雪派克、2011年收购日本三洋后的又一大动作，海尔与GE的全面战略合作及对其家电资产的整合，为海尔下一个十年的发展奠定了坚实的基础。

伴随市场经济的发展与知识经济时代的来临，兼并收购日益成为经济活动中一道亮丽的风景线。科学界定企业并购的内涵，合理解释日益增多的企业并购现象，深入剖析并购失败案例及其影响，合理划分并购阶段及作业，提高并购投资效益，成为并购投资管理的重要内容。本章以企业并购的业务流程为逻辑主线，运用演绎推理与案例剖析相结合的研究方法，系统地阐述了企业并购产生与发展的内在规律，构建了一个较完整的理论分析框架。

第一节　企业并购概述

并购是兼并与收购的合称，不同文献中对其含义的阐释基本相同。在企业兼并过程中，常伴有收购行为的发生，西方国家学者因此把企业兼并和收购连在一起，称为并购或购并（Merger and Acquisition，M&A）。国内学术界与实务界形成的共识为：并购包含兼并与收购，兼并是两个以上的企业合并，其中一个企业因吸收了其他企业而成为存续企业的合并形式；收购是任何人或一组一致行动人通过公开收购一家企业的股份、产权或资产以取得该企业控制权的行为。

一、并购特征

并购特征是并购区别于联营、租赁、入股、托管等合作经营模式的特殊规定性。并购是一项产权交易，产权的明晰性及可转让性是产权交易的基础，获取被并购企业的产权尤其是经营控制权成为并购方的直接目标。

(1) 以获取目标企业控制权为直接目标。并购企业购买目标企业的部分或全部产权，目的在于实现对目标企业的控制，并对其进行资产重组，获得企业控制权收益，进而实现效用最大化。并购是企业为了获得其他企业的控制权而采取一种经济行为。

(2) 以购买目标企业产权为基本手段。企业并购是通过股权收购或资产收购实现对目标企业的部分或全部控制，其前提是获取目标企业的部分或全部产权。通过继承、划拨等方式有可能获得产权，但在市场上以现金、有价证券或实物等方式购买则是获得目标企业产权的基本手段。

(3) 以产权交易为本质特征。从表面上看，企业并购是两个或两个以上企业之间资产的重组。就实质而言，作为一项特殊交易事项，并购交易的对象是目标企业的部分或全部产权。因此，并购实质上是企业产权的交易。

二、并购方式

并购方式是实现企业并购目标的措施或手段。企业并购主要有以下几种方式：① 现金收购。现金收购是指收购公司支付一定数量的现金，以取得目标公司的所有权。② 换股并购。换股并购是指收购公司与目标公司之间以及股东之间在并购中未发生现金流动，而其股权结构、债权结构或资产结构却发生了变动。③ 债股互换式并购。通过债权与股权互换实现收购，是指目标公司有大量到期或将要到期的各种债务，而该公司的债权比例又过高，公司已达到资不抵债的程度，这时目标公司的债权人急需转让或折价出售这些债权。当收购公司认为接收目标公司会带来更大的经济利益时，与目标公司协调先以债权交换其股份，再出资收购这些股权。④ 买方融资式并购。并购需要的巨额资金可以短期商业贷款方式从货币市场上筹集，该种贷款往往时间短、利率高、有抵押。收购公司也可以从证券市场上融通并购所需要的资金，主要方式有配股、发行新股、发行债券。⑤ 卖方融资式并购。卖方融资是指卖方取得固定收购者未来偿付义务的承诺，通常是卖方同意接受收购公司的商业票据，以应付票据方式达成交易。卖方融资派生出的并购方式有先租赁后并购、先托管后并购等。⑥承担债务式并购。在目标公司财务状况严重恶化、接近资不抵债的情况下,实力雄厚的收购公司征得目标公司主要债权人的首肯,可以运用承诺分期分批偿还目标公司债务或出具保金的方式,将目标公司收于麾下。

三、并购程序

并购程序是指并购过程各操作环节之间的逻辑关系。企业之间的产权并购并非随意进行,必须按照国家法律、法规及规章的相关条文规范运作。并购过程包括搜寻目标企业、接洽目标企业、签订保密协议、设计调查方案及尽职调查、签订并购投资意向书、制定并购谈判策略与计划、双方谈判与修订并购方案、签订并购协议、并购交接与整合等环节,可划分为并购战略确定、目标企业选择、并购谈判与交接和并购整合四个依次相连的阶段。并购流程如图 11-1 所示。

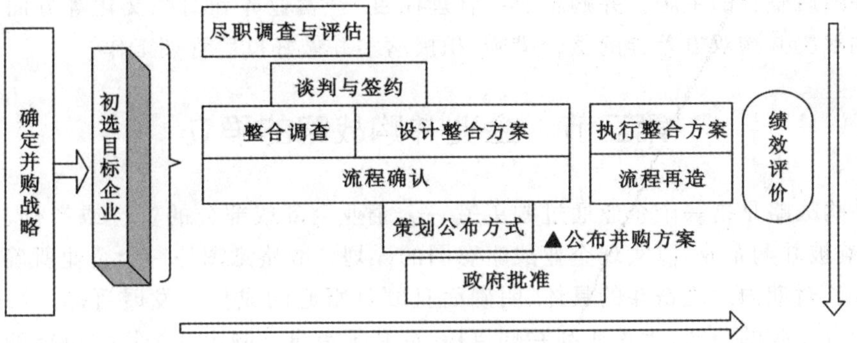

图 11-1 并购流程

(1) 并购确立战略。并购战略是指一个企业通过购买另一个企业全部或部分的资产或产权,控制、影响被并购企业以实现企业战略意图的谋划。并购事关企业发展的全局,确定科学的企业并购战略尤为重要。应当以竞争优势理论和企业核心能力理论为基础,建立并购战略分析模型。每个从事并购运作业务的公司,为了达到并购目标,都必须为自己制定一个切实可行的战略。适用于所有公司的最佳战略是不存在的,必须根据自己在市场上的地位及其目标、机会和资源确定一个有利于企业自身发展的并购战略。

(2) 目标企业选择。企业在制定出并购战略之后,还需挑选出与之匹配的目标企业才能产生预期并购效益。选择并购目标企业时,应当依据企业的并购战略拓宽视野与思路,通过专业报纸杂志、社会调查机构的报告、候选目标企业的主管部门、用户、顾客等,准确详细地了解有关资料,采用列表分析、对比分析或综合分析等切实有效的方法,周密制订各种预案并付诸实施,以便为后续全方位地深入调查、评价、谈判与选择打牢基础。目标企业的评价主要包括以下方面:财务指标评价,包括销售成本、利润、现金流量、资本结构等；技术指标评价，包括设备水平、工艺先进性、产品质量、原料供应、市场现状等；管理水平评价，包括对主要管理人员、信息系统及监控系统的评价；劳资和环保状况的评价；资产流动性的评价；企业抗风险能力（经济周期和行业指标）的评价。

（3）并购谈判与交接。并购谈判与交接包括接洽和谈判、签订保密协议、签订并购意向书、履行应当的谨慎义务、签订并购协议和报政府有关部门备案或审批等工作。任何一项工作出现疏忽，都会留下风险隐患。并购双方就并购交易进行的谈判，是并购双方的合作博弈过程，需要丰富的谈判经验和恰当的谈判策略，才能在评估底价、交易价格、支付方式、资产交接与转移等方面有一个合理的安排。

（4）并购整合。当并购企业取得了目标企业的合法控制权后，企业并购过程只完成了一半。并购是一项系统工程，涉及企业的方方面面，需要一个科学的整合计划。整合是指调整企业的组成要素使其融为一体的过程，盘活存量资产、激活企业发展是并购后整合的主题。并购企业在管理制度、经营业务和组织文化等方面应当拿出协调解决并购双方差异的整合措施，积极落实并做好投后管理工作。

第二节　企业并购战略的确立

并购战略是指一个企业通过购买另一个企业全部或部分的资产或产权，从而控制、影响被并购企业，以实现企业战略意图的谋划。战略意图是一个企业所确定的在一个较长时期内为之奋斗的具体、明确而且颇具野心的成长与发展目标。每个从事并购投资业务的公司，为了达到并购目标，都必须为自己制定一个切实可行的战略。

一、基于多角化经营的并购战略

基于多角化经营的并购战略应当立足于已有优势。从理论上讲，两个公司的现金流之间的相关性越小，并购的结果就越能产生较强的稳定性。但在企业运行过程中，既存在着多角化经营在分散风险上取得成功的例子，也存在着一些与此相反的事实。有些公司因为实施多角化经营带来了经营上的困难，甚至因此而产生重大的损失。例如，美国的国际电话电报公司多年来一直经营得很成功，但当它买进大陆面包公司和希尔顿饭店后，却对新的业务感到束手无策，结果不但没能经营好新业务，反而影响了公司本身电话业务的发展；美国传媒巨头时代华纳与美国在线的合并也以失败告终。近年来，美国一些成功公司的经验表明：搞多角化经营应有利于发挥公司原有的优势，主张用内部拓展的方式来发展相关多角化经营；否则，盲目地从外部购进一家与原有业务毫不相关的大公司，勉强去搞非相关的多角化经营，可能由于吸收和消化一项完全生疏的业务非常困难而使公司的经营最终走向失败。因此，每个公司都面临着是通过内部发展，还是通过并购其他行业公司来实现多角化经营的抉择。

二、基于产品生命周期的并购战略

产品生命周期假设:大多数产品从投入市场开始,到最终被新的产品所代替而退出市场为止所经历的时间可以清楚地划分为引入期、成长期、成熟期、衰退期 4 个阶段。产品生命周期各阶段的特点如下:

(1) 引入期。产品进入市场,竞争者较少,产品只被有限的消费者认识和接受,销售缓慢增长。在这一阶段,由于将产品引入市场需要投入巨额费用,现金流为负,利润几乎不存在,甚至会亏损。

(2) 成长期。通过广告、宣传等促销手段使顾客开始接受并争相购买这种产品,销售额和利润迅速增加。当增长机会越来越明显时,新的竞争者开始进入市场,业务将在更大的市场上得到持续不断的拓展。在一个不断增长的市场上要保持一定的市场占有率仍需要投入大量资金,因此这一阶段的现金流一般仍是负的。

(3) 成熟期。因为产品已被大多数消费者所接受,潜在客户越来越少,销售额虽有所增加,但增长速度开始下降。为了对抗竞争者,维持产品的市场地位,营销费用日益增加,利润保持稳定或开始下降。在这一阶段利润足以抵偿投入的资金,但现金流是正的。

(4) 衰退期。销售额和利润已明显下降,产品在技术上、经济上已经老化,市场上已经出现新的可以替代的产品。企业可以考虑通过收购其他公司,及时将产品占用的资金转投到其他更有利的新产品上去。

大多数产品都存在一个有限的生命周期,对那些技术变革迅速的产业来说更是如此。因此,一个公司要进行产品多角化经营,最好能使各种产品处于生命周期的不同阶段,以便公司能稳定其现金流。公司如果仅生产生命周期相同的产品,当这种产品处在其生命周期的衰退期时,公司的现金流可能会下降。在并购其他公司的时候,应该明确目标公司的产品正处在生命周期的哪一阶段,以便确定并购中所投入资金的回收期限。同时,应尽可能并购增长快的产业,因为统计资料表明,不成功的并购大部分集中在那些缺乏发展前景的产业领域。

三、基于"三维原理"的并购战略

"三维原理"是指企业从战略匹配、组织适应与过程控制三个有机统一的维度,审视并购战略的形成与制定,并作用于后续并购进程。并购战略的"三维原理"如图 11-2所示。

1."三维原理"的含义

(1) 战略匹配。战略匹配即战略关联性,是指目标企业在产业、市场或技术等方面增进、补充并购战略的程度。战略关联性决定企业价值创造的潜力,即决定企业能力转移、扩散、发展与运用的潜力,进而决定企业并购战略的选择。当目标企业的活动与本企业的活动之间具有良好的相关性(如工艺相关、市场相关、设施相关、管理相关等)时,彼此之间的吸引力较大,互补性较强,协同效应易于发挥。这不仅可以从源头上规避风险,还可以为并购风险的控制奠定坚实的基础。因此,企业在选择并购战略时,要充分分析自身的实力和并购所依赖的各种支撑条件,做到并购战略与企业发展相适应。

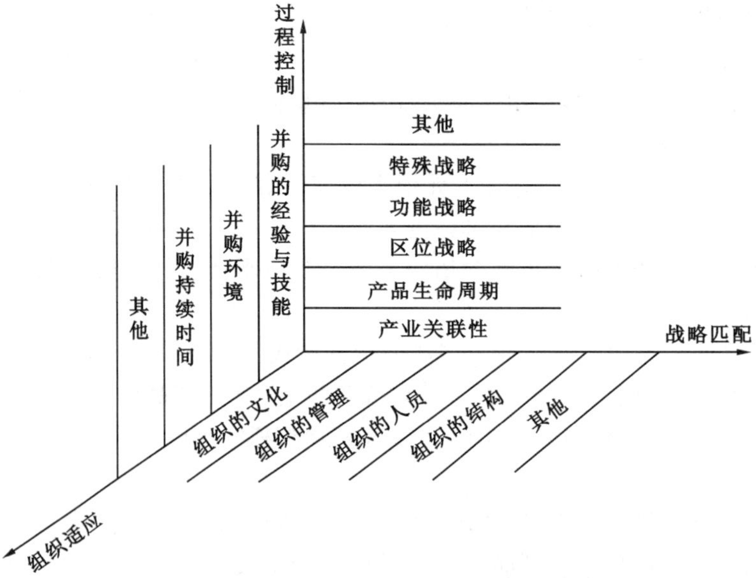

图 11-2　并购战略选择的"三维原理"

(2) 组织适应。组织适应又称组织关联,包括目标企业与并购企业之间在管理、文化、员工和组织结构上的适应性。组织关联性决定并购双方组织融合的难易程度,影响并购后两个企业间的业务整合,进而决定价值创造的难易程度。文化是企业的灵魂,人是企业中最活跃的因素,管理是企业运转的纽带,忽视人际间、组织间和文化间的摩擦冲突往往给并购过程及并购后的实际运作带来意想不到的困难,增加并购中的不确定因素。尤其是并购后高管人员的更换往往会带来震动,因此,组织适应是形成并购战略的重要因素。

(3) 过程控制。并购过程包括从并购设计到并购整合的各个环节,经营资源的共享、知识技能的转移和管理权限的合理配置都是在并购过程中完成的,企业的战略匹配和组织适应效果只有在并购过程中才能体现出来。并购过程控制本身也是一个决定并购绩效的重要潜在变量。新的市场机会的把握、客户群体的稳固和竞争能力的提高只能在并购过程中实现。若对并购过程控制不当,不能恰当地处理并购过程中的一些问题,并购绩效会大打折扣。

2."三维原理"下的并购范式

从前面对并购战略的分析可知,企业在选择并购战略方向时,首先应该从自身现状出发,根据自身发展战略寻找目标企业。一般来说,并购方应选择与其业务活动相关联或重叠的经营领域。其次,并购方要对所处行业的技术特点、生命周期、竞争地位和未来趋势进行全面的分析。最后,应借助行业吸引力评价和行业相关性评价分析目标企业的发展前景、竞争程度、进入门槛及产品的生命周期等诸多因素。由此遴选出如下并购范式:

(1) 同区域产业整合型并购。对主导产品处于成长期的企业而言,应优先选择目标方实力较弱、顺应并购且有资源可以开发的同区域产业整合型并购方式。此种并购方式重在提高企业竞争力,增加企业的市场份额。其理由如下:一是成长期的企业实施产业整合,可以增强企业在该市场中的竞争优势,实现战略匹配;二是双方实力悬殊,弱方顺应并购便于向目标方转移并购方的组织特色和优势,实现组织适应;三是弱方顺应的同区域并购,因目标方的配合和对环境深入的了解,使得并购过程因系统自身和环境中的不可控因素较少而易于控制,过程风险较低。麦肯锡公司对28例并购案进行研究的资料显示:对同区域企业并购的成功率为94%,对跨区域企业并购的成功率为87%(Sudarsanam,1997)。海尔集团整体兼并青岛红星电器公司成为海尔数十起并购案中最成功的一次并购(同区域产业整合型并购),也对予以了证实。

(2) 扩展产业链的分立式并购。对主导产品处于成熟期的企业而言,应优先选择可以扩展产业链、两企业均有"联姻意愿"、各自特色和优势明显的分立式并购方式。此种并购方式重在业务互补,开拓有潜力的市场,提高企业竞争力。其理由如下:一是成熟期的企业扩展产业链可以较容易地进入处于成长期的市场,获得新的发展机会,实现战略匹配;二是分立式并购可以保留双方原有的特色和优势,实现组织适应;三是分立式并购整合过程因不可控因素较少而易于控制,过程风险较低。

(3) 优势互补的分步式并购。分步式并购即通过分步实施企业并购计划,以实现企业并购目标。由于并购双方的具体情况千差万别,所面临的并购环境也不尽相同,有些特殊情形难以归入某一固定模式,需要根据并购双方的特殊情况加以考虑,随机采取特殊的并购战略及方式。比如,有A、B、C三家中小型科技企业,在研究开发上都有自己的优势,在其他方面则表现平平,其中A企业的研究开发实力最强。一般认为,它们应该各自和在营销方面有专长的企业进行合作。但如果由A企业先把B、C两家企业收购过来,组成企业集团,形成一定的规模和影响,然后再并购一家在营销方面有专长的企业,并购效果会好一些。这是因为实力强的并购方的并购成本较低,整合难度较小。

第三节　目标企业的调查与筛选

并购战略确定后,便进入并购实施阶段。其中,目标企业的调查与筛选是并购方案实施的重要基础。

一、目标企业的调查

目标企业的调查涉及与并购谈判、定价及整合相关的内容，包括目标企业背景、行业发展状况、主要产品及市场状况、财务税收状况、人员总量及结构、技术储备及研发状况等。

（1）公司背景。在调查开始阶段，应该搜集目标企业的总体状况、主要生产条件和设施、历史以及类似的信息，取得有关经理人员、董事和外部顾问的信息。在可能的情况下，还应该搜集目标企业的最新发展、未来计划和存在的主要问题（如诉讼案件、政府限制、环境问题）等相关信息。

（2）行业分析。跨行业收购需要进行详细的行业调查，这一调查通常在对特定公司的调查之前进行。在行业分析中通常包括以下因素：① 来自行业内的竞争、行业外的竞争和相对市场占有率；② 行业的销售增长率、利润增长率和影响行业增长、盈利能力的外部因素；③ 行业中的并购情况，以便判断并购对该行业的继续生存和增长是否是极其重要的；④ 政府管制的程度和趋势；⑤ 该行业比较重要的专利、商标和版权等；⑥ 成功的关键因素、进入壁垒和威胁等。在很多情况下，企业需要行业专家和顾问的帮助。

（3）财务和会计资料。比较目标企业主要业务最近几年的财务数据，确定其发展趋势。这些比率通常包括以下内容：资产收益率、股东投资收益率、毛利、销售利润率、流动比率、速动比率、资产负债率；公司经营周期、经营能力、现行价值及重置成本等资料。取得并分析上一年的资产负债表、利润表和现金流量表，了解预测的现金流和这一预测中所运用的前提假设。了解目标公司遵从的会计准则和实务的差异，重要的差异和存在的问题包括坏账准备、库存估价、折旧、长期合同会计处理、年金和雇员利益会计处理等。

（4）税务事项。检查目标企业纳税申报单及完税凭证等资料，判断目标企业的纳税义务是否都已正确地反映在其账簿上。纳税义务检查涉及的主要问题有：是否已经按照目前的税基交付了税款，在收购的过程中和税务主管机关未来的审计中，可能产生的调整是否已经作了充分的考虑等。检查程序依目标企业规模、出售方税收状况的复杂程度而有所变化，一般需要对存档至少 3 年的纳税申报单进行检查和分析，特别需要注意财务报表和应税收入之间的核对，对各税务主管机关出示的最新调整报告进行检查。如果购买方正在考虑通过出售目标企业的某些资产为潜在的收购筹集资金，应该仔细检查出售资产时潜在的税收债务。

（5）人力资源和劳资关系。必须对目标企业管理人员的能力进行评价，特别是在购买不相关产业的公司时更应该如此。购买方应该会见目标企业的高级职员和经理人员，了解其经历与背景，比较补偿金的水平和计划，以应对交易中可能发生的变化。检查企业劳资关系的历史以便发现可能存在的问题，因为劳工协议使得许多削减人员的计划都不可能实现。检查年金、利润共享和其他的雇员利益计划，以便确定对公司合并以后的业务将会产生怎么样的影响。如果出售方有许多长期雇员，在没有建立年金基金而又必须向其支付退休金时，将会减少购买方的现金流；相反，如果目前许多年金基金有剩余，则会减少收购费用。

（6）市场营销。购买方应该取得并分析有关产品和营销因素的信息：① 销售量、利润和产品线上的积压；② 主要产品和新产品开发资料；③ 销售的长期趋势、季节性或周期波动；④ 政府采购额；⑤ 主要顾客的满意度和购买力；⑥ 营销和销售组织，包括专门的赔偿安排；⑦ 销售计划和预测方法；⑧ 广告和促销的费用及方法；⑨ 分销渠道和战略；⑩ 主要竞争对手的市场占有率、定价战略与竞争战略等。

二、目标企业的筛选

通过调查，寻找或发现候选目标企业中可能存在的致命缺陷，并将该企业从并购对象中剔除出去。

（1）卖主出售的原因。不论买主能否判明卖主出售的原因，至少应该考虑要出售的企业是否太老。若产品是处在成长的最后阶段，或处在顾客忠诚度下降阶段，一般视为致命缺陷。但是若业主们可能由于其年龄、缺乏继承人或财务风险上升而不再对企业重新焕发生机感兴趣，或丧失了商战竞争的热情，或不再将增长视为一种挑战、一项乐趣或一个目标，则不是致命缺陷。

（2）各层次人员的性格与能力。从职责角度评价每一位董事和经理以及直接向其汇报工作的人员，以评估每一个职能部门及其支撑部门的长处和劣势。以前是否有对关键人员奖励期权或其他利益的许诺，是否可能导致其在许诺没有兑现的情况下离去。必须清楚的是，超出实际的许诺可能成为致命的缺陷。

（3）决策层的运转。决策是由最高决策者独断专行作出或一个委员会讨论作出，还是可行的最低责任层作出？这个最高决策人会留下来吗？其存在是必不可少的吗？公司及其领导者在行业内的声誉如何？若各个责任层次的决策人声誉颇佳又难以留下，将被视为存在致命的缺陷。

（4）市场份额的大小。它是指公司 3～5 年前推出产品的本年度销售额，过去 3 年内代表公司销售额 50%～65%的客户数量分布。应当明确的是，主要面向少数客户销售是危险的，因为这些客户有可能会停止订货；同样，出于竞争或其他方面的原因，有的客户可能停止订购合并后企业生产的产品。包含大部分收益的统计数字是好是坏？从地理分布看卖主统治或控制了某些主要市场吗？卖方与买方的分布组合是互补的吗？若获得否定的回答，一般被视为致命缺陷。

（5）现金流状况。为使目标企业在并购后的经营保持连续性，获得可用于企业增长或重新配置的自由现金流，需要了解过去 5 年内每一年现金流的流量与流向，搞清楚目标企业的现金产生机制和现金使用的管理者，以免留下隐患。因为这些现金的使用者在目标企业出售后多年内仍会影响其经济质量。

(6) 产品或服务质量。产品或服务可以是水平互补(如只有一间店铺的商店拥有更宽广的产品或服务系列)或垂直互补(如在一个企业内的附加值集成),关键在于能否提高并购后的生产服务能力或质量。企业是技术驱动型还是市场驱动型?即公司是一个高技术企业还是普通的成熟企业?若为技术驱动型,企业所拥有的专利技术和非专利专有技术的状况如何?及时引入技术优良的新产品的历史记录情况如何?若为市场驱动型,是否了解该市场上的主要竞争者?政府对这个行业或企业的管制严格吗?

(7) 达到设定盈利目标的潜力。企业的财务数据与行业平均水平、竞争者或与买主的期望值相比情况如何?若企业处于亏损情形,买主有兴趣力图使它扭亏吗?买主是否能够聘请到经验丰富的人员担当此重任?

(8) 未记录的或有事项。包括未记录的税务欺诈、纳税义务、诉讼和担保责任等。一般来说,买主对于那些现在或过去有税务欺诈或其他可疑行为倾向的卖方应予以回避。若目标企业拥有部分优质的资源,购买公司资产而非股权,可使买主免于承担下列隐患:卖主潜在的所得税义务;未列明或未记录的负债、税务、雇员成本与合同承诺;产品责任险、雇员健康保险的成本;诉讼历史和将来发生诉讼的可能性,等等。

第四节 并购价格的测定

并购谈判涉及人员安排、产权界定、价格确定、交接方式、支付方式等事项。其中并购价格的确定是并购投资的核心,而目标企业估价又是并购价格确定的基础。故在此专门探讨目标企业的评估与并购价格的确定问题。

一、并购价格的估测

搞好企业并购工作,实现并购双方的目标,必须合理确定并购价格。由于并购双方利益的不一致性,并购方需要估算所能接受的并购成交价的上限,被并购方需要估算所能接受的并购成交价的下限。通常情况下,实际达成的并购成交价格位于上述并购成交价的上、下限之间。因此,目标企业的估价实质上是并购价格区间的估测。

1. 并购价格上限的估测

从理论上讲,并购价格上限是购买方从并购交易中获得收益的临界点,也是购买方所能承受的最高极限价格。若并购成交价高于此临界点,购买方将承受损失,也不可能达成并购协议。具体来说,并购价格上限应是并购所产生的协同价值与并购企业所负担的并购交易费用之差。若甲公司并购乙公司所产生的协同价值为 $V_{甲乙协}$,甲公司所负担的并购交易费用为 $F_{甲}$,则甲公司所能接受的并购价格上限为 $P_{上}=V_{乙}+V_{甲乙协}-F_{甲}$。

一般来说，除上市公司的少部分并购仅通过换股就能给并购方带来收益外，不论并购是为了扩大经营范围、拓宽销售渠道、实现低成本扩张，还是为了改善企业财务状况、提高企业知名度、提升市场竞争力，都会导致并购方预期现金流的变化。因此，购买方可以采用净现值法，评估购入目标企业后所产生的预期协同价值。

并购所产生的价值增量即并购协同价值，是并购后的企业(母子公司构成的企业集团)与并购前的企业相比各期现金流量增量的净现值。其中的贴现期以目标企业主要资产的经济寿命期为依据，与候选目标企业价值评估时所使用的贴现期保持一致；若该寿命期过长，遵循稳健原则，可选定5年为贴现期。贴现率可以以并购后企业的加权平均资金成本率或行业平均投资回报率为基础作适当上调。贴现期内各期现金流量的增量会受到收入增加、成本节约、技术进步、财务筹划、税收优惠和整合费用等多种因素的影响。其中，收入增加带来的现金流量增量受外部市场因素的影响大，预测难度高；成本节约主要由企业自身因素决定，预测结果相对可靠；财务筹划收益主要表现在企业并购因增强企业实力、提高企业信用等级而降低的融资成本，估算难度较小；税收优惠收益来源于政府鼓励企业并购的优惠政策，对特定的企业并购而言相对固定、较易估算；整合费用是并购后的企业为实现管理一体化整合人力、物力和财力产生的现金成本，容易受到整合中不确定因素的影响。根据投资项目净现值的计算原理，导出并购协同价值(净现值)的计算公式为：

$$V_S=\sum_{k=0}^{n}\frac{I_k}{(1+i)^k}-\sum_{k=0}^{n}\frac{O_k}{(1+i)^k}=\sum_{k=0}^{n}\frac{NCF_K}{(1+i)^k}$$

式中　V_S——并购产生的协同价值；

n——并购发挥重要影响的年限数；

I_k——并购后第k年的现金流入增量；

O_k——并购后第k年的现金流出增量；

i——预定的贴现率，即并购方所要求的必要报酬率。

该估值模型中品牌价值的计算包括以下步骤：估算并购后每年现金流量的增量，包括现金流入量增量和现金流出量增量；选用适当的贴现率，通过查表将各年的折现系数确定下来；将各年净现金流量乘以相应的折现系数求出现值；汇总各年现金流量的现值，估算出并购协同价值。

【例11-1】　甲公司拟并购乙公司，预计并购产生协同效应的有效期为3年，各年预期现金净流量增量的具体资料如表11-1所示。设必要报酬率为12%，求并购协同价值。

表11-1　并购后各年预期现金净流量的增量　(单位：万元)

年度	0	1	2	3	合计
ΔNCF	－3 000	1 300	1 400	1 100	800

并购协同价值为：

$$V_S = \sum_{k=0}^{3} \frac{NCF_K}{(1+i)^k} = 559(\text{万元})$$

并购交易费用主要是指并购方在产权交易过程中发生的相关费用，如并购文件制作费、申请审批费、变更登记费及信息披露费等。不包括并购整合费用（并购后发生，影响并购协同价值），也不包括并购协议达成前并购双方发生的调研费、咨询费及谈判费等并购费用（属于沉没成本，无论是否达成并购协议均不可避免）。并购交易费用与相关法律、法规条文有密切关系，相对固定且估算难度相对较低。

2. 并购价格下限的估测

并购价格下限是目标企业所有者从并购交易活动中获取收益的临界点，是目标企业所有者承受的最低极限价格。若并购价格低于此临界点，目标企业将遭受损失，也不可能达成并购协议。与并购价格上限的估算相比，并购价格下限的估算较为复杂，因为要根据被并购时的具体情况，评估目标企业的各项资产与负债，估算并购成交价格的下限。

(1) 对财务状况恶化、濒临破产的目标企业，应选用清算价格法估算并购成交价的下限。在此情形下，目标企业往往主动寻求被并购的机会，以避免面临破产清算的结局。在严峻的现实面前，目标企业的运作空间大大压缩，选择清算价格法合乎情理。在估算净现值时，需要测算目标企业各项资产当期变现的现金流入量与各项负债当期偿付的现金流出量之差，同时考虑原有购销渠道等无形资产的变现值和巨额退休金等潜在现金付出的影响。

(2) 对经营状况和财务状况较好的目标企业，通常选用收益现值法估算并购成交价格的下限。在此情况下，目标企业面临的生存压力较小，即使不被并购也能独立地生存下去，获得较高的收益，因此客观上要求确定合理的并购成交价格。现金收益净现值法假定目标企业不被并购而持续独立存在，将其未来可预见经营期内各年的税后现金流量按市场利率贴现后，将所获得的现值加总。贴现率为当时的资金市场利率，与并购企业采用的贴现率不同；税后现金流量是假定目标企业独立存在获得的；贴现期采用目标企业主要设备的剩余有效使用年限，与并购企业采用的贴现期相同；同时考虑无形资产和巨额退休金等潜在效应的影响。

具体来说，并购价格下限是目标企业的内在价值加上目标企业所负担的并购费用。若乙公司的内在价值为 $V_{乙}$，所负担的并购费用为 $F_{乙}$，则乙公司所有者接受的并购价格下限为 $P_{下} = V_{乙} + F_{乙}$。其中，目标企业的内在价值是在不发生并购、保持目前经营现状及发展趋势的前提下，预期每年现金流量的净现值，是并购价格下限形成的基础，也是目标企业市场价值形成的基础。

(3) 对经营和财务状况较差、处于盈亏两平的目标企业，可以根据具体项目分别选用重置成本法和现行市价法等方法估算并购成交价格的下限。这类企业能够在短期内独立生存，并可能获得一定的发展机会，希望通过运作寻求合理的并购价格。这类企业一般处于亏损边缘，不宜采用收益现值法估算其资产和负债。具体方法如下：① 固定资产、无形资产和材料物资等必不可少的生产经营要素，一般选用重置成本法；② 有价证券、产成品、半成品和在产品等在短期内出售或变现的资产，一般应选用现行市价法；③ 应收账款、应收票据等应收项目和用固定资产、无形资产等对外长期投资项目需要向特定的债务人和被投资人收现，能否全额收回或按公正价值收回视具体情况而定，因此应选用可实现价值法；④ 流动负债和长期负债项目要按约定或账面记载偿还，应选择账面价值法确认。用评估出的各项资产价值总额减去各项负债总额的差，为目标企业接受的并购价下限。同时，要考虑营销渠道等无形资产价值和退休金等支出的潜在影响。

无论目标企业属于上述三种类型中的哪一类，目标企业接受的并购成交价下限均不高于购买方接受的并购成交价上限，以维持并购双方利益的相对均衡。并购成交价上、下限的确定，只是为并购双方的进一步商谈划定了变动范围。

二、并购价格的商定

在一项并购中，卖主对买方和存续公司有浓厚的兴趣。卖主可能被赋予在几年内接受延期购买价款支付、补偿、特许权或其他有价物的权力。卖主是与买方保持密切联系还是完全依赖于买方是非常重要的。购买方在谈判时，必须知道卖方在寻找什么。由于收购价格以市场价格为基础，对上市公司要约收购的关键在于基本面评价和时机的把握，谈判过程相对简单。因此，并购价格的商定主要以对非上市公司的并购为例展开。

企业并购遵循市场交易行为的基本法则，即无论企业并购的动机、方式及环境有何差异，最大限度地创造并分享协同价值是并购双方的最终目的，并购价格则是分享协同价值的基础。由于并购双方利益与立场的差异，并购价格的形成过程也是并购谈判报价区间逐步缩小的过程。

若购买方估算的并购价格上限大于目标企业估算的并购价格下限，即 $P_{上}>P_{下} \rightarrow V_{乙}+V_{甲乙协}-F_{甲}>V_{乙}+F_{乙} \rightarrow V_{甲乙协}>F_{乙}+F_{甲}$，则并购的大前提成立，并购双方可以进一步接洽商谈；反之，应终止拟实施的并购行为。从理论上讲，只要并购价格位于初步估算的并购价格上下限之间，并购双方均能从中受益，并购便可行。实际中，由于此并购价格可能与其中一方的预期目标存在差距而难以实施。因此，并购双方应在并购价格上下限的基础上，进一步研究影响并购价格的各种因素，报出并购谈判价格的上、下限。

1. 并购谈判报价上限的形成

谈判报价上限是并购方在谈判中报出的最高“买价”，该“买价”处于初步估算出的并购价格上下限之间，即 $P_{上}$ 与 $P_{下}$ 之间，是在全面权衡并购双方现状及相关影响因素的基础上形成的。

由于并购交易费用相对固定，并购谈判价格上限形成的关键在于协同价值的估测。购买方不仅要评估所能分享到的协同价值，还要评估候选目标企业对其他潜在购买方的协同价值。影响谈判报价上限的因素有：候选目标企业对其他潜在并购者的价值(a_1)；候选目标企业及其所有者的财务状况(a_2)；其他潜在购买方的财务状况(a_3)；候选目标企业及其所有者的战略和动机(a_4)；其他潜在购买方的战略和动机(a_5)；候选目标企业的类型(a_6)。

设并购谈判报价上限 $P_{报上}=V_{乙}+aV_{甲乙协}-F_{甲}$。其中，$a$ 表示上述各因素对谈判报价上限的综合影响，$(F_{乙}+F_{甲})/V_{甲乙协}<a<1$。

当 a_1、a_2、a_3、a_4、a_5、a_6 等因素均对购买方产生有利影响时，a 取值接近于1，谈判报价上限接近并购价格上限，协同价值几乎为并购企业所独享。当上述因素均对并购企业产生不利影响时，a 取值接近$(F_{甲}+F_{乙})/V_{甲乙协}$，谈判报价上限接近并购价格下限，协同价值几乎为候选目标企业独享。当上述各因素均为中性影响时，a 取值远离两极限值，协同价值为并购双方共享。当上述一些因素为有利影响，另一些因素为不利或中性影响时，a 取值介于两极限值之间，协同价值亦为并购双方共同享有，谈判报价的上限需要具体分析后方能确定。

此外，购买方的战略和动机，其他潜在目标企业的现状等因素对 a 取值也有影响。例如，当购买方看重候选目标企业拥有的丰富优质原料，或欲通过并购目标企业进入门槛较高的海外市场，或拥有获取上市公司"壳"资源的强烈欲望时，应提高报价上限。反之，当候选目标企业与购买方的战略吻合度不高时，应降低报价下限。当 a 取值趋近1时，购买方几乎无利可图，可考虑放弃与候选目标企业的并购谈判，转向与其他潜在目标企业商谈；或通过其他途径实现既定目标；或重新估算并购价格上限。

设并购方甲公司经过权衡，形成对候选目标乙公司的谈判报价上限 $P_{报上}=V_{乙}+a^{*}V_{甲乙协}-F_{甲}$。其中，$a^{*}$ 为综合权衡各影响因素后形成的权数。

2. 并购谈判报价下限的形成

并购谈判报价下限是目标企业所有者在谈判中报出的最低"卖价"。该"卖价"介于初步估算出的并购价格上下限 $P_{上}$ 与 $P_{下}$ 之间，是目标企业及其所有者在全面权衡并购双方现状及影响因素后，进一步深入分析估算后形成的。

由于目标企业的内在价值和费用相对固定，欲形成合理的并购谈判报价下限，核心是分析目标企业从并购协同价值中分享的份额。基于此种情况，目标企业应考虑下述因素的影响：候选购买方对其他潜在目标企业的协同作用 β_1；候选购买方的并购战略与动机 β_2；其他潜在目标企业及其所有者的战略与动机 β_3；本企业及其所有者的并购欲望 β_4；本企业的类型 β_5。

设并购谈判报价下限 $P_{报下}=\beta V_{甲乙协}+V_{乙}+F_{乙}$。其中，$\beta$ 是上述各因素所产生的综合影响，$0<\beta<(V_{甲乙协}-F_{甲}-V_{乙}-F_{乙})/V_{甲乙协}$。

当因素 β_1、β_2、β_3、β_4、β_5 均对目标企业的报价产生有利影响时，谈判报价下限接近初步估算出的并购价格上限，并购的协同价值几乎为目标企业独享；当上述各因素均对目标企业的报价产生不利影响时，谈判报价下限接近初步估算出的并购价格下限，此时并购的协同价值几乎为候选购买方独享；当上述各因素均对被购买方的报价产生中性影响时，β 取值偏离两极限值，协同价值亦为并购双方共同享有，谈判报价下限需具体分析。β 取值接近于零时，候选目标企业几乎无利可图，可考虑放弃与候选购买方的商谈，转向其他潜在的购买方，或通过其他途径实现既定目标，或重新估算并购价格下限。

若候选目标企业乙公司综合考虑上述各因素后，形成对候选购买方甲公司的谈判报价下限为 $P_{报下}=\beta^* V_{甲乙协}+V_{乙}+F_{乙}$。其中，$\beta^*$ 为考虑各因素综合影响后形成的权数。

3. 并购价格的确定

并购价格的确定过程即并购双方经过谈判协商达成并购协议的过程。一般情况下，欲达成并购协议，仅停留在并购双方均获利的层次是不够的，必须使并购双方所获利益在当时特定条件下达到相对均衡状态。均衡不是指并购双方从并购中获得相等的经济利益，而是指并购双方获得与当时市场现状及自身条件相对称的经济利益；均衡通常不是一个点，而是一个较小的区间，是并购市场中独立第三者以市场为基础，兼顾并购双方当时的境况，经过多方权衡估算后所形成的价格区间，也是并购双方认同的价格区间。

通常情况下，并购双方获利的均衡区间位于并购谈判报价上、下限所形成的区间内。当并购双方谈判报价均位于谈判报价上、下限所形成的区间内，即 $\beta^* V_{甲乙协}+V_{乙}+F_{乙}<P_{甲报}$，$P_{乙报}<V_{乙}+a^* V_{甲乙协}-F_{甲}$ 时，谈判才可能成功。若被并购方的报价低于并购方的报价，即 $\beta^* V_{甲乙协}+V_{乙}+F_{乙}<P_{乙报}<P_{甲报}<V_{乙}+a^* V_{甲乙协}-F_{甲}$，易确定并购价格；若被并购方的报价高于并购方的报价，即 $\beta^* V_{甲乙协}+V_{乙}+F_{乙}<P_{甲报}<P_{乙报}<V_{乙}+a^* V_{甲乙协}-F_{甲}$，应视下列情况而定：

(1) 并购双方的谈判报价 $P_{甲报}$、$P_{乙报}$ 均处于区间内，则并购双方甲公司与乙公司经过谈判、协商和让步后，并购价格即可确定。

(2) 并购双方的谈判报价 $P_{甲报}$、$P_{乙报}$ 均处于区间之外，即购买方甲公司的谈判报价 $P_{甲报}$ 低于均衡价格，被并购方乙公司的谈判报价 $P_{乙报}$ 高于均衡价格，并购双方经过谈判协商、妥协和让步之后，可以确定并购价格。

(3) 并购一方的谈判报价处于区间内，另一方的谈判报价处于区间外，即购买方甲公司的谈判报价 $P_{甲报}$ 处于均衡区间内，被并购方乙公司的谈判报价 $P_{乙报}$ 处于均衡区间之外且高于购买方甲公司的谈判报价 $P_{甲报}$；或购买方甲公司谈判报价 $P_{甲报}$ 处于均衡区间外，被并购方乙公司的谈判报价 $P_{乙报}$ 处于均衡区间内且高于购买方甲公司

的谈判报价 $P_{甲报}$。在此情况下，谈判报价处于均衡区间之外的一方在谈判中做出妥协和让步，而另一方也表现出一定的灵活性时，并购价格的形成就具备了坚实的基础。

三、并购交易对价的支付

购买方在完成并购价格谈判后，采用何种支付方式获取被并购的资产或股权成为重要议题。不同的并购支付方式对并购双方的财务影响各异。支付工具选择适当与否，不仅关系到并购能否顺利实现，还会显示出并购信息的价值，甚至影响到并购价值的实现。从理论上讲，企业并购中的支付方式，可以采取现金式、股票式、负债式、实物财产式及混合式等一切可能的方式，在实践中通常采用以下方式。

（1）现金式。现金式是指以现金为支付工具，用现金置换目标公司的资产或用现金购买目标公司的股票以达到并购目标的支付方式。现金式是中小型企业并购和敌意收购中常用的支付方式，也是并购活动中方便、快捷的一种支付方式。

（2）股票式。股票式是指通过换股方式达到获得目标公司财产权或控制权的并购出资方式。换股比例视并购双方当时的状况及未来发展潜力而定。

（3）混合式。混合式是指利用多种支付工具的组合，达到并购交易获取目标公司控制权的支付方式。这些支付工具不仅包括现金和证券，还包括公司股票、债券、优先股、认股权证和可转换债券等多种形式。

比较现金式、股票式、混合式等几种并购交易对价支付方式的成本影响、控制权影响和收益影响，有利于选择合适的并购交易对价支付方式。

第五节　并购整合

企业并购协议草签并完成工商变更登记、股权变更登记等手续后，要进行双方基本要素的整合。并购整合是企业并购后力图解决的核心问题，也是企业能否实现预期并购价值的关键。由于整合是并购中复杂而重要的工序，面向人、财、物、知识、信息等企业资源要素，涉及购买方、被并购方及相关中介、政府部门等多个利益相关者，风险较高。因此，并购整合十分重要。

一、并购整合的准备

并购整合工作的复杂性与系统性特点决定了购买方在正式启动整合大门之前，需要做大量的准备工作应对并购整合过程中可能出现的突发事件。

（1）确立并购整合策略。一般来说，公司并购的策略在拟并购之初就应该有明确的认识，并在完成对目标企业深入评估后作出适当的修正。只有确立了并购策略，并购后公司整合的作业流程才能有清晰的思路，才能避免不必要的冲突与资源浪费。

此项准备工作已在前面阐述。

(2) 成立整合专案小组。在拟定企业并购策略以及进行企业并购交易执行的过程当中,公司必须设立一个专门负责并购的专案小组来开展相关的工作,如负责相关整合计划的拟订与执行。通常,并购专案小组由公司的技术、管理、营销、财务和文化等方面的专家构成,公司负责人或其委派的副手担任组长,并邀请公司外部的并购专业人士参与。

(3) 制订整合计划。公司整合计划通常可分为三类:① 设法将被并购方完全与购买方融为一体。② 尽量使被并购方保持独立性,也就是购买方不对被并购公司进行太多的干涉。③ 将前面两种兼容并蓄,即在并购初期使被并购方保持独立性,但随着时间的推移,再逐渐将被并购方与购买方融为一体。

二、并购的组织整合

并购整合是一个复杂的系统性工程,主要涉及管理问题,即组织机构的整合问题。并购组织整合的内容主要包括三个方面,即购买方与被并购方的组织系统、并购整合的工序系统以及并购整合的内容系统。

并购涉及并购公司及被并购方等两个以上的组织系统。在并购过程中,涉及并购法律、并购审查部门、并购中介等构成的环境系统。在并购协议签署及交接后,主要是购买方与被并购方的相互适应、相互协调的整合问题。

在并购协议签署及交接之后,购买方与被并购方就构成了一个组织系统。在这个系统中,并购双方以前的资源、文化、制度等均处于一种交互或共享状态,以前各自独立运行的组织文化、组织制度、信息网络、销售网络等彼此之间会发生相互作用。由于并购双方的境况不同,购买方容易形成优势文化定位,被并购方则容易形成消极被动的心理态势。高层管理者应该从并购后的组织整体出发进行资源配置、制度整合,消除购买方的优越感。由于并购后的各个组织系统面临的系统参数、系统决策信息流、系统环境都发生了相应的变化,不管是购买方还是被并购方都必须从并购后的组织出发,将原来的公司视作并购整体的一个有机组成部分,否则并购将面临极大的风险。这包括高级管理人员的离职以及其他资源的丧失,进而导致被并购方失去原来的价值。在并购整合过程中,必须考虑并购后的组织系统中的各个要素可能是相互冲突的,采取措施化解或减缓冲突,使并购双方成为一个有机系统,创造协同价值。

并购过程包括多个具有内在逻辑关系但功能不同的工序。并购工程本身可以视为各相互作用工序的有机整体,前一工序对后一工序具有决定性的影响,后一工序的考虑必然影响到前一工序的选择,因而从并购过程来说,各个工序应该是整个并购过程的子系统。例如,目标企业的筛选、与目标企业的谈判、协议的起草与签署、并购支付与融资的选择等并购工序必须充分考虑整合工序的难易程度,估计整合工序对前述各工序的依赖程度。因为不充分把握子系统间要素相互作用的并购具有极大的风险。

企业本身是一个相对独立的管理系统，具有计划、组织、领导、控制、协调等职能，以维持系统内的人、财、物等构成要素的有序运行。对于并购双方来说，由于内部组织结构发生了变化，并购后的系统面临的计划、组织、领导、控制与协调职能发生了相应的变化，系统内的人、财、物的流量和流向也发生了相应的变化。要想使两个组织系统的人、财、物能够协同发挥出自身特定的功能，就必须进行有效的整合，并且将其当作组织整合过程中的子系统。因为人、财、物是相互联系、相互作用的，都从属于即将整合的大系统。并购整合的组织结构系统的具体内容包括：① 组织整合原则的确定以及组织变动方式的选择，这主要是选择分权或集权模式；② 并购后的组织内部各职能部门的增减、责权的变化以及分布搭配的调整；③ 机构部门横向联系以及纵向沟通所涉及的调整；④ 两个企业的基层生产组织的划分以及人员的调配等。组织结构的整合必须满足组织统一指挥的要求、责权对等的要求、专业化要求、弹性要求以及管理幅度的要求等，使新的组织结构适合组织发展的要求，减少非协作效率。

三、财物整合

能力的提升是建立在资源基础之上的，拥有特殊资源即可获得市场核心竞争力，因此整合并购获得的财产、物质等资源就显得尤为重要。

企业资产的整合既是对企业固定资产、流动资产、长期投资等有形资产的重新配置，也包括销售渠道、品牌资产、技术等无形资产的整合。企业进行并购的目的在于通过并购降低成本，扩大市场份额，实现资源的最优配置；企业在完成对目标企业的收购后，应对并购双方的资产进行整合。首先应尽快处置过时或不需要的资产，包括出售、置换或投资；剥离非核心业务，对于与总体发展目标不相适应、没有发展前途、企业难以消化吸收的资产予以出售或转让；对于符合企业发展战略方向的优质资产重新组合，优化配置，提高企业的生产效率和营运能力。

整合销售渠道是企业并购后能否取得期望价值、实现经营协同的一个关键。其中，挽留顾客是整合销售渠道的重点与核心所在。建立一个明晰的、可达到的挽留目标是非常必须的，目标除了强调要挽留的总体数字外，还应着重强调被挽留的顾客的价值，同时将主要的目标顾客根据其已知的能为公司带来利润的不同水平分成不同的类别。一旦挽留目标建立，就应制订挽留计划，挽留计划包括：与目标顾客进行沟通；使用员工激励计划；使用员工为顾客提供定点联系的工具；建立一个顾客挽留团队。

品牌整合对于那些通过并购拥有多种品牌的企业无疑是非常必要的。购买方在并购实施前就应该全面权衡不同品牌间的差异，并购完成后迅速制定出平衡、有效的品牌整合管理策略，以实现不同品牌间形象、文化、个性等的更好融合。品牌整合策略一般有：使用购买方或被并购方的优势品牌和标志，这种方式分别占并购案例的

40%和10%;使用的品牌里含有两个公司的部分或者全部品牌信息,以充分整合两个公司的品牌与资源,获取"协同效应";定位新的品牌,建立一个全新的企业形象,预示着崭新的开始;或者保持两种品牌相互独立的存在。并购后的企业品牌整合是一项系统而复杂的工作,无论采用哪一种策略,都应该以有利于维持和促进员工、顾客和投资者的关系为原则,以有利于向企业内外传达正确信息从而达到顺利整合两个公司为目的。

并购是一个特殊的企业发展过程,每个企业的财务资源、财务制度以及财务管理的方式是不一样的,并购后的财务管理就面临着一系列的问题,需要统一财务制度、统一财务机构、统一资源调配使用,提高内部资源配置的效率,实现财务协同。

四、人力资源整合

企业并购成败与否的关键在人,尤其是关键岗位上的人。因此,尽量避免重要员工的流失以及其他人力资源的浪费是人力资源整合的重要课题。由于人的自身能动性,人力资源整合通常是并购整合过程中难度最大的一项工作。

(1) 并购后人力资源的规范管理。人力资源部门应在深入调查分析的基础上提出相应的组织调整策略,包括创造适当的企业文化,保留所需的人才,明确员工培训的方向和内容,缓解员工的压力,维护并提高士气,培养员工对企业的认同感等。其中稳定策略、培训策略和激励策略对于并购过程中的人力资源整合具有决定性意义。

(2) 制定新的人事管理制度。两个企业由于管理上的不同,劳动条件也会有所差异,如薪资结构、津贴、红利、休假、工时等,这些都是员工的核心利益,也是容易引发冲突的地方。人力资源部门应协同其他相关部门进行讨论、沟通和调查,以确定新的薪资结构、福利制度和管理规章,设计出符合实际的新的人事管理制度(包括福利制度)。

(3) 制订并实施员工职业发展计划。人力资源部门应通过培训向员工宣扬组织的目标和文化,并依据工作岗位设计、业绩评估、职业发展计划等手段,将员工个人需要同企业需要整合在一起,以提高员工满意度,减少企业内部的摩擦,提高企业绩效,实现并购目标。

(4) 建立沟通渠道,完善激励制度。企业完成并购后,人力资源部门应及时安排各部门主管与员工进行充分、诚实的沟通,宣传企业长期经营的策略,让员工有同舟共济的感觉,缓解员工的抵触情绪。在沟通中弄清员工的主要关注点,将有助于人力资源部门进一步完善企业激励制度,实现企业文化的整合。

(5) 人力资源部门应根据并购前对被并购方的企业文化评估,找出两企业的差异性和相容性。通过文化整合使新员工尽快融入新企业,重建员工的向心力与凝聚力。让员工明白企业的发展方向及对员工的期待,宣扬企业的核心价值观。进行跨文化培训,倡导标杆学习,改变心智模式,突破思维定式;鼓励创新和自我超越,努力提高组织的凝聚力、创新力，将企业建成一个学习型组织。通过整体性的活动安排及设计，让公司员工主动地融入新的企业文化之中。

五、文化整合

由于企业文化支撑企业财力与人力资源配置的有效性，直接影响资源配置的效率，因而，并购中的企业文化整合十分重要。企业文化整合是指两个企业并购整合时，解决由于直接接触而产生矛盾的过程。根据并购双方企业文化的变化程度及购买方获得的企业控制权的深度，企业文化整合主要有四种模式，即渗透式、吸纳式、分离式和消亡式。

并购目标直接影响文化整合模式的选择，如以追求企业在财务、经营和管理上的协同效应为目标的企业并购，在文化整合时显然与仅仅以财务协同为目标的兼并不同。在前一种战略目标下，购买方会更多地干预被并购方，并且对它进行更多的调整。在横向兼并战略中，购买方往往会将自己部分或全部的文化注入被并购方以寻求经营协同效应；而在纵向一体化兼并战略和多元化兼并战略下，购买方对被并购方的干涉大为减少。因此，在横向并购时，购买方常常会选择吸纳式或渗透式文化整合模式，而在纵向一体化兼并和多元化兼并时，选择分离式的可能性较大。综上所述，有四种模式可供选择：

(1) 当并购发生在相关产业（如横向兼并战略）且购买方是多元化企业时，可以选择渗透式文化整合模式。此时，被并购方将被允许保留部分企业文化，双方将努力寻求多方面的协同效应。

(2) 如果进行横向兼并的购买方是单一文化企业，则可以选择吸纳式模式，向被并购方灌输自己的文化。

(3) 当并购发生在非相关产业时（如纵向一体化兼并战略和多元化兼并战略），容忍多元文化的并购可以选择分离式模式，而主张单一文化的购买方则很可能导致文化消亡。因为文化的强行整合，容易激起被兼并方的反抗，导致并购双方的众多矛盾与压力，引致文化的涣散和并购失败。

(4) 如果购买方从并购一开始便计划将目标企业并购后拆散出售，则无论在何种兼并战略下，都会选择文化消亡式即新创模式。

企业文化的融合与重塑需要时间、精力与技巧。任何一家企业，在其连续的生产经营活动中，都会形成一定特色的企业文化。这种文化背景是由全体员工在自觉和不自觉的条件下形成的，并不断地随着企业的发展而发展。它贯穿在企业的日常生产经营活动之中，深入到企业员工的心里，指导着其日常工作。在这种熟悉的文化氛围中，员工多数会感觉到轻松、自在。而企业并购带来的是思维模式的强烈变革，是不同企业文化的巨大撞击，伴随着保守与开放、维持与进取的较量。如果文化整合处理过于草率，缺乏有效的管理沟通，必然会造成并购后企业内部更大的摩擦与消耗。

因此，需要由并购双方选派具有一定企业文化管理经验和影响力的人员组成整合小组，组织、策划和领导企业文化整合管理的全部运作过程，直接对购买方的最高管理层负责。

【本章小结】

本章以企业并购的业务流程为主线，运用逻辑推理与案例剖析相结合的研究方法，系统地阐述了企业并购产生与发展的内在规律，构建了基本的并购分析框架。首先，从并购现象的阐释导出并购投资的内涵及其应用；其次，运用并购投资理论系统梳理并购作业链条上各作业环节的内在联系及操作要点，科学设计并购流程；最后，结合具体案例设计、评价企业并购绩效，运用规避、转移或控制等手段对并购作业链整体及各环节可能存在的风险进行防控。

【中英文关键词】

并购　Merger and Acqwisition(M&A)
收购　Acquisition
合并　Consolidation
接管　Take Over
要约收购　Tender Offer
横向并购　Horizontal Merger
剥离　Peel Off
纵向并购　Vertical Merger
混合并购　Conglomerate Merger
杠杆收购　Leveraged Buy-out
管理层收购　Management Buy-out
协同效应　Collaboration

【复习思考题】

1. 以试探为直接动机的并购通常发生在何时？
2. 并购现象频发的动因是什么？
3. 如何将外延扩张与内涵生长集并购于一体？
4. 如何把握并购的边界？
5. 如何实现并购的匹配？
6. 并购整合的难点和风险在哪里？

【实训练习题】

美国芝加哥大学经济学教授乔治·丁·施蒂格勒曾说，没有一个美国大企业不是通过某种程度、某种方式的并购成长起来的。在第四次产业革命中，西方国家通过大规模企业并购、跨国投资经营等手段，在以科技和经济为核心的国际竞争中获取了主动；西方国家企业通过市场机制，利用其先进的科技、丰富的资源、雄厚的资本、科学的管理，逐步实现资本运营的全球化，以谋求和扩大其经济利益。20世纪90年代后期的跨国并购加速了企业的成长，著名IT企业思科公司、跨国公司善美集团和国内的海尔集团、青啤集团、燕京集团、华润集团等著名大企业就是依靠并购迅速成长的典范。2002年，以中国加入WTO为标志形成了第三次并购浪潮，中国进入了真正建立在市场基础上的并购时代：国内经济的发展需要更多地利用全球资源，产业结构调整步伐逐步加快，并购法规政策的逐步规范和透明，企业并购法律环境得以改善，推动中国成为全球并购的热点。截至2017年，国内并购规模达到30万亿元人民币。这表明并购已经大步进入经济舞台的中央！随着我国社会经济的不断发展，我国单个案例平均并购金额已连续5年保持增长，2016年达到0.77亿美元/案例，同比2015年增长6.46%，相比较于2012年则增长94.96%，全球并购交易规模与活跃程度已超过2007年的峰值。

要求：分析上述企业并购战略成功的秘诀，并分析如何在新的并购浪潮中获得并购投资的成功。

附　录

附表 1

复利终值系数表

n/i(%)	1%	2%	3%	4%	5%	6%	7%	8%	9%	10%
1	1.0100	1.0200	1.0300	1.0400	1.0500	1.0600	1.0700	1.0800	1.0900	1.1000
2	1.0201	1.0404	1.0609	1.0816	1.1025	1.1236	1.1449	1.1664	1.1881	1.2100
3	1.0303	1.0612	1.0927	1.1249	1.1576	1.1910	1.2250	1.2597	1.2950	1.3310
4	1.0406	1.0824	1.1255	1.1699	1.2155	1.2625	1.3108	1.3605	1.4116	1.4641
5	1.0510	1.1041	1.1593	1.2167	1.2763	1.3382	1.4026	1.4693	1.5386	1.6105
6	1.0615	1.1262	1.1941	1.2653	1.3401	1.4185	1.5007	1.5809	1.6771	1.7716
7	1.0721	1.1487	1.2299	1.3159	1.4071	1.5036	1.6058	1.7138	1.8280	1.9487
8	1.0829	1.1717	1.2668	1.3686	1.4775	1.5938	1.7182	1.8509	1.9926	2.1436
9	1.0937	1.1951	1.3048	1.4233	1.5513	1.6895	1.8385	1.9990	2.1719	2.3579
10	1.1046	1.2190	1.3439	1.4802	1.6289	1.7908	1.9672	2.1589	2.3674	2.5937
11	1.1157	1.2434	1.3842	1.5395	1.7103	1.8983	2.1049	2.3316	2.5804	2.8531
12	1.1268	1.2682	1.4258	1.6010	1.7959	2.0122	2.2522	2.5182	2.8127	3.1384
13	1.1381	1.2936	1.4685	1.6651	1.8856	2.1329	2.4098	2.7196	3.0658	3.4523
14	1.1495	1.3195	1.5126	1.7317	1.9799	2.2609	2.5785	2.9372	3.3417	3.7975
15	1.1610	1.3459	1.5580	1.8009	2.0789	2.3966	2.7590	3.1722	3.6425	4.1772
16	1.1726	1.3728	1.6047	1.8730	2.1829	2.5404	2.9522	3.4259	3.9403	4.5950

续附表 1

n/i(%)	1%	2%	3%	4%	5%	6%	7%	8%	9%	10%
17	1.1843	1.4002	1.6528	1.9479	2.2920	2.6928	3.1588	3.7000	4.3276	5.0545
18	1.1961	1.4282	1.7024	2.0258	2.4066	2.8543	3.3799	3.9960	4.7171	5.5599
19	1.2081	1.4568	1.7535	2.1068	2.5270	3.0256	3.6165	4.3157	5.1417	6.1159
20	1.2202	1.4859	1.8061	2.1911	2.6533	3.2071	3.8697	4.6610	5.6044	6.7275
21	1.2324	1.5157	1.8603	2.2788	2.7860	3.3996	4.1406	5.0338	6.1088	7.4002
22	1.2447	1.5460	1.9161	2.3699	2.9253	3.6035	4.4304	5.4365	6.6586	8.1403
23	1.2572	1.5769	1.9736	2.4647	3.0715	3.8197	4.7405	5.8715	7.2879	8.2543
24	1.2697	1.6084	2.0328	2.5633	3.2251	4.0489	5.0724	6.3412	7.9111	9.8497
25	1.2824	1.6406	2.0938	2.6658	3.3864	4.2919	5.4274	6.8485	8.6231	10.835
26	1.2953	1.6734	2.1566	2.7725	3.5557	4.5494	5.8074	7.3964	9.3992	11.918
27	1.3082	1.7069	2.2213	2.8834	3.7335	4.8823	6.2139	7.9881	10.245	13.110
28	1.3213	1.7410	2.2879	2.9987	3.9201	5.1117	6.6488	8.6271	11.167	14.421
29	1.3345	1.7758	2.3566	3.1187	4.1161	5.4184	7.1143	9.3173	12.172	15.863
30	1.3478	1.8114	2.4273	3.2434	4.3219	5.7435	7.6123	10.063	13.628	17.449
40	1.4889	2.2080	3.2620	4.8010	7.0400	10.286	14.794	21.725	31.408	45.259
50	1.6446	2.6916	4.3839	7.1067	11.467	18.420	29.457	46.902	74.358	117.39
60	1.8167	3.2810	5.8916	10.520	18.679	32.988	57.946	101.26	176.03	304.48

续附表 1

$n/i(\%)$	12%	14%	15%	16%	18%	20%	24%	28%	32%	36%
1	1.1200	1.1400	1.1500	1.1600	1.1800	1.2000	1.2400	1.2800	1.3200	1.3600
2	1.2544	1.2996	1.3225	1.3456	1.3924	1.4400	1.5376	1.6384	1.7424	1.8496
3	1.4049	1.4815	1.5209	1.5609	1.6430	1.7280	1.9066	2.0872	2.3000	2.5155
4	1.5735	1.6890	1.7490	1.8106	1.9388	2.0736	2.3642	2.6844	3.0306	3.4210
5	1.7623	1.9254	2.0114	2.1003	2.2878	2.4883	2.9316	3.4360	4.0075	4.6526
6	1.9738	2.1950	2.3131	2.4364	2.6996	2.9860	3.6352	4.3980	5.2899	6.3275
7	2.2107	2.5023	2.6600	2.8262	3.1855	3.5832	4.5077	5.6295	6.9826	8.6054
8	2.4760	2.8526	3.0590	3.2784	3.7589	4.2998	5.5895	7.2058	9.2170	11.703
9	2.7713	3.2519	3.5179	3.8030	4.4355	5.1598	6.9310	9.2234	12.166	15.917
10	3.1058	3.7072	4.0456	4.4114	5.2338	6.1917	8.5944	11.806	16.060	21.647
11	3.4785	4.2262	4.6524	5.1173	6.1759	7.4301	10.657	15.112	21.199	29.439
12	3.8960	4.8179	5.3503	5.9360	7.2876	8.9161	13.215	19.343	27.983	40.037
13	4.3635	5.4924	6.1528	6.8858	8.5994	10.699	16.386	24.759	36.937	54.451
14	4.8871	6.2613	7.0757	7.9875	10.147	12.839	20.319	31.691	48.757	74.053
15	5.4736	7.1379	8.1371	9.2655	11.974	15.407	25.196	40.565	64.359	100.71

续附表 1

n/i(%)	12%	14%	15%	16%	18%	20%	24%	28%	32%	36%
16	6.1304	8.1372	9.3576	10.748	14.129	18.488	31.243	51.923	84.954	136.97
17	6.8660	9.2765	10.761	12.468	16.672	22.186	38.741	66.461	112.14	186.28
18	7.6900	10.575	12.375	14.463	19.673	26.623	28.039	86.071	148.02	253.34
19	8.6128	12.056	14.232	16.777	23.214	31.948	59.568	108.89	195.39	344.54
20	9.6463	13.743	16.367	19.461	27.393	38.338	73.864	139.38	257.92	468.57
21	10.804	15.668	18.822	22.574	32.324	46.005	91.592	178.41	340.45	637.26
22	12.100	17.861	21.645	26.186	38.142	55.206	113.57	228.36	449.39	866.67
23	13.552	20.362	24.891	30.376	45.008	66.247	140.83	393.30	593.20	1178.7
24	15.179	23.212	28.625	35.236	53.109	79.497	174.63	374.14	783.02	1603.0
25	17.000	26.462	32.919	40.874	62.669	95.396	216.54	478.90	1033.6	2180.1
26	19.040	30.167	37.857	47.414	73.949	114.48	268.51	613.00	1364.3	2964.9
27	21.325	34.390	43.535	55.000	87.260	137.37	332.95	784.64	1800.9	4032.3
28	23.884	39.204	50.066	63.800	102.97	164.84	412.86	1004.3	2377.2	5483.9
29	26.750	44.693	57.575	74.009	121.50	197.81	511.95	1285.6	3137.9	7458.1
30	29.960	50.950	66.212	85.850	143.37	237.38	634.82	1645.5	4142.1	10143.
40	93.051	188.83	267.86	378.72	750.38	1469.8	5455.9	19427.	66521.	*
50	289.00	700.23	1083.7	1670.7	3927.4	9100.4	46890.	*	*	*
60	897.60	2595.9	4384.0	7370.2	2055.	56348.	*	*	*	*

* >99999

附表 2

复利现值系数表

n/i(%)	1%	2%	3%	4%	5%	6%	7%	8%	9%	10%
1	0.9901	0.9804	0.9709	0.9615	0.9524	0.9434	0.9346	0.9259	0.9174	0.9091
2	0.9803	0.9712	0.9426	0.9246	0.9070	0.8900	0.8734	0.8573	0.8417	0.8264
3	0.9706	0.9423	0.9151	0.8890	0.8638	0.8396	0.8163	0.7938	0.7722	0.7513
4	0.9610	0.9238	0.8885	0.8548	0.8227	0.7921	0.7629	0.7350	0.7084	0.6830
5	0.9515	0.9057	0.8626	0.8219	0.7835	0.7473	0.7130	0.6806	0.6499	0.6209
6	0.9420	0.8880	0.8375	0.7903	0.7462	0.7050	0.6663	0.6302	0.5963	0.5645
7	0.9327	0.8606	0.8131	0.7599	0.7107	0.6651	0.6227	0.5835	0.5470	0.5132
8	0.9235	0.8535	0.7874	0.7307	0.6768	0.6274	0.5820	0.5403	0.5019	0.4665
9	0.9143	0.8368	0.7664	0.7026	0.6446	0.5919	0.5439	0.5002	0.4604	0.4241
10	0.9053	0.8203	0.7441	0.6756	0.6139	0.5584	0.5083	0.4632	0.4224	0.3855
11	0.8963	0.8043	0.7224	0.6496	0.5847	0.5268	0.4751	0.4289	0.3875	0.3505
12	0.8874	0.7885	0.7014	0.6246	0.5568	0.4970	0.4440	0.3971	0.3555	0.3186
13	0.8787	0.7730	0.6810	0.6006	0.5303	0.4688	0.4150	0.3677	0.3262	0.2897
14	0.8700	0.7579	0.6611	0.5775	0.5051	0.4423	0.3878	0.3405	0.2992	0.2633
15	0.8613	0.7430	0.6419	0.5553	0.4810	0.4173	0.3624	0.3152	0.2745	0.2394

续附表 2

n/i(%)	1%	2%	3%	4%	5%	6%	7%	8%	9%	10%
16	0.8528	0.7284	0.6232	0.5339	0.4581	0.3936	0.3387	0.2919	0.2519	0.2176
17	0.8444	0.7142	0.6050	0.5134	0.4363	0.3714	0.3166	0.2703	0.2311	0.1978
18	0.8360	0.7002	0.5874	0.4936	0.4155	0.3503	0.2959	0.2502	0.2120	0.1799
19	0.8277	0.6864	0.5703	0.4746	0.3957	0.3305	0.2765	0.2317	0.1945	0.1635
20	0.8195	0.6730	0.5537	0.4564	0.3769	0.3118	0.2584	0.2145	0.1784	0.1486
21	0.8114	0.6598	0.5375	0.4388	0.3589	0.2942	0.2415	0.1987	0.1637	0.1351
22	0.8034	0.6468	0.5219	0.4220	0.3418	0.2775	0.2257	0.1839	0.1502	0.1228
23	0.7954	0.6342	0.5067	0.4057	0.3256	0.2618	0.2109	0.1703	0.1378	0.1117
24	0.7876	0.6217	0.4919	0.3901	0.3101	0.2470	0.1971	0.1577	0.1264	0.1015
25	0.7798	0.6095	0.4776	0.3751	0.2953	0.2330	0.1842	0.1460	0.1160	0.0923
26	0.7720	0.5976	0.4673	0.3604	0.2812	0.2198	0.1722	0.1352	0.1064	0.0839
27	0.7644	0.5859	0.4502	0.3468	0.2678	0.2074	0.1609	0.1252	0.0976	0.0763
28	0.7568	0.5744	0.4371	0.3335	0.2551	0.1956	0.1504	0.1159	0.0895	0.0693
29	0.7493	0.5631	0.4243	0.3207	0.2429	0.1846	0.1406	0.1073	0.0822	0.0630
30	0.7419	0.5521	0.4120	0.3083	0.2314	0.1741	0.1314	0.0994	0.0754	0.0573
35	0.7059	0.5000	0.3554	0.2534	0.1813	0.1301	0.0937	0.0676	0.0490	0.0356
40	0.6717	0.4529	0.3066	0.2083	0.1420	0.0972	0.0668	0.0460	0.0318	0.0221
45	0.6391	0.4102	0.2644	0.1712	0.1113	0.0727	0.0476	0.0313	0.0207	0.0137
50	0.6080	0.3715	0.2281	0.1407	0.0872	0.0543	0.0339	0.0213	0.0134	0.0085
55	0.5785	0.3365	0.1986	0.1157	0.0683	0.0406	0.0242	0.0145	0.0087	0.0053

续附表 2

$n/i(\%)$	12%	14%	15%	16%	18%	20%	24%	28%	32%	36%
1	0.8929	0.8772	0.8696	0.8621	0.8475	0.8333	0.8065	0.7813	0.7576	0.7353
2	0.7972	0.7695	0.7561	0.7432	0.7182	0.6944	0.6504	0.6104	0.5739	0.5407
3	0.7118	0.6750	0.6575	0.6407	0.6086	0.5787	0.5245	0.4768	0.4348	0.3975
4	0.6355	0.5921	0.5718	0.5523	0.5158	0.4823	0.4230	0.3725	0.3294	0.2923
5	0.5674	0.5194	0.4972	0.4762	0.4371	0.4019	0.3411	0.2910	0.2495	0.2149
6	0.5066	0.4556	0.4323	0.4104	0.3704	0.3349	0.2751	0.2274	0.1890	0.1580
7	0.4523	0.3996	0.3759	0.3538	0.3139	0.2791	0.2218	0.1776	0.1432	0.1162
8	0.4039	0.3506	0.3269	0.3050	0.2660	0.2326	0.1789	0.1388	0.1085	0.0854
9	0.3606	0.3075	0.2843	0.2630	0.2255	0.1938	0.1443	0.1084	0.0822	0.0628
10	0.3220	0.2697	0.2472	0.2267	0.1911	0.1615	0.1164	0.0847	0.0623	0.0462
11	0.2875	0.2366	0.2149	0.1954	0.1619	0.1346	0.0938	0.0662	0.0472	0.0340
12	0.2567	0.2076	0.1869	0.1685	0.1373	0.1122	0.0757	0.0517	0.0357	0.0250
13	0.2292	0.1821	0.1625	0.1452	0.1163	0.0935	0.0610	0.0404	0.0271	0.0184
14	0.2046	0.1597	0.1413	0.1252	0.0985	0.0779	0.0492	0.0316	0.0205	0.0135
15	0.1827	0.1401	0.1229	0.1079	0.0835	0.0649	0.0397	0.0247	0.0155	0.0099
16	0.1631	0.1229	0.1069	0.0980	0.0709	0.0541	0.0320	0.0193	0.0118	0.0073
17	0.1456	0.1078	0.0929	0.0802	0.0600	0.0451	0.0259	0.0150	0.0089	0.0054
18	0.1300	0.0946	0.0808	0.0691	0.0508	0.0376	0.0208	0.0118	0.0068	0.0039
19	0.1161	0.0829	0.0703	0.056	0.0431	0.0313	0.0168	0.0092	0.0051	0.0029
20	0.1037	0.0728	0.0611	0.0514	0.0365	0.0261	0.0135	0.0072	0.0039	0.0021

续附表 2

$n/i(\%)$	12%	14%	15%	16%	18%	20%	24%	28%	32%	36%
21	0.0926	0.0638	0.0531	0.0443	0.0309	0.0217	0.0109	0.0056	0.0029	0.0016
22	0.0826	0.0560	0.0462	0.0382	0.0262	0.0181	0.0088	0.0044	0.0022	0.0012
23	0.0738	0.0491	0.0402	0.0329	0.0222	0.0151	0.0071	0.0034	0.0017	0.0008
24	0.0659	0.0431	0.0349	0.0284	0.0188	0.0126	0.0057	0.0027	0.0013	0.0006
25	0.0588	0.0378	0.0304	0.0245	0.0160	0.0105	0.0046	0.0021	0.0010	0.0005
26	0.0525	0.0331	0.0264	0.0211	0.0135	0.0087	0.0037	0.0016	0.0007	0.0003
27	0.0467	0.0291	0.0230	0.0182	0.0115	0.0073	0.0030	0.0013	0.0006	0.0002
28	0.0419	0.0255	0.0200	0.0157	0.0097	0.0061	0.0024	0.0010	0.0004	0.0002
29	0.0374	0.0224	0.0174	0.0135	0.0082	0.0051	0.0020	0.0008	0.0003	0.0001
30	0.0334	0.0196	0.0151	0.0116	0.0070	0.0042	0.0016	0.0006	0.0002	0.0001
35	0.0189	0.0102	0.0075	0.0055	0.0030	0.0017	0.0005	0.0002	0.0001	*
40	0.0107	0.0053	0.0037	0.0026	0.0013	0.0007	0.0002	0.0001	*	*
45	0.0061	0.0027	0.0019	0.0013	0.0006	0.0003	0.0001	*	*	*
50	0.0035	0.0014	0.0009	0.0006	0.0003	0.0001	*	*	*	*
55	0.0020	0.0007	0.0005	0.0003	0.0001	*	*	*	*	*

* <0.0001

附表 3 **年金终值系数表**

n/i(%)	1%	2%	3%	4%	5%	6%	7%	8%	9%	10%
1	1.0000	1.0000	1.0000	1.0000	1.0000	1.0000	1.0000	1.0000	1.0000	1.0000
2	2.0100	2.0200	2.0300	2.0400	2.0500	2.0600	2.0700	2.0800	2.0900	2.1000
3	3.0301	3.0604	0.0909	3.1216	3.1525	3.1836	2.2149	3.2464	3.2781	3.3100
4	4.0604	4.1216	4.1836	4.2465	4.3101	4.3746	4.4399	4.5061	4.5731	4.6410
5	5.1010	5.2040	5.3091	5.4163	5.5256	5.6371	5.7507	5.8666	5.9847	6.1051
6	6.1520	6.3081	6.4684	6.6330	6.8019	6.9753	7.1533	7.3359	7.5233	7.7156
7	7.2135	7.4343	7.6625	7.8983	8.1420	8.3938	8.6540	8.9228	9.2004	9.4872
8	8.2857	8.5830	8.8923	9.2142	9.5491	9.8975	10.260	10.637	11.028	11.436
9	9.3685	9.7546	10.159	10.583	11.027	11.491	11.978	12.488	13.021	13.579
10	10.462	10.950	11.464	12.006	12.578	13.181	13.816	14.487	15.193	15.937
11	11.567	12.169	12.808	13.486	14.207	14.972	15.784	16.645	17.560	18.531
12	12.683	13.412	14.192	15.026	15.917	16.870	17.888	18.977	20.141	21.384
13	13.809	14.680	15.618	16.627	17.713	18.882	20.141	21.495	22.953	24.523
14	14.947	15.974	17.086	18.292	19.599	21.015	22.550	22.214	24.019	27.975
15	16.097	17.293	18.599	20.024	21.579	23.276	25.129	27.152	29.361	31.772

续附表 3

n/i(%)	1%	2%	3%	4%	5%	6%	7%	8%	9%	10%
16	17.258	18.639	20.157	21.825	23.657	25.673	27.888	30.324	33.003	35.950
17	18.430	20.012	21.762	23.698	25.840	28.213	30.840	33.750	36.974	40.545
18	19.615	21.412	23.414	25.645	28.132	30.906	33.999	37.450	41.301	45.599
19	20.811	22.841	25.117	27.671	30.539	33.760	37.379	41.446	46.018	51.159
20	22.019	24.297	26.870	29.778	33.066	36.786	40.995	45.752	51.160	57.275
21	23.239	25.783	28.676	31.969	35.719	39.993	44.865	50.423	56.765	64.002
22	24.472	27.299	30.537	34.248	38.505	43.392	49.006	55.457	62.873	71.403
23	25.716	28.845	32.453	36.618	41.430	46.996	53.436	60.883	69.532	79.543
24	26.973	30.422	34.426	39.083	44.502	50.816	58.177	66.765	76.790	88.497
25	28.243	32.030	36.459	41.646	47.727	54.863	63.249	73.106	84.701	98.347
26	29.526	33.671	38.553	44.312	51.113	59.156	68.676	79.954	93.324	109.18
27	30.821	35.344	40.710	47.084	54.669	63.706	74.484	87.351	102.72	121.10
28	32.129	37.051	42.931	49.968	58.403	68.528	80.698	95.339	112.97	134.21
29	33.450	38.792	45.219	52.966	62.323	73.640	87.347	103.97	124.14	148.63
30	34.785	40.568	47.575	56.085	66.439	79.058	94.461	113.28	136.31	164.49
40	48.886	60.402	75.401	95.026	120.80	154.76	199.64	259.06	337.88	442.59
50	64.463	84.579	112.80	152.67	209.35	290.34	406.53	573.77	815.08	1163.9
60	81.670	114.05	163.05	237.99	353.58	533.13	813.52	1253.2	1944.8	3034.8

续附表 3

n/i(%)	12%	14%	15%	16%	18%	20%	24%	28%	32%	36%
1	1.0000	1.0000	1.0000	1.0000	1.0000	1.0000	1.0000	1.0000	1.0000	1.0000
2	2.1200	2.1400	2.1500	2.1600	2.1800	2.2000	2.2400	2.2800	2.3200	2.3600
3	3.3744	3.4396	3.4725	3.5056	3.5724	3.6400	3.7776	3.9184	3.0624	3.2096
4	4.7793	4.9211	4.9934	5.0665	5.2154	5.3680	5.6842	6.0156	6.3624	6.7251
5	6.3528	6.6101	6.7424	6.8771	7.1542	7.4416	8.0484	8.6999	9.3983	10.146
6	8.1152	8.5355	8.7537	8.9775	9.4420	9.9299	10.980	12.136	13.406	14.799
7	10.089	10.073	11.067	11.414	12.142	12.916	14.615	16.534	18.696	21.126
8	12.300	13.233	13.727	14.240	15.327	16.499	19.123	22.163	25.678	29.732
9	14.776	16.085	16.786	17.519	19.086	20.799	24.712	29.369	34.895	41.435
10	17.549	19.337	20.304	21.321	23.521	25.959	31.643	38.593	47.062	57.352
11	20.655	23.045	24.349	25.733	28.755	32.150	40.238	50.398	63.122	78.998
12	24.133	27.271	29.002	30.850	34.931	39.581	50.895	65.510	84.320	108.44
13	28.029	32.089	34.352	36.786	42.219	48.497	64.110	84.853	112.30	148.47
14	32.393	37.581	40.505	43.672	50.818	59.196	80.496	109.61	149.24	202.93
15	37.280	43.842	47.580	51.660	60.965	72.035	100.82	141.30	198.00	276.98
16	42.753	50.980	55.717	60.925	72.939	87.442	126.01	181.87	262.36	377.69
17	48.884	59.118	65.075	71.673	87.068	105.93	157.25	233.79	347.31	514.66
18	55.750	68.394	75.836	84.141	103.74	128.12	195.99	300.25	459.45	770.94
19	63.440	78.969	88.212	98.603	123.41	154.74	244.03	385.32	607.47	954.28
20	72.052	91.025	102.44	115.38	146.63	186.69	303.60	494.21	802.86	1298.8

续附表 3

n/i(%)	12%	14%	15%	16%	18%	20%	24%	28%	32%	36%
21	81.699	104.77	118.81	134.84	174.02	225.03	377.46	633.59	1060.8	1767.4
22	92.503	120.44	137.63	157.41	206.34	271.03	469.06	812.00	1401.2	2404.7
23	104.60	138.30	159.28	183.60	244.49	326.24	582.63	1040.4	1850.6	3271.3
24	118.16	158.66	184.17	213.98	289.49	392.48	723.46	1332.7	2443.8	4450.0
25	133.33	181.87	212.79	249.21	342.60	471.98	898.09	1706.8	3226.8	6053.0
26	150.33	208.33	245.71	290.09	405.27	567.38	1114.6	2185.7	4260.4	8233.1
27	169.37	238.50	283.57	337.50	479.22	681.85	1383.1	2798.7	5624.8	11198.0
28	190.70	272.89	327.10	392.50	566.48	819.22	1716.1	3583.3	7254.7	15230.3
29	214.58	312.09	377.17	456.30	669.45	984.07	2129.0	4587.7	9802.9	20714.2
30	241.33	356.79	434.75	530.31	790.95	1181.9	2640.9	5873.2	12941	28172.3
40	767.09	1342.0	1779.1	2360.8	4163.2	7343.2	7292.2	69377.	*	*
50	2400.0	4994.5	7217.7	10436.	21813.	45497.	*	*	*	*
60	7471.6	18535.	29220.	46058.	*	*	*	*	*	*

* >99999

附表 4 **年金现值系数表**

n/i(%)	1%	2%	3%	4%	5%	6%	7%	8%	9%
1	0.9901	0.9804	0.9709	0.9615	0.9524	0.9434	0.9346	0.9259	0.9174
2	1.9704	1.9716	1.9135	1.8861	1.8594	1.8334	1.8080	1.7833	1.7591
3	2.9410	2.8839	2.8286	2.7751	2.7232	2.6730	2.6243	2.5771	2.5313
4	3.9020	3.8077	3.7171	3.6299	3.5460	3.4651	3.3872	3.3121	3.2397
5	4.8534	4.7135	4.5797	4.4518	4.3295	4.2124	4.1002	3.9927	3.8897
6	5.7955	5.6014	5.4172	5.2421	5.0757	4.9173	4.7665	4.6229	4.4859
7	6.7282	6.4720	6.2303	6.0021	5.7864	5.5824	5.3893	5.2064	5.0330
8	7.6517	7.3255	7.0197	6.7327	6.4632	6.2098	5.9713	5.7466	5.5348
9	8.5660	8.1622	7.7861	7.4353	7.1078	6.8017	6.5152	6.2469	5.9952
10	9.4713	8.9826	8.5302	8.1109	7.7217	7.3601	7.0236	6.7101	6.4177
11	10.3676	9.7868	9.2526	8.7605	8.3064	7.8869	7.4987	7.1390	6.8052
12	11.2551	10.5753	9.9540	9.3851	8.8633	8.3838	7.9427	7.5361	7.1607
13	12.1337	11.3484	10.6350	9.9856	9.3936	8.8527	8.3577	7.9038	7.4869
14	13.0037	12.1062	11.2961	10.5631	9.8986	9.2950	8.7455	8.2442	7.7862
15	13.8651	12.8493	11.9379	11.1184	10.3797	9.7122	9.1079	8.5595	8.0607

续附表 4

n/i(%)	1%	2%	3%	4%	5%	6%	7%	8%	9%
16	14.7179	13.5777	12.5611	11.6523	10.8378	10.1059	9.4466	8.8514	8.3126
17	15.5623	14.2919	13.1661	12.1657	11.2741	10.4773	9.7632	9.1216	8.5436
18	16.3983	14.9920	13.7535	12.6896	11.6896	10.8276	10.0591	9.3719	8.7556
19	17.2260	15.6785	14.3238	13.1339	12.0853	11.1581	10.3356	9.6036	8.9601
20	18.0456	16.3514	14.8775	13.5903	12.4622	11.4699	10.5940	9.8181	9.1285
21	18.8570	17.0112	15.4150	14.0292	12.8212	11.7641	10.8355	10.0168	9.2922
22	19.6604	17.6580	15.9369	14.4511	13.4886	12.3034	11.0612	10.2007	9.4424
23	20.4558	18.2922	16.4436	14.8568	13.4886	12.3034	11.2722	10.3711	9.5802
24	21.2434	18.9139	16.9355	15.2570	13.7986	12.5504	11.4693	10.5288	9.7066
25	22.0232	19.5235	17.4131	15.6221	14.0939	12.7834	11.6536	10.6748	9.8226
26	22.7952	20.1210	17.8768	15.9828	14.3752	13.0032	11.8258	10.8100	9.9290
27	23.5596	20.7059	18.3270	16.3296	14.6430	13.2105	11.9867	10.9352	10.0266
28	24.3164	21.2813	18.7641	16.6631	14.8981	13.4062	12.1371	11.0511	10.1161
29	25.0658	21.8444	19.1885	16.9837	15.1411	13.5907	12.2777	11.1584	10.1983
30	25.8077	22.3965	19.6004	17.2920	15.3725	13.7648	12.4090	11.2578	10.2737
35	29.4086	24.9986	21.4872	18.6646	16.3742	14.4982	12.9477	11.6546	10.5668
40	32.8347	27.3555	23.1148	19.7928	17.1591	15.0463	13.3317	11.9246	10.7574
45	36.0945	29.4902	24.5187	20.7200	17.7741	15.4558	13.6055	12.1084	10.8812
50	39.1961	31.4236	25.7298	21.4822	18.2559	15.7619	13.8007	12.2335	10.9617
55	42.1472	33.1748	26.7744	22.1086	18.6335	15.9905	13.9399	12.3186	11.0140

续附表 4

n/i(%)	10%	12%	14%	15%	16%	18%	20%	24%	28%	32%
1	0.9091	0.8929	0.8772	0.8696	0.8621	0.8475	0.8333	0.8065	0.7813	0.7576
2	1.7355	1.6901	1.6467	1.6257	1.6052	1.5656	1.5278	1.4568	1.3916	1.3315
3	2.4869	2.4018	2.3216	2.2832	2.2459	2.1743	2.1065	1.9813	1.8684	1.7663
4	3.1699	3.0373	2.9173	2.8550	2.7982	2.6901	2.5887	2.4043	2.2410	2.0957
5	3.7908	3.6048	3.4331	3.3522	3.2743	3.1272	2.9906	2.7454	2.5320	2.3452
6	4.3553	4.1114	3.8887	3.7845	3.6847	3.4976	3.3255	3.0205	2.7594	2.5342
7	4.8684	4.5638	4.2882	431604	4.0386	3.8115	3.6046	3.2423	3.9370	2.6775
8	5.3349	4.9676	4.6389	4.4873	4.3436	4.0776	3.8372	3.4212	3.0758	2.7860
9	5.7590	5.3282	4.9164	4.7716	4.6065	4.3030	4.0310	3.5655	3.1842	2.8681
10	6.1446	5.6502	5.2161	5.0188	4.8332	4.4941	4.1925	3.6819	3.2689	2.9304
11	6.4951	5.9377	5.4527	5.2337	5.0286	4.6560	4.3271	3.7757	3.3351	2.9776
12	6.8137	6.1944	5.6603	5.4206	5.1971	4.7932	4.4392	3.8514	3.3868	3.0133
13	7.1034	6.4235	5.8424	5.5831	5.3423	4.9095	4.5327	3.9124	3.4272	3.0404
14	7.3667	6.6282	6.0021	5.7245	5.4675	5.0081	4.6106	3.9616	3.4587	3.0609
15	7.6061	6.8109	6.1422	5.8474	5.5755	5.0916	4.6755	4.0013	3.4834	3.0764

续附表 4

n/i(%)	10%	12%	14%	15%	16%	18%	20%	24%	28%	32%
16	7.8237	6.9740	6.2651	5.9542	5.6685	5.1624	4.7296	4.0333	3.5026	3.0882
17	8.0216	7.1196	6.3729	6.0472	5.7487	5.2223	4.7746	4.0591	3.5177	3.0971
18	8.2014	7.2497	6.4674	6.1280	5.8178	5.2732	4.8122	4.0799	3.5294	3.1039
19	8.3649	7.3658	6.5504	6.1982	5.8775	5.3162	4.8435	4.0967	3.5386	3.1090
20	8.5136	7.4694	6.6231	6.2593	5.9288	5.3527	4.8696	4.1103	3.5458	3.1129
21	8.6487	7.5620	6.6870	6.3125	5.9731	5.3837	4.8913	4.1212	3.5514	3.1158
22	8.7715	7.6446	6.7429	6.3587	6.0113	5.4099	4.9094	4.1300	3.5558	3.1180
23	8.8832	7.7184	6.7921	6.3988	6.0442	5.4321	4.9245	4.1371	3.5592	3.1197
24	8.9847	7.7843	6.8351	6.4338	6.0726	5.4509	4.9371	4.1428	3.5619	3.1210
25	9.0770	7.8431	6.8729	6.4641	6.0971	5.4669	4.9476	4.1474	3.5640	3.1220
26	9.1609	7.8957	6.9061	6.4906	6.1182	5.4804	4.9563	4.1511	3.5656	3.1227
27	9.2372	7.9426	6.9352	6.5135	6.1364	5.4919	4.9636	4.1542	3.5669	3.1233
28	9.3066	7.9844	6.9607	6.5335	6.1520	5.5016	4.9697	4.1566	3.5679	3.1237
29	9.3696	8.0218	6.9830	6.5509	6.1656	5.5098	4.9747	4.1585	3.5687	3.1240
30	9.4269	8.0552	7.0027	6.5660	6.1772	5.5168	4.9789	4.1601	3.5693	3.1242
35	9.6442	8.1755	7.0700	6.6166	6.2153	5.5386	4.9915	4.1644	3.5708	3.1248
40	9.7791	8.2438	7.1050	6.6418	6.2335	5.5482	4.9966	4.1659	3.5712	3.1250
45	9.8628	8.2825	7.1232	6.6543	6.2421	5.5523	4.9986	4.1664	3.5714	3.1250
50	9.9148	8.3045	7.1327	6.6605	6.2463	5.5541	4.9995	4.1666	3.5714	3.1250
55	9.9471	8.3170	7.1376	6.6636	6.2482	5.5549	4.9998	4.1666	3.5714	3.1250

参考文献

1. 余绪缨,林涛,郭晓梅. 企业理财学. 沈阳:辽宁人民出版社,2009.
2. [美]詹姆斯 · C. 范霍恩,小约翰 · M. 瓦霍维奇. 现代企业财务管理. 郭浩,徐琳,译. 北京:经济科学出版社,1999.
3. 魏明海,谭劲松,林舒. 赢利管理研究. 北京:中国财政经济出版社,2000.
4. [美]斯瓦斯 · 达摩达兰. 应用公司理财. 北京:机械工业出版社,2001.
5. 甘华鸣,等. 理财资金的筹措与使用. 北京:中国国际广播出版社,2000.
6. 刘学华. 新编财务管理. 上海:立信会计出版社,2001.
7. 王斌. 企业财务学. 北京:经济科学出版社,2002.
8. 吕长江. 20 世纪西方财务理论研究的进程. 财会通讯(综合版). 2001(09).
9. 沈艺峰,沈洪涛. 公司财务理论主流. 大连:东北财经大学出版社,2004.
10. 财政部注册会计师考试委员会办公室. 财务成本管理(2008 年度注册会计师全国统一考试指定辅导教材). 北京:经济科学出版社,2008.
11. [美]詹姆斯 · C. 范霍恩. 财务管理与政策. 11 版. 刘志远,译. 哈尔滨:东北财经大学出版社,2000.
12. [美]尤金 · F. 布里格姆,乔尔 · F. 休斯敦. 财务管理基础. 9 版. 张志强,王春香,译. 北京:中信出版社,2004.
13. 谢剑平. 财务管理原理. 北京:北京大学出版社,2004.
14. 欧阳令南. 财务管理——理论与分析. 上海:复旦大学出版,2005.
15. [美]斯蒂芬 · A. 罗斯,等. 公司理财. 6 版. 吴世农,等译. 北京:机械工业出版社, 2003.
16. 荆新,刘兴云. 财务报表分析学. 北京:经济科学出版社,2000.
17. 吴革. 财务报告陷阱. 北京:北京出版社,2004.
18. 王淑萍,等. 财务报告分析. 北京:清华大学出版社,2003.
19. 张先治,陈友邦. 财务报表分析. 大连:东北财经大学出版社,2001.
20. 王鹏程. 会计报表粉饰及其识别. 北京:中国财政经济出版社,2000.
21. 王庆成,郭复初. 财务管理学. 北京:高等教育出版社,2002.
22. 李心合. 企业财务控制实务前沿. 北京:中国财政经济出版社, 2004.
23. 谢志华. 财务报表分析. 北京:高等教育出版社,2003.
24. 丁元霖. 中级财务管理. 上海:立信会计出版社,2006.
25. 财政部全国注册会计师考试委员会办公室. 财务成本管理. 北京:经济科学出版社,2008.
26. 全国会计专业技术资格考试领导小组办公室. 财务管理. 北京:中国财政经济出版社. 2002.
27. 荆新,王化成,刘俊彦. 财务管理学. 北京:中国人民出版社,1998.
28. 赵德武. 财务管理. 北京:高等教育出版社,2000.
29. 王化成. 财务管理学. 北京:中国财政经济出版社,1999.

30. [美]詹姆斯·范霍恩,约翰·瓦霍维奇. 现代企业财务管理. 10版. 郭浩,徐琳,译. 北京:经济科学出版社,1998.
31. 曹凤岐,刘力,姚长辉. 证券投资学. 北京:北京大学出版社,1996.
32. 李道明. 财务管理. 北京:中国财政经济出版社,2000.
33. 全国会计专业技术资格考试领导小组办公室. 财务管理. 北京:中国财政经济出版社,2007.
34. 喻国华,丁英杰,孙建北. 财务管理学. 北京:中国科学技术出版社,1994.
35. 财政部全国注册会计师考试委员会办公室. 经济法. 北京:经济科学出版社,2008.
36. 王庆成,郭复初. 财务管理学. 北京:高等教育出版社,2000.
37. 荆新,王化成,刘俊彦. 财务管理学. 北京:中国人民大学出版社,2002.
38. 王志坚. 财务管理学. 上海:立信会计出版社,2003.
39. 竺素娥. 新编财务管理学. 上海:立信会计出版社,2002.
40. 刘微芳. 财务管理学. 北京:经济科学出版社,2003.
41. 吴井红. 财务管理学. 上海:东方出版中心,2001.
42. 胡元木,姜洪丽. 新编财务管理教程. 上海:立信会计出版社,2002.
43. 杨东龙. 最新财务管理精要词典. 北京:中国经济出版社,2002.
44. 夏光,等. 财务管理案例习题集. 北京:机械工业出版社, 2007.
45. 张一贞. 管理会计. 上海:上海财经大学出版社,2006.
46. 余艳琴. 物流成本管理. 武汉:武汉大学出版社,2008.
47. 干春晖. 资源配置与企业兼并. 上海:上海财经大学出版社,1997.
48. 陈慧谷,等. 资产经营与重组. 上海:上海财经大学出版社,1998.
49. 威斯通,郑光,侯格. 兼并、重组与公司控制. 北京:经济科学出版社,1998.
50. 胥朝阳. 企业并购的风险管理. 北京:中国经济出版社,2004.
51. 胥朝阳. 并购工程概论. 北京:科学出版社,2009.
52. 陈玉菁. 财务管理. 北京:清华大学出版社,2022.
53. 王化成. 财务管理. 北京:中国人民大学出版社,2020.
54. 李贺,宫福民,郑彩飞. 财务管理. 上海:立信会计出版社,2022.
55. 曾丽萍. 财务管理. 北京:人民邮电出版社,2022.
56. 许拯声. 财务报表分析. 北京:北京交通大学出版社,2022.
57. 刘淑莲. 财务管理. 沈阳:东北财经大学出版社,2022.
58. 李爱琴,张晓雁,王海茸. 财务管理. 南京:东南大学出版社,2022.